青阳年鉴

QINGYANG YEARBOOK

2011—2013

青阳县人民政府主办　青阳县地方志办公室编纂

方志出版社
Publishing House of Local Records

图书在版编目（CIP）数据

青阳年鉴.2011-2013 / 青阳县地方志办公室编
-- 北京：方志出版社， 2014.12
ISBN 978-7-5144-1544-5

Ⅰ.①青…Ⅱ.①青…Ⅲ.①青阳县-2011-2013-年鉴Ⅳ.①Z525.44
中国版本图书馆 CIP 数据核字（2014）第 311644 号

青阳年鉴（2011–2013）

编　　者：青阳县地方志办公室
责任编辑：冯　松

出 版 人：冀祥德
出 版 者：方志出版社
地　址　北京市朝阳区潘家园东里 9 号（国家方志馆 4 层）
邮　编　10021
网　址　http：//www.fzph.org
发　　行：方志出版社发行中心
电　话（010）67110500
经　　销：各地新华书店
协编制作：安徽省同济数据调查分析研究中心
电　话（0551）62690139
印　　刷：合肥精艺印刷有限公司

开　　本：889×1194　　1 /16
印　　张：31.75
字　　数：550 千字
版　　次：2014 年 12 月第 1 版　　2014 年 12 月第 1 次印刷
印　　数：0001-3000 册

ISBN　978-7-5144-1544-5/k • 1264　　　定价：320.00 元

青阳县地方志编纂委员会

主　任：纪良才

副主任：朱晓溪　梅永宝　施有弟

成　员：杨林喜　尚良智　胡好友　张益平　汤常林
　　　　叶书全　王玉发　陈老贵　王志刚　张发根
　　　　徐利华　吴多旺

《青阳年鉴》（2011-2013）编辑部

主　　编：施有弟

副 主 编：吴多旺

编　　辑：林政民　王诗晓

设计编排：王晨辉　李　月

编　　务：钱国华　崔金龙

礼佛上九华 修身在青阳

九华后山的朱备镇　（张卫东 摄）

政务要闻

山光水色

2011年6月9-11日，中共青阳县第十三次代表大会

2012年1月12-15日，青阳县第十四届人民代表大会第一次会议

2012年1月11-14日，中国人民政治协商会议第十一届青阳县委员会第一次会议

2012年,全县招商引资暨招商工作队出征大会

2013年9月，原全国政协副主席陈锦华(中)返乡期间与市、县领导合影

2013年8月，南部新城重点项目集中开工现场会

省委副书记李锦斌(中)到青阳调研农民增收工作

省纪委领导到青阳县视察指导权力公开透明运行工作

2013年6月，县委副书记方能斌（中）到酉华乡调研蚕业发展情况

县长纪良才(左一)慰问一线执勤交警

时任县长王春生作政府工作报告(十四届一次会议)

将军湖（局部）

青通河畔　　（徐畅 摄）

连天荷叶无穷碧——新河镇陇龙村　　（汪文凯 摄）

五溪山色　　（徐畅 摄）

梦幻乡村—— 庙前镇华阳村　　（尚良智 摄）

石安桥

国家4A级景区——九子岩（局部）

陵阳古桥（局部）　（尚良智 摄）

（晏励春 摄）

百花桥　（龙秀莉 摄）

首届“最美青阳人”颁奖大会现场

初春河畔——新河镇常洲

九子寺（外景）　　　　（徐畅　摄）

九子岩大愿宝殿（外景）

（纪立功 摄）

县博物馆（曹氏宗祠）外景

(骆子欣 摄)

九子岩大愿宝殿——信众如愿

驶向春天 —— 境内铁路高架桥　　（梅志平 摄

县食药监局组织户外运动

县妇联“创文明县城 建和谐青阳”志愿者队伍成立仪式

2011年首届绿运会开幕式

“和谐我生活，健康青阳人”活动现场

（纪立功 摄）

青阳经济技术开发区（局部）

2012年青阳经济开发区表彰优秀技工暨招聘会现场

区内企业——弘港电子车间(局部)

（徐畅 摄）

区内企业——柯力开工奠基仪式

区内企业——富莱茵车间(局部)

区内企业——昌利锻造生产车间(局部)

精种优质水稻收割

示范区蔬菜基地

庙前林海（局部） （骆子欣 摄）

皖南土鸡养殖

蚕桑产业

水产养殖基地（局部）

(骆子欣 摄)

九华佛茶

公路与铁路交汇 （王存龙 摄）

九子大道（局部）

朱备镇垄里美好乡村中心村(局部) （张卫东 摄）

村村通工程

龙山花园小区正门

“最美乡村”——谢家村（局部）　　（龙秀莉 摄）

学习宣传“十八大”、“庆元旦”青阳腔专场汇报演出

“服务百姓健康”义诊活动

农家乐——五都孙家（局部）

青阳县第十三个教师节“红烛之光”教师文艺汇演

庙前“夕阳红”剧团演出（王士林 摄）

西峰山庄夜景

编辑说明

《青阳年鉴》(2011—2013) 是由青阳县人民政府主持编纂的地方综合性年鉴。

《青阳年鉴》(2011—2013) 坚持科学发展观，实事求是地、较为全面翔实地记述2011—2013年青阳县政治、经济、文化、社会等各方面的基本情况、发生的大事、要事、新事，反映全县人民在改革开放、经济建设以及社会发展中取得的新成就、新经验。《青阳年鉴》(2011—2013) 采用分类编辑法，以“类目”为单元，下设“栏目”和“条目”，个别类目在栏目下设分目。类目标题标于各类目起始处；条目为记述实体，标题前后标注【 】。

《青阳年鉴》(2011—2013) 共分27个类目，卷首有中文详细目录，卷末有附录、索引。全书所有资料可通过目录、书眉、索引等检索渠道查阅。全书总字数约55万字，图片727幅，分目129个，条目712个。《青阳年鉴》(2011—2013) 刊用的文稿，由各乡镇、县直各部门及驻青阳单位提供，有关数据、资料均经各部门领导审阅、核实。书中“县”“全县”均指青阳县，特殊情况另行括注。全书主要综合性统计资料由县统计局提供。全书所用统计数据若有统计的来源、口径、方式、方法和时间的不同，使用时请以县统计局提供的“统计资料”数据为准；凡县统计局未予统计和提供的，以单位提供的数据为准。统计数据均使用法定计量单位。

为保持文献原貌、遵从行业习惯，《特载》和《附录》篇所刊文献的文字、数据、计量单位均未作变动，

《青阳年鉴》(2011—2013) 所刊登图片均由所属单位提供，在此向摄影者本人表示感谢！

《青阳年鉴》(2011—2013) 的资料供稿与编纂出版，得到全县各级领导和各有关部门、单位、各乡镇及社会各界的关心、帮助和支持，在此一并致谢。本年鉴为首次编纂，难免有疏漏之处，恳请谅解与指正。

编　者

目 录

纪检监察

青阳县人民代表大会

武　装

法　治

经济管理与监督

农业与农村经济

工 业

商贸 旅游

财政　税务

金融　保险

教育　体育

科技　卫生

文化　传媒

社会生活

招商引资与园区建设

乡镇概览

大事记

附 录

索 引

Main Contents

ARMED FORCES

RULE BY LAW

ECONOMY ADMINISTRATION AND SUPERVISION

AGRICULTURE AND RURAL ECONOMY

INDUSTRY

COMMERCE AND TOURISM

CONSTRUCTION AND ENVIRONMENTAL PROTECTION

TRAFFIC,POST AND TELECOMMUNICATIONS

FINACE AND TAXATION

FINANCE AND INSUARANCE

EDUCATION AND SPORTS

SCIENCE AND TECHNOLOGY , HYGIEN

CULTURE AND MEDIA

SOCIETY

INVESTMENT ATTRACTION AND PARK CONSTRUCTION

TOWNS OVERVIEW

CHRONOLOGICAL EVENTS

APPENDIX

INDEX

美丽乡村 （尚良智 摄）

走进莲花佛国　　（尚良智　摄）

实施双轮驱动 加快两区建设
为实现青阳科学发展加速崛起而努力奋斗

中国共产党青阳县第十三次代表大会报告

(2011 年 6 月 10 号)

中共青阳县委书记 晁 新

同志们：

现在，我代表中共青阳县第十二届委员会向大会作报告。

这次县党代会，是在我们圆满完成“十一五”规划，全面实施“十二五”规划，跨越发展面临新机遇，综合实力跃上新平台，工业化、城镇化进入新阶段的关键时期，召开的一次重要会议。大会的主题是，高举邓小平理论和“三个代表”重要思想伟大旗帜，全面贯彻落实科学发展观，动员全县各级党组织、广大党员和干部群众，抢抓机遇、狠抓落实、奋力赶超，为实现青阳科学发展、加速崛起而努力奋斗。

过去 5 年的工作回顾

县十二次党代会以来的 5 年，是全县上下科学发展、追赶跨越的 5 年，是广大干群抓主抓重、强基固本的 5 年。5 年来，在省委、市委的正确领导下，我们全面贯彻落实科学发展观，坚持以园区建设为主战场，以城区建设为主平台，以开发开放为主战略，统筹推进全县经济社会协调发展，全面完成了县十二次党代会确定的目标任务，为推进科学发展、加速青阳崛起奠定了坚实的基础。

县域经济实力显著增强　5 年来，我们全面完成了“十一五”规划的各项目标任务，多数指标超过规划目标 20% 以上，有的处于省市靠前位次。2010 年与“十五”末相比，全县地区生产总值从 17.2 亿元到 43.7 亿元，翻了一番半；财政收入从 1.6 亿元到 6.5 亿元，年均增长 32%，翻了两番；规模企业总数从 39 户到 156 户，翻了两番。11 个乡镇中有 9 个乡镇财政收入超过 1000 万元、

6个乡镇超过3000万元，其中，蓉城镇财政收入突破亿元大关。2008年、2009年连续两年被省委、省政府授予“科学发展先进县”称号。

工业经济发展势头迅猛 坚持举全县之力推进园区建设，沿318国道、103省道规划“两条工业走廊、一主五辅园区”，累计投入资金近10亿元，建成园区框架面积近20平方公里，入园企业近300户。坚定不移推进招商引资，实际到位资金达50亿元，全力打造有色金属加工、非金属新材料、机械制造三条百亿产业链，三大工业主导产业年均增长40%以上。全县工业总产值比“十五”末翻了两番。

农村改革发展不断深化 先后实施了以农村综合改革为主的10余项改革，将全县乡镇由15个调整为11个，行政村由172个调整为110个。进一步加快农村道路、水利等基础设施建设，完成县乡村道路改建、新建539公里，提前实现“村村通”目标。加快农田水利设施建设，牛桥水库建成蓄水，完成17座水库除险加固。大力发展茧丝绸、特种水产、皖南土鸡、优质大米、大棚蔬菜等特色产业，加快推进九华现代农业综合示范区建设。目前，全县已拥有省级产业化龙头企业6户，农民合作组织99个。2010年，全县农民人均纯收入达5950元，比“十五”末增加3092元。

城乡建设水平稳步提升 合铜黄高速、铜九铁路、池青九快速通道建成通车，全县结束了无高速、无铁路的历史，区位优势更加凸显。完成了高速出口改造、318国道、103省道改线等60余项重点市政工程，开发建设高档小区10余个、100万平方米。去年，投入3.3亿元，全面启动城区南扩工程，着力建设青阳新城。全面完成集镇和村庄布点规划，5年来，全县新建、改建农村住房15000余户。深入开展城乡文明创建，2007年荣获“全省首届文明县城”，木镇、丁桥、陵阳等乡镇先后被评为“省级文明乡镇”、“全国创建文明村镇先进镇”等称号。加快旅游接待服务设施建设，已建成四星级饭店1家、三星级饭店4家，在建五星级饭店4家。加快九子岩等特色景区景点开发，生态、休闲、度假、农家乐等旅游项目蓬勃发展。去年接待游客突破300万人次，连续5年保持30%以上增幅。

各项社会事业统筹发展 2008年、2009年、2010年连续3年，累计投入3.3亿元，大力实施民生工程，坚持每年承诺办好10件惠民实事。5年来，全县累计新建、改建农村敬老院12所、1181间、2.9万平方米，“五保户”集中供养率达70%以上。教育事业得到优先、均衡发展，教学质量稳步提升。县医院综合门诊楼、县计生服务站全面完工。11所乡镇卫生院、计生服务所，110个村级卫生室、计生服务室全面达标。全面实施新型农村合作医疗，农民参合率达到98%以上。计生工作水平不断提升，连续保持在全省一类县行列。文化体制改革深入推进，群众文化、广场文化不断繁荣。科技创新步伐不断加快。就业培训和服务深入开展。双拥、武装工作水平稳步提升，统计、环保、安监、质检、药监、工商、气象、档案等服务和监管力度不断加大。高度重视商务、供销、粮食、物价等工作。大力发展商贸流通服务业，“万村千乡”市场工程稳步推进。5年来，全县先后有20余项工作、近20个部门获得省级以上表彰。

社会管理水平稳步提升 加强维稳信访工作，出台了重大事项风险评估等10余项制度。大力开展校园周边环境、社会治安环境、旅游市场环境、道路交通秩序等专项整治，深入开展“打黑除恶”专项斗争，群众安全感不断增强。2009年，荣获省级“平安县”称号。深入开展大接访、大排查、大调处活动，较好地化解了佛国陵园、牛桥水库移民等信访案件。整合基层维稳资源，着力构建大维稳、大综治、大统筹的工作格局。党的建设全面加强。深入贯彻落实党的十七大、十七届四中全会精神，全面加强和改进党的建设。高度重视宣传思想工作，深入开展学习实践科学发展观

和创先争优等活动，不断加强学习型党组织建设，着力推进干部解放思想、更新观念、提升素质。扎实开展“县委权力公开透明运行试点”等工作，制订并完善《县委工作规则》、《竞争性选拔干部暂行办法》等制度。不断加强基层民主政治建设，积极支持人大依法监督和政协参政议政，切实抓好群团组织、老干部、宗教等工作，不断巩固和发展最广泛的爱国统一战线。坚持党管武装、党管人才，切实加强基层民兵队伍建设，不断完善高层次人才引进机制。切实抓好基层组织建设，深入开展“三级联创”，完成57个村级活动场所建设。2007年在全市率先出台养老、工资、补助“三位一体”的村干部激励保障制度。严格落实《廉政准则》等党员干部廉洁从政各项规定，不断加强惩防体系建设，建立和完善建设工程招投标、建设用地招拍挂、政府投资项目审计等制度，据统计5年来通过工程招投标、政府审计等制度共节约财政资金1.14亿元。连续5年开展“三项建设”考评活动，机关作风和效能建设取得明显成效，有力地保障了全县经济社会又好又快发展。

各位代表、同志们，5年来的成就令人鼓舞。这些成绩的取得，是省市领导亲切关怀、正确领导的结果，是县四大班子团结协作、共同奋斗的结果，是全县上下和衷共济、奋勇争先的结果，是社会各界积极参与、苦干实干的结果。在此，我代表中共青阳县委，向全县广大党员、干部和群众，向所有关心和支持青阳发展的各界人士和朋友，表示衷心的感谢！

回顾5年来的工作，我们深深体会到

第一，必须理清发展思路，坚持发展与保护并重。我们围绕“推进科学发展、加速青阳崛起”主题，经过多年的探索和实践，逐步形成了“开发沿国省道两线，保护环九华山一片”的总体思路，以及“十二五”规划中提出的“生态立县、工业强县、旅游兴县、商贸活县、城镇带动”五大战略和“5121”工程。实践证明，只有理清发展思路，形成全县人民共识，凝聚全县人民力量，才能加快发展步伐，走出一条符合青阳实际、独具青阳特色的科学发展之路。

第二，必须把发展作为第一要务，实现追赶跨越发展。我们认为“发展不足、发展不快”是青阳面临的主要矛盾，始终把加快发展作为青阳的第一要务，促进一二三产业协调全面发展。五年来，我们举全县之力推进园区、城区建设，发展工业旅游经济，加快追赶跨越步伐，极大地夯实了发展基础和平台，有力地支撑了经济持续快速增长。实践证明，作为后发地区，我们只有坚定不移地加快园区建设、突破工业经济、打造特色县城，才能实现又好又快发展。

第三，必须以招商引资为抓手，培育特色主导产业。五年来，我们始终把招商引资作为我们所有工作的重中之重，强力推进招商引资，“十一五”期间，全县80%以上的固定资产投资、90%以上的工业投资均来自招商引资。我们大力培育机械装备制造业、有色金属加工、非金属新材料、现代特色农业和现代旅游服务业五大产业，全县三次产业结构由22.7 ：34.8 ：42.5调整为14.6 ：50.8 ：34.6，结构更加优化。实践证明，作为后发地区，招商引资是加快发展的第一抓手和唯一途径。我们只有坚定不移地推进招商引资，才能为发展不断注入强劲动力。

第四，必须以改善民生为根本，维护稳定促和谐。近年来，我们不断加大投入，提标扩面，大力实施民生工程，坚持每年办好几件惠民实事，努力让人民群众共享改革发展的成果。工作中，我们全面落实维稳“第一责任”，不断完善工作机制，及时化解和处置了一批重点矛盾纠纷隐患，为全县发展创造了良好社会环境。实践证明，稳定是发展之基，民生是和谐之本。我们只有坚持以人为本，始终将人民的利益放在首位，真心实意为群众办好事、做实事、解难事，才能使发展取信于民。

第五，必须以党的建设为保障，凝心聚力抓落实。我们坚持党要管党、从严治党，不断加强党的思想、组织、作风和民主政治建设，进一步提高工作执行力，提升干部精气神，营造干事创业、合力攻坚浓厚氛围。实践证明，加快发展关键在党，关键靠干部，关键要抓落实。我们只有全面加强和改进党的建设，打造过硬队伍，锤炼过硬作风，狠抓工作落实，才能不断激发创造力、增强凝聚力、提高战斗力，为全面转型、加速崛起提供强大的政治和组织保证。

在充分肯定成绩的同时，我们也要清醒地看到工作中存在的困难和问题。一是“经济总量小、产业集群小、企业规模小”的问题比较突出，发展方式仍然比较粗放，资源精深加工，终端产品、高端产品项目不多，产业链条不长，科技含量不高。二是县城规模仍然较小，建设管理相对滞后，难以适应城镇化和劳动力转移的需要。三是土地、融资等瓶颈制约日益加大，给进一步发展带来很大压力。四是民生工程建设资金压力大、后续管理难。五是不稳定因素依然存在，维护稳定、促进和谐的任务很重。六是少数干部没有将主要精力用在工作上，缺少实干精神，缺乏进取意识；反腐倡廉形势依然严峻。这些问题，我们必须高度重视，采取有力措施，切实加以解决。

我们更要看到，当前青阳已经步入工业化、城镇化加速推进的新阶段，未来五年正面临难得的发展机遇。一是东部产业转移的重大机遇。受到劳动力、资源等限制，目前大量沿海东部企业向中部地区转移已经形成一个大的趋势，这为我们产业发展带来了不可多得的战略黄金期。二是国家中部崛起战略和示范区建设的机遇。随着中部崛起战略的深入推进，国家对中部地区在交通、政策、项目等方面的支持将不断加大。特别是江南集中区全面启动，九华山机场即将投入运营，铜池一体化，甚至皖江一体化趋势将更加明显，这些都为我县示范区建设带来了很大的机遇。三是作为重点开发区域的机遇。国家主体功能区规划将我县作为重点开发区域，将出台一些特殊政策，这将为我们的发展带来更多的机遇。四是旅游业快速发展带来的机遇。随着人民生活水平的提高，目前旅游业呈现快速发展的势头，我县作为旅游的中心地带，将迎来极大的发展机遇。未来五年，在四重机遇的叠加效应下，依托良好的发展基础，区位、资源和后发优势，我们必将迎来一个更好、更快的发展黄金期。

未来 5 年的主要任务

今后5年是青阳追赶跨越富民强县的关键时期也是科学发展加速崛起的重要时期更是全面转型、全面小康的攻坚阶段。根据“十二五”规划确立的指导思想、奋斗目标和战略任务，今后 5 年，全县工作总体要求是：坚持以邓小平理论和“三个代表”重要思想为指导，以科学发展观为统领，实施“生态立县、工业强县、旅游兴县、商贸活县、城镇带动”五大战略，实施工业化、城镇化“双轮”驱动，加快示范区、新城区“两区”建设，统筹城乡经济社会协调发展，努力打造“宜居、宜业、宜商、宜游”的旅游城市，建设经济发展、生活富裕、环境优美、社会和谐的新青阳。

主要工作目标是：坚持以“两条工业走廊、五大百亿产业”为核心，大力实施“5121”工程。确保到“十二五”末，全县建成机械装备制造、有色金属加工、非金属新材料、现代旅游服务、现代特色农业 5 大百亿产业；确保生产总值突破 100 亿元；财政收入超过 20 亿元；农民人均纯收入达到 1 万元。到 2015 年，新城区基本建成，县城总人口突破 10 万人、接近 12 万人。确保财政收入、生产总值、规模工业增加值等主要经济指标增速高于全省县域平均水平，进一步缩小与皖江大县、省内强县的差距，力争实现在全省“总量居中、人均居前、速度居先、环境居优、民生居上”奋斗目标。

今后五年，我们要重点抓好以下5个方面工作

强化招商引资，加速工业突破，着力建设皖江经济强县 全面转型、加速崛起、富民强县，核心在工业，关键靠工业。我们要抢抓示范区建设重大历史机遇，加大工作力度，实施重点突破，全面提升工业经济实力。

推进园区扩容升级，建设两条工业走廊。确保每年园区建设投入2亿元，新增园区框架4平方公里。依托条件较好的乡镇园区，加大包装整合力度，力争再申报建设1—2个特色省级开发区。按照建设“工业新城”的要求，推进主园区与木镇、新河辅园区融为一体。加快县开发区物流集散区、综合服务区、标准化厂房、创业园区等建设，进一步提高项目准入和单独供地门槛，提升大项目承载力。不断强化乡镇园区规划，突出丁桥、木镇、新河、乔木、酉华、杨田、陵阳7个乡镇园区发展特色。加强与江南集中区的合作，加大童埠、丁桥等铜池结合部开发力度，规划建设有色金属加工、仓储物流产业组团。同时，全面推进扩权强镇，全力突破乡镇经济，力争到2015年，全县半数以上乡镇财政收入突破1亿元，其中1—2个乡镇财政收入超过2亿元。

打造五大百亿产业，构建现代产业体系。依托现有汽车零部件、特种阀门、精密仪表、机械制造、锻造铸造等产业基础，承接东部地区装备制造企业集群转移，着力打造百亿机械装备制造产业，建设沿江重要的机械制造产业基地。大力引进废铜拆解、铜材加工、特种线缆、电子信息等相关产业，加快推进钨钼加工、新型电源等项目建设，着力打造百亿有色金属加工产业，建设省内重要的铜材线缆加工基地。深入推进“矿业换产业”，加快非金属材料产业向下游、终端产品，轻钙、药钙等精深加工延伸，着力打造百亿非金属新材料产业，建设全国重要的非金属材料加工基地。发挥青阳独特区位优势，大力发展生态、休闲、度假等特色旅游，以及住宿、餐饮、商贸等旅游接待项目，推进青阳由旅游中转站向旅游目的地转变，着力打造百亿现代旅游服务业，建设皖南著名的旅游接待服务基地。立足优势农业、林业资源，走特色化、规模化、产业化的发展道路，着力打造百亿特色现代农业，建设泛长三角重要的农特产品供应基地。力争通过5年的努力，五大产业产值均接近或突破100亿元。

提升招商引资质量，承接产业集群转移。始终将招商引资作为第一抓手，大力引进投资亿元项目、主导产业项目和龙头企业项目。不断创新招商方式，将企业重组、以商引商、“园中园”招商等作为重点，着力突破投资5亿元项目和集群转移、整体搬迁、合作建园项目。确保每年引进规上项目60个，5年引进亿元项目100个。其中，投资5亿元项目20个以上、投资10亿元项目10个以上。新增规上企业200户以上，总数达到280户。力争3年完成固定资产投资200亿元，5年达到400亿元，其中工业投资330亿元，为县域经济发展注入强劲动力。

加大技改扩规力度，促进企业做大做强。坚持抓招商与抓扶持并重，高度重视现有企业、本土企业、在建项目建设。进一步强化银企对接，全面落实项目推进、企业帮扶工作机制，创新方式、加大力度，着力破解企业用钱、用地、用工、用房等瓶颈制约。加大财政补助力度，鼓励企业建设2层或多层厂房，加快引进新技术、新工艺，推进资源节约集约利用。帮助企业完善自身规划，加强内部管理，向上争取项目，促进企业重组、技改扩规、做大做强。加快企业家协会、产业协会组织建设，完善企业服务机制，提高企业整体竞争力。力争五年内全县扶持、培育产值亿元企业50户、5亿元企业20户、10亿元企业5户，其中税收500万元企业成为规上企业主体，引领全县工业经济发展。

强化基础设施建设，增强经济发展后劲。抓好县城至江南集中区、县城西南外环、县城至朱备等快速通道建设。加快童埠火车站建设，并争取开通客运班线。推进青通河、七星河航道和流域整治。配合做好京台高速复线、京福高铁等项目建设。加大城乡路网、电网等改造升级，确保全县公路总里程达1300公里，新建3座35千伏变电站。确保每个园区建设污水处理设施，每个乡镇建设垃圾处理设施，实现垃圾、污水处理全覆盖。

坚持三化同步，发展现代农业，深入推进农村改革发展　高度重视“三农”工作，坚持新型工业化、特色城镇化、农业现代化“三化同步”，不断深化农村改革，发展现代农业，促进农民增收。

加大资源开发力度，着力推进农业特色化。围绕皖南土鸡、优质大米、花卉盆景、竹木制品、茧丝绸、名优茶、山野菜、苎麻、黄精等特色农产品，不断加大开发力度，大力发展特色农业，提高农业产业化水平。大力发展大棚蔬菜、特种水产种养基地建设，加快九华现代农业示范区建设，力争5年内种养面积翻一番以上。大力发展竹木加工产业，确保5年内完成营造林15万亩，建成竹产业基地20万亩，全县森林覆盖率达到56%以上。

加大扶持培育力度，着力推进农业产业化。坚持以工业的理念、产业的理念发展农业。不断完善和规范土地、林权等流转市场，促进农业生产要素向大户集中。进一步加大财政、政策等支持力度，大力培育农业产业化龙头企业、特色基地。确保粮食总产达到13.8万吨，茶园面积达到2.5万亩，特种水产养殖面积2万亩。进一步加快农民专业合作组织、村镇银行、农产品专业市场等建设，壮大农村经纪人队伍，提高农民知识化水平，不断完善“三农”服务体系，促进农民增收致富。

加大建设投入力度，扎实推进新农村建设。全面落实中央和省市各项强农惠农政策，进一步加快农田水利建设，不断提高防汛抗旱标准，切实提高粮食单产，稳固农业基础地位。完成25座水库除险加固和55个小型灌区改造和建设。继续实施县乡道路改造升级、危桥改造、安全饮水等工程。按照村庄布点和中心村庄规划，整合城郊村、培育中心村、改造一般村、整治空心村、保护古村落。加大农村宅基地置换、整治、复耕力度，推进农民有序转移、梯次进城，为加速推进城镇化、工业化提供人口集聚。

加大环境保护力度，建设国家绿色能源示范县。按照“开发沿国省道两线，保护环九华山一片”的总体布局，坚持开发与保护并重。坚决拒绝重化工、高污染、高耗能和淘汰落后项目。大力发展绿色能源、清洁能源、可再生能源，制订循环经济发展中长期规划。严格耕地保护政策，有序发展农村小水电，大力发展农村沼气，完善服务网络。力争到2015年，实现“国家绿色能源示范县”建设目标。

建设南部新城，强化城乡创建，加快建设皖南旅游名城　进一步发挥独特区位优势，坚持建管并重，提升接待水平，立足九华山、服务大皖南、面向长三角、打造旅游城，树立青阳城市建设和旅游接待品牌。

全力推进新城区建设，着力建设特色县城。坚持建设规划、基础设施、社会事业、聚集人气“四个先行”，全面推进南部新城区建设。今年要启动25万平方米安置房、800亩人工湖、“三纵三横”路网、西南外环、青阳中学等建设，确保每年新城区建设投入不低于3亿元、新增面积1平方公里以上；3 年内框架路网、行政办公、学校医院等设施基本完善，商务休闲、旅游接待、高档住宅等项目加快建设；5 年内新城区人口加速集聚，功能全面完善，特色更加显现，面积超过老城区，再造一个新县城。力争到 2015 年，县城总面积达到 20 平方公里，人口突破 10 万人，接近 12 万人，基本实现建设特色旅游城市的目标。

不断加快老城区改造，着力建设特色城镇。进一步推进县城三条河流、三个入口景观整治。确保每年财政投入 1—2 亿元，加大老旧小区改造力度，加快道路“三化”，实施“三线”入地。进一步加大公园、广场、绿地、停车场等公共服务设施建设力度。进一步加快农贸市场、专业市场等建设，完成蔬菜批发市场建设、自来水厂迁建、供水管网改造。加快城区排涝设施、污水管网改造，实现雨污分流。同时，依托条件较好的中心集镇，按照要素集聚、功能完善、特色明显的要求，加快打造特色小城镇。着力建设以木镇为中心的县城卫星城镇、以丁桥为中心的皖江经济强镇、以陵阳为中心的旅游商贸城镇、以庙前为中心的旅游农业城镇“四大组团”，推进功能分区，不断提高城镇建设水平。

深入推进旅游城建设，着力提升接待水平。着力引进国内外知名的酒店、购物、休闲、娱乐企业入驻青阳，连锁经营，力争 5 年内建成四星级以上宾馆酒店 5—8 个。按照“佛教圣地、会务中心”的要求，加强宣传策划，打造接待品牌。大力发展中高档社会旅馆、餐馆和农家乐，迅速提高旅游接待水平。按照“礼佛九华、休闲青阳”主题，加大旅游资源整合力度，加快特色景区景点开发，确保新增 4A 级景区 2 个。结合新城区建设，加快青通河县城—朱备段沿岸保护性开发，建设高档休闲会所、旅游度假等项目，不断挖掘佛文化、徽文化内涵，高水平规划建设青阳（蓉城—朱备）旅游度假区，打造佛国休闲疗养度假旅游基地。

全面实施常态化管理，争创全国文明县城。坚持以创建带城建，以城建促创建，不断巩固“全省文明县城”创建成果，积极争创“全国文明县城”。进一步加大管理力度，强化交通秩序、环境卫生、社会治安、夜市摊点、旅游市场管理，建立完善一套长效机制，实行常态化、规范化管理。以新城区建设为契机，对县城总体规划进行新一轮修编，确保规划控制到每一条道路、每一栋建筑。进一步突出徽派建筑风格，加快景观大道、文化长廊、特色街区等建设，不断增强文化内涵。深入推进农村“四创”，大力实施农村清洁工程，全面清理农村沿路、沿河，以及陈年垃圾。不断完善农村垃圾“村组收集、乡镇转运、集中处理”的工作机制。加大村容村貌、房前屋后环境整治力度，着力建设优美乡村。

改善社会民生，发展社会事业，统筹经济社会协调发展 坚持以人为本，加大统筹力度，大力发展社会事业，着力改善社会民生，切实让人民群众感受发展变化，享受发展成果，在发展中得到更多实惠。

着力改善社会民生，增强人民群众福祉。进一步加大投入，提标扩面，大力实施民生工程，办好惠民实事。确保民生工程建设投入增长不低于财政收入增幅，针对群众最现实、最迫切、最关注的问题，坚持每年办 10 件以上惠民实事。坚持教育优先发展，结合新城区和小城镇建设，合理调整中小学校布局，推进学前教育、义务教育、高中教育和职业教育协调发展。不断加快孤儿院、敬老院建设，力争“五保户”和孤儿集中供养率达 100%。不断提高城乡“低保”标准和社会救助水平。加快推进残疾人保障和服务体系建设。切实做好老龄人口服务工作。巩固基层医药卫生改革成果，完善运行机制，推进公立医疗机构建设，加大财政补助力度，切实解决群众看病难、看病贵等问题。实行农村基本养老保险，着力完善覆盖城乡的养老、医疗、就业等社会保障体系。

大力发展社会事业，统筹城乡协调发展。按照统筹城乡发展的要求，推进公共服务均等化，大力发展各项社会事业。高度重视就业工作，强化职业技能培训，多渠道扩大城乡就业。切实抓好人口计生工作，强化流动人口管理，稳定低生育水平。深入推进科技创新，加快科技创业服务中心建设。深入推进文化体制改革，大力发展文化事业和文化产业。认真做好接待工作，提升接待水平。全力推进佛教文化用品质量监督检验中心建设。进一步加强工商、商务、粮食、供销、质监、药监、物价等监管，强化食品安全，稳定市场秩序，保障市场供给。切实加强安全生产、防灾减灾、武装、双拥、人防、气象、档案等工作，统筹经济社会协调发展。

加强政治文明建设，推进依法治县进程。坚持和完善人民代表大会制度和共产党领导的多党合作和政治协商制度，支持人大及其常委会依法履职，支持政协围绕团结和民主两大主题，参政议政。巩固和发展新时期最广泛的爱国统一战线，全面做好民族、宗教、对台、侨务等工作。积极支持工会、共青团、妇联、工商联、残联等群团组织依照各自章程开展工作，进一步加强有关行业协会和民间组织建设。高度重视老干部工作。深入推进普法工作，建设法治青阳。

维护社会稳定，强化社会管理，着力推进平安青阳建设　坚持富一方百姓、保一方平安，全面落实维稳第一责任，创新社会管理方式，为全县发展提供良好社会环境保障。

坚持属地管理原则，落实维稳第一责任。全面落实维稳领导责任，严格执行“属地管理、分级负责”原则。坚持各级各部门一把手负总责、亲自抓。进一步加强对重点人群、重点矛盾的包案化解和稳控力度，落实包保责任。确保各项制度执行到位。进一步加大信访维稳考核力度，严格责任追究，全面落实“一票否决”，努力形成层层负责、齐抓共管的工作局面，确保维稳信访工作各项任务落到实处。

创新社会管理方式，夯实基层工作基础。不断巩固“平安县”创建成果，着力推进“四个延伸”。进一步加快社会管理体制创新，推进数字化防控体系建设，不断加强重点人群、特殊人群，以及新经济组织、新社会组织的服务管理。加强执法管理和监督，促进公正廉洁执法，不断提高依法管理社会的能力和水平。发挥社区在社会管理中的作用，切实提高科学化、规范化、法制化水平。不断整合基层维稳综治力量，加强基层维稳办、司法所、派出所、法庭等规范化建设，完善大维稳、大综治工作格局，夯实基层工作基础。

落实信访工作机制，强化矛盾纠纷化解。坚持以群众工作统揽信访工作。全面落实《信访条例》，坚持信访“三级终结”工作机制，引导群众依法依规解决诉求。推进行业性、专业性调解组织建设，进一步完善人民调解、行政调解、司法调解联动的大调解工作体系，强化重大事项社会稳定风险评估、矛盾纠纷滚动排查、突发事件信息预警等工作机制。深入开展信访积案、重点矛盾化解工作，最大限度解决群众合理诉求，努力将矛盾化解在基层，化解在萌芽状态。

强化社会治安防控，确保全县大局稳定。坚持打防结合，强化社会治安防控体系建设，深入开展“地皮卡”、“黄赌毒”等专项斗争，继续保持对刑事犯罪、“两抢一盗”等案件的高压态势，切实增强群众的安全感。深入开展为重点工程、重点项目创平安活动，强化校园周边环境整治，加强学校安保工作，加强对公共场所、重点场所治安监管，完善对刑释解教人员安置帮教工作机制。强化对网络等虚拟社会的综合管控。不断深化防范和处理邪教工作，完善各类应急预案和工作机制。切实维护全县安定团结的良好局面。

全面加强和改进党的建设

确保未来5年目标任务的实现，关键在党，重在落实。我们必须坚持立党为公、执政为民，坚持党要管党、从严治党，认真贯彻落实党的十七大和十七届四中全会精神，全面加强和改进党的建设，进一步提高执政能力，加强党对经济社会各项事业发展的领导，为推进科学发展、加速青阳崛起，提供坚强的政治和组织保证。

加强思想政治建设，提升各级干部精气神 全面加强宣传思想工作，坚持以中国特色社会主义理论、核心价值体系为重点，深入推进学习型党组织建设，加强党史教育，强化理论武装。不断巩固扩大“创先争优”、“四民”专题活动等成果，不断增强各级干部谋划发展、统筹发展、推动发展、破解难题、维护稳定、改善民生、增进和谐的能力和水平。广泛开展读书、调研、考察、座谈、讨论等活动，推进干部开阔眼界、更新观念。深入开展学先进、比先进、赶先进活动，着力破除“小进即满、小富即安，循规蹈矩、按部就班，安于现状、不思进取”等思想束缚，着力提升各级干部敢闯敢试、勇于担当、敢于负责的精气神。

推进县权公开工作，完善权力运行新机制 严格按照中央和省市的决策部署，积极探索创新，认真抓好县委权力公开透明运行试点工作，着力完善一套管用实用、简便易行、富有特色的权力运行机制和制度体系。坚持党总揽全局、协调各方，深入贯彻民主集中制，全面加强常委会自身建设，完善民主决策、民主监督等制度，确保权力规范、公开、透明运行，提高县委的公信度和决策的执行力。

加强干部队伍建设，集中干部精力干事业 深入推进干部人事制度改革。坚持以各级领导班子建设为重点，坚持凭实绩、在一线选人用人，不断完善干部绩效考核机制。进一步加大竞争性选拔干部力度，强化后备干部管理使用，扩大干部初始提名范围，扩大选任民主，加大差额力度，提高选人用人公信度。进一步加强对重要部门、重点岗位人员的交流轮岗，建立干部能上能下的机制。坚持党管人才原则，完善高层次人才引进机制，营造尊重人才和民主、公开、竞争、择优的制度环境。进一步加强对干部的教育、监督和培训，实行定期轮训，进一步增强干部实干精神和责任意识，切实将干部的主要精力引导到干事创业上来。

加强党风廉政建设，改进干部作风抓落实 深入推进反腐倡廉和党风廉政建设，坚持以惩防体系建设为重点，进一步加强教育监督，强化制度建设，加大办案力度。全面落实“一岗双责”，加大考核力度，确保任务落实。全面落实《廉政准则》等党员干部廉洁从政的规定，不断完善建设工程招投标、建设用地招拍挂、政府投资项目审计、财政资金集中支付等制度，加强对重点领域、重点环节、重点人员的监管，坚持按制度、按规矩办事。继续深入开展“三项建设”考评活动，强化监督检查、加大明察暗访、强化责任追究，不断改进工作作风，提高工作效能。进一步完善工作推进、责任落实、责任追究等机制，加大督查、通报力度，特别是对重点工作的落实情况，组织开展专项督查。坚持抓党风、促政风、带民风，严查干部赌博、权力寻租等违法违纪问题，纠正损害群众利益的不正之风。

加强基层组织建设，夯实党的执政基础 深入推进创先争优和农村小学教活动。扎实开展“三级联创”。不断加强村级干部教育、监督、管理，增强基层干部发展集体经济、带领群众致富、处理矛盾纠纷等工作本领。不断完善办事公开机制，推进村级工作规范化、制度化。引导基层党员干部多为群众办实事、做好事、解难事，密切党群干群关系。进一步完善村民自治机制，推进

农村社区建设，扩大基层民主。推进“双培双带”等农村党建六大载体建设。扎实做好选派、选聘工作。不断强化机关、企业、学校、社区及非公有制企业、新社会组织党建工作，不断增强党的基层组织的凝聚力、创造力和战斗力。

各位代表、同志们，做好未来5年的工作，责任重大，使命光荣，任务艰巨。让我们紧密团结在以胡锦涛同志为总书记的党中央周围，在省委、市委的正确领导下，团结和带领全县人民，以更加饱满的热情，更加高昂的斗志，更加务实的作风，为实现青阳科学发展、加速崛起而努力奋斗。

政府工作报告

青阳县第十四届人民代表大会第一次会议

（2012年1月13日）

县人民政府县长　王春生

各位代表：

现在，我代表县人民政府向大会作工作报告，请予审议，并请列席人员提出意见。

2011年及过去五年工作回顾

刚刚过去的2011年，在县委的正确领导下，在县人大、县政协和社会各界的全力支持下，县政府团结带领全县人民，坚持以科学发展观为统领，抢抓机遇，顽强拼搏，较好地完成了县十三届人大五次会议确定的各项目标任务，实现了“十二五”良好开局。预计全县生产总值53亿元，增长13%；财政收入8.5亿元，增长31%；全社会固定资产投资45亿元，增长36%；农民人均纯收入6854元，增长15%；万元生产总值能耗下降4%。荣膺全国科技进步先进县。

工业经济实现新突破　预计规模工业增加值15.6亿元，增长30%，其中机电装备制造、非金属新材料、有色金属材料三大主导产业占82%，达12.8亿元。新增规模企业6户，规模企业数量达62户。扎实推进集群招商、产业招商和专业机构招商、以商招商，招商引资到位资金45.6亿元，增长44%；引进规模项目78个。成功举办首届招商引资集中签约活动，集中签约14个项目。实际利用外资4286万美元，增长15%；外贸进出口2800万美元，增长42%。重点项目加快建设，富莱茵汽配、替克斯阀门、昌利二期、金润铜业、昌宁新材料、超威二期等项目相继竣工投产，九鼎环保纸、鼎胜矿业、埃美柯仪表、柯力传感器、动冶科技等项目进展顺利。园区经济实力增强，“一主五辅”园区框架扩大6.2平方公里，建成标准化厂房25万平方米，落户规模企业达48户，实现工业增加值11.8亿元。

城乡建设取得新进展　南部新城建设扎实推进，青山新城安置房完成主体工程3万余平方米，西南外环各项前期工作全部就绪，交通路网建设全面启动，雨洪调蓄区完成施工设计，青阳中学新校区完成规划评审。市政重点工程拆迁、城市规划区拆违深入开展，完成拆迁20万平方米、拆违5100平方米。九华西路改造、天柱北路延伸等城市道路工程全面竣工，县城北外环升级改造全面启动，城市污水处理厂、生活垃圾处理场建成投入使用，城区人民期盼已久的牛桥水库供水工程主体完工，并正式向城区供水，县城供水体制切实理顺。创建国家森林城市工作扎实开展，投入3500万元加快城乡绿化建设，林木绿化率达59.3%。城镇和新农村建设步伐加快，建成城镇污水管网12公里，新建垃圾中转站2座、焚烧站2座、填埋场17处，完成农村公路90公里，启动8座危桥改造，完成5座病险水库除险加固、19处农村饮水安全工程，新增新农村建设示范村4个。完成5个35千伏、165个10千伏及以下的农网升级工程。

第三产业焕发新活力　旅游总收入44.8亿元，增长40.9%，九子岩综合开发正式启动，莲花峰生态园建成开业，九芙蓉城市广场、熙园、茶溪小镇、康元山庄、九华远洲合泉山居等重大旅游项目开工建设，九华德懋堂、九华云水等旅游综合体建设加快推进。加大商贸流通业政策扶持力度，社会消费品零售总额17.7亿元，增长18%，新增限额以上商贸流通企业7家，豪诚国际广场、开发区物流商贸城、城区商业中心等项目有序推进，城乡市场体系进一步健全。房地产市场健康发展。居民汽车消费超亿元，成为新兴消费市场热点，成功举办首届汽车展销会。预计新增存贷比达75%左右。九华村镇银行正式开业，新组建1家小额贷款公司。

现代农业迈出新步伐　农林牧副渔业总产值16.5亿元。皖南土鸡、水产养殖、大棚蔬菜、优质米、花卉苗木、名优茶叶、茧丝绸等特色产业健康发展，新增省级示范合作社2家。现代农业综合开发示范区建设加快实施，蚕桑文化园主体完工，设施蔬菜标准园新增400亩基地；人工造林1.6万亩，林下经济蓬勃发展，特种养殖示范区加快推进，皖南珍稀植物科技园、童埠珍稀生态农业园不断壮大。平云牧业、皖江水产、五星畜牧等企业龙头带动效应逐步增强。

民生福祉得到新提升　33项民生工程和10件惠民实事全面完成。城乡居民社会养老保险参保率达80%，60岁以上城乡居民基础养老金全部发放到位。县文化馆、博物馆、图书馆和乡镇综合文化站全部免费开放，文化下乡进社区活动送戏140场、送电影1140场，成功举办全国首届绿色运动会·九子登高比赛，新建一座铺设塑胶跑道的标准化运动场。小学适龄儿童入学率、初中升高中入学率、高考本科达线率分别达100%、99%、55.4%，其中高考本科达线率连续六年位居全市之首。城乡居民合作医疗参合率达99%，兑付补偿资金4960万元。发放各类涉农补贴7000余万元。城区蔬菜批发市场启动建设。建立困难群众临时救助制度，发放城市低保物价补贴及春节消费券13072人、358.1万元。家电下乡补贴1156万元，家电以旧换新补贴44.8万元。住房保障切实加强，完成300户棚户区和1400户农村危房改造任务，发放住房补贴54.8万元，建成公租房500套、廉租房100套。建成社会儿童福利院。开通县城至杜村乡公交，实现农村公交全覆盖。计划生育、食品药品安全等各项社会事业统筹发展。“平安青阳”建设取得实效，社会治安综合治理持续加强，法律援助覆盖面不断扩大，矛盾纠纷和信访隐患排查化解工作扎实开展，安全生产形势稳定好转。

政府建设呈现新局面　自觉接受人大、政协和人民群众监督，办结人大代表议案、建议37件，政协委员提案、来信35件。建立县政府法律顾问制度，提升行政执法案卷评议、行政执法监督、综合执法等依法行政水平。全面启动“六五”普法。加强基层政权建设，圆满完成第八届村民委员会换届选举。严格贯彻落实《廉政准则》，深入推进惩治和预防腐败体系建设。进一步理顺招投标体制机制，落实政府集中采购目录及限额标准，拓展招投标范围。强化重点领域、关键环节的行政监察和审计监督，推进“三项建设”考评、政风行风评议，建立审计整改联席会议制度，加强政务督查。规范行政服务中心运行机制，深化行政审批制度改革，优化政府网站、政府信息公开、电子政务等行政服务平台，为民服务能力和水平得到明显提升。

各位代表，2011 年各项任务的完成，为本届政府工作划上了圆满句号。回首过去的五年，我们抢抓发展机遇，妥善应对挑战，经济社会发展取得了巨大成就。

五年来，综合实力显著增强，产业结构加快转型。地区生产总值、财政收入等经济指标持续快速增长，二、三产业比重由 79.7% 调整到 86%。2008 年以来三度蝉联全省科学发展先进县。乡镇经济跨越发展，9 个乡镇财政收入突破 1000 万元，蓉城成为全市首家财政收入超亿元镇。工业主导地位日益强化。工业对经济增长贡献率达 50%。共新建工业项目 360 余个，实施工业技改项目 90 余个，机电装备制造、非金属新材料、有色金属材料三大主导产业基本形成并逐步壮大，共完成投资 78.6 亿元，建成亿元以上项目 13 个。3 个乡镇成为省级产业集群镇。三产支柱地位日趋明显。社会消费品零售总额年均增长 15%，城区核心商业圈基本形成，覆盖城乡的市场体系逐步健全；建设旅游项目 36 个，九子岩景区成功晋级国家 4A 级景区，首家五星级标准的五溪山色酒店建成开业，创建农业旅游示范点国家级 1 家、省级 5 家，省最佳、优秀旅游乡镇 4 个。农业基础地位日渐巩固。新增龙头企业 44 家、农民专业合作组织 121 家，新认证无公害农产品、绿色食品、有机食品 5 个，成功注册“皖南土鸡”地理标志。

五年来，改革开放不断深化，发展活力愈发彰显。招商引资成果丰硕。共引进规模项目 273 个，累计到位资金 136.3 亿元，引进落户了超威新能源产业园、九鼎环保纸、富莱茵汽配、柯力传感器等一批投资 10 亿元以上的大项目。园区发展成效显著。加快承接产业转移示范区建设，“一主五辅”园区格局形成，建成区面积 14 平方公里，建成“园中园”4 个，实现税收占全部工业税收的 85%。对外开放不断扩大。累计进出口 8694 万美元，年均增长 30.3%；累计利用外资 1.33 亿美元，年均增长 36.3%。各项改革深入实施。政府机构改革、农村综合改革、集体林权制度改革、义务教育管理体制改革、基层医药卫生体制改革、文化体制改革、国有工业企业改制全面完成，事业单位改革、金融机构改革、县乡财政体制改革持续推进。建立招标采购交易平台，完善政府采购制度，累计交易额达 11 亿元，节约资金 1.8 亿元。

五年来，城乡面貌深刻变化，人居环境明显改善。旅游城品位全面提升。累计投入近 40 亿元，县城区面积扩大到 10 平方公里，完成市政重点工程 50 余项，新增城市道路 50 公里、城区绿化 30 万平方米，县城东入口改造、青通河整治、新汽车站、环城公路、九子大道等一批重大基础设施竣工投入使用。城市规划、管理得到加强，南部新城建设顺利推进，蝉联安徽省文明县城。生态县建设稳步推进。国家绿色能源示范县申报成功。小城镇开发加快推进。改造集镇街道 20 余公里，建成供排水管网 50 余公里，绿化、亮化、美化等设施进一步完善，特色集镇亮点纷呈，创建国家、省级文明村镇 3 个，省级历史文化名镇 1 个，生态乡镇 2 个。节能减排取得实效，区域环境质量达到功能区标准。新农村建设扎实开展。统筹村庄建设与管理，完成村庄布点规划，除险加固 37 座中小型水库，建成农村公路近 300 公里，实现城乡公交一体化，深入实施农村饮水安全、环境综合整治等工程，农村整体环境全面优化。

五年来，民生水平大幅提高，社会事业统筹发展。社会保障更加有力。增加就业 12394 人，建成 3 个农民工创业园。“夕阳红”计划深入实施，建成 1100 多张五保床位，五保户集中供养率达 75%。社会保险、城乡医疗保险、城乡低保、住房保障、孤儿和残疾人救助、困难救济、大病救助等制度全面落实。城乡居民社会养老保险全面开展。公共服务全面提升。教育累计投入 5.2 亿元，一批中小学、幼儿园相继建成，改扩建、加固中小学校舍 18 万平方米，职教中心成为省示范职业高中。医疗卫生累计投入 2.8 亿元，投资 3000 余万元的县医院门诊楼建成使用，基层医疗机构全面完成规范化建设，疾病防控、妇幼保健等公共卫生服务能力不断加强。文化事业长足发展，乡村文化机构实现全覆盖，县文化馆、图书馆升级达标；新建国家、省级乡镇全民健身广场3个、农民体育健身工程42个；国家级非遗项目青阳腔传承保护得到加强，青阳农民画成为省级非遗保护项目，广播电视实现“村村通”。人口和计划生育工作保持先进位次，年均人口自然增长率6.44‰，县计生服务站建成使用。妇女、儿童、老龄人和残疾人权益得到保障。工会、共青团、工商联、法律服务、统计、物价、供销、民族宗教、侨务、对台、档案、保密、气象、地方志等工作得到加强。社会管理持续改善。“五五”普法顺利完成。社会治安综合治理进入全省先进行列。基层派出所、司法所规范化建设全面完成。信访工作得到加强。安全生产态势平稳。国防动员、民兵预备役、双拥优抚工作切实加强，实现省双拥模范县“五连冠”。市场监管、商标战略、产品质量和食品药品安全监管、应急管理、抗灾救灾、森林防火、交通安全等工作全面加强。政风行风明显好转。依法行政深入推进，行政审批改革不断深化，减少行政事业性收费项目73项、许可项目36项，逐步规范行政处罚自由裁量权。大力精简文件、会议，规范办文办会。扎实开展党政机关公务用车和庆典活动清理规范，党风廉政和反腐败建设深入推进。

各位代表，五年风雨兼程，五年春华秋实，我们一步一个脚印，一年一个台阶，谱写了科学发展的华彩篇章，奠定了转型崛起的坚实基础。所有这些辉煌成就的取得，是全县人民团结奋进、艰苦创业、默默奉献、埋头苦干的结果。在此，我代表县人民政府，向全县人民，向县人大代表、政协委员，以及所有关心、支持青阳建设和发展的各界人士，表示崇高的敬意和衷心的感谢！

在肯定成绩的同时，我们更清醒地认识到，前进中还存在不少的困难和问题，主要表现在：经济总量不大、产业结构不优的状况尚未根本转变，发展步伐仍需进一步加快；创新驱动不够、内生动力不强的局面没有彻底扭转，发展活力还需进一步激发；社会管理和公共服务能力还需加强，民生保障领域有待进一步拓展；政府职能有待进一步转变，部分工作人员的责任意识、行政效能与人民群众的要求还有差距，等等。对此，我们必须高度重视并切实加以解决，努力把全县人民的重托和期望付诸实现。

今后五年目标任务

今后五年，是全面实施“十二五”规划的重要时期，更是扩张总量、调优结构、加快转型、普惠民生的关键时期。按照县第十三次党代会的精神，今后五年政府工作的总体要求是：深入贯彻落实科学发展观，以科学发展为主题，以全面转型、加速崛起、富民强县为主线，强化人才支撑，大力实施生态立县、工业强县、旅游兴县、商贸活县、城镇带动战略，坚持工业化、城镇化“双轮”驱动，加快示范区、新城区“两区”建设，全力推进工业园区化、农业现代化、旅游产业化、城镇特色化、民生普惠化进程，努力建设经济发展、生活富裕、环境优美、社会和谐、人民幸福的皖南名城。

今后五年的奋斗目标是：

综合经济实力快速提升。生产总值和财政收入分别达到120亿元和22亿元，努力建成皖江经济强县。

现代产业体系基本完善。机电装备制造、非金属新材料、有色金属材料、现代旅游服务、现代农业五大百亿产业基地全面建成，其中工业对经济发展的贡献率达60%以上，首位产业对工业发展的贡献率达40%以上。

城镇品位形象大为改观。南部新城全面建成，特色城镇体系基本形成，城市化率提高5个百分点，皖南名城形象进一步提升。

生态文明建设全面推进。加快建设资源节约型、环境友好型社会，循环经济蓬勃发展，充分发挥全国绿色能源示范县效应，努力创建全国生态县。

民生幸福指数大幅提高。居民收入倍增规划全面完成，城乡居民收入在总量翻番的基础上，结构进一步优化，城乡差距明显缩小，各项社会事业全面发展，社会管理能力全面增强。

为实现上述目标，新一届政府在全面推进“十二五”规划的基础上，更加注重转型发展、特色发展、统筹发展、和谐发展，促进社会进步。

注重转型发展，致力壮大新型工业

更加突出工业主导地位，加速新型工业化进程，推动工业向园区集聚、集群化发展。全力扶持县经济开发区发展，打造机电装备制造业聚集区；重点加强乡镇园区建设，壮大、升级非金属新材料和有色金属材料等特色产业群。全面推进科技进步。建立健全以企业为主体、市场为导向、政府为引导的产学研用体系，加速传统产业改造提升，引导企业通过技术创新，实现节能降耗、绿色转型；鼓励企业引进和研发高新技术产品，不断提升产品科技附加值，增强企业核心竞争力。大力发展电子信息等战略性新兴产业。完善发展支撑体系。放大政策和资源效应，强化要素保障，健全金融扶持机制，加大政银企合作力度，不断创新合作方式，扶持企业通过上市融资、引进风险投资等方式，增强资本运作能力。完善市场信息监测服务体系，引导企业密切关注国家产业政策，主动适应市场变化，切实加强产销衔接。不断提高人力资源保障能力，建立和完善政府援助、面向企业的定向培训机制，加强就业实训基地建设，建立健全开发区就业和社会保障服务体系，构建和谐劳动关系。鼓励现代物流、仓储服务、教育培训等生产性服务业全面发展。

注重特色发展，致力建设旅游新城

全面巩固、提升省级文明县城水平，加快建设南部新城，打造山水园林城市，争创全国文明县城。深入实施城区绿地系统规划，全力构建“一湖两河两公园”的园林城市格局，高品位建设雨洪调蓄区，实施青通河、东河综合整治，完善、提升人民公园功能，建设新城湿地公园。抓住皖南国际旅游文化示范区建设的机遇，全面发掘九华山品牌效应，扎实推进环九华山旅游带建设，全面实施青阳（蓉城—朱备）旅游度假区规划，重点打造九子岩、长龙山旅游综合体，大力发展购物、食宿、禅修、养生、度假休闲等旅游业态，支持、规范各类“农家乐”发展，积极引进国内外知名旅游服务业品牌企业，开发特色旅游产品。加快综合农业发展，大力发展农业旅游，充分挖掘农耕、民俗文化内涵，着力发展融餐饮、娱乐、观光休闲、文化体验、绿色食品产销等为一体的农业旅游项目。

注重统筹发展，致力促进城乡融合

进一步深化农村综合体制改革，加大基础设施投入，加快缩小城乡差距。鼓励、支持各种形式的土地经营权流转，扶持规模化种植养殖，探索试点宅基地使用权换房产、土地承包经营权换养老金机制。加强失地农民生活保障，探索推行失地农民双重身份、双重保障，引导村民向居民过渡，创新户籍管理。全面推进村庄规划全覆盖，以规划引领农村水利、交通、能源等基础设施建设，引导农民建房向规划点集中。全面开展村庄环境综合整治，切实改善村容村貌，建设优美乡村。大力扶持农业、林业产业化龙头企业，积极培育种植养殖大户，形成示范带动效应，促进农民增收致富。

注重和谐发展，致力推进管理创新

坚持政府主导、多方参与、共同治理，完善社会管理组织机构，全面提升社会管理能力。深入开展“六五”普法教育，努力提升全民法律、道德素养。强化公务人员的法律意识，提高政府依法行政、依法管理社会的能力；切实加强与普通百姓有直接利害关系的法律法规的宣传教育，引导群众用法律维护自己权益、规范自己行为。以社会主义核心价值观为主线，加强文化、道德建设，通过人民群众喜闻乐见的优秀文化产品感染人、教育人、影响人。切实加强村(居)委会组织建设,全面加强村(居)委会人员、经费等保障,鼓励村(居)民民主协商、自我管理,提高社会自治能力。畅通诉求表达渠道,创新矛盾纠纷化解机制,逐步建立邻里协商、村民代表公议、评议员评判、专业机构调处的多层次矛盾纠纷化解机制。统筹推进教育、卫生等社会事业发展,制定实施职业培训规划,提升劳动力素养,完善社会服务功能和社会保障体系。加快社会治安综合管理、信访维稳、社会信用等体系建设,维护司法公正,加强市场监管、应急管理、舆情应对等工作,实现社会和谐稳定。

2012 年工作安排

2012 年是新一届政府开局之年。做好今年的工作,对顺利实施“十二五”规划,加快经济社会全面发展、转型崛起至关重要。

综合考虑,2012 年经济社会发展主要预期目标是:全县生产总值增长 12% 以上,突破 60 亿元;财政收入增长 18%,超 10 亿元;引进县外资金增长 20%,达 55 亿元;全社会固定资产投资增长 20%,其中工业投资增长 35%;规模工业增加值增长 25%;社会消费品零售总额增长 18%;城乡居民收入增长 13% 以上;自营进出口 3000 万美元以上;城镇登记失业率控制在 4%以内。节能减排、人口自然增长率等约束性指标完成市政府下达目标。

为实现上述目标,必须着力抓好以下六个方面工作:

坚持工业主导,着力壮大县域经济实力

提升工业园区承接水平。园区建设投入完成 3 亿元。县经济开发区以升级扩容、完善配套、优化服务为工作重点,完成高速以东地块“三通一平”,拉开木镇园、新河园框架,加快配套服务设施建设,力争引进超亿元项目 5 个以上、超 5 亿元项目 2 个,实现规模工业增加值 5 亿元。加大财政扶持力度,支持乡镇辅园区全面升级、有序扩容,高标准规划到位,逐步完善基础设施和配套设施,带动特色产业集群发展壮大,力争每个辅园区新增 4 个以上规模企业。加快工业地产开发,推进“园中园”建设,建成 20 万平方米多层标准化厂房,打造配套中小企业集聚区。

加快主导产业优化升级。坚定不移打造机电装备制造首位产业,制定发展规划,落实扶持政策,做强新型泵阀、汽车零部件、机械制造、精密锻铸件、仪器仪表等产品。不断提升非金属新材料产业优势,加强矿区整合,严格控制粗放开采和原矿外销,着力提高产品附加值和技术含量,促进石粉加工向药钙、塑料母粒 PVC 管材无木环保纸等下游终端产品和高新技术产品发展加快有色金属材料产业升级转型,发挥资源和区位优势,做大铜材精加工、特种线缆、钨钼精炼、新型电源等产品。加快培育战略性新兴产业和低碳产业,推进工业化和信息化深度融合。

创新服务企业长效机制。不断完善县级领导牵头联系、部门对口帮扶的服务体系,创新开发区运行机制,推进人性化执法、服务式管理,规范涉企检查、评比行为,推行检查备案和收费罚款登记制度。扶持企业科技进步,加强产学研用合作,推动企业技改扩规,全年完成技改投资 15 亿元以上。着力加强企业运行调度,完善市场预警监测机制,重点帮扶年销售收入超 500 万元的企业,力争全年新增产值超亿元企业 5 户以上、超 2000 万元企业 20 户以上。强化要素保障。加强工业用地供给和管理,部门和乡镇联动努力破解土地瓶颈,确保新增园区用地 2000 亩,进一步加大对闲置土地的清理力度,实现土地集约节约利用;开展对口职业培训,抓好供、需、管三方衔接;优化要素、资源配置,积极搭建各类融资平台,加强对企业的金融服务和财税支持。

坚持项目带动，着力增强跨越崛起后劲

增强项目谋划的前瞻性。准确把握国家产业政策，结合我县主导产业，加强与科研机构、央企、知名民企的合作，谋划一批投资规模大、带动效应强的重大产业项目，编制储备5亿元以上项目10个、10亿元以上项目5个，力争新增省“861”项目20个。密切关注国家财政、金融、民生等方面政策，加大城乡交通水利基础设施、扶贫开发、教育文化卫生等社会事业领域的资金争取力度，力争全年争取中央及省投资份额不低于皖江示范区平均水平。

加强项目招商的针对性。推进招商引资“三个转变”，实现由招商引资向挑商选资、由政策洼地向服务高地、由任务考核向综合考评转变。瞄准重点区域，创新方式方法，强化专业招商和领导招商，拓展以商引商、中介招商、会展招商、引智招商等招商方式，力争全年新引进规模以上项目78个。强力实施五个百亿产业发展规划，力争每个产业引进1—2个产业链核心龙头项目5—10个产业链延伸配套项目，确保三大工业主导产业到位资金占总到位资金70%以上。

注重项目建设的时效性。健全项目建设服务和滚动推进机制，定责任、定时限，保开工、保进度，全年实施5000万元以上项目70个，完成投资37亿元。重点推进超威新能源产业园、富莱茵汽配二期、昌利锻造二期、九鼎环保纸、埃美柯仪表、柯力传感器、鼎胜矿业、动冶科技、建晟纪元新材料、海亿矿化、新泰中药等重大项目建设，力争早日投产；确保金润铜业、超威二期、富莱茵汽配一期、替克斯阀门等项目尽快达产达效。

坚持规划引领，着力提升城镇发展水平

全力推动南部新城建设。积极推进各类专项规划、区域修建性规划编制，抓紧完成重点工程设计。完成青山新城安置房、5条主干道以及雨洪调蓄区建设，加快推进西南外环建设，全面推进莲花路、天柱南路、青山路、富阳南路等道路工程。

全面提升城市服务功能。投资2亿元，进一步完善市政配套工程。完成公园北路、宝灵路、河西路等城市道路，实施交通瓶颈路段改造以及背街小巷整治工程；加大城区供排水、燃气等管网延伸、改造力度，新建7.5公里污水管网，改建2个以上老小区的燃气管道。扶持建筑业企业发展壮大，加快保障性安居工程建设，建成100套廉租房、300套公租房，改造250户棚户区。推进帝景国际花园、南华苑二期、清水湾等住宅项目建设，完成投资10亿元。积极参与创建国家森林城市，提升文明县城管理水平，争创市级“九华杯”，推进城市综合执法、绿化、环卫等管理体制机制改革创新，完善城区公共交通，提高城市绿化水平，健全青通河景观带、公共广场绿地、旅游公厕等公众场所的管理长效机制。

统筹推进特色集镇发展。结合产业发展布局，推进功能分区，支持条件较好的乡镇加快集聚发展要素，完善配套功能。坚持特色产业发展与基础设施建设互促共进，加快生态建设，打造各具特色的新型工业重镇、生态旅游名镇、现代农业强镇，不断提升城镇化水平。

坚持旅游拉动，着力加快第三产业发展

全面振兴旅游经济。接待国内外游客530万人次，实现旅游总收入54亿元。编制完成青阳（蓉城—朱备）旅游度假区发展规划，强力推进九子岩景区综合开发，加快建设九华德懋堂、九华云水、九华远洲合泉山居、九子岭度假村等旅游综合体，力争九芙蓉城市广场、熙园、康元山庄、茶溪小镇基本建成。加快省乡村旅游试点县建设，打造一批“农家乐”示范点，推进乡村旅游业态健康、快速发展。加强旅游行业标准化建设，加大旅游宣传促销、旅游商品生产和市场建设力度，进一步优化旅游市场环境。

大力发展商贸物流。注重培育商贸流通企业，新增限额以上住宿餐饮批发零售企业10户以上，推进华润苏果、豪诚国际广场建设，启动一处城市商业综合体建设。完成开发区物流商贸城、城区蔬菜批发市场建设。加快推进万村千乡、新网工程、农贸市场标准化改造等农村市场工程，不断完善“放心肉”体系。扎实开展家电下乡、农超对接。大力培育新的外贸进出口增长点，新增进出口企业12家。规范物流企业发展，帮助企业加强货、运有效对接。

不断强化金融服务。新增信贷投放8.5亿元。切实加强对财政资金存款主办银行的考评，实行存贷挂钩、动态调整。力争引进徽商银行设立分支机构，支持青阳农合行改制为农商行，有序发展小额贷款公司和民营担保公司。加强政银企合作，完成国有资产清理整合，做大做强政府性投融资平台；规范县担保公司经营管理，鼓励吸引多方资本投资入股，力争资本金突破1亿元；积极推行林权抵押、商标和专利使用权质押贷款。加强金融市场管理，有效防范金融风险。

坚持夯实基础，着力加强农业农村工作

加快农业产业发展。扶持平云牧业、皖江水产、五星畜牧、九华红茶纺、永红木业等龙头企业发展壮大，力争新增省级示范合作社、省级专业示范村（乡）各1家。加快建设九华现代农业综合开发示范区，完成盆景文化园建设。壮大立体生态休闲农业、特种种植养殖、蚕桑标准化示范区和设施蔬菜标准园规模，大力发展皖南土鸡、名优茶叶、花卉苗木、中药材、烟叶种植等特色农业，支持黄精等系列产品开发。着力创建全国绿色食品原料（水稻）标准化生产基地，推进水稻产业提升行动。加快林业基地建设，人工造林2万亩，发展城市绿化苗木基地1万亩，新增竹产业基地2万亩。健全农产品质量安全体系。

改善农村基础设施。加强水利基础设施建设，完成7座病险水库除险加固，加快建设县城和木镇、庙前集镇防洪工程，统筹推进重点河流治理。实施危桥改造和县乡道升级。综合整治农村环境，继续实施农村清洁工程。加强农村危房改造和地质灾害防控，完成重点地质灾害点治理。加强耕地保护和土地整治，实施农田治理项目。加快国家绿色能源示范县项目建设。推进粮食仓储设施标准化建设。

促进农村改革创新。巩固农村综合改革成果，深化集体林权制度配套改革，加快创新为民服务机制，继续推进“一网通”工程。鼓励农村土地承包经营权有序流转，支持多种形式的规模经营。健全“一事一议”财政奖补、失地农民保障、政策性农业保险、新型农民培训等制度。科学编制并认真实施新型农村社区规划，有序推进农村社区化。深入推进农村公路、饮水安全工程管护体制改革。

坚持改善民生，着力维护社会和谐稳定

全面深化民生保障。坚持尊重民意、加大投入、合力实施、创新机制，把保障民生摆到更加突出的地位，作为考核执政能力、工作业绩的重要内容。认真实施民生工程和惠民实事，构筑宽领域、广覆盖、多层次的民生保障体系，打造普惠民生、幸福民生，让全县人民共享改革发展成果。在全面深化实施省民生工程项目的基础上，完成8件惠民实事：

1. 开展新型农民工职业培训5500名，政府资金补助提供就业岗位1800个。
2. 本着自愿原则，实行集中供养不少于30名孤儿。
3. 新建7万平方米大型货车停车场一座，改扩建城区停车场3000平方米。
4. 在实现应保尽保的基础上，重点救助150户特困家庭。
5. 加大人民公园整治投入力度，提升公园品味和功能。
6. 开工建设青阳中学新校区，启动青阳三小建设，新建公办幼儿园一所。
7. 改造城区自来水管网5公里，启动新自来水厂建设。
8. 完成400口当家塘坝除险加固。

统筹发展社会事业。以文化事业的大繁荣带动文化产业的大发展，继续实施文化惠民工程，加强基层文化设施建设与管理，丰富各类群众文化活动，净化社会文化环境。提高历史文物、文化遗产的保护、研究和开发水平。优先发展教育，确保义务教育学校标准化率达65%，加强学生交通安全管理，深化校园及周边环境综合整治争创国家重点职教中心。支持全民创业，加强创业就业指导和创业园区建设力度，新增就业岗位2600个。继续加强社会保险工作。巩固基层医改成果，完善配套改革措施，抓好重大传染病和职业病防控。完善社会救助体系，推进各类救助救济制度有效衔接。加强敬老院、儿童福利院规范化管理和标准化服务，鼓励社会办老年公寓。巩固人口和计划生育工作成果，强化城市和流动人口计生工作，稳定低生育水平。积极推行企业一套表改革，夯实统计基础，提升统计科学化水平。分类推进事业单位改革。完成《青阳县志》续修。推进国家佛事用品质量监督检验中心建设。支持工会、共青团、妇联、工商联、科协等团体开展工作，发展残疾人、老龄人和慈善事业，推进民族宗教、外事侨务和对台工作，做好气象、地震、档案、保密、机关事务等工作。

与时俱进创新社会管理。推进基层工作由管理型向服务型转变，强化村（居）委会自治和服务功能。坚持以群众工作统揽信访工作，落实信访工作责任制，巩固信访接待日、大走访、带案下访等机制，健全重大事项社会稳定风险评估、社会矛盾滚动排查化解制度，形成科学有效的利益协调、诉求表达、矛盾调处和权益保障机制，切实维护群众合法权益。坚持标本兼治、打防并重，完善公共安全体系，完成交通卡口、治安监控点等电子监控系统建设，加强社会治安防控和突发事件应对，严厉打击各类黑恶势力和违法犯罪行为，保障食品药品安全，严格安全生产管理，提升人民群众安全感。加强网络管理，健全网上舆论引导机制。关心支持国防建设，加强民兵应急力量建设，增进军政军民团结，全面落实双拥优抚安置政策。

加强政府自身建设

科学发展、全面转型的新形势，加速崛起、富民强县的新任务，对新一届政府工作提出了更高的标准和要求。我们必须始终恪守“依法、诚信、廉洁、为民”准则，大力弘扬求真务实精神，全力建设人民满意政府。

坚持依法行政，增强政府执行力　按照县权公开透明运行的总体要求，依据法定权限和程序履行职责、开展工作，提高运用法治思维和法律手段解决问题的能力。切实改进行政执法，深化行政审批权相对集中改革，规范行政处罚自由裁量权行为，扎实开展“六五”普法。自觉接受人大及其常委会的法律监督和政协的民主监督，重大事项及时报告人大，进一步提高人大代表议案、建议和政协委员提案办理质量。积极接受社会公众和新闻媒体的舆论监督，依法保障人民群众监督政府的权利。加强对政府部门行使职权、履行职责的监督检查，严格执行绩效管理、治庸问责、督查督办制度，推动工作有效落实。

坚持诚信施政，增强政府公信力　坚持把诚信政府建设摆在更加突出的位置，以政务诚信带动社会诚信，加快推进社会信用体系建设。深化政务公开和政府信息公开，加强行政服务中心规范化建设，进一步完善公开承诺、限时办结、失信惩戒等制度，坚持慎重承诺、信守承诺、兑现承诺，办好政府承诺的各项实事，认真落实招商引资协议约定的义务，切实做到取信于民、取信于商，不断提高政府诚信度，优化发展软环境，努力营造诚实、自律、守信、互信的政务环境、市场环境、社会环境。

坚持廉洁从政，增强政府拒腐力　严格执行党风廉政建设责任制，建立健全惩治和预防腐败体系，强化政府系统廉政建设，落实“一岗双责”，加强政府部门廉政教育。积极倡导艰苦奋斗、勤俭节约的风尚，严格控制一般性支出，完善国库集中支付、招标采购、公务接待、公车管理等制度，降低政府运行成本。开展财政资金预算绩效评价。健全行政监察和审计监督等内部监督机制，加强对重要岗位、关键环节的监督管理，严肃查处违法违纪行为，坚决纠正各种不正之风。

坚持为民理政，增强政府亲和力 强化民本观念，坚持民生至上，问政于民、问计于民、问需于民，集中民智、体现民意、普惠民生，不断完善为民服务体制机制，切实做到权为民所用、情为民所系、利为民所谋。不断拓展联系、服务群众的渠道和途径，继续办好县长信箱，深入推行网络问政，积极回应社会关切，加强政府与公众的良性互动。

各位代表，宏伟目标催人奋进，创业征程任重道远。让我们在县委的坚强领导下，团结和依靠全县27万人民，以奋发图强的坚强意志、奋勇争先的雄心壮志、奋起直追的昂扬斗志，抢抓发展机遇，加快振兴崛起，不断开创科学发展、全面转型、加速崛起、富民强县的新局面，为建设经济发展、生活富裕、环境优美、社会和谐、人民幸福的皖南名城而努力奋斗！

名词解释

1. 地理标志：又称原产地标志，是指标示某商品来源于某地区，该商品的特定质量、信誉或者其他特征，主要由该地区的自然因素或人为因素所决定的标志。

2. 居民收入倍增规划：力争到2015年城乡居民收入比2010年翻一番，居民收入在国民收入分配中比重、劳动报酬在初次分配中比重逐年提高。通过实施“四大工程”，增加“四项收入”。即：实施就业提升工程，着力增加工资性收入；实施创业富民工程，着力增加经营性收入；实施民生普惠工程，着力增加转移性收入；实施财富增值工程，着力增加财产性收入。

3. “一网通”工程：是村情村务金U盘工程和为民服务全程代理工作的简称，它是通过互联网服务平台，以村或社区为基点，实行市、县、乡镇网上三级代理，将“三农”基本情况输入“一网通”工程办公系统，并开展网上登记、受理人民群众代办事项，做到网上办理审批。

4. 企业一套表改革：是以统计调查对象为核心，通过整合现行统计报表制度，规范统计标准和业务流程，统一认定调查单位，统一数据采集处理软件平台和联网直报所形成的一种新型统计调查制度。

2011年33项民生工程完成情况

1. 农村居民最低生活保障制度：发放9505人，发放资金1215.76万元。
2. 农村“五保户”供养制度：发放1529人，发放资金219.52万元。
3. 农村计划生育家庭奖励扶助：发放资金111.51万元。
4. 大中型水库移民后期扶持：发放1837人，发放资金111.39万元。
5. 解决城市低收入家庭住房困难保障：完成投资1571万元，共600套。
6. 重度残疾人生活救助制度：发放95.46万元；贫困精神残疾人资金发放21万元。
7. 城乡义务教育经费保障：在校农村学生26997人、贫困寄宿生725人，累计拨付2187.2万元。

8. 高校、中职和普通高中家庭经济困难学生资助：中职国家助学金发放1568人，发放金额117.6万元，高中国家助学金发放2663人，发放金额180.5万元，中职校内贫困生发放491人，发放金额4.18万元，高中校内贫困学生发放1052人，发放金额70.08万元。

9. 新型农民培训工程：完成培训2284人。

10. 农民工技能培训：完成培训2064人，支出资金71.5万元。

11. 新型农村合作医疗：补偿92694人次，基金支出4566.89万元。

12. 城镇居民基本医疗保险：补偿4190人次，基金支出544.75万元。

13. 城乡医疗救助：救助1148人次，救助资金316.46万元。

14. 重大传染病病人医疗救治和生活救助保障机制：救助110人，救助资金35.07万元；淘汰耕牛92头，70块禁牧标志牌全部制作并竖立完毕，聘用禁牧协管员30人，完成血防站（疾控中心、地病站）仪器设备装备。

15. 贫困白内障患者复明工程：完成80例手术。

16. 城乡卫生服务体系建设：社区卫生服务中心已报经省卫生厅予以调整；一个社区卫生服务站已完成。

17. 提高妇女儿童健康水平：完成投资114.42万元；妇幼保健所业务用房改造工程已完工；设备已招标采购。

18. 广播电视村村通工程：年度无计划。

19. 农家书屋工程：已完成40个农家书屋，投入资金12万元。

20. 乡镇综合文化站建设：年度无计划。

21. 政策性农业保险制度：能繁母猪投保4000头，水稻投保27.67万亩，保费补贴351.24万元。

22. 农村饮水安全工程：完工19处，投资1046万元。

23. 农村五保户供养服务机构建设：完成146间，共投入280万元。

24. 农村沼气建设工程：已建沼气池363口（任务要求2012年底前完成500口）。

25. 病险水库除险加固工程：12座已完工并通过验收；4座已完成招标工作，并开工建设。

26. 校舍安全工程：全部完工，投入资金4000万元。

27. 农村留守儿童之家建设：完成31所，投资20.8万元。

28. 光荣院建设：年度无计划。

29. 县级社会（儿童）福利中心建设：2400平方米主体工程全面完工，投入320万元。

30. 农村危房改造及清洁工程：完成1400户农村危房改造，投入资金1324万元；清洁工程投入资金240万元。

31. 村级公益事业建设一事一议财政奖补：实施111个项目，共投资2623.06万元。

32. 农村公路危桥加固改造工程：全面开工7座，完工1座（任务要求2012年完工），投入资金370万元。

33. 家电下乡和家电以旧换新政策：销售37971台，回收1647台，共补贴资金1238.39万元。

2011年10件惠民实事完成情况

1. 改造建设城区污水管网8公里以上，实现县城区污水管网全覆盖：已建成污水管道7.8公里，在建0.2公里，完成项目投资1250万元。

2. 实施集镇垃圾无害化处理工程，启动农村垃圾集中处理工作：已全面启动。

3. 提高孤儿救助水平，完成社会福利院建设：孤儿救助标准提高到每人每月600元；福利院进入内部施工和装修阶段，完成投入320余万元。

4. 完成光明老河道疏浚改造工程，解决建材市场周边区域内涝问题：建成毛石护坡1160米，钢筋砼箱涵130米，开挖土渠300米，浇筑桥涵4座，安装人行道路牙石1040米、污水管道170米、栏杆1000米，完成工程投资930万元。

5. 开展全民健身运动，新建400米标准化运动场：全民健身运动深入开展，400米标准化运动场已完工，投入200万元。

6. 建立公厕管理使用长效机制，新建城区公厕3所：已全面完成，共投资50万元；使用管理长效机制基本建立。

7. 完善贫困大学生救助体系：救助154人，资金57.20万元。

8. 完善特困群体救助体系：第一批安排100户救助对象，每户安排救助金2000元。

9. 新建城区蔬菜批发市场：桩基工程已完成，围墙、大棚和仓库基础正在施工，完成投资400万元。

10. 开通县城至西片乡镇农村公交，实现农村公交全覆盖： 9月18日已开通西片乡镇公交，实现了农村公交全覆盖。

凝聚正能量 致力新发展
全力开创皖南名城建设新局面

县委十三届九次全委（扩大）会议报告

方能斌

这次会议是在全县上下深入学习贯彻党的十八届三中全会精神，改革进入新阶段、发展面临新机遇的关键时期，召开的一次重要会议。会议的主要任务是深入贯彻落实党的十八大、十八届二中、三中全会以及中央、省市相关会议精神，认真总结过去一年的工作，分析研判当前形势，谋划部署今年各项工作，组织和动员全县各级党组织和广大干部群众，在全面深化改革旗帜的指引下，进一步解放思想，创新机制，凝聚正能量，致力新发展，全力开创皖南名城建设新局面。下面，我代表县委常委会讲三个方面的意见。

回顾总结2013年工作

2013年，在市委、市政府的坚强领导下，全县上下紧紧围绕发展第一要务，抓主抓重，凝心聚力，克难奋进，保持了经济社会良好发展势头，全面完成了年度目标任务。预计全年实现生产总值68亿元，增长11%；财政收入13.2亿元，增长20%；固定资产投资68.2亿元，增长28%；社会消费品零售总额22亿元，增长14%；外贸进出口总额5681万美元，增长37.8%。工业增值税总量全市居前，人均财政收入、人均储蓄存款等指标全省居前。一年来，先后荣获“全省科学发展先进县”、“安徽省生态县”、“全国第二届国土资源节约集约模范县”、“全国科技进步先进县”、“中国旅游竞争力百强县”等荣誉称号。

是工业经济量增质升 全力推进园区平台建设，全年完成征地5259亩，新增园区框架面积2.3平方公里，新建标准化厂房24万平米。县开发区扩区规划通过省政府批准，规划面积由10平方公里增加到16.22平方公里。出台扶持民营经济发展意见，帮助企业争取各类项目86个、资金6000万元，全年为企业融资6.7亿元，提供还贷周转金5.5亿元，为企业培训输送用工2000余人，成功组建开发区金诺担保公司。规模工业产值突破百亿大关，达到107亿元，完成工业投资48亿元，新增规模以上企业28户，总数达113户。机电装备、有色金属等三大主导产业集中度达76.7%，西华乡被认定为省级非金属矿采选及深加工专业集群镇，省级产业集群专业镇达4个。

招商引资持续发力 实施招商引资“三百工程”，下派百名干部联系百家企业，派出7支县级招商工作队驻外招商，成功举办集中签约活动，扎实推进招商引资“秋季攻坚”，全年实现招商引资到位资金73亿元，新引进规模项目90个，其中超亿元项目31个，投资22.5亿元的泫氏铸造项目成功落户并开工建设。31个省“861”项目、90个市“433”项目超额完成年度投资任务，龙杨铜业、埃美柯管业、瑞祥钙业等43个工业项目竣工投产，亚太沃德、友邦新材料、晟田电镀、龙西钙业等一批重点工业项目基本建成。

城市框架初具规模 22平方公里城市框架基本形成，北外环、西南外环基本建成，18公里城市外环全线贯通。南部新城区“四纵五横”路网基本建成，雨洪调蓄区即将蓄水，青山新城、光明新村二期实施回迁，城南水厂、青中新校区等“十大工程”集中开工建设。扎实推进文明县城创建工作，突出治脏、治乱、治差，加强城市卫生保洁和占道经营管理，拆除违章建设3万余平米，新建、改造城市绿化20万平米，圆满完成“三车”整治工作，公交车、出租车运营步入正轨，货运停车场建成启用，施工现场、交通秩序、市场秩序等专项整治取得阶段性成果。

旅游经济发展提速 积极谋划旅游发展布局，以县城为核心，青九线、青朱陵线、蓉十杜线“三线”为干线，九华山东片禅境修身旅游区、九华山西片佛国田园旅游区、九华山南片富贵陵阳文化旅游区“三片”为重点，规划建设“一核三线三片”260平方公里泛旅游示范区。完成九华山东、南两个片区发展战略规划编制，加快茶溪小镇、合泉山居、德懋堂等重点项目建设，在建重点旅游项目总投资达150亿元，完成年度投资23亿元。新增国家4A级风景区1家，接待国内外游客779万人次、实现旅游总收入84.5亿元，同比分别增长29.8%、31.6%。

农业农村稳步发展 深入推进美好乡村建设，整合投入资金1.2亿元，改造危房2430户，新改建农村公路103公里、村庄道路60公里，首批7个重点示范村按期建成。农业基础设施不断夯实，七星河木镇段、九华河庙前段防洪工程完工，完成4座病险水库除险加固、28处农村安全饮水工程。加快推进九华现代农业示范区建设，新增农业产业化龙头企业1家，农民专业合作组织40家，发展家庭农场28家。坚持不等不靠，抗灾救灾，积极有效应对7·6特大洪灾和持续罕见旱灾，保持了农业稳定增长，实现农民因灾不减收。

民计民生保障有力 全面完成33项民生工程建设任务，着力抓好8件惠民实事。深入实施居民收入倍增计划，开展创业就业培训2081人，新增就业3740人，城镇居民可支配收入达2.1万元，农民人均纯收入达9395元，增长14%。城乡养老、医疗等保障得到加强，城乡低保救助标准分别提高13.5%和75%。加大困难群众救助力度，发放各类救助资金6855万元，新建保障性住房2050套。

重视安全生产工作，深化平安青阳建设。进一步规范信访秩序，妥善处置信访突出问题，完善重大事项风险评估和各类应急预案，进京赴省信访人次分别下降55%和80%。

社会事业协调发展　完成学前教育三年行动计划，县级公立医院改革稳步实施，县医院急诊急救综合楼主体完工，中医院综合楼投入运营，成功创建全省食品药品安全示范县。开展首届“最美青阳人”评选表彰，广播电视、群众文化活动蓬勃发展，精神文明建设得到加强。县图书馆被评为国家一级图书馆，太平山房、李氏宗祠、曹氏宗祠晋升全国重点文物保护单位。《青阳县志》出版发行。实施第三次全国经济普查。人口计生工作连续两年荣获省政府表彰，并在全国相关会议上作经验交流。实现省双拥模范县“六连冠”。加强残联、物价、人防、气象等工作。

党的建设不断加强　深入开展党的十八大、十八届三中全会、习近平总书记系列讲话精神学习宣传贯彻活动。完善县委理论中心组学习制度，深化理论学习和工作谋划。加强民主政治建设，重大决策、重点工作主动征求和听取人大、政协意见。加强领导班子和干部队伍建设，重视干部培养锻炼，全年选任调整干部4批、88人次。强化基层组织建设，出台农组五年规划，创建基层党建示范点63个。完成县委党校新址重建和搬迁。加强武装、统战、民族宗教、保密、工商联工作，重视老干部和群团工作，完成工会、妇联换届。加强党风廉政建设，扎实开展“三查三述三评”专题活动，实施“清房、清卡”等专项治理，开展各类监督检查30余次，查结各类违纪违法案件27件，党纪政纪处分28人。严格执行中央、省市改进工作作风、密切联系群众各项规定，精简会议，改进文风，厉行节约，反对浪费，“三公”经费支出同比下降30%。

同志们，过去的一年，全县经济社会协调发展，社会大局和谐稳定，呈现出加速崛起的良好态势。回顾过去的工作，成绩来之不易，这些成绩的取得是市委、市政府正确领导的结果，是全县各级干部开拓进取、苦干实干、奋勇争先的结果，是全县上下、社会各界团结一心、积极参与、扎实工作的结果。在此，谨代表县委常委会向在座的各位同志，向全县广大党员、干部和群众，致以崇高的敬意和诚挚的感谢！

分析当前发展形势

在充分肯定成绩的同时，也应清醒地看到，全县经济社会发展仍然存在一些不容忽视的问题：在工业发展上，企业规模普遍较小，产业发展层次低，集聚力不强，资源利用效率不高，生产粗放、附加值低，经济增长缺乏大企业、大项目支撑，部分重点项目进展不快。在城市建设上，城市基础设施、配套设施还比较薄弱，城市常态化、精细化管理机制还未建立，城市品位和城市形象亟待提升。在旅游发展上，旅游资源整合、利用不足，旅游品牌知晓度低，创建和营销力度不够，产业发展带动效应不明显。在作风建设上，少数干部状态不佳、作风不实，形式主义、官僚主义等“四风”问题在一定范围内依然存在，机制不顺、效能不高、环境不优等问题，还需要进一步下大力气改革创新。

党的十八届三中全会吹响了全面深化改革的号角，一系列务实创新、强劲有力的改革举措必将为经济社会全面协调可持续发展注入强大动力和活力。同时，也从发展转型、职能转变、治理创新、作风改进、生态建设和加强党的建设等方面，对我们的各项工作提出了更高、更新、更明确的要求。研判形势，展望未来，推进青阳转型发展、特色发展、跨越发展，必须把思想和行动统一到中央和省市战略部署上来，必须坚定信心、强化责任、开拓进取，牢牢把握全面深化改革带来的历史性机遇。一是充分把握产业转型升级带来的新机遇。当前，全球经济进入低速增长期，国内产能过剩、产业调整转型压力空前，但经济建设这个战略中心没有变、产业加速转移的大趋势没有变、青阳欠发展的基本县情也没有变。因此，我们要立足“三区”大发展，充分把握产业转移、转型大趋势，更加积极主动地谋划产业结构调整，稳定一产，在特色高效农业上求突破；提升二产，在提高产业集聚力和竞争力上求突破；做大三产，在打造旅游核心品牌上求突破。二是充分把握新型城镇化带来的新机遇。未来新型城镇化和城乡发展一体化，既是一项长期的历史任务，也是经济发展的重要动力和最大潜力。因此，我们要抢抓机遇、把握大势，以新型城镇化推进新型工业化、农业现代化，促进经济社会协调发展和民生持续改善。力争通过5年左右的努力，在县、乡、村（新型社区）三个层面的新型城镇化格局下，努力实现全县55%以上人口的城镇化。三是充分把握改革创新带来的新机遇。十八届三中全会明确提出到2020年在重要领域和关键环节的改革上要取得决定性的成果，体现了党中央全面深化改革的坚强决心和巨大魄力。深入贯彻落实十八届三中全会精神，最迫切、最现实的问题，就是以改革创新为主线，跳出条条框框限制，克服部门利益掣肘，着力破除不利于发展的权力中梗阻和隐性障碍，努力营造作风扎实、服务高效的机制优势、环境优势和发展优势。

谋划2014年工作

2014年，是青阳全面深化改革，加快发展极其关键的一年。工作总体思路：全面贯彻落实党的十八大和十八届二中、三中全会精神以及中央、省市有关会议精神，以推进“三区”建设为主线，以全面深化改革为动力，以保障改善民生为根本，以提高经济发展质量和效益为中心，坚持工业与旅游并重，生态与产业相融，城市与乡村共建，加快新型工业化、新型城镇化进程，着力保持经济持续健康较快发展、社会和谐稳定。

具体目标：地区生产总值增长10%，财政收入增长10%，规模工业增加值增长16%，固定资产投资增长20%，招商引资到位资金增长20%，社会消费品零售总额增长14%，城乡居民收入增长12%以上。围绕实现以上目标，必须着重抓好以下工作。

围绕“实力青阳”建设，在工业提速增效上实现新发展

突出重点区域抓工业。坚持工业强县不动摇，按照集中、集约、集群化发展原则，突出开发区、新河、木镇、丁桥、西华“一区四园”发展工业，进一步明晰各园区产业定位和规划，实现园区发展空间和开发效益的最优化。建立园区建设、工业发展分类考核评价机制，县开发区和新河、木镇园区以机电装备制造为主，着力提升产业配套和集聚发展水平。丁桥以有色金属为主，着力提升科技含量和产品附加值。西华着力发展生态矿业，延伸非金属新材料产业链条。

紧扣主导产业抓招商。准确把握产业发展态势、转移趋势，突出首位产业、主导产业、战略性新兴产业抓招商，着力培强机电装备制造业，做精有色金属加工业，大力发展高新技术产业、电子商务和现代服务业、文化旅游业，构建具有一定竞争力的特色产业体系。围绕产业链条、产业配套，锁定重点区域和重点领域抓招商，加强与央企、名企、行业协会等对接合作，着力引进产业带动能力强的大项目，市场竞争力强的好项目，产业配套紧缺的关键项目。继续深入实施“三百工程”，发挥企业主体和商会、协会等纽带作用，着力提升招商实效。

围绕达产达效抓项目。坚持项目建设围绕竣工投产考核、项目服务围绕项目建设进度考核，

加大项目建设周期、工程节点、投资进度等量化考核，提高项目服务、项目调度工作实效。综合运用土地、税收、政策扶持等杠杆，严格审核项目投资强度、财税贡献力度，促进企业效益提升和重组优化。严格对照项目进度、投资强度，分期供地、分步兑现优惠政策，提高项目签约率、资金到位率、落户开工率、开工达产率。

加强重大基础设施建设。抢抓新一轮政策机遇，紧盯宏观政策导向，围绕产业转型、城镇化建设、重大基础设施、生态环保等重点领域，谋划一批支撑长远发展的重大项目。力争青通河航道疏浚、童埠港口建设等项目取得实质性进展，加快推进318国道改线等重点工程建设，进一步改善县域交通等基础设施条件，提升重大项目承载能力。

着力打造创业之城。围绕发挥市场配置资源决定性作用，更好地发挥政府服务性、引导性作用，加强融资平台、就业培训、人才服务平台建设，优化创业环境，鼓励全民创业。建立外出创业、就学、务工人员信息库，着力实施“青商回归”、“大学生回归”、“务工人员返乡”工程。深化企业帮扶，强化企业用地、用电等要素保障，鼓励企业技改扩规，或通过重组、合作等方式扩大再生产，实施“二次创业”，支持“个转企”，进一步激发民营经济发展活力。

围绕“修身青阳”建设，在特色旅游城建设上实现新发展

突出旅游业发展。围绕“礼佛上九华、修身在青阳”定位，逐步实施“一核三线三片”旅游规划区建设，整合旅游资源，优化项目布局，打造泛旅游环境。坚持规划引领，精致建设，分步推进，加快推进九华温泉、九华云水、四季永逸、合泉山居、德懋堂等重点项目建设，规划启动建设县城至朱备等旅游畅通工程。加大旅游招商和市场营销力度，加强九子岩、神仙洞等景区创建，开发精品旅游线路，丰富特色旅游产品。全年争创3A级以上景区2家，三星级以上酒店4家，星级农家乐50家。

加快旅游城建设。围绕建设宜居、宜业、宜游城市，继续加快城市基础设施配套建设，推进县城东西入口环境整治，打通断头路，实施城市绿化提升工程。加快新城区“十大工程”建设，谋划实施城市综合体项目，进一步集聚新城区人气。按照“总体规划、尊重民意、分步实施、配套推进、确保稳定”的原则，规划实施老城北等棚户区改造，努力实现城市人居环境的进一步提升。

精细城市管理。深入实施文明小区、文明市场、文明出行等十大城市文明创建提升工程，建立网格化、规范化、常态化管理机制，划定区域，明晰责任，动态考核，推进文明创建向老旧小区、背街小巷和城乡结合部延伸，实现城市管理的无缝对接。加强市容环卫、园林绿化、市政设施、户外广告等管理，着力营造整洁有序、和谐舒适的城市环境。

围绕“美丽青阳”建设，在城乡统筹上实现新发展

抓好中心集镇建设。坚持把中心集镇建设作为新型城镇化建设的重要抓手，按照要素集聚、功能完善、规模适度、特色鲜明的要求，完善城乡规划体系，依托现有基础和条件，加快木镇、丁桥、陵阳、庙前、朱备等中心集镇建设，分类打造工业强镇、商贸集镇、旅游名镇，着力提升中心集镇产业配套和人口集聚能力。加强集镇配套建设和文明创建，建立城乡联动的市容市貌、环境卫生、交通秩序等常态管理机制，改善和提升集镇整体形象。

加快美好乡村建设。坚持典型带动，示范引导，整体推进，在加快首批中心村建设的基础上，重点抓好“一核三线三片”美好乡村示范点建设，提升美好乡村建设的整体效果。坚持以产业发展为支撑，引导农户因地制宜发展生态农业、乡村旅游等特色产业，支持专业大户、龙头企业和

农民合作社发展，鼓励引导土地承包经营权向大户和龙头企业流转，农民向二、三产业转移，增加农民工资性收入和创业经营收入。

加强农村环境整治。全面落实省市“三线三边”整治工作要求，着力实施“两沿两边”和“3510”环境整治工程，坚持属地管理，加强城乡公路沿线、河流沿线、城镇周边、景区周边环境治理，建立常态化保洁、巡查、通报机制，力争可视范围内无白色垃圾、无乱搭乱建。大力实施中心村庄卫生清洁、乡村绿化、家园美化等“三大工程”，严格农村建房审批和规划管理，结合危房改造、土地整治等项目实施，加快“空心村”改造，引导农民向城镇和中心村集聚。

是统筹生态环境保护。重视和加强生态保护，严把项目准入关口，推进产业与生态环境融合发展。按照谁开发谁保护、谁受益谁补偿的原则，加大矿山生态治理，推进矿山绿色开采、资源综合利用，加快国省道沿线矿山生态修复。大力推进绿色长廊、千万亩森林增长等工程，因地制宜实施城乡道路绿化、退耕还林，积极创建国家级生态县。

围绕“效率青阳”建设，在行政效能提升上实现新发展

提升行政效能。按照“放权、简批、监管”的基本原则，深入推进行政审批制度改革，全面清理、精简行政审批项目，简化办理程序，缩短审批环节，提高办事效率。加强政务服务中心建设，强化政务服务中心服务职能和协调职能，建立“一门进、一章结、一费清”联审联批机制，实现一切行政审批事项进政务服务中心。对部分重点经济部门、行政服务部门实施整体搬迁、集中办公，优化行政服务体系，努力建设一流的营商环境。

完善工作机制。坚持于法周延，于事简便，完善制度建设，建立健全工作安排责任化、工作推进项目化、工作评价社会化机制，实现各项工作目标更明确、责任更清晰。坚持以项目化管理为抓手，对重点工作实行立项分解、跟踪调度、督查问责、绩效管理。坚持将群众满意作为检验工作的根本标准，完善工作评价体系，建立“两代表一委员”和基层干部、企业家代表工作评议机制，提升各级干部干事创业的责任感、紧迫感和成就感。

加强绩效考核。按照“为民、务实、清廉”的原则，建立系统化的绩效考核、评价、奖惩体系，坚持定性考评与量化计分相结合，充分发挥考核激励和导向作用。坚持奖惩挂钩，将考核结果与评先评优、干部任用相结合，着力解决干好干坏一个样的问题，充分调动干部干事创业的主动性与积极性。

围绕“和谐青阳”建设，在社会民生事业上实现新发展

夯实基层为民服务平台。坚持夯实基础、便民高效原则，全面加强乡镇、村、社区为民服务中心（代理点）建设，在符合“上位法”的规定下，将直接面向群众、量大面广、由基层管理更加方便有效的经济社会管理职能下放到乡镇，实施程序公开、部门监管、绩效评价等管理机制，全面推进为民服务全程代理规范化、制度化、简约化，最大限度地方便基层群众办事。

着力强化民生保障。坚持把保障和改善民生作为各项工作出发点和落脚点，高标准实施好民生工程，着力办好7件惠民实事。加快民生保障重点工程建设，积极争取项目支持，优先实施群众最关心、需求最迫切的安全饮水、交通设施、农田水利等项目，加大保障性住房建设和农村危房改造力度。完善社会保障体系，高度关注社会就业，加大特困救助、残疾人补助等保障力度，努力使发展成果更多地惠及广大人民群众。

加快社会事业发展。均衡城乡教育资源配置，加快城区中小学校建设，加强职业教育，力争在全市率先普及学前教育。完善县级公立医院配套改革，积极创建慢性病综合防控示范区。抓好

人口计生工作。加快文化事业和文化产业发展，丰富群众性文化体育活动。逐步理顺社区管理体制，新建、改建2个标准化社区，增强社区服务能力。建成残疾人康复中心、气象科普中心。加强双拥、科技、物价、人防、档案等工作，统筹经济社会协调发展。

推进社会治理创新。深入推进法治青阳、平安青阳建设，坚持深入走访，直面矛盾，开门接访，主动听取群众意见、建议，源头解决苗头性、敏感性、群体性问题。建立信访积案、疑难问题定期会商、研判机制，综合运用法律、政策加强信访突出问题化解。充分发挥基层组织、司法调解、社会团体在社会治理、信访维稳中的重要作用。加强安全生产、应急管理等工作。

围绕“合力青阳”建设，在加强党的建设上实现新发展

加强思想政治建设。坚持将学习宣传贯彻党的十八届三中全会和习近平总书记系列讲话精神作为首要政治任务，切实把思想和行动统一到中央、省市决策部署上来。要坚持底线思维，增强战略定力，始终保持理论上的清醒、政治上的坚定、落实上的到位，始终坚持围绕中心、服务大局、团结共事，着力增强改革发展凝聚力。要坚持解放思想，打破惯性思维束缚，克服自满情绪，增强忧患意识，树立开放眼光和创新思维，立足新形势，把握新机遇，虚心学习一切先进经验，着力破解改革发展难题。要坚持正面引导，巩固壮大积极健康向上的主流思想舆论，培育崇德向善、文明诚信的社会新风尚，着力凝聚改革发展正能量。

加强群众路线教育。扎实开展党的群众路线教育实践活动，深化五级书记大走访活动成果。坚持以解决问题为导向，领导干部带头，身入基层，心系群众，广泛听取群众意见和建议，着力解决群众反映的突出问题。坚持工作重心下移，尊重群众主体地位，深入一线密切联系群众，在群众中吸取智慧和力量，夯实各项工作的群众基础。着力完善党务公开、政务公开和村务公开，保障群众知情权、参与权、表达权和监督权。

加强党风廉政建设。认真贯彻落实中央厉行节约反对浪费条例、党政机关国内公务接待管理等各项规定，进一步加强作风建设，严明纪律，令行禁止，着力整治形式主义、官僚主义、享乐主义、奢靡之风“四风”问题。严格预算管理和部门资金规范化管理，严控“三公”经费。全面落实党风廉政责任制，加强廉政风险防控，巩固县权公开成果，坚持用行之有效的制度管人、管权、管事，着力营造风清气正的良好环境。

加强民主政治和干部队伍建设。坚持党委总揽全局、协调各方，深入贯彻民主集中制，坚持重要事项四大班子集体研究、合力推进。积极支持人大依法履职，政府依法行政，政协参政议政，政法机关依法独立办案。重视人大议案、建议和政协提案、意见办理。加强武装、统战、民族宗教、保密、工商联工作，抓好群团和老干部工作。按照“信念坚定、为民服务、勤政务实、敢于担当、清正廉洁”的标准，注重在一线培养、锻炼干部，坚持凭实绩全方位评价、考量、选任干部。

加强基层组织建设。落实党建工作责任制，推行城乡党组织结对共建，切实加强村级、社区等基层党组织建设，扎实开展村级换届工作，选优配强村两委班子。坚持将更多的人力、物力、财力向基层倾斜，逐步改善村干部待遇，支持选派干部和大学生村官干事创业，重视农村后备干部培养，着力增强基层党组织活力，提升基层干部在群众中的亲和力和公信力。强化党员队伍管理，激发广大党员在各条战线上充分发挥先锋模范作用。

同志们，青阳发展前景光明，任务艰巨，责任重大。让我们在全面深化改革旗帜的指引下，进一步解放思想，改革创新，锐意进取，凝聚正能量，致力新发展，为建设皖南名城、共筑中国梦而努力奋斗！

政府工作报告

青阳县第十四届人民代表大会第二次会议

(2013 年 1 月 15 日)

县人民政府代理县长　纪良才

各位代表：

现在，我代表县人民政府向大会作工作报告，请予审议，并请各位政协委员和其他列席人员提出意见。

2012 年工作回顾

2012 年，在县委的正确领导下，在县人大、县政协和社会各界的监督支持下，全县上下紧紧围绕建设皖南名城，凝心聚力，攻坚克难，较好地完成了县十四届人大一次会议确定的目标任务。初步预计，生产总值 61.5 亿元，增长 12%；财政收入 11 亿元，增长 30%；农民人均纯收入 8140 元，增长 15%。跻身皖江城市带承接产业转移示范区先进县行列。

经济平稳较快发展　全面落实稳增长政策，启动“营改增”等财税改革，实体经济总量扩张、结构优化。工业经济提速增效。加强工业企业运行调度，新增规模企业 16 户，总数达 76 户，规模工业增加值 22 亿元，增长 35.8%。工业增值税总量和增幅均居全市前列，纳税百万元以上企业达 31 家，生产制造型企业贡献率首次超越资源加工型企业，税源结构进一步优化。旅游消费市场活跃。环九华山旅游带建设取得积极进展，启动编制青阳旅游度假区规划，加强旅游市场营销和秩序整治，接待国内外游客 600 万人次，旅游总收入 64 亿元，增长 42.8%。改造升级城区屠宰场，完成“放心肉”体系建设。万村千乡工程、新网工程、家电下乡活动深入开展。新增限额以上商贸流通企业 18 家，总数达 41 家。社会消费品零售总额 20 亿元，增长 15%。农业经济稳步发展。农业总产值 13.6 亿元，增长 11.1%。荣获全国绿色食品原料（水稻）标准化基地县、国家绿色能源示范县，九华现代农业示范区获省级批准认定。认真落实各项强农惠农政策，实施农业产业化提升行动，新增省级示范合作社 2 家、市级 4 家，省级农业产业化龙头企业 1 家、市级 6 家。建成高标准基本农田 2 万亩。粮食总产稳定在 13 万吨左右。人工造林 2 万亩，新增绿化苗木基地 1 万亩、竹林基地 2 万亩。扶贫开发稳步推进。乡镇经济实力增强。特色产业集群镇培育加快，支柱产业日益壮大，经济发展活力明显提升，财政收入大幅增加，总量超 3000 万元乡镇 6 个，其中蓉城镇达 1.8 亿元，丁桥、木镇、酉华 3 个乡镇超 5000 万元；增幅 30% 以上乡镇 4 个。

产业转型升级加快　首位产业加速培育。确立机电制造作为首位产业，编制产业集群发展规划，落实扶持政策，产业集聚效应初步显现。引进落户首位产业项目 35 个，总投资 19 亿元。首位产业规模企业达 17 户，完成产值 34 亿元，占规模工业产值 40% 以上。同时，积极创建全省碳酸钙粉体优质产品生产示范区，延伸非金属新材料、有色金属材料产业链。积极推进传统产业改造提升。实施技改项目85个，完成投资17亿元，增长54%。推动工业化与信息化融合，新增2户省级两化融合示范企业、6户数字化企业。推进节能减排，万元工业增加值能耗下降4%。战略性新兴产业实现产值12亿元，增长10%。加快发展现代服务业，服务业对经济贡献率达33.9%，提高8.6%。自主创新能力不断增强。新增高新技术企业3户、省级企业技术中心1个、省质量奖企业2户。获批国家级重点新产品1件、省级3件，省级高新技术产品8件。专利申请、授权量分别增长104%和159%。新增省著名商标1件。

重大项目扎实推进　固定资产投资53亿元，增长20%。省“861”、市“433”和县重点调度项目进展顺利。项目建设进度加快。工业投资40亿元，增长20%，其中28个投资亿元以上重大工业项目完成投资20亿元，占工业投资的50%，替克斯阀门一期、昌利锻造二期等9个重大项目建成投产，埃美柯实业、九鼎环保纸、迈克工具等一批项目加快推进。现代服务业项日取得突破，五溪山色大酒店成为全市首家五星级酒店，熙园等高星级酒店顺利建设，九子岩综合开发、九华德懋堂、九华温泉度假村、五九线旅游项目集中区等一批旅游综合体全面推进，青阳商业广场、豪诚国际广场加快开发。房地产项目完成投资7亿元。项目争取力度加大。获批中央和省投资项目50余个，争取补助资金6.6亿元，增长35.2%。申报战略性新兴产业项目3个。项目管理水平加强。强化政府性投资项目调度，60个县本级政府性投资项目完成投资6.5亿元，首次采取BT模式建设基础设施。新增储备5亿元以上重大项目8个。积极争创第二届全国国土资源节约集约模范县，加强项目建设用地管理，全年供地4545亩，清查工业用地109宗、3700亩，盘活存量土地968亩。

城乡面貌明显改观　南部新城框架基本形成。《青阳县城市总体规划（2010—2030）》通过审批，南部新城核心区规划启动实施。投入资金5.4亿元，全力推进十大重点工程，拉开新区路网，西南外环路基工程全线开工，莲花路、青山路、天柱南路、临城南路、青阳大道5条城市道路基本建成并启动亮化绿化工程，新开工经一路、富阳南路两条纵向干道；青山新城主体工程完工18万平方米；雨洪调蓄区加快建设；青中新校区、政务中心前期工作准备就绪。城乡基础设施不断完善。加快推进北外环改造工程。实施城区主次干道改造升级，城区路网日益完善。县委党校迁建顺利实施。新建、改造城区供水管网16公里、污水管网15公里、燃气管道4公里。城区蔬菜批发市场投入运营。查处违法建筑9000平方米。卫生保洁、垃圾清运等城市公共设施建设和管理进一步加强。农村基础设施建设同步推进。开工8座病险水库除险加固、2条中小河流治理、10处农村饮水安全工程，扩挖清淤348口当家塘、47条沟河；加固改造危桥17座，升级改造县道40公里；整改农村电网200公里。加强生态文明建设。积极创建国家生态县。以“451工程”为抓手，全面启动美好乡村规划建设，农村环境连片整治、危房改造、清洁工程等项目顺利实施，庙前镇杨村被列入全省美好乡村示范点。创森工程如期推进，新增城乡绿化45万平方米。

开放合作全面深化　招商引资提质增效。到位资金63亿元，增长21%。新引进项目78个，投产项目47个。招商引资“百日会战”成果丰硕，集中开工20个项目、总投资38亿元，集中签约21个项目、总投资68亿元。招商方式不断完善，工作队招商、以商招商等成效明显，8支县级招商工作队引进项目32个，总投资78.5亿元，到位资金4.5亿元。承接平台扩容升级。县经济开发区进入全省首批扩区序列，荣获安徽省综合性低碳示范园区称号，新增规划面积6.22平方公里，新拉开框架区2平方公里。木镇、新河、丁桥、酉华、杨田、乔木、陵阳等7个乡镇工业集中区加快扩容，规划建设蓉城工业集中区。建成25万平方米多层标准化厂房。县开发区和乡镇集中区企业实现产值76亿元、增加值19亿元。金融服务创新突破。贷款余额较年初增加 10 亿元、增长 28%。区域性商业银行机构发展壮大，徽商银行青阳支行开业运营，新增 2 家小额贷款公司。县中小企业担保公司资本金增至 1 亿元，当年累计为企业提供担保贷款 2.5 亿元。外经外贸企稳回升。实际利用外资 6061 万美元，增长 40%。预计进出口总额 3300 万美元，增长 18%。

社会建设切实加强　33 项民生工程、8 件惠民实事和居民收入倍增规划稳步实施，民生类支出 12.5 亿元。社会保障全面加强。多渠道扩大就业，开展各类技能培训 3751 人，政府补助提供就业岗位 2033 个，新增城镇就业 3630 人，城镇登记失业率 3.6%。城镇养老、医疗、工伤、失业、生育保险全面完成目标任务，为企业减免缓各项社会保险费 800 余万元。城乡居民养老保险参保缴费率、合作医疗参合率分别达 98.9% 和 99.6%。城乡低保人均补差提高 20% 以上。农村“五保”供养、城乡医疗救助、孤儿救助标准分别提高 21%、20%、15%，临时救助制度逐步健全，发放各类救助资金 5627 万元。新建保障性住房 650 套、改造农村危房 2472 户。社会管理全面改善。“六五”普法全面实施。公共安全保障水平不断提升，社会治安视频监控系统投入使用，食品药品安全和产品质量监管持续加强，全省食品药品安全示范县创建进展顺利。安全生产“打非治违”行动扎实开展，战胜台风“海葵”侵袭，超限超载治理、护林防火等成效显著。国土资源行政复议工作进入全国先进行列，荣获全省国土资源执法模范县。完成童埠港口改制。城乡文明创建一体化进程加快。校园及周边环境整治成果进一步巩固。矛盾纠纷和信访隐患排查化解深入开展。社区居委会第二次换届圆满完成，和谐社区建设扎实推进。国防教育、国防动员、民兵预备役、双拥优抚工作统筹推进。人防应急机动指挥系统建成使用。社会事业全面进步。开发区幼儿园主体工程完工，8 所农村小学附设幼儿园全面建成，加固改造中小学校舍 1.6 万平方米，新建 43 个农村留守儿童之家，义务教育学校标准化率 67.2%。职教中心基础设施不断完善，“两基”巩固工作进入全省先进行列。高中入学率、高考本科达线率位居全市前列。基层医改长效机制初步建立，县级公立医院综合改革全面推进，公共卫生服务项目有力实施，血防达标通过省级验收，县中医院综合楼启动建设。建成 165 个广播电视村村通、17 个农家书屋、18 个农民体育健身工程，送电影送戏 2036 场。成功举办安徽省中华经典诵读展演（端午篇·青阳站）活动。完成《青阳县志》初稿总纂。新增 3 处全国文物保护单位。县级自办电视频道扩容改版，实现“新闻日播”。人口计生工作受到省政府表彰，全省诚信计生利益导向工作现场会在我县召开，人口自然增长率 3.8‰。第六次全国人口普查圆满完成。妇女、儿童、老龄人和残疾人权益有效落实，荣获省残疾人社区康复示范县。工会、共青团、工商联、统计、物价、供销、民族宗教、外事侨务、对台、档案、保密、地震、气象等工作切实加强。

在经济社会发展取得新成绩的同时，政府自身建设也取得新成效。自觉接受人大、政协和社会各界监督，办结人大代表议案建议 49 件、政协委员提案来信 38 件。深化电子政务运用，加强政府网站管理，回复办理网民留言 100 余条。推进机构编制总量控制与动态管理试点。严格落实党风廉政建设责任制，强化权力公开透明运行和廉政风险防控，深化“三项建设”考评和行政问责，加强公共服务资金、政府性投资项目、经济责任审计监督，推进政务服务、效能监察、政风行风建设、招标采购管理等工作，坚决纠正损害群众利益的不正之风，依法行政水平和行政效能进一步提升。

各位代表，奋斗的历程曲折不凡，令人感怀，取得的成绩来之不易，令人欣慰。在此，我代表县人民政府，向全县人民，向县人大代表、政协委员，以及所有关心、支持青阳建设和发展的各界人士，表示崇高的敬意和衷心的感谢！

在总结成绩的同时，对前进中存在的困难和问题必须保持清醒认识：经济总量偏小、产业层次偏低、产业结构不优的状况没有根本改变，主导产业、重大项目的支撑带动作用还不明显，农业农村基础仍然较为薄弱，社会建设、生态文明建设有待进一步加强，政府工作科学化、效能化水平还需进一步提高，等等。对此，我们必须高度重视并认真加以解决，不辱使命，不负重托，努力把政府的各项工作做得更好。

2013年工作安排

今年是全面贯彻落实十八大精神的开局之年，是实施“十二五”规划承上启下的关键一年，是为全面建成小康社会奠定坚实基础的重要一年。今年政府工作的总体要求是：认真贯彻落实党的十八大以及中央经济工作和省、市相关会议精神，围绕全市“三区突破”总部署，抢抓机遇、务实奋进，着力承接产业转移，着力推进生态文明，着力发展文化旅游，着力保障改善民生，稳中求进，好中求快，努力保持经济持续健康发展和社会和谐稳定。

综合考虑，今年经济社会发展主要目标是：全县生产总值增长11%，财政收入增长20%，固定资产投资增长20%，规模工业增加值增长18%，招商引资总额增长20%，社会消费品零售总额增长15%，城乡居民收入增长15%以上，城镇登记失业率控制在4%以内。节能减排、人口自然增长率等约束性指标完成市政府下达目标。

围绕上述目标，重点抓好以下六个方面工作：

突出首位产业，切实增强工业经济竞争力

加快新型工业化进程，强化要素资源协调供给，确保实现工业投资49亿元、规模工业产值100亿元，其中“三大主导产业”产值与税收占全部工业的85%以上。

培育壮大首位产业。坚持首位产业、首位扶持，深入实施机电产业集群发展规划，进一步落实产业扶持政策，充分发挥2000万元财政专项资金引导作用，鼓励首位产业做大做强、聚集要素、技改扩规，提升核心竞争力，首位产业产值和税收分别提高5%点，占规模工业总额的近一半。加强调度考核，整合资源要素，推进富莱茵汽配二期、埃美柯实业、迈克工具等项目建成投产，新能源产业园、柯力电气等项目加快建设，力争全年引进建设项目40个、完成投资25亿元。

加快重大工业项目建设。继续实施重点项目领导协调、部门服务、分层推进、定期调度机制，确保项目有人抓、建设快、早见效。全年新增规模企业20户。重点推进62个5000万元以上工业项目，确保九鼎环保纸、友邦新材料等25个项目竣工投产，振华防务设备等22个项目开工建设，北斗应用等15个项目前期工作加快推进。加强项目谋划和储备，新增省“861”项目12个。

帮扶企业稳定运行。全面落实经济持续健康发展的各项措施，认真执行政策性减税等税费政策。充分发挥县担保公司担保效应，新增企业担保贷款1.5亿元；筹建县开发区融资性担保公司，为企业担保贷款3亿元以上；推进银企对接与合作，缓解企业融资难。清理闲置低效土地，加强重点项目用地指标争取，保障企业发展需求，缓解企业用地难。落实人才引进政策，加强专业技能培训，举办多层次招聘活动，创建劳动关系和谐园区、和谐企业，缓解企业用工难。通过有效帮扶企业发展，力争一批有实力的企业再上新台阶，全年新增产值超亿元企业10户以上。促进信息化与工业化深度融合，扶持企业科技进步及自主创新。加大矿山管理和整顿关闭力度。加强节能环保建设，

落实节能减排目标责任制，逐步建立能源消耗评价体系，引导企业节能技改，推广清洁生产工艺。

突出旅游商贸，着力推动现代服务业发展

围绕皖南国际文化旅游示范区建设，推进现代服务业健康发展，确保服务业增加值增长12%以上。

做大旅游服务产业规模。进一步加快环九华山旅游带建设，启动实施青阳旅游度假区规划，加快旅游景点、线路开发，规划建设蓉城至朱备旅游环线，重点推进九子岩综合开发、九华德懋堂、九华温泉度假村、绿谷养身中心、九华云水、莲峰云海、九芙蓉、远洲合泉山居、熙园等旅游综合体建设，争创AAAA级景区1家、四星级酒店1家。充分挖掘民俗、地域文化资源，促进旅游与文化产业有机结合。加快推进乡村旅游发展，打造一批高星级“农家乐”。强化旅游市场营销和旅游环境整治，实现游客接待量和旅游总收入稳步增长。

提升商贸经济发展水平。科学规划商业网点，加快青阳商业广场、豪诚国际广场、大九华旅游用品展示园建设，推进实施万村千乡、新网工程、农超对接工程，积极发展连锁经营、物流配送、电子商务、网络购物等现代流通方式，新增限额以上商贸流通企业12户。巩固“放心肉”体系建设成果。繁荣家具、古玩、盆景等专业市场。扩大本地产品市场占有率。

发挥金融服务支撑作用。全年新增贷款10亿元，贷款增幅高于全市平均水平。建立金融形势季度分析研判制度，完善商业银行绩效综合考评机制，提高金融资源配置效率。规范运行小额贷款公司和融资性担保公司。努力创建金融生态县。加强政府性投融资平台建设管理。做好柯力电气上市前期工作，积极培育上市资源。

突出生态文明，扎实推进美好乡村建设

全面实施美好乡村九大工程，加快农村产业发展、环境改善，促进农民致富增收、乡风文明。

推进现代农业快速发展。编制完成并加快实施省级九华现代农业综合示范区规划。落实农业产业化转型倍增计划，扶持壮大龙头企业，培育农民专业合作经济组织10家，发展市级示范合作社6家，新增无公害农产品、绿色食品认证2个。推进“一村一品”、“一村一业”，巩固优质米、皖南土鸡、茧丝绸、名优茶叶、特种水产、大棚蔬菜等优势产业，壮大花卉苗木、中药材、黄精、烟叶等特色产业，扶持名优茶产业大户10家。推进千万亩森林增长工程，新增造林面积2.5万亩、绿化苗木等经济林基地2万亩，发展生态农业、观光休闲农业、高效设施农业。加强农村现代服务业发展。推进农民工创业园建设，引导农民自主创业和农民工返乡创业。

统筹农村基础设施建设。完工8座并新开工4座水库除险加固工程，完成木镇、庙前集镇防洪工程，实施血防疫区水利兴修和塘坝清淤工程，解决2万农村人口安全饮水问题。加强耕地保护和土地整治，划定永久性基本农田保护区，建设高标准农田3.1万亩。推进青通河航道整治工程前期工作。改建318国道县城至木镇段，升级改造县乡公路30公里，加固改造危桥12座，优化城乡公交线路和站点设置。改造升级农村电网。全面实施国家绿色能源示范县项目。加快粮食仓储、农村信息化设施建设。加强饮用水源地保护和地质灾害点防控。

改善农村人居环境。编制完成并深入实施美好乡村建设规划，坚持政府引导、农民主体、社会参与、部门联动，县财政安排1000万元专项资金，并整合涉农项目资源，推进村庄整治、农村危房改造、农村清洁工程、农村环境连片整治，开展“四清四改四化”，培育建设15个中心村、整治改造161个自然村，完善农村基本公共服务设施，加强农业科技推广、重大动植物疫病防控、农产品质量监管、农业气象服务等体系建设。完善农村公路、饮水工程等公共设施管护机制。

突出城乡统筹，加快推进新型城镇化进程

全力争创省第三届文明县城，推进新城老区融合、县城集镇互动，着力提高城镇化水平。

加快新城开发。围绕“一年成框架、两年大建设、三年大变样”的目标，按照“四个先行”原则，全力推进基础工程建设，加快南部新城开发进程。贯通新城路网，完成西南外环建设，建成莲花路、天柱南路、临城南路、富阳南路、经一路，开工建设纬一路、青阳大道延伸工程。突破关键节点，完成雨洪调蓄区湖体开挖、液压升降坝和东堤工程，开工建设青中新校区，完成政务中心建筑单体规划设计，启动部分地块商业开发。建成青山新城和光明新村二期安置房并回迁入住，确保光华家园安置房主体完工。

提升城市品位。完成北外环扩建工程。完成光华路、碧桃路延伸工程，开工建设青山东路，延伸九子西路和公园南路，完善光华家园安置区道路配套。整治瓶颈路段、背街小巷。加强高层住宅供水保障，新建改造供水管网 11 公里、污水管网 8 公里。健全城市保洁、违法建设查处等长效化管理机制，加强城区交通秩序综合治理，逐步改造危旧小区，提升物业管理水平。积极创建国家生态县，统筹实施创森工程。促进房地产市场健康稳定发展。强化城区亮化绿化等公共设施管理，深入开展群众性精神文明创建，提升市民素质。

打造特色集镇。加强城镇规划、建设和管理，统筹基础设施建设和生态环境保护，打造特色城镇体系。支持木镇、陵阳、庙前等中心集镇建设，提升集镇功能，创新管理机制，力争全国绿色低碳重点小城镇、特色镇开展小城市培育试点项目早日获批。加强集镇特色产业发展，强化产业支撑作用，鼓励镇域经济争先进位，培育新型工业强镇、旅游商贸重镇、历史文化名镇。

突出产业承接，不断提高开放型经济水平

更加注重投资导向性、产业适配性、项目带动性，夯实承接基础，加快承接步伐，不断激发经济发展活力。

强化招商引资。围绕“大招商、招大商”，推进“招商引资重大项目建设年”活动，实施招商引资“三百工程”，不断创新招商方式，完善招商引资政策体系，切实提高签约落户率、资金到位率、开工投产率。全年引进规模项目 90 个，其中 5 亿元以上项目 8 个、10 亿元以上项目 2 个，竣工投产项目 55 个，到位资金 72 亿元。

优化承接平台。强力实施开发区扩区规划，加快东进南扩步伐，新增建成区面积 1 平方公里，争创国家级循环经济示范园区和高新技术产业园区。同步推进乡镇工业集中区建设，新拉开框架 2.5 平方公里、新增建成区 1.5 平方公里。建成标准化厂房 25 万平方米。加快人力资源、物流商贸等生产性服务业发展，完善园区基础设施和配套功能。严格园区产业定位和项目准入，提高园区产业集群化、效益化水平。

深化开放合作。全面落实进出口扶持政策，进出口总额增长 15%，实际利用外资 7000 万美元。围绕重点领域加大争取力度，力争争取资金份额高于全市平均水平。加强与央企、知名民企和境外大企业合作。大力支持非公有制经济和中小微企业。鼓励和发展总部经济。

突出民生和谐，全面加快社会建设步伐

加快健全基本公共服务体系，加强和创新社会管理，提升民生保障水平，保持社会和谐稳定。

完善就业和社会保障体系。多渠道扩大就业，开展创业就业等各类培训 2500 人，新增就业岗位2000个。推进社会保险扩面征缴，实现城乡居民养老保险全覆盖。完善社会救助体系，加大社会救助力度，着力提高救助水平。加强敬老院、福利院管理，鼓励社会化养老。发展残疾人、老龄人和慈善事业。新开工保障性住房2800套，健全保障性住房管理、维护、清退机制。

统筹发展社会事业。推进教育信息化，创建13所义务教育标准化学校，发展职业教育、学前教育、普通高中教育，加快三小建设调整步伐，实施农村义务教育学校教师周转房项目。巩固基层医改成果，推进县级公立医院改革，完善城乡居民合作医疗制度，加强公共卫生和基本医疗服务能力建设。实施公共文化服务信息化工程。科学保护、合理开发历史文化遗存，推进青阳腔、青阳农民画进校园、进社区。出版发行《青阳县志》。争创省级全民健身示范县。加强人口计生工作，提高出生人口素质，促进人口长期均衡发展。夯实统计调查基层基础，启动第三次全国经济普查。更新升级广播电视制作设备。加快标准化社区建设。深化村务公开和民主管理。加强物价、供销、民族宗教、外事侨务、对台、新闻出版、气象、地震、档案、保密、机关事务等工作。

推进平安建设。扎实做好新形势下群众工作，积极创建“六无”村居，深入开展“六五”普法，依法规范信访秩序，源头防范和化解社会矛盾，畅通和规范群众诉求表达、利益协调、权益保障渠道。推进城乡公共安全一体化，加强安全防控和监管，综合整治校园及周边环境，巩固超限超载治理成果，健全安全生产、食品安全、社会治安等社会管理体制机制，推进人防、民防、应急一体化，积极创建省食品药品安全示范县。加强国防教育、国防动员和民兵预备役工作，巩固和发展军政军民团结，争创全省双拥模范县“六连冠”。

各位代表，民生是为政之本。我们要顺应人民群众过上更加幸福美好生活的新期盼，全力而为、尽力而行，在继续抓好33项民生工程的基础上，切实办好8件惠民实事：

建设流浪乞讨人员救助站。

实施新入学特困大学生救助。

对符合“五保”条件的非国家供养特困人员按“五保”标准予以供养。

补助建设60公里“点点通”工程。

建设一所标准化城市社区服务中心。

建设残疾人综合服务中心。

建设城市规划展示馆、科技馆、档案馆多馆合一的大型综合性馆舍。

完成城南自来水厂主体工程，与老城区供水管网实现连接。

各位代表！加快经济社会发展，加速富民强县进程，政府责无旁贷。必须旗帜鲜明地反对空谈、崇尚实干、注重落实，切实加强新形势下政府自身建设，努力打造学习型、服务型、创新型的人民满意政府。一是牢记宗旨，执政为民。始终牢记为民服务的宗旨，政府全部工作立足于人民、服务于人民，切实做到情为民所系、权为民所用、利为民所谋。坚持正确的政绩观，多做打基础、利长远的工作，多办顺民心、惠民生的实事。从群众最需要的地方做起，主动回应群众关切和期待，帮助群众解决实际问题，不断提高群众的满意度和幸福感。二是依法行政，团结协作。严格依照法定权限和程序行使权力、履行职责，规范执法行为，推进文明执法，努力建设法治政府。自觉接受人大的法律监督、政协的民主监督，高度重视社会公众、新闻媒体的舆论监督，积极支持人民法院、检察院和工会、共青团、妇联、工商联等人民团体依法开展工作。落实民主集中制，遵守《政府工作规则》，拧成一股绳，分工不分家，识大体、顾大局，讲团结、重合作，和衷共济、和谐共事。拓宽政务公开、政府信息公开领域，公开、公平、公道办事，提高政府工作透明度。三是改进作风，求真务实。认真贯彻落实中央八项规定和省委相关规定精神。加强绩效考核和目标管理，凭实绩论英雄，按贡献排位次。反对空谈浮夸，立说立行，雷厉风行，着力解决推诿拖拉等不良风气，深入治理慵懒散漫等不良现象。改进文风会风，讲实话、干实事，敢作为、勇担当，言必信、行必果，提升政府执行力和公信力。四是艰苦奋斗，清正廉洁。按照“干部清正、政府清廉、政治清明”的总体要求，严格落实党风廉政建设责任制，推进惩治和预防腐败体系建设，切实遵守《廉政准则》，加强廉政教育管理，深入推进权力公开和廉政风险防控，强化行政监察和审计监督，加强行政成本控制和公共资源交易管理，反对大手大脚、铺张浪费，把钱用在刀刃上，落实招投标全程监管、国库集中支付、公务用车和接待等制度，推行公务卡消费，坚决纠正各种不正之风。

各位代表！新的一年，目标在前，重任在肩，我们深感使命光荣、责任重大。让我们在县委的正确领导下，在27万青阳人民的信任和支持下，同心同德，再接再厉，坚持求真务实，奋力开拓进取，加快建设经济发展、生活富裕、环境优美、社会和谐、人民幸福的皖南名城，为青阳早日建成全面小康社会而努力奋斗！

名词解释

1. 招商引资“三百工程”：百名干部引进百个项目、百名干部引进百亿资金、百名干部帮扶百家企业。

2. 美好乡村九大工程：规划引领工程、村庄建设工程、环境整治工程、土地整治工程、产业发展工程、文化建设工程、社会保障工程、平安和谐工程、基层组织建设工程。

3. “六无”村居：全年无到县到市赴省进京访、无邪教和非法宗教活动、无“黄赌毒”问题、无重大恶性刑事案件、无群体性事件、无民转刑案件的村居。

4. 三大主导产业：机电装备制造、非金属新材料、有色金属。

5. 三项建设：机关作风、机关效能及优化发展环境建设。

青阳概况

自然地理

【位置面积】 青阳县位于长江安徽段西侧，皖南中部偏北，沿江平原与皖南山区结合部，地理坐标为北纬30° 19′—51′，东经117° 41′—118° 05′，面积1203.7平方公里，约占全省面积的8.46‰、占全国面积0.12‰。青阳县隶属安徽省池州市，县域东邻南陵县、泾县，南隔太平湖与石台县及黄山市黄山区相交，西连贵池区，北接铜陵市铜陵县。青阳县政府驻地蓉城至池州主城区约40公里，北至省会合肥约190公里，东北距芜湖市约120公里，西去安庆市约110公里。

【气候概况】 青阳县属于亚热带湿润性季风气候。全年春暖、夏热、秋凉、冬寒。四季分明，季风明显。气温时空分布随山脉丘陵高度变化明显，有丘陵高，山区低特点。全年年平均气温16.6℃，最热月7—8月，最冷月1—2月。降水量山区多于丘陵，南面多于北面。年降水量平均1573.0毫米，其中春季（3—5月）降水占全年的30.8%，夏季（6—8月）降水占40.1%，秋季（9—11月）降水占17.5%，冬季（12月—次年2月）降水占11.6%。全年无霜期224天，年日照时数平均2004.9小时。总体上看，全县气候条件优越，农业气候资源丰富，光、温、水同步，适应各种粮食作物和经济作物种植与生长。

【地势地貌】 全境地势西南高东北低，九华山脉蜿蜒境内，地貌类型复杂多样。南部中山峭拔，中部丘陵绵延，山丘间散落小型盆地，北部以河谷平原为主，其上有少数低山、丘陵分布。

南部中山以九华山脉为主体，面积200多平方公里，约占全县面积的17%。九华山脉平均海拔800米以上，最高点十王峰海拔1344米，大多属于花岗岩地貌。

低山分布于各乡镇，面积342平方公里，占全县面积近29%。一般海拔400—500米，多数山顶呈浑圆形，山坡较平缓。

丘陵分布于蓉城、新河、木镇、丁桥、乔木、庙前等乡镇，面积360平方公里，占全县面积的30%以上。绝大部分属剥蚀低丘与剥蚀堆积浅丘，小部分属高丘。低丘分布在县境东北部，一般海拔100—200米。高丘主要分布在九华山脉边缘地带，海拔200—400米，呈带状。

平原（盆地）主要分布在青通河、九华河、七星河、陵阳河沿岸，其中蓉城—杨田盆地、庙前—九华盆地、陵阳（含原沙济）、朱备、南阳湾盆地面积较大。总面积260平方公里，占全县面积的22%。一般海拔20—50米，地面平坦，土质肥沃。

湖沼（湿地）为县境北部青通河与七星河交汇处辽湾，面积2000余公顷，占全县面积的2%。汛期长江水位上涨，江水倒灌，辽湾成为湖泊。50—60年代，陆续建圩造田1330多公顷，湖沼面积缩至330公顷。1987年为排洪需要，将其中467公顷低洼田退田还水。

【自然资源】 土地资源。截至2012年底，全县土地面积119600.19公顷（含九华山），其中耕地24803.45公顷，园地3621.98公顷，林地71935.92公顷，其他农用地5165.38公顷。

野生动植物资源　境内有两栖类、爬行类、鸟类、哺乳类动物共计225种，属国家重点保护野生动物30余种，其中白颈长尾雉、云豹、黑麂、梅花鹿属国家一级保护动物，属国家二级保护动物20余种，属省级重点保护野生动物10余种。境内野生植物共有1461种，珍稀植物有银杏、青钱柳、马褂木、四照花、香果树、金钱松、青檀、杜仲、厚朴、水杉、天竺桂、三尖杉、粗榧等。

矿产资源　境内已发现矿产35种，其中能源矿产4种，金属矿产10种，非金属矿产20种，水气矿产1种。能源矿产有煤、地热；金属矿产规模较小。非金属矿产主要有方解石、石灰石等。

水资源　全县地表水量为18.23亿立方米，人均水资源占有量约7000立方米，高于全省平均水平。其中矿泉水资源丰富，达到饮料矿泉标准。

人文历史

【历史沿革】 青阳古属扬州域，东周春秋战国先后属吴、越、楚，秦属鄣郡。西汉元封二年（前109）始置陵阳县，晋隋先后改称广阳县、南阳县，属丹阳郡。唐天宝元年（742）析泾县、南陵、秋浦3县地置青阳县，属江南西道宣州，治所即今蓉城；唐永泰元年（765）起属池州，南唐（937—975）属江宁府。北宋开宝八年（975）再属池州。民国后曾几度易隶芜湖、安徽省第八区、安庆、宣城、芜湖，1988年复归池州。县境自唐永泰迄今终无大变动。

【历史名人】 青阳县名臣文士代不乏人，涉及县境高僧、达官、名士。唐有李白、刘禹锡、杜牧、杜荀鹤，宋有王安石、苏辙、周必大、杨万里、滕子京、岳飞、文天祥、僧希坦，元明以来有萨都剌、汤显祖、王阳明等，他们或游山题咏，或聚徒讲学，对县域文化影响颇大。县邑名人有唐代费冠卿、刘放；南宋御史章赉、同知枢密院事程九万、诗人陈岩；明代御史柯乔、顺天府尹施尧臣、江南著名中医陆仲远；清朝礼部尚书吴襄，“父子尚书”王懿修、王宗诚；民国开明绅士陈次权、爱国知识分子陈维稷、进步知识分子宁华庭、古汉语学家洪诚等。

【文物古迹】 青阳县早在五千年前就有人类繁衍生息，今已发现新石器时期文化遗址3处、西周至晋代古墓葬13处、宋铜矿遗址1处，另有陵阳所村太平山房、沙济文昌阁、李氏宗祠等古建筑和众多古墓葬。出土文物数以千计，其中在庙前镇十字村龙岗出土的木椁墓，葬制和出土文物都呈越文化特征；此外还有

西周青铜乳丁云雷纹大铙

春秋西周时期“双龙青铜尊”、春秋晚期“菱形花纹弋”、汉晋时期“堆塑人物谷仓罐”、隋代“青瓷豆托五足炉”、唐代“蜂蝶牡丹镜”、“真子飞霜镜”等均为罕见珍品。现青阳县博物馆建筑为明代曹氏宗祠，是从陵阳镇整体迁入县城重修，具有很高的文物价值。

【民风民俗】 青阳地处沿江江南，居民为古代江南原住民与黄河流域历次南迁士族移民长期融合形成，民风既有古代吴、越与楚文化成分，又有中原文化元素，兼含佛教文化色彩。50年代后，因移风易俗，逐渐为社会新风取代，但仍保存一些旧时传统。县内民众以米饭为主食，炒菜多用菜油。冬至后宰杀“年猪”，设宴“年猪汤”，同时腌制各类食物。传统副食品制作考究，民间冬至吃蒿子粑或南瓜粑，名为“巴魂”，“入梅”、“出梅”吃仔鸡；风味小吃有鳖鳖蛋、陵阳锅子、南瓜瘪、落苏（茄子）瘪、毛豆腐、陵阳豆腐干、辣椒饳、灌心糖、米面等。

传统节日有春节、三月三（民间称“鬼节”）、清明节、端午节、中秋节、重阳节、冬至等。节庆灯会主要有舞龙灯、狮子灯、马灯、蚌壳灯等。宗教习俗有地藏庙会（农历七月三十日）、百子会（农历七月三十日，佛教信众集体朝山）、观音会（农历二月十九日、六月十九日、九月十九日，民间妇女拜佛求签）、吃腊八粥（农历腊月初八）等。

人口　民族

【人口】 2011年，青阳县共有户籍人口27万人，性别比为101.99（以女性为100），人口出生率9.39‰，自然增长率3.03‰。2012年，全县共有户籍人口26.7万人，性别比为109.05，人口出生率9.52‰，自然增长率2.77‰。2013年，全县共有户籍人口27.2万人，性别比为99.02，人口出生率7.50‰，自然增长率4.03‰。

【民族】 青阳县为多民族聚集地，但人口以汉族为主，少数民族人口较少，据2012年12月统计，共有700人。少数民族有回、满、土家、壮、苗、侗、蒙古、白、傣、朝鲜、布依、土、彝、傈僳、哈尼、仫佬、仡佬、佤、瑶、纳西、水、黎、景颇、畲、毛南、拉祜、其他（穿青）等27个少数民族，分布在全县11个乡镇。

宗　教

青阳县现有佛教、基督教、天主教三大教别，批准开放的宗教活动场所共计64处，其中佛教34处、基督教27处、天主教3处。宗教教职人员共有84人，其中佛教比丘79人、比丘尼5人，基督教牧师2人、长老3人。信教群众约3万人，其中佛教2.69万人、基督教3000人、天主教100人。

风味小吃

落苏瘪

主要原料为茄子（陵阳方言称“落苏”）。做法为，将茄子煮熟后划开，再用生姜、蒜子米、豆酱、辣椒粉（或辣椒酱）等各种佐料加素油、食盐搅拌，装入煮熟的茄子内再日晒夜露，直至干瘪。可用作茶点、零食或下酒，味正香浓。

行政区划

【青阳县乡（镇）行政区划】 2013年，青阳县共有3个乡、10个镇、12个社区居委会，116个村委会。

青阳县各乡、镇所属村（居）委名录

表1

蓉城镇	村委会：牌楼、蓉东、城西、光华、杨冲、分姚、百花、清泉岭、双溪、合心、青山、和平、光明、建兴、五星、新中、五溪、云山 居委会（社居委）：蓉城、富阳、双河、九华、龙子口、龙山
杨田镇	村委会：上东堡、下东堡、五梅、东南、杨田、缑山、仙梅、洞泉、黄泥
陵阳镇	村委会：分流、分石、陵阳、星桥、兰溪、所村、三河、南阳、清泉、沙埂、谢村、上章、崇觉、梅山、杨梅 居委会（社居委）：陵阳街道
新河镇	村委会：十里岗、新建、周桥、杨梅桥、团结、向阳、洪山、常洲、陀龙、乌龙、老山
木镇镇	村委会：河北、黄山、长胜、南河、武圣、双合、越路、常丰、双云、新竹 居委会（社居委）：木镇
丁桥镇	村委会：丁桥、官埠、牛山、独龙、明塘、天屏、狮山、永平、洛家潭、茗山
朱备镇	村委会：朱笔、江村、东桥、将军
庙前镇	村委会：玉屏、双石、三义、双桥、十字、高源、星星、庙前、华阳 居委会（社居委）：庙前
酉华镇（2013年乡改镇）	村委会：宋冲、田屋、乐元、金峰、华岸、二酉、朝华、石安
乔木乡	村委会：金山、东源、凌塘、官塘、塔山
杜村乡	村委会：长垅、新丰、红光、河东、西河、镇华、五阳、垅上、上峰、宗文、龙华
九华乡（归九华山风景区管委会管辖）	村委会：柯村、戴村、拥华、老田、二圣、桥庵
九华镇（归九华山风景区管委会管辖）	居委会（社居委）：芙蓉、祇民、闵园

国民经济和社会发展

【2011年经济社会发展情况】 2011年是青阳县实施“十二五”规划开局之年，全县实现生产总值（GDP）546370.2万元，比上年增长13.6%。其中，第一产业增加值78525万元，增长4.6%；第二产业增加值292676.2万元，增长18.8%；第三产业增加值175169万元，增长9.7%。三次产业比例由上年的14.7:50.5:34.8变化为14.4:53.6:32.0，其中，工业增加值占GDP的比重为45.3%，比上年提高3.5个百分点。年末全县从业人员19.41万人，比上年增加0.05万人，城镇年末登记失业率为3.6%。

全年实现农林牧渔业总产值122982万元，比上年增长4.6%。实现全部工业增加值247676.2万元，增长21.3%。年末全县共有规模工业企业62个，比上年增加6个；规模以上工业实现增加值161507.2万元，增长27.6%。全年全社会建筑业实现增加值45000万元，增长6.9%。全年固定资产投资441627万元，增长40.2%。

全年社会消费品零售总额174458.4万元，比上年增长17.9%。其中限额以上企业零售额

28740.7万元，增长64.9%；限额以下企业零售额145717.7万元，增长11.6%。当年实现外贸进出口总额2863万美元，增长45.0%；其中出口总额2366万美元，进口总额497万美元。实际利用外资4286万美元，增长15.0%。

接待国内外游客443.75万人次，增长43.6%，实现旅游总收入44.8亿元，增长40.9%。全县境内公路里程1200.4公里。邮电业务总收入13027万元，增长2.9%。

全年财政收入85180万元，比上年增长20.9%。全年财政支出131593万元，增长36.3%。全县金融机构各项存款余额666597万元，增长23.0%。

年末全县共有小学65所，小学适龄儿童入学率为100%；普通初中17所，初中学龄人口毛学入率123.11%；普通高中5所，高中阶段毛入学率95.03%。全县共有职业高中1所、幼儿园13所。全年共申请专利281件，增长41.9%；拥有高新技术企业8个。

2011年，全县人口自然增长率2.30‰，城镇居民人均可支配收入16117.2元，比上年增长16.0%。人均消费性支出10828.9元，增长6.0%。农村居民人均纯收入7080元，增长19.0%。农民人均生活消费支出5188.63元，增长7.23%。

年末全县参加城镇基本养老保险人数11149人，参加城镇基本医疗保险人数17200人。参加失业保险人数为10556人。参保工伤和生育保险职工人数分别为9600人、8500人。被征地养老保险制度全面推进，年末参保人数12084人。农村低保提标扩面全面完成，年末保障人数9510人，全年发放低保金1362.7万元；城市低保应保尽保，年末保障人数3569人，全年发放低保金1056.8万元。年末全县各类社会福利收养性单位床位数1308张。城乡居民养老保险参保人数145829人，参加新型合作医疗人数245052人。

【2012年经济社会发展情况】 全县实现生产总值（GDP）611449万元，比上年增长12.3%；其中，第一产业增加值87183万元，增长6.0%；第二产业增加值323321万元，增长13.9%；第三产业增加值200945万元，增长12.2%。三次产业比例由上年的14.4:53.5:32.1变化为14.2:52.9:32.9，其中，工业增加值占GDP的比重为45.1%，比上年提高0.2个百分点。年末全县从业人员19.43万人，比上年增加0.02万人，城镇年末登记失业率为3.6%。

全年实现农林牧渔业总产值136583万元，比上年增长6.0%。实现全部工业增加值27.58亿元，增长15.7%。年末全县共有规模工业企业76户，当年新增16户；规模以上工业实现增加值22.12亿元，增长18.9%。全年全社会建筑业实现增加值47533万元，增长4.3%。全年固定资产投资533059万元，增长21.3%。

全年社会消费品零售总额197320万元，比上年增长13.1%。全年实现限额以上消费品零售额40224万元，增长24.0%；当年实现外贸进出口总额4124万美元，增长44.0%；其中出口总额4035万美元，进口总额89万美元。实际利用外资6061万美元，增长41.4%。

接待国内外游客63.66万人次，增长35.2%，实现旅游总收入68.68亿元，增长43.3%。全县境内公路里程1210.4公里。邮电业务总收入14327万元，增长10.0%。

全年财政收入110330万元，比上年增长29.5%。全年财政支出162217万元，增长23.3%。全县金融机构各项存款余额808047万元，比上年末增长21.2%。

年末全县共有小学65所，小学适龄儿童入学率为100%；普通初中17所，初中学龄人口毛学入率 1117.59%；普通高中 5 所，高中阶段毛入学率 95.64%。全县共有职业高中 1 所、幼儿园 14 所。全年共申请专利 584 件，增长 107.83%；拥有高新技术企业 11 家。

2012 年，全县人口自然增长率 0.66‰，城镇居民人均可支配收入 19059.6 元，比上年增长 18.3%。人均消费性支出 12503.5 元，增长 15.5%。农村居民人均纯收入 8241 元，增长 16.4%。农民人均生活消费支出 6975 元，增长 34.0%。

年末全县参加城镇基本养老保险人数 13103 人，参加城镇基本医疗保险人数 17200 人。参加失业保险人数为 10132 人。参保工伤和生育保险职工人数分别为 10600 人、8500 人，被征地养老保险制度全面推进，年末参保人数 15939 人。农村低保提标扩面全面完成，年末保障人数 9515 人，全年发放低保金 1618.2 万元；城市低保应保尽保，年末保障人数 3413 人，全年发放低保金 1298.1 万元。年末全县各类社会福利收养性单位床位数 1452 张。城乡居民养老保险参保人数 171035 人参加新型合作医疗人数 246151 人。

【2013 年经济社会发展情况】 全县实现生产总值（GDP）682358 万元，比上年增长 10.5%；其中，第一产业增加值 96028 万元，增长 3.5%；第二产业增加值 359023 万元，增长 12.6%；第三产业增加值 227307 万元，增长 9.7%。三次产业比例由上年的 14.2:52.9:32.9 变化为 14.1:52.6:32.3，其中，工业增加值占 GDP 的比重为 45.2%，比上年提高 0.1 个百分点。年末全县从业人员 19.95 万人，比上年增加 0.52 万人，城镇年末登记失业率为 3.6%。

全年实现农林牧渔业总产值 150326 万元，比上年增长 3.5%。实现全部工业增加值 30.83 亿元，增长 11.3%。年末全县共有规模工业企业 113 户，当年新增 28 户；规模以上工业实现增加值 26.54 亿元，增长 16.2%。全年全社会建筑业实现增加值 50756 万元，增长 6.5%。全年固定资产投资 688550 万元，增长 29.2%。

全年社会消费品零售总额 224989 万元，比上年增长 14%。全年实现限额以上消费品零售额 53219 万元，增长 26%；当年实现外贸进出口总额 5760 万美元，增长 39.7%；其中出口总额 7547 万美元，进口总额 13 万美元。实际利用外资 7209 万美元，增长 18.9%。

接待国内外游客 746.5 万人次，增长 30.7%，实现旅游总收入 79.74 亿元，增长 32.8%。全县境内公路里程 1399 公里。邮电业务总收入 16835 万元，增长 17.5%。

全年财政收入 132008 万元，比上年增长 19.6%。全年财政支出 197808 万元，增长 21.9%。全县金融机构各项存款余额 997233 万元，比上年末增长 23.4%。

年末全县共有小学 32 所，小学适龄儿童入学率为 100%；普通初中 20 所，初中学龄人口毛学入率 113.49%；普通高中 5 所，高中阶段毛入学率 95.8%。全县共有职业高中 1 所、幼儿园 17 所。全年共申请专利 579 件，增长 76.40%；拥有高新技术企业 14 家。

2012 年，全县人口自然增长率 3.1‰，全年农村居民人均纯收入 9842 元，比上年增长 13.6%。年末全县参加城镇基本养老保险人数 11314 人，参加城镇基本医疗保险人数 17222 人。参加失业保险人数为 10142 人。参保工伤和生育保险职工人数分别为 11600 人、8511 人，被征地养老保险制度全面推进，年末参保人数 16258 人。农村低保提标扩面全面完成，年末保障人数 9473 人，全年发放低保金 1894.4 万元；城市低保应保尽保，年末保障人数 2841 人，全年发放低保金 1343.6 万元。年末全县各类社会福利收养性单位床位数 1550 张。城乡居民养老保险参保人数 144400 人，参加新型合作医疗人数 247956 人。

青阳县领导名单

■中共青阳县县委书记、副书记、常委人员名单

书　记：

晁　新（2010.04—2013.12）

方能斌（2013.12—）

副书记：

王春生（2010.03—2012.12）

杨　波（2010.12—2011.11）

纪良才（2011.11—）

方能斌（2013.01—2013.12）

杨晓兵（2013.12—）

常　委：

杨晓兵（县政府副县长）（2006.09—2013.12）

江晓利（县委政法委书记）（2006.09—2012.05）

周启富（县人武部政委）（2008.06—2012.05）

江龙珠（2008.09—2013.08）县委组织部部长

王春英（县委宣传部部长）（2009.03—）

陈静宏（县政府副县长（挂职））（2010.02—2011.02）

吴风云（县纪委书记）（2010.02—）

陈学锋（县委办主任）（2010.12—）

许作峰（县政府副县长，蓉城镇党委书记、人大主席）（2011.05—）

严继学（县人武部部长）（2012.05—2013.06）

刘荣发（县委政法委书记）（2012.05—）

林高兴（县政府副县长（挂职））（2012.06—2014.06）

刘忠勇（县人武部政委）（2013.06—）

阮学猛（县委组织部部长）（2013.08—）

胡　俊（县政府副县长）（2013.12—）

■青阳县人民政府县长、副县长人员名单

县　长：

王春生（2011.03—2013.01）

纪良才（2013.01—）

副县长：

刘荣发（2007.01—2012.05）

陆庆林（2008.03—2012.01）

陈定新（挂职）（2009.03—2011.03）

潘文玉（挂职）（2009.07—2011.07）

胡　俊（2009.12—）

钱　松（2009.12—2011.11）

陈静宏（挂职）（2010.02—2011.02）

王师琴（2010.08—）

刘　杰（挂职）（2010.09—2011.05）

杨晓兵（2010.11—2014.01）

朱继平（挂职）（2011.05—2013.05）

刘　辉（2011.05—2013.05）（挂职）

宋秋奎（挂职）（2011.08—）

纪良才（2011.12—2013.01）

齐满清（2011.11—）

吴　伟（2012.05—）

林高兴（挂职）（2012.06—2014.06）

潘　波（挂职）（2012.06—2013.06）

许作峰（2013.04—）

陈　玉（挂职）（2013.07—）

■青阳县人大常委会主任、副主任人员名单

主　任：

晁　新　中共党员　（2011.03—2012.12）

黄国正　中共党员　（2013.01—）

副主任：

罗跃进　无党派　（2003.01—）

张卫平　中共党员　（2003.01—2011.08）

黄国正　中共党员　（2003.01—2013.01）

包明友　中共党员　（2007.03—2012.01）

陆庆林　中共党员　（2012.01—）

甘心传　中共党员　（2012.01—）

潘　盛　中共党员　（2013.01—）

■政协青阳县委员会主席、副主席人员名单

主　席：

陈建生　中共党员　（2007.02—2012.01）

江晓利　中共党员　（2012.01—）

副主席：

王影阳　无党派　（2002.01—）

甘国安　中共党员　（2003.01—2012.01）

武庆忠　中共党员　（2003.01—）

项国平　中共党员　（2005.03—2012.01）

钱师农　无党派　（2011.03—）

徐继有　中共党员　（2012.01—）

综 述

【重点工作】 2011—2013年，中共青阳县委围绕发展第一要务，实现经济平稳较快发展、重点工作加快推进、社会大局和谐稳定的良好态势。其中2011年实现生产总值53亿元，比上年增长13%；财政收入8.5亿元，增长31%；固定资产投资45亿元，增长36%；社会消费品零售总额17.5亿元，增长18%；农民人均纯收入6854元，增长15%。2012年实现生产总值61亿元，增长12.3%；财政收入突破10亿元大关，达到11亿元；社会消费品零售总额19.7亿元，增长13%；城镇居民可支配收入19059元，农民人均纯收入8206元，分别增长18%、16%。2013年实现生产总值68亿元，增长28%；规模工业增加值26.5亿元，增长16.2%；财政收入13.2亿元，增长20%；城镇居民可支配收入达2.1万元，农民人均纯收入达9295元，增长14%。青阳县先后获得“全国第二届国土资源节约集约利用模范县”“全国科技进步先进县”“中国旅游竞争力百强县”“全省科学发展先进县”“安徽省生态县”等称号。

工业发展 实现工业发展由“一主七辅”（“一主”为县经济开发区主园区，“七辅”为新河、木镇、丁桥、酉华、乔木、杨田、陵阳7个乡镇工业集中区）向“一区四园”转变，县开发区规划面积由10平方公里增加到16.22平方公里，拥有省级产业集群专业镇4个。招商引资和项目建设实际到位资金180余亿元，柯力电气、昌利锻造、龙阳铜业、富莱茵汽配、埃美柯管业等一批大项目竣工投产、发挥效益，工业增值税总量等指标全市居前。2013年出台民营经济发展意见，帮助企业融资6.7亿元，提供还贷周转金5.5亿元，为企业输送用工2000余人。

旅游发展 抢抓皖南国际文化旅游示范区核心区发展机遇，积极谋划旅游发展布局，以县城为核心，以青九线、青朱陵线、蓉十杜线“三线”为干线，以九华山东片禅境修身旅游区、九华山西片佛国田园旅游区、九华山南片富贵陵阳文化旅游区“三片”为重点，建设“一核三线三片”260平方公里泛示范区，着力打造“礼佛上九华、修身在青阳”旅游品牌。2013年接待国内外游客779万人次，实现旅游总收入84.5亿元，分别比上年增长29.8%、31.6%。

城市建设 加快新城建设步伐，加速推进新城“十大工程”，4.8平方公里核心区初现雏形，“四横五纵”路网、18公里城市外环线全线贯通，22平方公里城市框架基本形成。

突出城市管理重点区域和薄弱环节，围绕治脏、治乱、治差，扎实推进文明县城创建，圆满完成取缔1285辆非法载客“三车”（三轮电瓶车、三轮摩托车、人力三轮车），同步规范公交车、出租车运营和大货车停运，有效提升城市对外形象。

“三农”发展　美好乡村建设累计投入2亿余元，深入实施村庄建设、环境整治等“四大工程”，改造危房4000余户，完成50座病险水库除险加固工程。现代农业和特色产业形成庙前杨村农家乐、李村粽粑加工、乔木金山花卉苗木等一批特色产业专业村，九华现代农业示范区列入全国绿色食品原料（水稻）标准化生产基地，截至2013年年底，全县已发展县级以上龙头企业54个、合作社184个、家庭农场53个。

民生改善　以保障性住房、农村危房改造、城乡养老和医疗、特困群体救助等为重点，每年实施33项民生工程和近10件惠民实事，全面提升民生保障水平。高考本科达线率等多年保持全市前列，计生工作连续2年获得省政府表彰，并在全国相关会议上作经验交流。坚持领导干部开门接访、带案下访、主动约访等制度，依法依规解决信访突出问题，2013年赴省进京信访批次和人次分别下降55%、80%。

党的建设　全县深入学习党的十八大、十八届三中全会、习近平总书记系列重要讲话精神，深入开展“创先争优”“五级书记大走访”“保持党的纯洁性”“基层组织建设年”等主题教育活动，出台农组五年规划，创建63个基层党建示范点。加强非公党建，提升党的组织和工作覆盖面，全县627家非公企业党组织实现全覆盖。圆满完成县乡人大、政府和政协、工会、妇联换届，配齐配强各级班子。加强党风廉政建设，严格执行中央、省市改进作风、密切联系群众各项规定，大力实施“清房、清卡”等专项治理。

【重要会议】　**2011年**　1月6日，召开县委十二届十四次全委（扩大）会议。

1月26日，召开县委权力公开透明运行试点工作动员大会。

2月11日，召开县委十二届十五次全委（扩大）会议。会议表彰2010年度全县经济社会发展建设中取得突出成绩的先进集体和先进个人。县委书记晁新作了题为《加大工作力度、实施重点突破、全力开创青阳全面转型加速崛起新局面》的工作报告。

6月3日，召开县委十二届十六次全委（扩大）会议。

6月11日，召开中共青阳县委十三届一次全会、中共青阳县纪律检查委员会十三届一次全会。选举产生中共青阳县第十三届委员会常务委员会委员、书记、副书记和中共青阳县纪律检查委员会第十三届委员会常务委员会委员、书记、副书记。

9月27日，县委、县政府召开全县群众工作会议，全面启动省委统一部署的以“访民情、汇民智、释民惑、解民忧、惠民生”为主题、为期半年的“五级书记带头大走访”活动。

2012年　1月5日，召开县委十三届五次全委（扩大）会议。

2月3日，召开县委十三届六次全委（扩大）会议。会议表彰2011年度全县各项工作中取得突出成绩的先进集体和先进个人。县委书记晁新作了题为《实施重点突破 共筑皖南名城 全力开创青阳科学发展加速崛起新局面》的工作报告。

2月6日，召开县委十三届七次全委会议。

6月20日，召开全县“三进三促”“保持党的纯洁性”主题活动动员大会暨庆祝建党91周年表彰大会。

7月10日，召开全县保持党的纯洁性主题

教育实践活动党课报告会。

7月20日，召开全县经济形势分析会。

10月23日，召开全县主要经济工作调度会暨美好乡村建设动员会。

2013年　1月17日，召开县委十三届七次全委（扩大）会议暨全县经济工作会议。

2月20日，召开县委十三届八次全委（扩大）会议。会议表彰2012年度全县各项工作中取得突出成绩的先进集体和先进个人。县委书记晁新作了题为《坚持科学发展，加快建设皖南名城，为全面建成小康社会奠定坚实基础》的工作报告。

3月29日，召开县文明委全体（扩大）会议。

6月20—21日，召开全县民营经济发展大会暨“三百工程”动员会。

6月21日，县领导出席全县精神文明建设暨省级文明县城创建工作动员大会。

10月30日，召开全县全面取缔非法载客“三车”工作动员会。

【重大决策】　2011年　《全县群众观点主题教育活动方案》（4月6日。日期为决策出台时间，下同）、《关于深入开展园区建设突破年活动的意见》（5月5日）、《青阳县权力公开实施办法》（10月9日）、《青阳县实施“四重一大”事项集体决策制度规定》（11月11日）。

2012年　《开展“保持党的纯洁性、迎接党的十八大”主题教育实践活动方案》（6月19日）、《关于加快推进生态文明建设的实施意见》（6月26日）、《关于加强和改进非公有制企业党的建设工作的实施意见（试行）》（11月22日）、《关于印发青阳县美好乡村建设实施方案》（12月10日）。

2013年　《农村基层党组织建设2012—2016年规划》（3月27日）、《关于开展“三查三述三评”活动的实施方案》（6月4日）、《关于大力发展民营经济的实施意见》（6月17日）、《创建第三届安徽省文明县城实施方案》（6月18日）、《关于开展“三百工程”活动的实施意见》（6月19日）。

【重要活动】　2011年　6月17日，举行庆祝建党90周年“缅怀先烈重温誓词”活动。6月21日上午、22日下午，县直机关庆祝中国共产党成立90周年红歌演唱会“永远跟党走”，全县庆祝中国共产党成立90周年文艺汇演“颂歌献给党”，先后在九华影剧院隆重举行。11月10日，举行全县招商引资工业项目集中签约仪式，共签约工业项目14个，协议引资31.85亿元。

2012年　4月1日，举行“缅怀革命先烈、誓当砺剑先锋”清明祭扫活动。6月20日，举行全县“三进三促”“保持党的纯洁性”主题活动动员大会暨庆祝建党91周年表彰大会。9月27日，举行全县重大招商项目集中开工仪式暨亚太沃德公司奠基仪式。

2013年　6月20—21日，召开全县民营经济发展大会暨“三百工程”动员会。7月19日，举行全县招商引资重点项目集中签约仪式，共签约重点项目23个，协议引资117.6亿元。12月24日，举行全县首届“最美青阳人”颁奖典礼。共为20名“最美青阳人”颁奖。

【贯彻落实中央八项规定】　2013年，自中央八项规定出台以来，中共青阳县委严格按照八项规定和省市相关规定要求，建立县领导四大班子联系乡镇（开发区）、社区、行政村和重点项目制度，要求领导干部结合“五级书记大走访”“三进三促”等活动，带头深入一线，走访问计，解决问题。认真贯彻《党政机关厉行节约反对浪费条例》，严格“三公”经费预算管理和部门资金规范化管理，实行计划管理和报批程序，严禁超预算或无预算安排的支出。开展县直部门作风效能建设问卷调查，广泛征求干部群众、社会各界意见建议，有效推动县直单位作风改进、效能提升。大力整治文风会风，从严控制会议数量、规模和时间，会议数、发文数较上年均有大幅缩减。

（县委办公室）

组织工作

【概况】　2011—2013年，县委组织部以换届后领导班子和干部队伍建设为重点，推进干部人事制度改革、干部教育培训、基层组织建设和人才发展规划落实等工作，为全县改革、发展、稳定提供组织保证。

【县委换届】　2011年6月9—11日，中共青阳县第十三次代表大会召开，会议选举产生中共青阳县第十三届委员会委员30人，候补委员5人；中共青阳县第十三届纪律检查委员会委员15人。6月11日分别召开了中共青阳县第十三届委员会第一次全体会议和中共青阳县第十三届纪律检查委员会第一次全体会议，差额选举产生中共青阳县第十三届委员会常务委员会委员11人，等额选举书记1人，副书记2人；差额选举产生中共青阳县第十三届纪律检查委员会常务委员会委员7人，等额选举书记1人，副书记2人。新一届县委班子知识结构、年龄结构和女干部、年轻干部配备符合省委、市委要求。

【乡镇党委换届】　2011年3月26—28日，全县11个乡镇党委相继召开党代会，选举产生乡镇新一届党委委员97人、纪委委员35人，选出乡镇出席县第十三次党代会代表233人。新一届乡镇党委班子成员平均年龄36.9岁；配备女干部15人，其中女干部担任乡镇正职3人。在乡镇党委换届过程中，酉华乡被列为全省乡镇党委换届“公推直选”试点乡镇，其他10个乡镇均按照“一推两考”程序进行，其中酉华乡共“公推直选”党委书记1人、党委副书记2人、党委委员6人（含乡纪委书记1人）。

【村“两委”换届】　2011年7—9月，全县110个村“两委”（村中共支部委员会和村民自治委员会）相继完成换届选举工作，共选举产生新一届村支委会成员486人，其中女性114人；村委会成员391人，其中女性128人；村委和支委交叉任职259人。村“两委”干部总数594人，平均年龄40.4岁，高中以上377人；村党组织实行“公推直选”的村43个；村支书、村主任由一人兼任的村共有32个。

【创先争优活动】　2010年5月—2012年9月，全县党组织和党员开展“为科学发展创先进、为青阳崛起争先锋”创先争优活动。全县服务行业和窗口单位共设立“服务窗口”415个；各级领导干部开展“访民情、听民意、解民忧、惠民生”专题活动，共走访群众2.03万人次，接访405批次、625人次，梳理突出问题280件，帮助基层群众解决实际困难275个；各基层党组织公开承诺事项1.54万件，党员公开承诺事项超过10万件，承诺兑现率达95%。全县共有50个基层党组织和50名党员获得县表彰，9个基层党组织和9名党员获得市表彰，丁桥镇党委获得省表彰。

【农村“小学教”活动】　2011—2013年，全县每年开展农村“小学教”（即农村党员干部主题教育）活动。其中2011年主题为“用党旗引领建设新农村、让农民过上美好新生活”。全县各级领导干部共蹲点调研并驻村1241天，收集整理意见建议169条，解决问题90个。县、乡、村三级党组织共作出承诺5907件，践诺4534件，党员承诺5.58万件，践诺4.08万件，慰问困难党员500人，慰问困难群众1000人。2012年主题为“学习贯彻党代会精神、建设美好安徽新农村”。全县1.05万名党员、干部走访农户5468户，收集意见建议687条，开门接待到访群众560人次，排查化解各类矛盾纠纷隐患25件，评选“党员之星”458人。结合“五级书记带头大走访”活动，征集意见和建议2268条，梳理信访突出问题108件。2013年主题为“科学发展领航向、美好乡村谱华章”。组织宣讲团赴各乡镇、村宣讲120余场次，以乡镇为单位，举办村党组织书记和村“两委”其他成员培训班127次，发放征求意见表8500余份，征求意见520余条。

【基层组织建设年活动】 2012年，根据中央和省、市、县委部署要求，全县基层组织建设年活动开展实施“动力引擎”、“星级创评”、“素质提升”、“城乡统筹”、“组织延伸”、“机制规范”、“基石保障”等七大工程。通过“两查两评三到位”（“两查”：支部（总支）自查、党（工）委检查、“两评”：党员群众民主评议、党（工）委会评定、“三到位”：亮点发现到位、问题查找到位、指导督促到位）方式，将基层党组织分类定级与星级创评相结合，重点对41个“一般”和“较差”的基层党组织进行整顿提高和晋位升级。

做好非公企业党建工作。县委成立非公经济和社会组织工委，完成627个独立法人非公企业组建党组织任务，其中单独组建党组织83个，联合组建党组织40个，覆盖面达100%。出台非公企业党建服务民营经济发展意见，结合“三百工程”（即“百名干部帮扶百家企业、百家企业引进百个项目、百个项目投入百亿资金”），从机关单位选派102名干部赴企帮扶指导。开发区、丁桥镇、酉华乡、木镇镇建立党群活动服务中心，有条件的非公企业党支部设置党员活动室。

开展基层党建示范点建设工作。根据各基层党（工）委工作重点，2012—2013年共确定63个基层组织建设示范点，覆盖机关事业单位、村、社区、非公企业和社会组织。

【干部队伍建设】 2011年，全县结合乡镇党委换届，调整配备乡镇和县直单位领导班子，共选任科级干部312人次，其中提拔109人，交流干部79人。举办各类培训班15期，培训2400人次。组织517名科级以上干部参加网上学习。

2012年，顺利完成县、乡人大、政府和县政协换届选举工作，其中乡镇政府班子成员共43人，平均年龄37.1岁，均为大专以上学历。全年共提拔56人，重用49人，交流50人。举办各类培训班16期，培训2641人次。组织1114名干部参加网上学习。

2013年，共提拔24人，重用10人，县直单位共交流正职10人，县直与乡镇之间交流12人，县直之间交流14人，乡镇之间交流5人。举办各类培训班15期，培训2500人次。5月份为全县在岗的45名大学生村官开通学习账户，全县参加在线学习人数1197人。

2011—2013年，全县先后选调4名干部到市直机关挂职，选调1名干部到芜湖市社区挂

“公推直选”酉华乡二酉村党员推荐候选人现场

职，选调98名干部驻外招商，抽调35名干部参与南部新城建设征地拆迁工作，选派102名干部到企业挂职帮扶。

【干部人事制度改革】 2011年，制订出台《青阳县差额选任科级领导干部办法（试行）》，修订《初始动议和提名暂行办法》、《竞争性选拔科级干部暂行办法》，共拿出60个副科级职位在全县开展大规模竞争性选拔干部工作，其中公开选拔30名，竞争上岗30名；实际选拔副科级干部46名，其中公开选拔25名，竞争上岗21名，参与竞争人员500多人。2012年，进一步推进事业单位用人制度改革，拓宽选人用人渠道，其中公开选聘2名县直属初级中学校长，差额选任2名县医院副院长。2013年，差额选任1名县纪委常委、1名酉华林场副场长。

【干部队伍监督管理】 2011年，重点做好严肃换届纪律工作，全年谈心谈话320人次，作出承诺350人；制订出台《新提拔科级干部财产申报办法》。2012年，贯彻落实《干部任用条例》及“四项监督制度”，坚持和完善领导干部述职述廉、谈心谈话、诫勉谈话和函询等制度，共有75个单位310名干部参与谈心谈话活动。进一步健全干部监督联席会议制度，畅通干部监督信息来源渠道。2013年，对自2011年以来干部选拔任用情况进行自查，起草《青阳县科级领导干部德行考核办法》。

【农村基层党组织建设】 2011—2013年，全县农村基层党组织推进为民服务全程代理、双培双带、无职党员设岗定责、流动党员双向带动、双向承诺、“四议两公开”（“四议”即：村党（总）支部会提议、“两委”会商议、党员大会审议、村民代表会议或村民会议决议；“两公开”即：决议公开、实施结果公开）和党员议事会等六大载体建设，出台《关于对全县村级组织活动场所建设进行补助的通知》，共补助289万元。2013年出台《2012—2016年农村基层党建工作规划》及《青阳县关于贯彻村党组织带头人“523”工程实施意见》，举办村（社区）“两委”主要负责人培训班，开展最美村干部评选。落实“三级联述联评联考”，县、乡、村三级党组织及其书记均开展述职、测评和评议，并将抓党建情况纳入干部评价范畴。改进党建考核方式，将农村基层组织建设考核扩大到包括部分县直单位在内的基层党建考核。“七一”期间开展农村党组织和党员星级创评活动，对每个农村党组织和每名农村党员评定星级。10月中旬组织16名村党组织书记开展为期1个月的跨村挂职锻炼。承担全市处置不合格党员试点工作任务，选择木镇镇常丰村开展试点，采取“跟踪帮教”方式，将2名不合格党员转化为合格党员。当年青阳县获得全市农村党的建设“三级联创”工作先进县称号，酉华乡党委、新河镇党委获得全市农村基层组织建设“五个好”乡镇党委称号，庙前镇十字村获得全省“五个好”村党组织标兵荣誉称号。

【党员发展和教育管理】 按照发展党员“控制总量、优化结构、提高质量、发挥作用”方针，注重从生产一线发展党员，2011—2013年共发展党员872名；2013年全县通过设立流动党员网络党支部，对566名流动党员进行教育、管理和服务。2011—2013年，先后制作人才服务专题片《“智力引擎”助发展》、选派工作专题片《那些年，我们一起选派的日子》、大学生村官创业专题片《让青春闪光》，其中《让青春闪光》在安徽电视台《共产党人》栏目播出。

【选派选聘工作】 2011年，承办全市大学生村官创业培训及座谈会，安排1名大学生村官参加农业部“全国大学生村官创业培训班”，推荐5名第一、二批大学生村官参加全市首届十佳大学生村官评比工作，有2人获得全市十佳大学生村官称号，3人获得全市优秀大学生村官称号。

2012年，做好第四批选派工作总结及第五批选派干部到村任职工作，将2名第二批选聘期满的大学生村官安置乡镇事业单位。支持大学生村官干事创业，帮助2名大学生村官申请办理25万元创业贷款，帮助庙前镇十字村创业大学生村官完善基础设施建设。做好第五批大学生村官人村对接工作。当年杜村乡获得全省第四批选派工作先进集体称号，青阳县和西华乡获全市第四批选派工作先进集体称号。

2013年，组织参加全市第二届十佳大学生村官评选表彰工作，有3人获得全市十佳大学生村官称号，3人获得全市优秀大学生村官称号，3人获得全省优秀大学生村官标兵称号。全县创业大学生村官已达7人，杜村乡宗文村大学生村官创办全市首个家庭农场。从大学生村官中公选3名村党组织第一书记，妥善完成第三批9名大学生村官期满安置工作。

【党代表工作】 2011年，完成县第十三次党代会代表和市第三次党代会代表选举工作。选举产生出席县第十三次党代会代表291名，出席池州市第三次党代会代表62名。

2012年，根据省、市委关于代表构成的指导性意见和实际情况，推荐28名省第九次党代会代表候选人初步人选。全面启动党代表联络服务工作，成立县委党代表联络工作办公室，督促指导13个基层党（工）委、116个村（社区）设立党代表联络工作站（室）。开展党代表提议工作，当年共征集在青市党代表提议22件，县党代表提议9件。2013年征集在青市党代表提议13件，县党代表提议12件，内容涉及经济社会发展、基础设施建设、加强民生工程建设、基层组织建设和未成年人教育等方面。

【人才队伍建设】 出台《青阳县中长期人才发展规划纲要（2011－2020）》，建立县领导联系专家制度，全县有24名县级领导干部与24名专家建立联系。做好党政机关、事业单位人才引进工作，2011—2013年共招录公务员120名、选调生8名、事业单位专业技术人才256名，引进大学生村官50名。2013年全县开展多层次人才技能培训，提高六类人才综合素质；共组织专业技术人才、企业经营管理人才参加全市拔尖人才申报26名，入选2人。配合县人社部门在县经济开发区成功申报设立省级博士后科研工作站。

【自身建设】 2011—2013年，全县组织系统认真落实省委《组工干部联系服务群众十项制度》，县委组织部领导班子成员每人联系一个基层党组织，每年深入联系点调研50天以上；县委组织部干部分别联系局包村1名党员和1名困难群众，共建立部长联系点9个，深入基层蹲点调研120余次，完成调研文章29篇，结对帮扶基层党组织15个，帮扶困难群众96人。完善"群众工作日"、"组织工作开放日"、"组织工作新闻发言人"制度，建立组工宣传和信息工作制度，发挥青阳组工专网、青阳先锋网宣传作用，共在市级以上媒体发稿4000余篇，在县先锋网发布各类信息1200余条。2012年县委组织部获得全省组织系统讲党性重品行作表率先进集体。

（县委组织部办公室 方霞）

宣传工作

【概况】 中共青阳县委宣传部（简称县委宣传部）是县委主管全县意识形态方面工作的综合职能部门。内设办公室、理论教育科、讲师组、外宣办（新闻办）、网宣办、《池州日报·青阳新闻》采编室，现有编制13人。

2011—2013年，县委宣传部分别组织庆祝建党90周年活动、学习贯彻党的十八大精神、开展“中国梦”宣传教育活动，做好创建安徽省第三届文明县城宣传工作，加强未成年人思想道德建设，群众文化生活丰富多彩。

【加强党委（党组）中心组学习】 全县推动理论学习制度化、规范化，县委中心组建立理论学习制度，推行县委中心组组长负责制，坚持每月确定1个专题、进行1次集中学习，采取“走出去、请进来”办法，邀请省内外专家授课。县直各单位、各乡镇党委领导班子和领导干部推行“4个1”学习模式，即：中心组成员每人精读1本书、撰写1篇学习心得、发表1篇理论文章、作1次主题报告。

【对外宣传】 2011年，县委宣传部组织县内新闻媒体，加大对县委权力公开透明运行试点工作宣传报道力度，在全县各乡镇、各单位明确新闻发言人，举办青阳县2011年竞争性选拔科级干部新闻发布会。截至2013年，中央、省、市新闻媒体、报刊共报道本县权力公开透明运行试点工作80余篇次。全县投资170多万元建设LED电子显示屏和户外宣传标牌，制作对外宣传画册《走进青阳》，摄制《灵秀青阳》外宣片。2013年邀请安徽日报、池州日报、新安晚报、池州广播电视台等省、市主流新闻媒体到青阳开展集中采访活动4次，宣传报道本县城市建设、清洁家园活动、美好乡村建设所取得的成就。《安徽日报》4月7日头版头条刊登青阳县记者采写的《山村藕农的“现代视野”》，9月12日刊登安徽省“最美乡村教师”——陵阳镇南阳小学教师宁永清先进事迹。全年共编播新闻稿件5000余条，其中在中央级媒体发表新闻稿件6条、省级新闻媒体40余条、市级新闻媒体560余条。

【文化产业】 *推动文化产业招商* 组织申报九华云水影视基地、莲花峰生态园等文化项目；其中九华云水影视项目被列入省“861”计划，县住建委初评通过九华云水影视基地总体规划；莲花峰生态园共规划面积6.7公顷，总投资2.16亿元，一期投资8000万元建设旅游接待服务中心已接近竣工，正在分步开发莲峰云海风景区。“德懋堂”项目作为池州市文化产业唯一签约项目参加了安徽省国际会商大会。

加强青阳农民画产业化 青阳农民画是在吸收青阳周边地区明、清时期砖雕、木雕、石雕、剪纸、墙饰画等民间艺术基础上，逐渐发展起来的独特绘画艺术，其构图独特、线条细腻、色彩丰富、主题鲜明，具有鲜明特点，深受业内人士喜爱。青阳农民画于2007年被命名为首批省级非物质文化遗产代表作项目，2009年入选全国农民歌会农民画展，2011年，安徽省宏辉文化传媒有限公司与县农民画协会签订5年产业化合作协议，2012年在安徽画廊展出，引起各界广泛关注。

【文化体制改革】 按正科级群团组织机构，成立青阳县文学艺术界联合会，建成青阳县文联网，出台“青阳县优秀文艺作品奖励办法”。截至2013年，全县共有青阳县书法家协会等各类文艺协会组织6个。新组建的青阳腔艺术团为民营公助性质，按照市场化运作原则，由县财政每年安排40万元购买服务。县文化馆（站）、图书馆、博物馆实行免费开放，县广播电视台、县文化市场综合执法队在改制后运行正常。其中县广播电视台从2012年1月份开始，将传统的每周3档新闻改为每周5档新闻，实行新闻日播制；同时制作台标，更换《青阳新闻》片头，结束青阳广播电视台“有台无标”历史。

【组织全县群众观点主题教育活动】 2011年，县委宣传部召开全县群众观点主题教育活动动员大会，《池州日报·青阳新闻》开办《扎实开展群众观点主题教育活动》专栏，县广播电视台开办《树立群众观点·践行为民宗旨》和《开展主题活动，树立群众观点》专栏，县领导小组办公室开通“青阳县群众观点主题教育活动专题”宣传网页，下发《关于在群众观点主题教育活动中培育、树立和宣传先进典型的通知》，全县汇总形成先进事迹材料46篇。

【宣传贯彻党的十八大精神】 2012年，县委宣传部下发《关于认真组织学习党的十八大文件精神的通知》，就党的十八大精神学习考核、宣讲和学习读本征订工作作出部署。制订《迎接党的十八大宣传报道意见》、《党的十八大精神宣传报道意见》，县内新闻单位开设多种专栏，全面报道宣传各级学习贯彻党的十八大精神情况。开展十八大精神宣讲工作，组织县、乡两级宣讲团进企业、进农村、进机关、进校园、进社区开展100场集中宣讲活动，2013年共举办各类宣讲102场，听众万余人。全县相继举办喜迎“党的十八大”文艺演出、美术书法摄影展览等多种庆祝活动。

2013年，青阳县委召开党的十八届三中全会精神宣讲报告会，全县近500名干部集体聆听宣讲报告。县内主要新闻媒体统一开设《学习贯彻十八届三中全会精神、深化全面改革、建设皖南名城》专栏，做好三中全会精神宣传报道和解读。组建县委学习贯彻党的十八届三中全会精神宣讲团，深入全县各乡镇、县直各单位、各社区、村组开展100场宣讲活动，推动实现党的十八大及十八届三中全会精神家喻户晓、深入人心。

【加强理论调研和文艺精品创作】 2012年，开展“我谈‘安徽精神’”征文活动，撰写征文26篇，其中县委办、县经济开发区两篇文章被《安徽日报》采用。开展青阳县2010—2011

道德讲堂

年度社会科学优秀成果奖评选表彰活动，评出著作类、论文类奖项8件，其中县委党史研究室编纂的《中国共产党青阳地方史第一卷》获得著作类二等奖，县司法局王裕好撰写的《法援办案必要开支转付制度的法律依据与务实》获得论文类一等奖。

2013年，青阳县苏诚林诗集《那漂亮的蘑菇云》由中国文联出版社出版发行，章小兵中篇小说《肇祸者》在安徽省小说南北对抗赛中获二等奖，吴蓓散文《请呼我乳名》获安徽省内刊散文一等奖，沈扬林、张平安等6人创作的青阳特色农民画入选2013年上海国际文化艺术节华东地区农民画展，许建中创作的《山居九华亦清凉》在省十艺节美术作品展中获一等奖。

【加强和改进新闻宣传工作】 正确引导网络舆论。2012年“中安在线”举办《走基层　听民声　谋发展——美好安徽百县（区）行》大型视频直播访谈活动，青阳县委书记做客“中安在线”，与网民互动交流，进一步提升青阳对外知名度和影响力。全县加强对涉青敏感舆情监测，建立网络舆情信息收集管理及处置反馈工作制度，成功处置数起网络敏感舆情，没有一起因舆情监测、处置不当而对青阳造成负面影响的事件发生。2013年共妥善处理各类舆情63次，完成市网宣办布置网上各种评论引导任务65次，在青阳网、青阳热线、百度青阳吧等处发帖宣传1000余次。加强对本地网站管理，倡导网站间公平竞争，良性发展。

举办新闻报道员、网络评论员、舆情信息员培训班。2012年6月13—14日，县委组织部、宣传部、党校共同举办青阳县新闻报道员、网络评论员、舆情信息员培训班。全县各乡镇新闻报道员、舆情信息员、网络评论员及县直各单位办公室主任、政秘股长共90人参加培训。培训班共开设网络舆论引导、舆情信息发现与分析研判、新闻写作和媒体与服务等4个内容。

全面改进新闻宣传。2013年，县委宣传部认真落实中宣部《关于贯彻党的十八大精神、切实改进文风的意见》，督促全县宣传思想文化战线坚持“三贴近”原则，发扬“走转改”精神，提高新闻报道针对性、实效性、亲和力、感染力，提倡“短、实、新”，反对“假、长、空”。加强对新闻从业人员培训，规范新闻报道长度和字数，改进领导、会议类新闻报道。

【未成年人思想道德建设】 2012年，举办以“建设幸福中国”为主题的第十八届青少年爱国主义读书教育活动，全县近2000余名中、小学生参加，其中青阳中学曹子建同学在人民大会堂出席全国读书教育活动表彰大会。当年全县还分别举办“品味书香、分享经典”朗读会和第七届“红领巾”读书活动，县实验小学举办第二届传统文化经典诵读汇演。蓉城一小少年宫项目申报成功。

2013年，主办第19届“学雷锋，做有道德的人”青少年爱国主义读书教育活动，县杨雪婷同学代表安徽省参加全国表彰大会。举办青阳县第六届中小学生“爱国主义教育影片有奖征文”活动。加强爱国主义教育基地建设，县博物馆被评为第三批省级爱国主义教育基地，宾山革命纪念馆举办市级爱国主义教育基地揭牌仪式。加强庙前镇中心小学、蓉城一小2所农村少年宫管理，酉华乡中心小学成功申报安徽省第三批乡村学校少年宫建设项目，已启动建设；陵阳镇中心小学、杨田镇中心小学、杜村乡中心小学少年宫投入使用。推进网络、网吧、荧屏声频视频、校园周边娱乐场所净化工作，为未成年人营造健康成长环境。

【开展群众宣传教育活动】 2013年，制订《青阳县创建安徽省文明县城宣传工作方案》，组织县内主要新闻媒体和主要网站开设“创文明县城·建美好家园”等专题栏目。安排营造社会宣传氛围，在县城醒目位置制作固定宣传标语，全面报道青阳县文明创建工作。

开展“中国梦”宣传教育活动。2013年，举办“美丽青阳·多彩蓉城”文艺作品大赛，启动“走复兴路·圆中国梦”为主题第二十届青少年爱国主义读书教育活动，举办“美丽青阳我的家”大型体育健身展示活动、“中国梦·青阳梦”“美丽青阳·我的家”“我爱我家”等为主题的系列农民画展，新建好人长廊，在全县各建筑工地围墙上绘制“中国梦”宣传壁画。

依法取缔非法载客“三车”工作宣传。县广播电视台、《池州日报·青阳新闻》全文刊播刊登《关于全面取缔非法载客“三车”工作的通告》，动态报道取缔工作进展情况，在各单位电子显示屏播放取缔非法载客“三车”宣传标语，编发手机短信6.7万余条，张贴依法取缔公告100份，为全县依法取缔非法载客“三车”工作顺利完成营造了良好的舆论环境。

【举办群众文艺活动】 “我们的节日”主题教育活动。2012年，举办安徽省中华经典诵读展演（端午篇·青阳站）活动，朗诵中华经典作品，弘扬中华民族优秀文化。

“灵秀青阳”摄影比赛。2012年由县委宣传部、县文学艺术界联合会联合举办。本次活动从2011年10月份开始，到2011年年底共收集到参赛作品近2000件，经过评审，共评出一等奖1件，二等奖2件，三等奖3件，优秀奖4件，入围作品奖40件，潘华业《九子岩晨光》获得一等奖。

2013年，全县还分别举办“迎新春”大型文艺晚会和“元宵灯谜”、“元旦书法作品展”、“书画摄影展”、“农民画展”、“劳动者之歌”书画作品展、“法治之光”书画摄影展、“少儿美术展”、“创建国家森林城市”书画摄影展、“美丽青阳，多彩蓉城”书画摄影展。开展科技、文化、卫生“三下乡”和科技、文化、卫生、法律“四进社区”活动，举办第九届“财政杯”廉政文化征文活动，积极支持各类协会组织开展活动，广场文化、社区文化、企业文化、校园文化丰富多彩。

【中央、省级媒体关注青阳县迎击台风“海葵”】 2013年8月7日以后，青阳县遭受11号台风“海葵”袭击，其持续时间长、夹带雨量大、风力阵级强，为历史罕见，造成严重灾情。全县新闻单位在第一时间报道青阳县迎击台风“海葵”工作，从8月8日起，中央电视台、安徽广播电视台、池州广播电视台、《江淮晨报》、《池州日报》等媒体相继深入陵阳镇、庙前镇、杜村乡等地采访报道全县迎击台风“海葵”工作。8月10日，中央电视台13频道《朝闻天下》栏目播出由本县广播电视台采制的《应对“海葵”影响，台风来袭，紧急转移受威胁村民》，报道该县陵阳镇南阳村、三河村雨夜转移受威胁村民工作；8月10日，中央电视台4频道《中国新闻》栏目播出《皖南迎来强降雨，各地严阵以待》，报道青阳县积极应对强降雨工作。

（县委宣传部办公室）

督查城区文明创建工作

【精神文明精神】 青阳县精神文明建设指导委员会办公室（简称县文明办）成立于2005年，是县精神文明建设指导委员会办事机构，由县委宣传部管理。主要职责是：制订全县群众性精神文明创建活动总体规划，组织开展社会主义道德教育，负责组织文明单位考核、验收、管理工作，培养、发掘、评选、宣传精神文明建设先进典型，总结推广精神文明创建工作典型经验。

2011年青阳县入选第二届省级文明县城。截至2013年，全县共有国家级文明村1个、省级文明村镇2个、省创建文明村镇工作先进村镇1个、省级文明单位6个、省级文明社区1个、市级文明乡镇2个、市级文明村3个、市级文明单位20个、市级文明社区1个、县级文明单位52个、中国好人3人、安徽好人6人、省道德模范提名奖1人、市道德模范5人、市道德模范提名奖2人、最美池州人3人、最美池州人提名奖1人、最美青阳人20人、乡村少年宫6所。

提升公民素质　开展“中国梦”宣传教育活动。通过新闻媒体等多种方式大量设置“中国梦”公益广告，开展“中国梦·青阳梦”系列活动，先后举办文艺作品大赛、广场舞蹈大赛和农民画展。

开展道德领域突出问题专项教育和治理　在餐饮店、食品制作销售店和药品店开展诚信经营教育活动，在窗口行业开展“学雷锋精神，树窗口形象”活动，在乡镇、社区和市级以上文明单位设立“道德讲堂”，在公园广场、集贸市场等公共场所设立志愿服务站。

推荐和学习先进典型活动 开展首届“最美青阳人”评选活动，共评选出最美系列、好人系列、文明系列、诚信系列“最美青阳人”20人。组织开展“最美池州人”、“安徽好人”、“中国好人”推荐活动，在社会大力营造学好人、做好人氛围。将道德模范慰问纳入年度政府慰问行列，将生活困难的道德模范纳入低保和各类救助优先考虑对象。

开展“讲文明、树新风”系列活动 相继开展公益广告宣传活动、“我们的节日”主题教育活动、“文明餐桌”创建活动。

未成年人思想道德建设 投资120万元修建完成陵阳、杜村、杨田、庙前、酉华5所中心小学和蓉城镇第一小学乡村学校少年宫，集中开展校园周边经营性娱乐场所专项治理行动。先后开展“走复兴路、圆中国梦”读书、征文、演讲、绘画和网上知识竞赛活动，联合社会力量开展扶贫助困和关爱留守儿童活动。

志愿服务活动 全县志愿者注册总数达8000余人，先后开展“学雷锋、清洁家园”志愿服务活动、文明交通宣传劝导活动、“与文明同行”志愿活动、慰问道德模范活动，发放《青阳县市民文明手册》1000份。青阳网志愿服务队和3名个人分别入选江淮志愿服务优秀集体、优秀个人典型。

群众性精神文明创建活动 推进美好乡村创建 2011—2013年，对全县110个行政村开展农村环境整治活动，实行村镇环卫一体化管理，初步建立起“户清扫、组收集、村清运、镇处理”农村垃圾处理体系，县财政按农村环境综合整治区域10元/人·年标准予以奖励补助。到2013年，全县共建成垃圾中转站2座，垃圾焚烧站2座，垃圾填埋场17处，垃圾房58间，垃圾池1197座，垃圾箱497个，垃圾运输车9辆，四轮拖拉机和人力垃圾车112辆。加强乡风文明教育，开展“星级文明户”、“好媳妇、好婆婆”评选活动，建设乡村“文化墙”。

深化文明行业创建活动 推动文明单位创建由注重环境建设向注重职工素质转变，由注重单位内部活动向注重参与社会活动转变，由注重申报迎检向注重日常创建转变。在全县窗口服务行业组织实施文明服务、微笑服务和诚信教育活动，提升服务水平。在全县商业服务业开展“光彩之星”创评活动。在居民社区设立“道德讲堂”，成立3—5支志愿服务队，每月开展“清洁家园”、义诊等志愿服务活动；九华社区志愿服务广场坚持每月开展1—2次志愿服务活动。

加强城市公用设施建设 2013年投资1870万元分别对临城南路等4条道路路面、临城北路等4条道路人行道维修改造，施划城区道路交通标线和停车泊位约2.0万平方米，新改建停车场面积6.5万平方米，增设机动车信号灯5组、行人信号灯10套、电子警察4组并对城区公交站牌进行全面维护维修。县财政安排300万元专项资金对老旧小区、背街小巷进行整治改造，将原不足7平方公里的保洁范围扩大到近30平方公里区域。

开展集中整治活动 先后开展占道经营、乱贴乱画、交通秩序整治活动，共取缔非法载客“三车”（三轮电瓶车、三轮摩托车、人力三轮车）1285辆，城区公交线路增加到5条，公交车增加到41辆。加强出租车、文明工地和诚信经营管理。

（柯成君）

统战工作

【概况】 县委统战部主要职责：贯彻执行党的统一战线政策，联系全县无党派代表人士、少数民族和宗教界代表人物，开展海外统战工作，联络台胞、台属及有关人士，负责党外人士政治安排，指导本县各乡镇、街道统一战线及县工商联等有关人民团体工作。

【做好无党派人士工作】 2011—2013年，县委统战部建立完善党外代表人士人才库，和有关部门联合举办10期中青年党外干部培训班，推荐20余人参加其他高规格培训班；推荐18名党外干部挂职锻炼，选拔任用党外科级干部11人；适时完成市三届和县十一届党外政协委员推荐人选考察工作；组织科技、文化、卫生领域专业人员，赴九华中学开展科普宣传、免费义诊、赠送书画“三下乡”活动；参加省统一战线庆祝建党90周年书画作品展等活动。

【涉台及海外工作】 县委统战部重视涉台工作，2011—2013年共接待台胞41人次，办理县台胞亲属赴台手续27人次，为台胞介绍全县发展情况和招商引资政策，协助市台办接待台湾《大陆寻奇》摄制组到县摄制《青阳腔》纪录片，受到台胞广泛好评。县委统战部积极宣传涉台方针政策，分别举办领导干部台海形势报告会和涉台方针政策学习培训班，召开庆祝中国共产党成立90周年台商、台属、台胞茶话会。同时重视台胞台属生活，对全县困难台属和台资企业进行春节慰问，为已故台胞寻找继承亲友。县委统战部还关心本县黄埔同学，看望慰问了他们。

【宣传调研】 2011—2013年，县委统战部确定3个重点课题和6个一般课题，完成统战理论研究论文10余篇。积极开展调研和督察检查工作，对新中村进行帮扶，为新中村贫困群众和党员送去慰问金1.5万元。

（县委统战部办公室）

信访工作

【概况】 青阳县信访局前身是县人民来信来访办公室，定为科局级机构，归口县委办公室管理。2002年8月，更名为县委、县政府信访局，级别、隶属仍旧。其人员编制2005年为4人，2011年7月成立了县委群众工作部与信访局合署办公，人员编制核为5人；2012年4月，增加3名全额拨款事业编制人员（关系挂在县信息中心），从事信访接待工作。2013年2月，县政府到访接待大厅投入使用，2013年底信访局实有人数为10人。

2011—2013年，全县共受理群众信访1037件、2327人次，其中来信函68件，到访969件、2259人次；群众到访中共出现集体访111批、1122人次，进京非正常上访17批、22人次。全县信访态势呈现有三个转变：1．从信函到上访的转变，信函仅占信访总量比重6.6%，且逐年下降，2013年度信函仅占到访的1.3%。2．从个访到集体访的转变，2011年之前集体访每年不足10批，2011年之后集体访井喷式发生，每年达到50批左右，且呈上升趋势。3．越级访、进京非正常上访增多，2011—2013年进京非正常上访17批、22人次，其中典型信访件有8批，主要为涉法涉诉诉求，山

县领导接访

场征用相关诉求，社会保障诉求、机构改革诉求、征地拆迁诉求，皆有县领导亲自包案督办，非访信访件均得到妥善处理。

【建立群众工作网络】 2011年7月，青阳县成立县群众工作联席会议和县委群众工作部，其中县委群众工作部与县信访局合署办公；在全县11个乡镇全部建立群众工作站，安排专人收集社情民意，排查化解矛盾纠纷；在全县所有村（社区）全部建立群众工作室，聘请老党员、老代表、老委员、老干部担任群众工作调解员和信息员，协助群众工作室开展工作，及时反馈预警信息，增强预知信访动态主动性。2013年，全县形成以县群众工作部为龙头、以乡镇群众工作站为纽带、行政村群众工作室为基础，上下联动、左右协调的三级群众工作网络。2012年，县委办公室制订深入基层、服务群众五项制度实施意见，对下基层走访调研、接访下访工作、为民办实事、结对帮扶、服务群众工作考核等5个方面作了制度性规定。

【为群众解决实际问题】 2011—2013年，青阳县相继开展“五级书记带头大接访”“三进三促”（进农户促增收、进企业促发展、进社区促和谐）活动，共为困难群众、特困党员、干部送去救助资金300余万元，拨付县级民生配套资金9000余万元；县党政领导共开展接访活动315人次，其中党政主要领导接访72次，共接待群众102批、313人次，化解处置各类信访事项89件。在2011年“千案攻坚”、2012年“积案化解推进年”、2013年“积案化解巩固年”专项活动中，对省、市交办信访重点案件全面落实，共办结信访积案123件、息访120件。

【探索信访工作机制】 全县建立新提拔副科级干部挂职锻炼制度，选派新提拔副科级干部到信访局挂职锻炼，一方面磨砺他们综合素质，体察社情民意，学会真心为民；另一方面充实信访工作力量，提高工作效率。县信访局实行信访通报制度，每日将到访情况进行汇总登记，呈送县委、县政府主要领导及分管领导审阅，并通报到责任单位，便于即时掌握、化解信访问题。2013年在县委、县政府党政大楼对面设置上访接待中心，每日有专门工作人员接待上访，每周二、五或临时约访时间均安排县领导和相关责任单位联合接访，极大地方便群众信访。同时规范程序，做到信访事项有人受理、有人承办、有人督促落实，并完善了与之相适应的一系列信访制度。

（县信访局　赵云生　王　敏　项　靖）

保密工作

【概况】 2011—2013年，青阳县保密局认真贯彻《中华人民共和国保密法》，在全县树立“保密工作无小事”思想，不断提升保密培训层次，加强保密服务保障，健全保密规章制度。全县党政机关签订“保密承诺书”437份，添置保密装备。县保密局编制刻录《保密宣教专题片》光盘，汇编《信息安全保密知识手册》，参加全国窃密泄密案例警示教育展安徽展区展览活动，广泛宣传《保密法》及信息安全保密知识，每月定期向县领导、县直及乡镇党政主要负责人、专兼职保密干部发送1—2条保密短信。同时开展网络清理检查、测绘成果保密专项检查、计算机涉密情况抽查，探索建立“绿黄红”三色预警机制。2013年，县保密局依托政府网站开设10期信息安全便民提醒，举办文秘人员、乡镇保密干部、保密普查员等培训班，印发各类保密培训教材800份，联合相关乡镇、县直单位举办“丁桥杯”保密短信征集评选活动，建立泄露国家秘密事件举报受理制度，筹建奖励基金，在全县79个保密普查单位开展保密基本情况普查和基础数据录入，建立全县保密工作基础数据库。全县保密工作得到省人大调研组充分肯定。

（县保密局办公室 程 敏）

党校工作

【概况】 青阳县委党校以全县党员干部教育培训为中心工作。2013年的机构设置情况为行秘科、教研室、组教科、函办4个科室，在编人数为20人（其中专职教师12人）。2011—2013年，分别获得池州市人才工作先进单位、青阳县双拥合格单位和文明单位等称号。2013年青阳县委党校搬迁新校区，开展中专体制规格申创工作。新校区总建筑面积1.31万平方米，拥有纸质藏书3万余册、电子图书24万册，设有室外体育活动场和室内学员活动中心。

【干部培训】 2011—2013年，青阳县委党校围绕全县党员干部培训，举办科级干部培训班、组工干部培训班、村（居）党组织书记主任培训班、县直机关党组织书记培训班、女干部培训班、入党积极分子培训班共24期，培训2934人次；培训内容包括学习党和国家重大决策部署、党的十八大、十八届三中全会精神等。同时还依托拓宽培训渠道，主动承担全县理论辅导和宣讲任务，开展全县理论宣讲活动。

【科研工作】 2011—2012年，青阳县委党校教师在市级以上刊物发表理论文章17篇，2013年在省级以上刊物发表理论文章14篇，分别有9篇调研报告被县委主要领导批示并转相关部门阅处，获得池州市社科联、青阳县社科联、党校系统多项奖励。

【人才培养】 2012—2013年，青阳县委党校选调3人充实到党校教师队伍，教师学科结构得到优化。为提高和培养教师敬业精神和竞争意识，学校开展以教学为中心的教师培训、社会调研、教学质量评估等考核、奖惩制度，选派教师10余人次到中央、省、市委党校进修学习，在池州市委党校等部门举办的教学比赛、论文评选中共有8人次获得奖项。

（县委党校办公室）

老干部工作

【概况】 1981年10月，中共青阳县委设立老干部工作委员会办公室。1984年5月，成立县委老干部局，主要承担全县老干部工作的检查、指导、协调和服务工作。截至2013年，全县共有离休干部89人，平均年龄85.3岁；其中，机关事业单位55人，企业34人，享受地厅级待遇2人，享受县级待遇29人。

【落实老干部待遇】 落实离休干部生活待遇。2003年，县委出台《关于建立完善离休干部保障机制的意见》（青办发[2003]30号），建立和完善离休干部离休费、医疗费保障机制和财政支持机制。近年来，县委老干部局积极主动加强同各离休干部主管单位沟通，了解离休干部各项生活待遇落实情况，及时向离休干部主管部门通报老干部各项待遇新政策。

落实离休干部政治待遇。2001年，县委出

老干部参观博物馆

台《中共青阳县委关于加强和改进老干部思想政治工作的实施意见》（青发［2001］8号），落实老干部政治待遇。县委老干部局为所有离休干部征订相关报刊；县委、县政府坚持每年召开1—2次情况通报会，向老干部通报本县社会发展与经济运行情况，同时向老干部征询意见和建议，安排老干部代表参加党代会、人代会、政协会等重大会议，组织老干部外出参观考察，坚持走访慰问制度，帮助他们解决实际困难。

【老干部活动】 2011年，县委老干部局选送18幅作品参加全市老干部诗词、书画、摄影展。其中，骆子欣《农妇喜说养生》、饶根恕《浓墨重彩颂党恩》和吴遵禧《梅》等3幅摄影作品获得一等奖，刘子荫诗词作品《山偎野趣》获优秀奖。在中组部开展的“与党同呼吸、共命运、心连心”征文活动中，林介眉《何计征程坎坷辛　永远跟党不变心》获得二等奖。在中国书画家协会和北京艺术创作中心联合举办的“庆祝中国共产党成立90周年暨辛亥革命100周年大型书画、诗词、楹联艺术大赛”中，张富贵获得书法诗词类一等奖。

2012年，县委老干部局开展以“迎接党的十八大，争当思想政治上的模范、道德品行上的模范、教育后代的模范、学习活动的模范”为主题的“一迎四争”主题实践活动，县供销社老干部党支部获得“全市创先争优活动先进离退休干部党支部”称号，离退休老干部童天掌、王善政荣获“离退休干部先进个人”称号。

2013年，县委老干部局组织离退休老干部成立“老年志愿者服务队”，开展文明创建活动，得到广泛好评。其中童天掌荣获池州市文明委“2012年池州市优秀志愿者”称号，被编入安徽文明网“江淮好人”专栏。

【支持关工委工作】 县委老干部局把关心下一代工作作为老干部工作的重要组成部分，自2002年县关心下一代工作委员会调整以来，及时充实调整各级机构，健全工作网络，完善工作制度。2011—2013年，县关工委共向社会各界筹集资金20余万元，资助全县贫困青少年儿童200余人。

（青阳县委老干部局　张飞飞）

党史研究

【概况】 1982年3月，中共青阳县委党史资料征集办公室成立，1997年，县委党史资料征集办公室改称“党史研究室”，2010年11月，党史研究室与组织部合署，定编3人。

【党史征编】 《中国共产党青阳地方史》（第一卷）出版发行。2011年6月，由党史研究室主编的《中国共产党青阳地方史》（第一卷）出版发行。该书全面系统地记述从1919年“五四”运动爆发，特别是1921年中国共产党成立到1949年新中国成立，青阳地方党组织创立、发展、壮大和领导当地革命斗争的艰难历程，再现青阳人民在中国共产党的领导下浴血奋战的非凡岁月，热情讴歌无数革命先烈的丰功伟绩。该书填补本县民主革命时期党史空白，是一本生动的爱国主义教育和革命传统教育的乡土教材。

青阳县党史二卷编纂工作　2012年6月29日，全县党史工作暨党史二卷编纂启动工作会议召开，重点部署《中国共产党青阳地方史（第二卷）（1949#—1978）》编纂工作，该书全面记述1949年4月青阳解放至1978年12月党的十一届三中全会召开29年间，全县各级党组织奋斗历程和光辉业绩。根据二卷编研规划，初稿编写工作将在2015年6月前完成，2016年6月前出版发行。从2012年7月起，党史研究室围绕地方史二卷编纂需要，将拟订的近70个党史专题征集任务分解落实到相关部门和单位，并完成全部党史专题征集工作，丰富了党史二

《中国共产党青阳地方史第二卷（1949−1978）》编纂工作启动会议

卷资料内容。

《青阳革命遗址通览》出版　2012年10月，由县委党史研究室主编的《青阳革命遗址通览》正式出版。该书收录了党在土地革命时期、抗日战争时期、解放战争时期重要历史事件，以及重要机构旧址17处、重要人物活动地10处、烈士墓14处、纪念设施1处、其他遗址1处，全书近5万字，几十幅插图，是一部丰富、翔实、严谨的地方党史读物和进行革命传统教育的生动教材。

【党史宣传和教育】　宾山革命纪念馆　2011年5月，“青阳县领导干部党史教育基地”在中共泾青南中心县委旧址——宾山革命纪念馆挂牌。1945年12月到1948年9月，宾山地区（泾县、青阳、南陵三县交界）党组织和游击队先后在中共沿江中心县委和皖南地委领导下，粉碎国民党连续不断“清剿”，为开辟和创建泾青南游击根据地作出重要贡献。宾山革命纪念馆在原泾青南县委旧址建成，着重介绍有关新四军知识和宾山地区革命历史。

中国共产党建党90周年纪念活动　2011年6月23日，青阳县委组织部、县委宣传部、县委党史研究室和共青团青阳县委联合举办庆祝中国共产党成立90周年青阳县“国税杯”党史知识竞赛。来自全县6支队伍18名选手参加竞赛，观众观看比赛80余人。2011年7月，举办中国共产党建党90周年大型图片展，展览共分为《光辉历程篇》、《领导关怀篇》、《组织建设篇》、《事业发展篇》，按时间顺序，展示90年来中国共产党团结和带领全国各族人民进行伟大革命、改革开放和现代化建设的光辉历程和辉煌成就。

开展“全县领导干部党史教育日”活动　2013年7月，党史研究室在全县开展“领导干部党史教育日”系列活动。组织领导干部学习《中国共产党历史》、《青阳地方史》等党史著作，参观县党史教育基地和革命遗址，为广大基层党组织提供党史教育宣讲辅导。

【为青阳建设服务】　为革命老区建设建言献策。2012年11月22日，县党史研究室和新四军历史研究会牵头在酉华乡召开“为酉华革命老区建设建言献策”座谈会，县直相关单位负责人对酉华革命老区发展建言献策，表示要对老区建设给予项目资金支持，将宾山革命纪念馆建设成省市级爱国主义教育基地，将酉华革命老区建设成富民强乡的新典范。青阳县有着光荣革命传统，解放战争时期，中共泾青南县委机关建在西华宋冲，泾青南地区党组织和游击队先后在中共沿江中心县委和皖南地委领导下，粉碎国民党军队连续不断“清剿”，开辟和创建宾山游击根据地，为迎接解放军大军渡江作出重要贡献。

（青阳县党史研究室　李亚飞）

县直机关党建工作

【概况】 中共青阳县直属机关工作委员会（简称县直工委）系中共青阳县委的派出机构，负责县直机关党务工作和综合绩效考核工作。现有编制6人，下辖基层党组织211个，其中党委5个，党总支16个，党支部190个，党员总数3251人。

【思想建设】 2011—2013年，县直工委采用集中教育和个人自学等方式，在全县机关开展理论教育、党性教育，加强党的先进性和纯洁性建设。在集中教育期间，组织党员参加市直机关党建工作经验交流，依托县委党校举办党务干部和入党积极分子培训班，共举办培训班6期，培训党务干部600余人次、入党积极分子270余人。

【组织建设】 按照党的基层组织建设年工作要求，注重基层组织基础建设，发挥基层组织和党员作用。2011—2013年，共成立党组织21个，其中党委1个、党总支1个、党支部19个，有170个党组织完成换届改选工作，撤销变更党组织14个，理顺了县直机关党组织设置。同时开展基层党组织分类定级和星级创评工作，共整顿软弱涣散党组织21个，有180个党组织得到整改提高和晋位升级，其中县直机关五星级党组织达到116个，县直机关党建工作水平整体提高。

2011—2013年，县直机关共发展新党员162人，预备党员转正173人。县直工委按照新形势下发展党员“控制总量、优化结构、提高质量、发挥作用”总要求，对各单位党员发展工作不做任务指标要求，注重加强对入党积极分子和发展对象教育培养考察力度，重视从青年工人、知识分子和生产、教育、服务等一线岗位中发展党员。

县直机关各级党组织积极开展党内关怀工程，在每年“七一”、春节前夕走访慰问困难党员，让困难党员感受到党组织关怀和温暖。县直工委建立县直机关大病特困党员信息库，实行大病特困党员动态管理，优先开展帮扶慰问。2011-2013年，共帮扶慰问困难党员85人，落实慰问款4.2万余元。

【制度建设】 县直工委修订完善县直机关党建工作制度，增加“工委委员例会制度”、“党内激励关怀制度”，完善“发展党员工作制度”、“党员教育培训工作制度”、“民主评议党员制度”、“党务公开制度”，使其更加具有针对性和操作性。同时加强党建示范创建机制建设，确保党建示范点创建工作顺利推进。2011-2013年共创建机关党建示范点15个，带动县直机关党建工作的发展。

【作风建设】 县直工委加强机关作风转变，切实锤炼勤奋敬业、求真务实、艰苦奋斗3种作风。1. 锤炼勤奋敬业作风。建立和完善各种激励约束机制，增强机关干部事业心、责任感，调动机关干部积极性。2. 锤炼求真务实作风。建立健全发现问题、纠正错误和责任追究机制，形成求真务实激励监督机制，确保党的路线方针政策和县委、县政府决策部署落到实处。3. 锤炼艰苦奋斗的作风。严格执行党委、政府关于制止奢侈浪费系列规定，坚决制止享乐之风，坚持勤俭节约、艰苦创业原则，量力而行，精打细算，珍惜民力。

【创先争优】 县直机关围绕县委确定的“为科学发展创先进，为青阳崛起争先锋”这一主题，深入开展创先争优活动。县国税局党委、县住建委总支、县计生委支部获得“全市创先争优先进基层党组织”荣誉称号，鲍春林、李鑫、骆劲峰、张志翔等4人获得“全市创先争优优秀共产党员”荣誉称号。在2011年、2012年召开的“七一”表彰大会上，共计表彰29个优秀党组织、18名优秀党务工作者、164名优秀党员；在2013年“县直机关学习党的十八大报告和党章知识竞赛”活动中，全县59个机关党组织参加知识竞赛活动。

【精神文明建设】 在全省第三届文明县城创建工作中，县直工委在全县机关组织开展“提升市民素质集中教育活动”，自2011年起共组建由502人参加的8个文明交通劝导员队伍，县直机关党员广泛开展专业咨询、义演、义诊、关爱空巢老人和留守儿童等便民为民服务，为全县精神文明建设作出了应有贡献。

（县直工委办公室）

人物传

元明人物

钱 清（1342－1367）

字公清，青阳八都人。少年英敏，勇略过人，博涉经史，倜傥好义。值元末战乱，钱清集义旅以卫乡邑，立寨六泉口，与陈友谅部赵普胜相抗衡，寇来则拒，退则率乡人耕稼以为食，民多赖之。元宣州统兵官邓公以其雄才武略，札付以“元帅”相称。朱元璋麾下常遇春部攻取青阳，清率众数千归附，以战功擢山东莱州卫指挥使。后奉调从征张士诚，因攻城不利，清独挺身格斗，死于阵前，年仅26岁。明太祖敕封其为“靖难忠节昭勇将军”，谕葬苏州白石山。今杜村乡五阳村尚有其衣冠冢。

章允贤（1503－1549）

乳名勤龙，字海愚。青阳二十三都（今酉华石安）人。嘉靖八年（1529）进士，会试亚魁。历任江西贵溪、河北成安知县，以廉政爱民著称。先后授任礼、吏二科左右给事中。秉性刚直，不畏权贵。屡次上疏检举贪官污吏，曾弹劾武定候郭勋及都御史胡守忠擅权违法罪行，均被采纳，使二人受到严惩。因监修九庙有功，三次获“御赠”，并赐宴朝天宫。后因直言谏诤触犯嘉靖帝，被罢黜。著有《谏议集》行世。

纪检监察

综　述

【概况】　中共青阳县纪委检查委员会成立于1950年7月，1956年5月更名为中共青阳县监察委员会，1959年改为中共青阳县委内设工作机构，“文化大革命”中一度停止活动，1971年2月为县革命委员会政治工作组取代，1976年由中共青阳县委组织部统管，1979年9月恢复成立中共青阳县委纪律检查委员会。1983年10月改称为中共青阳县纪律检查委员会，1984年9月升格为副县级机构，受中共青阳县委和上一级纪律检查委员会双重领导，同时县纪委委员由县委全会选举并报上级党委批准改为由县党代表大会选举产生。1988年4月青阳县监察局组建。1993年3月中共青阳县纪律检查委员会、青阳县监察局合署办公，实行一套工作机构，两个机关名称，内设办公、监察综合（含执法监察）、调查研究（含宣传教育）、党风廉政建设、信访（举报中心）、纪检监察、案件审理7个室。2003—2005年，增设执法监察、纠风、投诉受理中心3个室。2010年，设立县综合派出纪检组（正科级）和干部室[派驻（出）机构管理办公室]。对县纪委、监察局派驻（出）机构实行统一管理，设派驻机构28个，派出机构3个。

【重要会议】　县纪委换届会议　2011年6月10日，中国共产党青阳县第十三次代表大会召开。大会认真听取、审议、批准吴风云代表第十二届纪律检查委员会所作的《坚持以人为本执政为民，深入推进反腐倡廉建设，为青阳科学发展加速崛起提供坚强有力保证》工作报告。第十三次党代会选举产生新一届县纪律检查委员会，委员15人。2011年6月11日，中共青阳县第十三届纪律检查委员会第一次全会召开。会议选举县委常委吴风云为县纪委书记，汪灵友、林深为县纪委副书记，胡翰生、章正学、裴嫦娥、卢平为县纪委常委。

县纪委全会　2011年3月14日，中国共产党青阳县第十二届纪律检查委员会第六次全体会议召开。出席会议县纪委委员12人。县纪委常务委员会主持会议。会议传达十七届中央纪委六次全会、省纪委八届七次全会、市纪委二届六次全会精神，回顾总结2010年反腐倡廉工作，研究部署2011年任务。全会审议通过县委常委、县纪委书记吴风云代表县纪委常委会所作的《扎实推进县委权力公开工作，着力构建惩治和预防腐败体系，为青阳“十二五”发展顺利开局提供坚强有力保证》工作报告。2012年2月14日，中国共产党青阳县第十三届纪律检查委员会第二次全体扩大会议召开。出席会议县纪委委员14人，列席56人。县纪委常务委员会主持会议。会议传达学习中央纪委十七届七次全会和省纪委九届二次全会、市纪委三届二次全会精神，回顾总结2011年反腐倡廉工作，研究部署2012年任务。全会审议通过县委常委、县纪委书记吴风云代表县纪委常委会所作的《坚持改革创新，加大工作力度，努力开创党风廉政建设和反腐败斗争新局面》工作报告。2013年2月27日，中国共产党青阳县第十三届纪律检查委员会第三次全体会议召开。出席会议县纪委委员15人，列席12人。县纪委常委会主持会议。会议传达学习十八届中央纪委二次全会、省纪委九届三次全会和市纪委三届三次全会精神，回顾总结2012年反腐倡廉工作，研究部署2013年任务。全会审议通过县委常委、县纪委书记吴风云代表县纪委常委会所作的《深入贯彻落实党的十八大精神，扎实推进党风廉政建设，为加快建设皖南名城全面建成小康社会提供坚强保障》工作报告。

【县委权力公开透明运行试点】 2010年12月至2011年10月，青阳县作为安徽省县委权力公开透明运行2个试点县（区）之一，按照“科学规范、积极稳妥、突出实践、注重实效”总体思路，坚持“依法依规、系统设计、整体推进、上下联动”原则，全面把握“明确职责权限、规范运行程序、公开决策事项、实施全面监督”四大目标任务要求，以规范县委管理权、决策权、用人权为重点，着力构建决策权、执行权、监督权既相互制约又相互协调的权力结构和运行机制，按步骤分阶段组织实施，实现了预期目标。经过全面梳理职责权限，确定县委职权55项，县委书记职权13项、副书记职权10项、常委职权8项；县政府职权128项，县长职权12项、副县长职权9项；县直部门平均职权55项，乡镇平均职权118项。制订权力流程图县委58个、县政府84个，乡镇平均40多个、县直部门平均20多个，规范了决策程序。梳理出县委风险点28个，县委书记、县委副书记风险点19个，其他常委个人风险点40个，县直单位、乡镇党委政府平均风险点约为20个。全县共查找一级风险点277个，落实防控措施636项；二级风险点140个，落实防控措施308项；三级风险点841个，落实防控措施1823项。对各类风险点实行分级管理、分级防控，不断加强对权力监督，规范权力行使，降低权力运行风险。先后出台《“四重一大”集体决策实施办法》、《党政主要领导“四个不直接分管”办法》、《主要领导末位表态制度》、《选拔任用科级干部初始动议和提名暂行办法》、《权力风险防控管理办法》、《新提拔科级领导干部财产申报制度》、《县委常委会、全委会列席旁听制度》、《县委、县政府新闻发言人制度》等16项制度，修订完善制度20余项，构建了较为完备的权力运行制度链。

【廉政风险防控】 2012年，根据池州市廉政风险防控工作安排，该县开展全面深化廉政风险防控工作，共查找廉政风险点1437个，落实防控措施3844项；县纪委对防控措施落实情况进行2次专项检查，对20余个重点单位进行检查指导，并就制度落实特别是“四个不直接分管”（指党政正职不得直接分管干部人事、财务、建设工程和大宗物资采购，下同）落实情况进行通报，督促限期整改。2013年，全县继续深化权力公开和廉政风险防控工作，年初将任务进行责任分解，年中开展重点督查，特别是对“四重一大”（重大问题决策、重要人事任免、重大项目安排、重大事件处置和大额资金使用）和“四个不直接分管”等制度执行情况进行重点督查，年底由县领导带队进行考核，并与经济业务工作一并进行表彰。

【“三查三述三评”活动】 2013年，在全县范围内开展了查作风、查效能、查廉洁，领导班子和领导干部向县纪委、向服务对象、向机关干部职工述职述廉述效，组织群众评议服务、社会评选先进、机关评定位次的“三查三述三评”活动，县直96个部门单位1400名机关干部共查找问题1150个，制订落实整改措施2380条。选取了66个服务窗口和66名工作人员，在青阳政府网上进行公示，由公众进行网络投票。改进政风行风评议方式，建立4300余人民主评议代表数据库，开展网上评议，对社会各界反映的涉及73个单位510条意见和建议，逐项反馈给有关单位，责成相关单位限期整改落实，以实际行动反对和克服“四风”问题。

【党风廉政建设责任制】 2011—2013年，全县细化分解党风廉政建设和反腐败任务分工，签订党风廉政建设责任状。各级各部门层层签订目标责任书，实行“一把手”领导负总责制，形成党风廉政建设责任体系。

2011年，全县504名领导干部按规定报告个人重大事项，63名新提拔科级领导干部按要求实行财产申报和公示，8名县直和乡镇党政“一把手”向县纪委常委会进行了述责述廉述效。县、乡两级党委在换届工作中严格执行“5个严禁、17个不准、5个一律”(严禁拉票贿选、严禁买官卖官、严禁跑官要官、严禁违规用人、严禁干扰换届；不准在民主推荐、民主测评、组织考察和选举中搞拉票等非组织活动，通过宴请、安排消费活动、打电话、发短信、当面拜访、委托或者授意中间人出面说情、举办联谊活动等形式，请求他人给予自己关照；不准贿赂代表；不准参与或者帮助他人拉票贿选；不准以谋取个人职务晋升、调任、转任、留任或者提高职级待遇等为目的，贿赂他人；不准利用职务上的便利以为他人谋取职务晋升、调任、转任、留任或者提高职级待遇等为目的，索取、收受或者变相索取、收受贿赂；不准采取拉关系、走门子或者要挟等不正当手段，谋取职务或者职级待遇；不准封官许愿，或者为他人提拔调动说情、打招呼；不准违反规定程序选拔任用干部；不准突击提拔调整干部；不准任人唯亲，指定提拔调整人选；不准违反规定超职数配备领导干部，或者违反规定提高干部的职级待遇；不准利用职务便利私自干预下级或者原任职地区、单位的干部选拔任用工作；不准私自泄露民主推荐、民主测评、考察、酝酿、讨论决定干部等有关情况；不准以威胁、欺骗等手段妨害代表自由行使选举权、被选举权和表决权；不准编造、传播谣言，诬告陷害或者侮辱诽谤他人；不准在换届选举期间私自向代表赠送纪念品和散发各种宣传材料；不准阻挠对违反换届纪律问题的调查和处理。对拉票贿选的，一律排除出考察人选，已列为候选人的取消候选人资格，已经提拔的责令辞职、免职、降职或者依法罢免，贿选的还要依纪依法处理；参与或者帮助他人拉票贿选的，比照为自己拉票贿选的行为给予相应处理；对买官卖官的，一律先予停职或者免职，再根据情节轻重进一步给予组织处理或者纪律处分；涉嫌违法犯罪的，移送司法机关依法处理；通过行贿手段获取的职务坚决予以撤销；对跑官要官的，一律不得提拔重用，视情节给予批评教育或者相应的组织处理，并记录在案；对搞封官许愿或者为跑官要官的人疏通关系、说情、打招呼的，要严肃批评，造成用人失察失误等严重后果的还要追究责任；对违反规定作出的干部任用决定，一律无效，并严肃追究相关人员的责任；对干扰破坏换届选举工作的，一律严肃查处，涉嫌违法犯罪的移送司法机关处理。）加强对干部选拔任用监督，向县委提出具体意见130人次；先后办理先进单位和先进个人征求意见535人次，按规定取消4个单位、2名个人评先评优资格。积极配合省委第三巡视组开展专项巡视工作，针对省委第三巡视组反馈问题，及时约谈有关单位领导，督促限期整改。

2012年，对60名新提拔科级干部进行财产申报公示，领导干部均按规定要求报告个人有关事项，组织2名乡镇主要负责人和4名县直单位主要负责人向县纪委常委会述责述廉述效，对6名领导干部进行经济责任审计，对65名拟提拔重用干部廉政情况进行审核，对全县123个先进集体和312名先进个人进行把关。认真落实省委巡视组反馈意见的整改。对领导干部“8小时以外”活动情况进行30余次抽查。

2013年，对23名新提拔科级干部进行财产申报公示，618名领导干部报告个人有关事项，2个乡镇和5个县直单位主要负责人、8名县直纪检组长向县纪委常委会述职述廉述效。对4个县直单位和1个乡镇主要负责人审计工作中发现的问题及时督促整改。启动科级领导干部电子廉政档案工作。党风廉政建设责任制突出民主测评和平时动态考核。继续深化权力公开和廉政风险防控工作，对“四重一大”和“四不直管”等制度执行情况进行重点督查。

【“三项”建设工作】 2011年，进行明察暗访10余次，发现机关工作人员违反机关作风建设、效能建设规定15起，对15名机关责任人给予批评教育谈话。

2012年，县纪委进行8次明察暗访，分别对12个县直单位和3个乡镇26名违规工作人员给予通报批评、责令检查、取消评先评优资格，对单位主要责任人进行约谈。继续加强对领导干部“生活圈”、“娱乐圈”监督，对“8小时以外”干部活动情况抽查，对重要节假日领导带班及通信畅通情况进行60余次督查，对公款“同城吃请”、公车私驾私用情况进行2轮暗访，并通报检查情况。加大作风评议活动，先后向县域重点企业发放2000余份调查问卷，对县直部门进行民主评议和民主测评，对发现的问题，责令相关单位限期整改。及时受理有关效能投诉，严肃查处违反效能建设行为。

【落实中央“八项规定”精神】 2013年，全县严格落实中央“八项规定”精神，县纪委监察局出台《关于改进工作作风中密切联系群众实施办法》，提出相关纪律要求。当年针对重要节日、作风效能建设、公款同城吃请、公车私用私驾等明察暗访活动，共发现违反作风效能建设问题12起，处理人员13人次，对17名领导干部进行诫勉谈话，并作实名通报，取消被通报单位和个人当年评优评先资格；对5名党政主要负责人和19名基层纪委书记、纪检组长进行作风建设约谈。会同财政、审计等部门开展“三公”经费明察，对“三公”经费偏高的4个单位主要负责人进行约谈，责令整改。当年共取消学校校庆、村部落成庆典及公务考察活动30余次，节约资金400余万元；合并召开会议14个，减少部门会议20个；“三公”经费支出同比下降30%；以县委、县政府名义发文数量同比下降22%。

【反腐倡廉宣传教育】 2011年，对63名新提任科级领导干部开展任前廉政谈话。全县申报省级“廉政文化示范点”2个、市级“廉政文化示范点”12个。举办廉政文化“国税杯”文艺汇演，组织21个重点单位“一把手”进行公开服务承诺。

2012年，开展党风廉政教育5971次，制订落实整改措施2100余条。对68名新提拔科级领导干部开展任前廉政谈话。开展廉政文化“六进”工作和第八届廉政文化“国土杯”文艺作品创作评选活动。全县共创建省级“廉政文化示范点”3个、市级“廉政文化示范点”13个。

2013年，开展领导干部任前廉政谈话68人次，组织400余名党组织负责人上廉政党课。开通青阳县纪检监察网站。开展廉政文化“六进”（进机关、进社区、进学校、进农村、进企业、进家庭）活动，新增市级廉政文化示范点2个，举办第九届廉政文化“财政杯”文艺作品创作活动，评出优秀作品21篇。

【查办案件】 2011年，县纪委集中查办一些农村基层党员干部滥用职权、贪污贿赂、侵占集体资产案件。共受理信・访和电话举报108件次，立案查处各类违纪案件11件14人，给予党纪政纪处分9人，其中给予开除党籍处分6人、党内警告1人、党内严重警告1人、行政警告处分1人。为4名受到不实举报党员干部澄清问题，对2名有一般问题的党员干部进行批评教育。

2012年，共受理群众信访举报87件，新立案16件，结案15件，处分15人（科级干部3人），其中给予党纪处分14人、政纪处分3人，对5名监督对象实施信访监督，对12名党员干部的不实举报予以澄清。通过查处违纪案件，直接挽回经济损失50余万元。

2013年，共受理群众信访举报129件，新立案27件，结案27件，处分28人。其中给予党纪处分20人、政纪处分8人，涉及科级干部5件、一般干部6件、其他人员17件。为18名受到不实举报的党员干部澄清问题，对9名有一般问题党员干部进行批评教育。出台《青阳县乡镇纪委纪检监察信访举报工作目标管理和查办案件考核暂行办法》，11个乡镇均自办了案件。

【专项清理（退）工作】 2013年，开展党政干部违规建房和多占住房问题专项清理，全县4589名党员领导干部按规定进行登记申报和公示，对732名科级干部填报房产信息进行甄别核实。开展领导干部及其配偶子女违规经商办企业专项清理，共有646名领导干部报告个人及家属从业情况，对1名科级干部经商办企业督促纠正。开展党政机关办公用房专项清理，整改和纠正少数领导干部办公用房面积超标问题。开展会员卡专项清退，共有34名县处级干部、732名科级干部、3159名其他干部向组织作了“零持有”报告。

【重点工作监督检查】 2011年，围绕县委、县政府重点工作，对城区南扩、园区建设、权力公开、项目攻坚、招商引资、扶持企业、扩大就业、保障性住房等政策措施落实情况开展100余次专项检查，共排查整改各类问题11个，对110余项基础设施工程招标采购进行监督，对50余项工程量变更项目进行现场察看和认定。

2012年，对管理通胀预期、水利改革发展、保障性安居工程建设、节能减排和环境保护政策措施落实情况进行督查8次。对权力公开、廉政风险防控、南部新区建设、优美乡村建设、集约用地、保障性安居工程建设、节能减排和环境保护等工作进行50余次专项检查，发现和纠正问题12个，对9名责任人给予党政纪处分。参与安全生产伤亡事故调查6起，对相关责任人进行严肃处理。

2013年，对县重点工程进展、文明县城创建、规模以上企业复工、土地复垦、森林防火、防汛抗旱、取缔非法载客“小红车”等情况进行专项督查10余次。对33项民生工程开展督查3次，对1起安全责任事故进行调查处理，跟踪督查32宗地块拍卖、挂牌竞价情况，对25项工程量变更项目进行现场察看和认定。行政处罚“回头看”共抽查行政执法案卷70余份。取消县级行政审批项目60项，转变管理方式105项、合并15项。对7个单位行政事业性收费开展执法监察，对2个单位下发监察建议书，责令整改到位。

【纠风工作】 2011年，开展农药、种子、“瘦肉精”、食品药品安全专项整治行动。开展安全生产责任制落实情况检查，坚决查处失职渎职问题和事故背后的腐败行为。强化对环境行政审批权、评审权、执法权监督，加强对社保基金、扶贫资金和救灾救济资金监管。全年共受理拖欠工程款和农民工工资投诉9起，清欠农民工工资约375万元，涉及农民工630余人。

2012年，对强农惠农资金、扶贫资金、救灾救济资金、住房公积金、社保基金以及政府专项资金管理使用情况开展督查2次，对33项民生工程进行检查，对52宗土地使用权“招拍挂”（《土地法》及国土资源部相关的部门规章规定，对于经营性用地必须通过招标、拍卖或挂牌等方式向社会公开出让国有土地。统称为招拍挂制度。）实行全程监督，对全县10个协会和社会团体收费情况开展执法监察，对5名相关负责人进行诫勉谈话。加强对招生、招录和征兵工作监督，取消1个事业单位招聘岗位。推进工程建设领域突出问题专项治理，公开发布项目信息249条、信用信息30条。开展工程建设中挂靠借用资质投标违规出借资质问题专项清理，对全县37个项目、45家企业进行排查清理。巩固农村集体“三资”清理成果，推进“阳光村务”工程建设常态化。

2013年，对涉及金融、电信、教育、医疗等行业和征地拆迁、食品药品安全、公务员事业单位考录招聘等不正之风进行清理，共纠正问题33个。完善投诉受理和政风行风工作机制，为企业和群众解决问题10余件。

【获“全国纪检监察系统先进集体”称号】 青阳县纪委、监察局在县权公开试点工作中，充分发挥纪检监察职能作用，不断创新纪检监察工作思路和方法，注重从源头上预防和治理腐败，坚持高起点、高标准、创造性地开展工作，促进了党风政风以及社会风气的明显好转，有力地推动了党风廉政建设和反腐败斗争的深入发展。2011年6月，荣获由中共中央纪委、人力资源和社会保障部、监察部颁发的“全国纪检监察系统先进集体”称号。

（县纪委办公室）

风味小吃

毛豆腐

青阳豆制品特产，其中沙济毛豆腐最为著名。做法是将沥干水份的老豆腐切成三寸长、半寸宽、半寸厚的坯块，然后在竹制的晾筛中放上稻草，将豆腐坯块置于其上，不久就会长出一层厚厚的灰白色绒毛。毛愈多、愈长、愈白，皮愈厚软，则味愈佳。制作过程中不能加盐，毛豆腐才能保持自然的鲜味。食用时，先油煎片刻，再加佐料烹制。

南瓜瘪

主要原料为南瓜，将之切成块状，煮熟，再调以生姜、蒜子、辣椒酱、豆酱等佐料，夹于两块南瓜中间，然后晒干，可作为零食等用。

青阳县人民代表大会

综 述

【概况】 1954年7月，青阳县召开第一届人民代表大会，标志着人民代表大会制度在青阳县的建立。1981年4月，青阳县第六届人民代表大会第一次会议，选举产生青阳县人民代表大会常务委员会（简称县人大常委会），人民代表大会制度在青阳县得到进一步健全和完善。县人大常委会是县本级人民代表大会常设机关，对县人民代表大会负责并报告工作。第十四届人民代表大会常务委员会现有组成人员19人，其中主任1人，副主任4人，驻会组成人员6人，不驻会组成人员8人。

【重要会议】 青阳县第十三届人民代表大会第五次会议 2011年3月1日至3日召开，出席代表183人。会议听取和审议青阳县人民政府工作报告；审查和批准青阳县国民经济和社会发展第十二个五年规划纲要；审查和批准青阳县2010年国民经济和社会发展计划执行情况与2011年计划草案的报告，批准青阳县2011年国民经济和社会发展计划；审查和批准青阳县2010年预算执行情况与2011年预算草案的报告，批准2011年县级预算；听取和审议青阳县人民代表大会常务委员会工作报告；听取和审议青阳县人民法院工作报告；听取和审议青阳县人民检察院工作报告；会议通过上述报告，并分别作出决议。会议补选晁新为青阳县第十三届人民代表大会常务委员会主任，王春生为青阳县人民政府县长。

青阳县第十四届人民代表大会第一次会议 2012年1月12日至15日召开，出席代表183人。会议听取和审议青阳县人民政府工作报告；审查和批准青阳县2011年国民经济和社会发展计划执行情况与2012年计划草案的报告，批准青阳县2012年国民经济和社会发展计划；审查和批准青阳县2011年预算执行情况与2012年预算草案的报告，批准2012年县级预算；听取和审议青阳县人民代表大会常务委员会工作报告；听取和审议青阳县人民法院工作报告；听取和审议青阳县人民检察院工作报告；会议通过上述报告，并分别作出决议。会议选举产生青阳县第十四届人民代表大会常务委员会组成人员，其中主任晁新，副主任黄国正、罗跃进、陆庆林、甘心传，委员朱来保、李国庆、李祥明、潘东风、徐生超、王郁、杨英俊、左其东、裴进文、何玲（女）、程月秀（女）、殷素珍（女）、方德清、施丽芳（女）。会议选举王春生为青阳县人民政府县长，纪良才、杨晓兵、刘荣发、胡俊、王师琴（女）、齐满清为青阳县人民政府副县长；吴文革为青阳县人民法院院长；余文庆为青阳县人民检察院检察长。

青阳县第十四届人民代表大会第二次会议　2013年1月14日至17日召开，出席代表185人。会议听取和审议青阳县人民政府工作报告；审查和批准青阳县2012年国民经济和社会发展计划执行情况与2013年计划草案的报告，批准青阳县2013年国民经济和社会发展计划；审查和批准青阳县2012年预算执行情况与2013年预算草案的报告，批准2013年县级预算；听取和审议青阳县人民代表大会常务委员会工作报告；听取和审议青阳县人民法院工作报告；听取和审议青阳县人民检察院工作报告；会议通过上述报告，并分别作出决议。会议补选青阳县第十四届人民代表大会常务委员会主任黄国正，副主任潘盛，委员张忠发、闫浩。会议补选纪良才为青阳县人民政府县长，许俊为青阳县人民法院院长，赵恺为青阳县人民检察院检察长。

纪念现行宪法实施30周年暨青阳县人大志续编发行会议　2012年11月27日召开，会议隆重纪念了宪法公布施行三十周年，以及人大志续编出版发行工作，对于在全社会进一步树立宪法意识和宪法权威，切实保证宪法的贯彻实施，了解人民代表大会制度的发展历程，学习、领会、贯彻好宪法精神具有十分重要意义。

【常委会会议】　常务委员会会议由县人大常委会主任召集，每两个月至少举行一次。2011—2013年，县十三届、十四届人大常委会共召开会议19次。

2011年县十三届人大常委会共召开8次会议　听取和审议“一府两院”关于青阳生态建设规划、依法查处违法建设、“十二五规划”等专项工作报告14项，发出审议意见书2份，依法作出了《关于批准2010年度县级财政决算的决议》、《关于在全体公民中开展第六个五年法制宣传教育的决议》等14项重要决议、决定。

2012年县十四届人大常委会共召开5次会议　听取和审议“一府两院”关于全县重点水利工程建设情况等专项工作报告14项，发出了审议意见书5份，依法作出《关于建设南部新城的决定》、《关于同意修编〈青阳县城市总体规划（2010—2030）〉的决议》等6项重要决议、决定。

2013年县十四届人大常委会共召开6次会议　听取和审议“一府两院”关于招标采购工作情况、“十二五”规划中期评估报告等专项工作报告5项，发出审议意见书5份，依法作出了《关于批准青阳县美好乡村中心村建设规划的决议》、《关于整治城乡道路交通秩序，依法取缔非法载客“三车”的决定》等5项重要决议、决定。

【监督工作】　执法检查　认真开展行政执法监督。2011—2013年先后开展对《防洪法》、《国防教育法》、《消防法》、《就业促进法》等20部法律法规实施情况的执法检查，有力地推动了这些法律法规在全县的贯彻实施。

视察调研　围绕全县发展大局和人民群众普遍关注的热点问题开展工作监督。2011–2013年，常委会组织全体组成人员，对青阳县南部新城建设情况、木镇工业园区建设情况、G318青阳段（五星—清泉岭）改建工程建设、全县中小学幼儿园规划布局等情况，开展4次集体视察。围绕牛桥水库饮用水源保护区环境安全、全县基层医疗卫生体制改革等情况开展28次调研活动，促进了工作开展。

专题询问　2013年县十四届人大常委会对县公安局、县交通局、县住建委、县市容局等7个部门主要负责人，就青阳县城区交通环境及市容市貌整治工作首次开展专题询问。询问直指存在的问题和弊端，提出需要整改的建议和措施，督促被监督部门公开承诺并加强跟踪问效，使全县城区交通环境和市容市貌得到明显改善。

工作评议　2013年县十四届人大常委会围绕农村公路建设、非煤矿山安全生产、经济检查执法工作开展专项评议。常委会组成三个评议工作组，事前通过走访调研、座谈讨论、广泛征求意见详细了解情况；事中在县十四届人大常委会第十一次会议上，专门听取县交通局、安监局、工商局等被评单位专项工作报告，分别形成审议意见，要求被评单位认真制订整改措施、整改意见；事后县人大常委会评议工作组跟踪监督，专题听取整改报告，对整改结果进行满意度测评。

【人事任免工作】　坚持党管干部和依法任免相统一的原则，不断改进任免工作，完善任免程序。2011年至2013年，共任免国家机关工作人员108人次，为推动全县各项工作的开展提供组织保障。同时，还通过执法检查、听取和审议专项工作报告等多种形式，加强对被任命人员的监督，增强被任命人员的人大意识、法律意识、责任意识、公仆意识和执政能力。

【代表工作】　议案、建议督办工作　常委会高度重视议案建议办理工作，通过走访代表、召开代表座谈会等方式，及时了解代表对办理情况的意见，加强跟踪督办力度。2011年，县十三届人大五次会议期间，代表共提出议案2件，建议、批评和意见35件，年底全部办结，办结率为100%。2012年，县十四届人大一次会议期间，代表共提出议案2件，建议、批评和意见47件，年底全部办结，办结率为100%。2013年，县十四届人大二次会议期间，代表共提出议案2件，建议、批评和意见23件，年底全部办结，办结率为100%。为进一步调动代表履职的积极性，更好地发挥代表议案、建议在推动青阳县经济社会发展中的重要作用，在县十四届人大常委会第十五次会议上，对《关于要求解决农村五保老人应保未保问题的议案》等4件优秀议案和建议，以及县民政局等3个先进承办单位作出予以表彰的决定，推动代表议案、建议的办理落实。

密切代表联系　2011—2013年，常委会坚持邀请部分代表列席人大常委会会议，参加调研、视察、执法检查等活动；坚持常委会组成人员联系走访代表制度，向代表通报全县重点工作和人大工作进展情况，并将代表的意见建议搜集整理向常委会通报。

丰富代表活动　完善代表小组活动制度，认真组织代表就全县民生工程建设、县经济开发区建设、城区中小学幼儿园规划布局等情况开展专题视察、调研，并形成有情况、有分析、有建议的调研报告，发挥代表在闭会期间的作用。每年组织在青阳市人大代表开展专题调研和集中视察，全面了解青阳发展的新成就、新动态、新需求，以便更好地履行职责。2013年2月，在市三届人大二次会议上，杜村乡刘芳来等10余位代表提出的议案被列为大会1号议案，得到市人大常委会和市政府等相关部门的高度重视并予以表彰。

高度重视信访工作　2011年至2013年共收到和处理人民群众来信58件，接待群众来访54批（次），均依照信访工作有关规定及时交相关单位办理，并认真督办，跟踪问效。

指导乡镇人大工作　坚持深入到全县11个

省人大常委会调研组到青阳开展《保密法》执法调研

乡镇开展调查研究和工作指导，帮助乡镇人大制订工作制度，依法履行职责，积极开展工作，不断提高乡镇人大工作的整体水平。

【常委会自身建设】 2011—2013年，县人大常委会完善常委会会议和主任会议议事规则，为人大代表、常委会组成人员集体行使职权提供制度保障；进一步健全和规范人大及其常委会机构设置；重新修改和制订廉政建设等一系列制度，促进机关工作制度化、规范化和科学化。加强人大宣传，先后有近300篇稿件被《江淮法治》、《池州日报》、《池州人大》等报刊以及省、市人大网站所采用。开展现行《宪法》公布施行30周年系列纪念活动，出版发行《青阳县人民代表大会志》。

（县人大研究室）

酉华唱经锣鼓

青阳县酉华唱经锣鼓产生于明洪武年间，在九华山佛教文化的影响下，是酉华乡乐元、田屋、二酉一带的老百姓自娱自乐，集体传承、发展的独具特色的民间音乐形式，新中国成立后，“唱经锣鼓”在酉华、南陵、泾县等地极为盛行。因农历除夕要演奏唱经锣鼓，所以当地也称迎春锣鼓。

现酉华唱经锣鼓保留下来的动作套路有十二套之多，如“双芙蓉”、“舞马”、“石榴花”、“甘洲歌”等，她有两种表演形式，既可边打边唱，也可间打间唱。唱经锣鼓的音乐主要由两部分组成，即“鼓点”和“唱曲”，“鼓点”既是套路名称，又是音乐曲牌，以四二拍为多。鼓点节奏以四分音符为点的艺人们称为“单鼓点”；以八方音符或十六分音符为点的，被称为“双鼓点”。当地艺人把“唱曲”又称“喊牌子”。唱词一般以人物、佛教典故为主，也有一些反映现实生活的，曲调与佛教音乐文化比较接近，听起来宛如僧侣在念佛诵经，故有唱经一说。

酉华唱经锣鼓音乐曲牌调式丰富，分别由宫、商、角、羽构成。演唱时，先唱序，后唱主段，是在演唱时把多个角色揉在一起的一种表演形式，体现出异中求同的和谐，具有较高的艺术表现魅力。

青阳县人民政府

综 述

【加快工业发展】 *壮大主导产业* 2011—2013年，青阳县人民政府围绕机械制造、非金属新材料、有色金属深加工三大工业主导产业，实施机电产业集群发展规划，提升非金属新材料产业优势，加快有色金属材料产业升级转型，加快培育战略性新兴产业和低碳产业。

推动企业发展 全县培植一大批带动力、辐射力、竞争力强的规模企业，通过政策激励、市场引导、技改主导等措施，加快现有企业技改扩规升级。大力发展非公有制经济，坚持县领导联系重大项目、相关部门对口扶持重点项目制度，有针对性地解决企业在融资、用工等方面困难。认真执行政策性减税等税费政策，发挥融资性担保公司效应，推进银企对接与合作，缓解企业融资难。清理闲置低效土地，争取重点项目用地指标，缓解企业用地难。举办多层次人才招聘活动，缓解企业用工难。

加快园区发展 紧紧抓住皖江城市带承接产业转移示范区建设契机，推进县经济开发区和丁桥、酉华、杨田、陵阳、乔木5个辅园区建设。加快东进南扩步伐，拉开木镇园、新河园框架，支持乡镇辅园区全面升级扩容，推进乡镇工业集中区建设，带动特色产业集群发展壮大。严格园区产业定位和项目准入，提高园区产业集群化、效益化水平。

招商引资 围绕主导产业引进一批符合国家产业政策且贡献率大、牵动力强、关联度高、配套性好的大企业、大项目。实施招商引资“三百工程”，完善招商引资政策体系，广泛引进县外资金，主动争取项目资金，积极吸引金融资本，大力鼓励现有企业增资扩股。

【提升农业发展水平】 *农业产业化* 全县以工业化理念发展农业产业，积极实施“551”（全称）农业产业化提升行动发展规划，壮大农业产业化龙头企业，推进“一村一品”“一村一业”，加快九华现代农业综合开发示范区、盆景文化园建设，壮大立体生态休闲农业、特色种植养殖、蚕桑标准化示范区和设施蔬菜标准园规模。推进农业产业化企业品牌，申报认定名优农产品。巩固优质米、皖南土鸡、茧丝绸、名优茶叶、特种水产、大棚蔬菜等优势产业，壮大花卉苗木、中药材、黄精、烟叶等特色产业。

完善农村基础设施 分别实施青通河治理（一期）水下工程，病险水库除险加固，县城和木镇、庙前集镇防洪工程，血防疫区水利兴修和塘坝清淤工程建设。划定永久性基本农田保护区，建设高标准农田2067公顷。推进美好乡村建设，完善农村基本公共服务设施，积极

实施通乡油路和“点点通”工程。促进农村能源结构调整，建设绿色能源示范县。综合整治农村环境，继续实施农村清洁工程。加快国家绿色能源示范县项目建设，加强饮用水源地保护和地质灾害点防控。

深化农村改革　继续推进“一网通”工程，健全“一事一议”财政奖补、失地农民保障、政策性农业保险、新型农民培训等制度。建立林业发展长效机制，推动土地整治复垦和土地流转，促进农业规模化生产和农村社区化发展。

【加快城镇建设】 完成《城市总体规划(2010—2030)》新一轮修编，完善道路、排水、管网、燃气、消防等专项规划。组织朱备、杜村等乡镇总规修编，打造各具特色新型工业重镇、生态旅游名镇、现代农业强镇，不断提升城镇化水平。

加快新城开发　编制南部新城各类专项规划、区域修建性规划，完成青山新城安置房和主要道路建设，贯通新城路网，完成西南外环建设，建成莲花路、天柱南路、临城南路、富阳南路、经一路，开工建设纬一路、青阳大道延伸工程。推进雨洪调蓄区湖体开挖、液压升降坝和东堤工程，开工建设青中新校区。

城市基础设施建设　实施交通瓶颈路段改造和背街小巷整治工程，建设青山东路，延伸九子西路和公园南路，完成公园北路、宝灵路、河西路、北外环扩建工程以及光华路、碧桃路延伸工程。完善光华家园安置区道路配套。逐步改造危旧小区，提升物业管理水平。加大城区供排水、燃气等管网延伸。积极创建国家生态县、国家森林城市，提升文明县城管理水平，推进城市综合执法、绿化、环卫等管理体制改革创新。

打造特色集镇　加强集镇特色产业发展，鼓励镇域经济争先进位，培育新型工业强镇、旅游商贸重镇、历史文化名镇。

【发展旅游商贸】 振兴旅游经济　加快环九华山旅游带建设，启动实施青阳旅游度假区规划，规划建设蓉城至朱备旅游环线充分挖掘民俗、地域文化资源，促进旅游与文化产业有机结合。加快推进乡村旅游发展，打造一批高星级“农家乐”。强化旅游市场营销和旅游环境整治，实现游客接待量和旅游总收入稳步增长。

发展商贸物流　科学规划商业网点，推进华润苏果、豪诚国际广场建设。推进万村千乡、新网工程、农贸市场标准化改造、农超对接等农村市场工程，积极发展连锁经营、物流配送、电子商务、网络购物等现代流通方式巩固“放心肉”体系建设成果。繁荣家具、古玩、盆景等专业市场。扩大本地产品市场占有率。培育新型外贸进出口增长点。

【发挥金融服务支撑作用】 加强对财政资金存款主办银行考评，实行存贷挂钩、动态调整。力争引进徽商银行设立分支机构，支持青阳农合行改制为农商行，有序发展小额贷款公司和民营担保公司。建立金融形势季度分析研判制度，完善商业银行绩效综合考评机制，提高金融资源配置效率。加强政银企合作，完成国有资产清理整合，做大做强政府性投融资平台，努力创建金融生态县。

【巩固拓展民生工程】 2011年10件惠民实事：1.改造城区污水管网8公里，实现县城区污水管网全覆盖。2.实施集镇垃圾无害化处理工程，启动农村垃圾集中处理工作。3.提高孤儿救助水平，完成社会福利院建设。4.完成光明老河道疏浚改造工程，解决建材市场周边区域内涝问题。5.开展全民健身运动，新建400米标准化运动场。6.建立公厕管理使用长效机制，新建城区公厕3所。7.完善贫困大学生和特困群体救助体系。8.新建城区蔬菜批发市场。9.开通县城至西片乡镇农村公交，实现农村公交全覆盖。

2012 年 8 件惠民实事：1. 开展新型农民工职业培训 5500 名，政府资金补助提供就业岗位 1800 个。2. 本着自愿原则，实行集中供养不少于 30 名孤儿。3. 新建 7 万平方米大型货车停车场一座，改扩建城区停车场 3000 平方米。4. 在实现应保尽保基础上，重点救助 150 户特困家庭。5. 整治人民公园，提升公园品位和功能。6. 开工建设青阳中学新校区，启动青阳三小建设，新建公办幼儿园 1 所。7. 改造城区自来水管网 5 公里，启动新自来水厂建设。8. 完成 400 口当家塘坝除险加固。

2013 年 8 件惠民实事：1. 建设流浪乞讨人员救助站。2. 实施新入学特困大学生救助。3. 对符合“五保”条件的非国家供养特困人员按“五保”标准予以供养。4. 补助建设 60 公里“点点通”工程。5. 建设 1 所标准化城市社区服务中心。6. 建设残疾人综合服务中心。7. 建设城市规划展示馆、科技馆、档案馆等多馆合一的大型综合性馆舍。8. 完成城南自来水厂主体工程，与老城区供水管网实现连接。

（县政府办公室）

重点会议

2011 年

1 月 20 日，青阳县企业联合会、企业家协会第一次会员代表大会召开。

5 月 31 日，南部新城工程启动动员大会召开。

2012 年

4 月 10 日，青阳县召开城市管理第一次联席会议。会议旨在探索建立城市管理工作长效体系，进一步巩固文明县城创建成果，尽快让城市面貌实现明显的改观。

6 月 28 日，全县生态文明建设暨信访政法综治维稳工作会议召开。县委副书记、常务副县长纪良才，副县长王师琴、齐满清、吴伟出席会议。

7 月 20 日，全县经济形势分析会召开，全面总结上半年经济工作，研究解决工作中存在的问题，安排部署下半年重点工作。

7 月 24—25 日，青阳县举办 2012 年阳光体育全国青少年户外体育活动营地展示大会。

9 月 10—11 日，青阳县举办全省推进诚信计生完善利导体系现场会。

2013 年

1 月 15—17 日，青阳县第十四届人民代表大会第二次会议举行。县政府各县长出席或列席。会议选举纪良才为青阳县政府县长。

2 月 20 日，全县招商引资暨驻外招商工作队出征大会召开，会议号召全县各级各部门集中精力，强化措施，抓好新一年的招商工作，掀起新一轮招商引资热潮，以招商工作的突破实现经济发展的跨越。

3 月 1 日，县政府召开全体（扩大）会议。县委副书记、县长纪良才出席会议并作重要讲话。县委常委、副县长杨晓兵主持会议。副县长胡俊、王师琴、朱继平、刘辉、齐满清、吴伟出席会议。会议的主要任务是贯彻落实全市“三区”发展现场会精神，进一步动员全县上下迅速行动起来，全面启动各项工作，确保完成今年各项目标任务，实现经济社会持续健康发展。

6 月 20—21 日，全县民营经济发展大会暨“三百工程”动员会召开，主要目的是深入贯彻省、市民营经济发展大会精神，统筹安排民营经济发展各项工作，动员全社会迅速掀起新一轮创业的热潮，以民营经济的大发展推进“三区”建设的大发展。县长纪良才作全县民营经济发展工作报告。

7 月 16 日，青阳县召开全县经济形势分析会，回顾总结上半年经济工作，分析当前形势，查找发展中不足，研究部署下一阶段工作任务，动员全县上下围绕“加快发展”主题，自我加压，鼓足干劲，确保完成全年目标任务，推动全县各项事业更好更快发展。县长纪良才出席会议并作重要讲话。

7月26日，全县重点项目建设推进会召开。会议通报了全县各重点项目建设情况，查摆了项目建设过程中存在的困难问题，并对下一阶段项目建设工作进行了研究部署。县长纪良才出席会议并提出具体要求，

10月30日，我县召开全面取缔非法载客“三车”工作动员大会，动员全县上下统一思想、统一认识、统一行动，依法全面取缔非法载客“三车”，进一步规范城市交通秩序，改善城市发展环境。县长纪良才作动员报告，

12月6日，全县招商引资工作调度会召开。会议总结了2013年的招商引资工作，分析全县经济社会运行情况，调度推进年内各项重点工作，研究部署2014年经济社会发展目标任务和招商引资工作。县长纪良才在会上讲话，副县长胡俊、宋秋奎、陈玉出席。

重要活动

2011年

6月29日，县委副书记、县长王春生，县人大常委会副主任黄国正深入木镇镇看望慰问特困党员，为他们送去党的关怀和温暖。

7月27日，县长王春生在县委常委、县委政法委书记江晓利、县人武部部长严继学的陪同下，前往县消防大队和武警青阳县中队，慰问广大官兵。

10月22日，2011中国·池州首届绿色运动大会“九子登高”比赛在我县九子岩风景区隆重举行。县长王春生、副县长王师琴出席开幕式。

11月10日，青阳县首次举办工业招商项目集中签约活动。

2012年

3月5日，青阳县举行“弘扬雷锋精神，共筑皖南名城”2012年青年志愿者活动启动仪式。

2013年

5月6日，台湾中视栏目组开展青阳腔采风活动。

“七一”前夕，县长纪良才深入到丁桥镇看望慰问部分特困党员，给他们送去党的关怀和温暖。

7月19日，青阳县举办招商引资重点项目集中签约活动，共集中签约项目23个，项目总投资规模117.6亿元。市委书记陈强、市人大常委会主任陈士宽、市政协主席方志恒出席签约活动，副市长桂林代表市委、市政府讲话。

出席当天签约活动的领导还有市政协秘书长欧阳振家，市委办负责同志，县四大班子主要负责同志，市招商局负责人。县长纪良才主持签约活动。副县长许作峰、林高兴、胡俊、王师琴、宋秋奎、齐满清、吴伟出席。

8月28日，南部新城10个重点项目集中开工仪式举行，标志着南部新城建设步入新的阶段。县长纪良才出席开工仪式并深入开工现场指导。

10月11日，在重阳节和第一个老人节来临之际，县长纪良才、副县长齐满清来到蓉城镇五星村慰问两位高龄老人，分别送去棉被、奶粉和800元慰问金。随后，纪良才一行又来到蓉城敬老院慰问五保老人，检查指导养老服务工作。

11月5日至11月10日，县长纪良才在副县长胡俊的陪同下，率县直有关部门赴台湾省开展招商引资、经贸洽谈等工作。

11月27日至29日，中国计生协在北京召开计生协七届四次全国理事会暨计划生育基层

群众自治工作经验交流会。县长纪良才作为全国唯一县级党委政府代表出席这次会议，并在会上作交流发言。

12月24日，青阳县成功举办首届最美青阳人颁奖大会，共评选出来自14个行业的20位最美青阳人。县长纪良才出席大会并颁奖。

政务服务

【概况】 青阳县人民政府政务服务中心（简称政务中心）成立于2012年4月，前身为青阳县行政服务中心，2013年行政编制3人、事业编制10人。

2011年10月，青阳县行政审批办证大厅正式启用，共设立5个综合窗口，实行综合委托代理，对县直40多个部门审批业务全覆盖，负责受理、初审和发证工作，设置5个综合窗口，另抽调住建委、人社局、林业局、财政局、国土资源局5个单位人员在行政审批办证大厅集中办理业务。截至2013年，大厅共受理项目1.94万件，办结率100%，未发生一件超限期办件情况。2013年，青阳县启动新的行政审批办证大厅建设工作，将对全县所有部门行政许可、非行政许可和公共服务项目实行进大厅集中服务，实现“一门进”目标，方便企业、群众办事。

政务服务中心

政务督查

【概况】 2011—2013年，认真开展各项督查工作。督查内容涉及工业经济、招商引资、安全生产、征地拆迁、民生工程、文明创建、土地复垦、危房改造、防火、防汛以及创森、三线三边等方面，截至2013年底，已开展督查80余次。

【督查机制建设】 不断完善政务督查工作机制，对重点工作适时开展督查，并根据督查检查情况，及时下发督查通报，对部分时效性要求较高的工作实行电话督促，及时将县领导要求传达至各相关部门和乡镇主要负责人，督促有关部门和乡镇加大工作力度，确保按期完成工作任务，并跟踪督促相关责任单位。采取明察和暗访等形势，进一步督促各乡镇、部门加快推进相关工作。对于重点督查项目，要求各乡镇、各部门主要领导亲自过问，分管领导具体抓，明确专人负责和经办，切实推进政务督查高效落实。

建议和提案办理

【概况】 2011年，收到人大代表议案2件，建议35件；政协委员提案34件，来信1件。2012年，收到人大代表议案2件，建议47件，政协委员提案35件，来信2件。2013年，收到人大代表议案2件、建议23件，政协委员提案、来信69件。

【加强两案工作】 *提高认识，加强领导* 每年，县委、县人大、县政府、县政协联合召开两案交办会进行交办。会前，各位分管县长根据分工，分别对两案逐件予以认真审核、签署办理意见，落实承办单位，精心组织，认真承办。

严格程序，提高质量 县政府办会同县人大人选工委、政协提案委逐一进行审核，对照各部门的工作职责，合理确定办理单位。各承办单位在办理时，均由单位主要负责同志签字交办，切实做到承办股室负责人把政策关、专职承办人员把格式关、办公室主任把文字关、部门负责人把落实关。三是规范答复，提高答复质量。答复件均以单位正式文件的形式分送代表委员。县人大人选工委、县政府办、县政协提案委对答复件初稿进行认真审核，严把文字关、内容关、格式关，对措施不具体，敷衍塞责的，一律退回重办，力求做到回函格式规范、用语贴切、措施明确。

创新方法，增强实效 通过召开委员见面会、附征求意见表、上门拜访等形式，听取对办理工作的意见和建议，努力做到使委员满意。各主办单位积极主动牵头办理，协办单位密切配合，及时提出协办意见，共同做好办理工作。

强化督办，加快进度 县政府办积极加强与两案承办单位的联系，采用电话催办、上门查办等方式，及时了解办理和落实情况，督促按时保质完成任务。对在办理过程中存在的问题和困难，及时帮助协调解决。各承办单位也对本单位的承办股室和承办人员进行经常性的督促检查，防止工作滞后和延误。

法制工作

【概况】 2011—2013年，全县法制工作以全面推进依法行政，建设法治政府为主线。县政府法制办贯彻落实《国务院全面推进依法行政实施纲要》、《国务院关于加强法治政府建设的意见》、《国务院关于加强市县政府依法行政的决定》，围绕县委县政府中心工作，推进政府法制各项工作的落实。

【加强法制宣传】 2011～2013年，组织开展《行政强制法》、《旅游法》、《税收征管法》、《计划生育管理条例》、《行政许可法》等专题法律知识培训17场次，培训全县行政执法干部职工2172人次。编发法制简报27期，上报省、市法制办并被采用法制信息353条。法制信息被安徽日报、池州日报等省市级媒体采用107条。

【行政审批项目清理】 2011—2013年，组织开展2轮行政审批项目清理，取消县级行政审批项目63项、转变管理方式124项、冻结17项，合并15项，精简比例达40%。

【规范性文件审查工作】 2011—2013年，印发《青阳县人民政府规范性文件立项计划》，将《青阳县驻外招商工作管理办法》等77件规范性文件列入年度立项计划。审查县政府规范性文件129件。经审查，提交县政府常务会议审议通过发布21件。审查部门规范性文件36件，经审查提出修改意见同意发布27件。

【行政执法监督工作】 2011—2013年，实现执法人员信息管理系统与省、市信息系统的互通；探索建立行政执法绩效评估与奖惩、行政复议责任追究、行政赔偿、依法行政考核和重大执法行为备案审查等制度，全县32个县直行政执法部门先后建立行政执法责任制和错案追究制度，明确执法责任，细化任务指标，形成部门、岗位、个人三级责任体系。对行政复议案件和诉讼案件进行认真分析，并形成书面报告报市政府和县人大内司委。

【建立健全政府法律顾问制度】 2011—2013年，在全市范围内率先聘请政府法律顾问，组织召开县政府法律顾问论证会47次，专题研讨会2次，提供法律意见67次，参与处理涉及政府的重大涉法事务118起。

【行政案件办理】 2011—2013年，受理行政复议申请53件，裁定不予受理7件，转其他方式处理27件，立案19件。其中，维持14件，撤回4件，撤销1件。接待群众来电来访161批1158人次，办理信访复查案件72起。

外事侨务

【概况】 青阳县外事（侨务）办公室（简称县外事办）成立于1979年5月，主要负责县政府外事、侨务工作；贯彻执行外事和侨务工作方针政策，检查和监督外事纪律和保密制度；负责官方外宾和华侨接待工作，促进民间交往；办理对外事务和对外友协工作；保护归侨及侨眷的合法权益，做好华侨捐赠等工作；负责对外宣传工作，做好海外侨胞的联络工作。2013年，县外办在编9人。

【外事工作】 2013年，县外事办在办理本县因公出国境工作中，认真贯彻“中央八项规定”精神，严把审核关，重点针对出访任务、出访身份、随同人员人数、出访费用、邀请函内容、日程安排等严格初审。2011—2013年，全县因公出国境9批10人次。全县接待境外游客26.1万人次，本县居民赴境外约4700人次。

【侨务工作】 2013年，全县共有归侨侨眷210人。2011—2013年，县外事办把为侨服务与为经济社会发展服务统一起来，共走访重点项目和重点企业4个，为企业申请办理APEC（亚太经济合作组织英文缩写）商务旅行卡提供一条龙服务。拓宽侨务捐赠渠道，其中马来西亚星洲日报在本县实施助学计划多年，共资助贫困小学生近300人；香港慈心慈善事业基金会捐建慈心慈善乡镇卫生院工程项目共计30万元，厄瓜多尔华人华侨联合会捐建“侨心楼”工程项目共计20万元，并为“侨心图书室”捐赠图书，为特困大学生资助学费。

【落实侨务政策】 2012年，全县开展侨情普查工作，全面掌握本县归侨侨眷、海外华人华侨、海外留学人员、侨资和侨属企业基本情况，截至2012年年底，全县共有归侨侨眷196人、海外华人华侨65人、海外留学人员24人、侨资和侨属企业4个

青阳县外事办推选一批政治素质高、参政能力强的侨眷参加各级人大和政协，依法维护归侨侨眷的政治权利。在每年重大节假日期间，开展“献爱心、送温暖”活动，慰问救济困难归侨侨眷。积极扶持侨资侨属企业发展，为侨属企业安徽杰灵生物工程有限公司争取省财政贷款贴息资金11万元。

（外侨办公室 罗萌晖）

政务公开

【概况】 2010年，全县政务公开暨政府信息公开领导小组办公室，设在县行政服务中心，2012年进一步明确县信息中心协助县政务公开办做好全县政务信息系统的规划、建设和电子政务管理工作。

2011—2013年，青阳县共梳理出县政府职权128项、县直部门职权2076项、乡镇职权1077项。各级机构均编制行政职权目录，绘制行政权力运行流程图，明确职权主体。县政务公开办通过青阳县信息公开网，积极发布、主动公开和依申请公开的政府信息，同时制订新闻发言人制度，借助各种媒体和宣传形式公布政府有关信息。2011年，全县建成3个市级政务（办事）公开示范点、5个县级政务（办事）公开示范点。青阳县人民政府被省政务公开领导小组命名为第二批“政务公开和办事公开示范点”。2012年，全县搭建县政府网站群服务器系统，在池州市率先启动“两网融合”工作。

全县积极推进“一网通”工程，实现网络服务系统化、信息化，在11个乡镇设立为民服务中心，在23个村委会设立为民服务代理处、代理点，搭建为民服务全程代理信息化网络。2013年县政务公开办在全省县级政务公开工作综合测评中，获全省县级第一名。

（县政务中心办公室　夏海洋）

机构编制

【概况】　县机构编制委员会办公室单独设立于2010年11月，既是县委的工作部门，又是县政府的工作部门，列入县委机构序列。县机构编制委员会办公室在县委、县政府和县机构编制委员会的领导下，负责全县行政管理体制和机构改革以及机构编制管理工作，是全县机构编制工作的主管部门。

【机构和人员编制管理】　2013年，青阳县共有机构300个，编制5387人，其中行政编制858人，事业编制4119人，政法专项编制410人。按照省、市有关法律法规和文件规定，结合青阳县实际，青阳县机构编制委员会办公室出台《青阳县机关事业单位机构编制管理办法》，按照控制总量、盘活存量原则，开展机构编制总量控制与动态管理试点工作。为提高全县机构编制工作法制化、规范化，制订《青阳县机关事业单位工作人员流动管理暂行办法》。进一步做好全县党政群机关及事业单位政务和公益中文域名注册管理工作，完成上述单位政务和中文域名上报，并通过国家域名注册管理中心审核。截至2013年底，全县首次域名注册单位221个，域名到期续费单位169个。

【事业单位管理】　事业单位登记管理　2011—2013年，青阳县机构编制委员会办公室开展县直事业单位2010—2012年每个年度的检验工作，合格率全为100%，其中检验完成2010度事业单位139个、2011年度事业单位129个，2012年度事业单位126个。

事业单位分类改革　成立青阳县分类推进事业单位改革领导小组，制订青阳县事业单位分类改革工作规则。根据事业单位所承担的社会功能，开展事业单位模拟分类工作，为青阳县下一步事业单位改革做好准备。

【机构编制监督检查】　开展全县机构和人员编制核查工作，更新机构编制实名制数据库信息，对全县机构和人员编制进行实名制管理。同时根据省委办公厅、省政府办公厅《关于开展在编不在岗和违规领取财政资金人员专项清理工作的通知》和市委、市政府相关文件要求，对全县在编不在岗和违规领取财政资金人员进行专项清理，共清理出在编不在岗及违规领取财政资金人员11人。

（县编办办公室）

应急管理

2011—2013年，全县应急管理体制逐步健全，县政府成立应急管理委员会，11个乡镇均成立农村应急管理工作领导小组、应急办公室，110个行政村明确1名协管员，形成覆盖县、乡镇、村三级的应急管理网络。县政府设立应急值班室，各级各部门均实行24小时应急值守制度和领导带班制度，及时上报各类信息。预案体系不断完善，共有总体、部门、专项、基层应急预案1432余个，先后举行了“青阳地质灾害防治演练”、“青阳县水上救援”等一系列演练、演习，检验改善预案，提高应急队伍的实战能力。加强宣教考核工作，县委、县政府将应急管理列入绩效考核范畴，县政府办出台应急管理考核办法。

政协青阳县委员会

综 述

中国人民政治协商会议安徽省青阳县委员会（简称县政协）成立于1960年1月，“文化大革命”期间停止活动，1977年恢复，已历经11届委员会。2012年1月政协第十一届青阳县委员会下设8个专门委员会，共有18个界别，拥有委员156人，常委28人。

【重要会议】 县政协十届五次会议 2011年2月28日至3月2日举行。会议审议通过县政协常务委员会工作报告、提案工作情况的报告和会议决议。补选钱师农为十届县政协副主席。与会委员列席了十三届县人大五次会议，听取并讨论县政府工作报告和其他报告。共收到提案37件，立案36件。

县政协十一届一次会议 2012年1月11日至1月14日举行。会议审议通过县政协常务委员会工作报告、提案工作情况的报告和会议决议。选举江晓利为十一届县政协主席，选举武庆忠、王影、钱师农、徐继有为十一届县政协副主席，会议还选举出十一届县政协秘书长和常务委员。与会委员列席了十四届县人大一次会议，听取并讨论县政府工作报告和其他报告。共收到提案38件，立案35件。

县政协十一届二次会议 2013年1月14日至1月16日举行。会议审议通过县政协常务委员会工作报告、提案工作情况的报告和会议决议。补选胡翰生为常务委员。与会委员列席了十四届县人大二次会议，听取并讨论县政府工作报告和其他报告。共收到提案81件，立案68件。

全县政协工作会议 2012年6月28日举行。会议学习贯彻省、市政协工作会议精神，认真落实县委《关于进一步加强和改进人民政协工作的意见》，对做好新形势下全县政协工作作出部署。会后出台《中共青阳县委关于进一步加强新形势下政协工作的实施意见》、《县委办、县政府办关于进一步加强人民政协提案办理工作的意见》两个文件；成立政协乡镇联络组，任命乡镇党委副书记为政协乡镇联络组组长；将政协提案办理工作纳入全县年度“三项建设”综合考核内容；形成县委重视、政府支持、政协主动、各方配合良好工作局面。

【常务委员会会议】 2011—2013年，十届、十一届县政协常委会共召开会议10次。2011年十届县政协常委会共召开3次会议，分别是县政协十届十八次常委会议、县政协十届十九次常委会议、县政协十届二十次常委会议。2012年十一届县政协常委会共召开3次会议，分别是县政协十一届一次常委会议、县政协十一届二次常委会议、县政协十一届三次常委会议。2013年十一届县政协常委会共召开4次会议，分别是县政协十一届四次常委会议、县政协十一届五次常委会议、县政协十一届六次常委会议、县政协十一届七次常委会议。

【调研视察】 2011年度开展2次调研视察活动，分别是学校食堂饮食安全视察、社区建设现状调研。

2012年度，共开展6次调研活动、7次视察活动，分别是社区建设情况调研、县开发区投入及提升服务机制情况调研、县广播电视台现状与发展情况的调研、农业技术推广与服务体系建设的调研、全县人口和计划生育利益导向机制情况的调研、《中华人民共和国社会保险法》实施情况的调研、全县社会治安防控体系建设情况的视察、防空防震应急工作的视察、县城主干道市容市貌工作的视察、全县乡镇工业集中区建设情况的视察、牛桥水库饮用水水源保护工作的视察、县质量监督局视察、青阳地税工作视察。

2013年度，共开展8次调研活动、8次视察活动，分别是美好乡村建设调研、青阳旅游度假区建设调研、强化城区文明创建工作调研、企业项目建设调研、全县村级公益事业“一事一议”财政奖补项目实施情况调研、杨田美好乡村建设调研、加快推进美好乡村建设的调研、园区引资项目建设情况调研、城市文明创建视察、民生工程及重点工作视察、城区交通整治视察、招标采购工作视察、创建和谐寺观教堂视察、县级公立医院综合改革情况视察、关于平安青阳建设情况视察、乡镇工业集中区建设视察。

政协第十一届青阳县委员会第二次会议

【提案工作】 2011年，共收到提案37件，其中委员个人提案22件、联名提案6件、专委会提案9件。经审查，立案36件，作为委员来信1件。截至2011年底，所有提案均得到办复。

2012年，共收到提案38件，其中委员个人提案16件、联名提案14件、专委会提案8件。经审查，并案1件，立案35件，作为委员来信2件。截至2012年底，所有提案均得到办复。当年组织委员就提案关注的加强广播电视台建设、提高防范和处置突发事件能力进行视察调研。县委办、县政府办出台《关于进一步加强人民政协提案办理工作的意见》。评选出《提高防范和处置突发事件能力，保障公共安全》等6件优秀提案和蓉城镇人民政府等6个提案承办先进单位。

2013年，共收到提案81件，其中委员个人提案56件、联名提案25件。经审查，并案12件，立案68件，作为委员来信1件。截至2013年底，所有提案均得到办复。当年围绕重点提案《加强城区交通管理、整治马自达电瓶车无序经营》《加大农村环境整治、推进美好乡村建设》，组织委员专题调研和视察。评选出《加强城区交通管理、整治马自达的无序运营》等6件优秀提案和县政府办等6个提案承办先进单位。

【民主监督】 县政协通过提交提案、建议案、反映社情民意、举办《政协论坛》等形式开展民主监督活动，服务青阳科学发展。2013年底，在全市率先实行委派委员担任部门行风政风监督员制度，行风政风监督员由“聘”改“派”，变被动监督为主动监督，是青阳政协拓展民主监督渠道，增强民主实效的一项创新做法。

反映社情民意 县政协把社情民意工作作为履行职能的重要基础和关键环节，努力创新思路，完善机制，拓宽来源，畅通渠道，形成以委员为主体、以政协机关、政协乡镇联络组、界别和政协参加单位为拓展的信息工作新格局，2011—2013年共向省、市、县报送《社情民意》40期，信息工作考核进入全市政协系统前列。

举办政协论坛 2013年，青阳县政协开办“政协论坛”平台，旨在建立一个开展民主监督和舆论监督的新载体。每期论坛围绕全县重大决策、重大项目实施以及人民群众普遍关注的社会热点、难点问题，选取贴近中心、立足民心、切中时弊的主题，邀请相关政协委员、部门负责人、群众代表参加讨论、评论，形成一篇决策参考文献；对群众反映强烈并具社会共性问题，列入政协调研、视察，着力推动问题的解决。当年先后举办“创文明县城 建美好

2011—2013年青阳县政协重点提案目录

表2

年度	案由	提案者
2011	关于城区南扩工程建设的建议	县政协中片委员活动组
	关于青阳县土地资源开发利用管理问题的建议	县政协人口资源环境 委员会
	关于加强监管力度，确保青阳县生活饮用水质量的建议	王东升
	关于巩固青阳县省级文明县城成果的建议	张 汉
	加强城市景观环境建设，促进旅游县城发展	胡 跃
	改造公墓交通，方便群众扫墓	郑晓春
2012	关于提高防范和处置突发事件能力，保障公共安全的建议	檀 涓
	关于加大农村基础设施建设的建议	杨铁牛
	关于夯实广播电视发展基础，提升县域文化软实力的建议	施云卿
	关于加强学生用车交通安全管理的建议	县政协科教文卫体委员会
	关于进一步规范城区交通秩序的建议	赵建国
	关于对弱势儿童群体救助工作的建议	县政协社会和法制委员会
2013	加强城区交通管理 整治马自达无序运营	卢志海、杨奇、陈海燕、查全宏、谭克华、瞿云飞、唐兰花、施旭东（并案7件）
	关于加大农村环境整治，推进优美乡村建设	韩流、王艳春（并案1件）
	创新“城中村”管理模式，加快推进制度改革	王东升
	关于建立健全我县医疗纠纷处置机制的建议	檀 涓
	关注小学生体育教学，增强少年身体素质	张文格
	关于进一步优化对外投资企业后续服务的建议	李国栋

家园”、“取缔非法载客‘三车’，营造安全出行环境”两期委员论坛。

【政协自身建设】 发挥委员主体作用。县政协通过组织委员参会、考察、调研、视察、听取情况通报等，畅通委员知情渠道；通过组织委员参加学习培训，提高委员素质和履职水平。2013年先后出台《关于进一步密切与政协委员联系的意见》、《关于加强和改进委员视察工作的意见》，开展“十佳政协委员”评选表彰活动，调动委员参政议政的积极性，发挥委员在履职方面主体作用。

县政协落实政协专门委员会与党政对口部门联系制度，完善专门委员会联系委员制度，邀请乡镇政协联络组组长列席县政协常委会和参与调研视察，有效实现县乡两级政协工作互动。

2013年，县政协出台《关于进一步发挥界别作用的意见》，充分发挥政协包容各界、联系广泛、智力密集的优势，主动了解和反映不同阶层、不同群体利益诉求，及时提供决策参考信息。同时通过联谊、座谈讨论、调研视察等活动，鼓励界别委员以界别名义提交大会发言、提出提案、反映社情民意信息，切实发挥政协界别作为扩大社会各界有序政治参与的重要作用。

县政协注重加强政协机关建设，2012年对机关各项规章制度重新修订，出台《青阳县政协五项工作机制》，主动参与招商引资、新城区建设、文明县城创建、美好乡村建设等中心工作，提高机关综合服务能力。同时加强政协宣传，制订《青阳县政协宣传报道工作考评奖励办法》，2011—2013年在市级以上报刊发表宣传县政协履行职能报道100余篇，编辑《青阳政协》40期。改版升级县政协网站，及时上传信息200余条。政协文史工作发挥了“存史、资政、团结、育人”的重要作用。

（县政协办公室）

青阳民间歌谣

青阳民歌是具有九华山特色的民间歌谣，她的三大特色就是“山”、“茶”、“仙”，她是通过人们的口头传唱而不绝于世，她的源头就蕴藏在九华山区的广大人民群众之中，故青阳民歌也称为九华民歌，这也是她有异于我国其他地方民歌的闪光点。

青阳民歌优美动听，调式丰富，长期以来广泛流传。经过多年搜集，至1989年已整理出民歌293首，载于《中国民间歌谣集成·安徽卷青阳分卷》，有山歌、秧歌、号子、采茶歌等，内容十分丰富，有反映生活的《小白菜》《放牛歌》；有青年男女倾诉爱情的《应学蜡烛一条心》、《花针别伤手》；也有用于喜剧场合的《上梁歌》、《撒帐词》等。

人民团体 工商联

总工会

【概况】 青阳县总工会成立于1950年2月，是中共青阳县委领导下负责全县工会工作的群众团体。截至2013年底，全县共有基层工会组织782个、职工3.6万多人、会员3.54万人。2011—2013年，青阳县总工会先后获得“全省示范县工会”、“县文明单位”、“全县基层组织建设先进单位”等称号。

【基层工会组织建设】 青阳县总工会贯彻落实《工会法》，坚持党工共建，以党建带动工会组织建设，深入开展“广普查、深组建、全覆盖”集中建会行动，最大限度地让职工加入到工会中来。2011—2013年，全县共发展基层工会组织400个，发展会员1.4万人，职工入会率达98%。全县加强工会规范化建设，广泛开展“工会组织亮牌子、工会主席亮身份”和“双爱双评”活动，大力建设“职工之家”，涌现出1个“全国百佳示范乡镇工会”和12个省、市模范职工之家。

【群众性经济技术创新活动】 2011—2013年，全县各级工会组织职工开展创建“工人先锋号”系列活动，分别举办数控机床、车工、镶嵌工技能大赛，组队参加市总工会开展的银行、服装、旅游、机械专业技能大赛，参加劳动竞赛企业覆盖面达到90%，职工参与率85%。职工共提出合理化建议1090条，其中采纳建议740条，实现技术革新、技术攻关37项。涌现出一批市级“金牌”工人和5个“工人先锋号”先进班组、3个优秀组织单位。

【弘扬劳模奉献精神】 2011—2013年，青阳县先后有4人被评为“省先进劳模、先进工作者”，同时获得全国绿化劳动模范、全国种粮大户、全国优秀工会积极分子、省“五一”劳动奖章各1人。在每年“五一”期间，县总工会通过召开劳模座谈会，在县电视台开辟“劳动者之歌”专栏等方式，开展“劳动伟大，劳模光荣”宣传活动，大力弘扬劳模精神，在全社会逐步形成关爱劳模，弘扬劳模奉献精神的浓厚氛围。

【创建和谐劳动关系】 推进厂务公开民主管理 2011—2013年，全县完善劳动争议调处机制，坚持劳动关系三方协调会议制度。建立完善职代会制度，落实职工知情权、参与权、监督权；全县厂务公开建制率达95%，分别有35个企业、单位入选省市厂务公开先进单位。

推进工资集体协商 认真贯彻省两办《关于进一步推进工资集体协商工作的意见》，依法开展“工资集体协商要约行动”，在全市签订首份开发区区域性和建筑行业性工资集体协商合同。全县共签订工资专项集体合同257份，签订女职工专项集体合同30份，惠及1.1万名职工。

维护广大职工健康　积极推进劳动关系和谐企业创建和“安康杯”竞赛活动，组织参与劳动保护监督检查、安全事故调查和安全生产大检查，着力维护广大职工的生命健康权。

【帮扶困难职工】　全县工会系统着力完善职工帮扶体系，在乡镇、开发区和社区全面建立帮扶工作站，县帮扶中心达到省五星级标准。积极开展春送岗位、夏送清凉、秋送助学、冬送温暖、常年送帮扶的“五送”工程，2011—2013年县总工会共走访、慰问困难职工3356人次，发放送温暖资金114.91万元。日常大病救助223户家庭，送去救助金258.24万元；“金秋助学”166人次，发放助学款34.88万元；协助党政部门免费开展下岗职工和农民工职业技能培训714人次，帮助330名职工实现就业再就业。积极开展职工互助保障业务，全县参保职工2292人，有31名职工获得理赔和爱心救助11.57万元。

【自身建设】　全县各级工会组织按照全国总工会“面对面、心贴心、实打实”服务基层工会要求，广泛开展“双走访、三服务”活动，共走访企业235个、企业一线班组450个、职工1300余人。2013年12月27—28日，青阳县工会第十四次代表大会召开，出席会议正式代表127人，特邀代表10人。会议审议通过谢立新代表青阳县总工会第十三届委员会所作的《凝心聚力、开拓进取，团结动员全县广大职工为打造皖南名城而奋斗》工作报告以及财务工作报告、经审工作报告，选举产生青阳县总工会第十四届委员会委员21人，常委9人，主席、副主席各1人，第十四届经费审查委员会委员5人、主任1人。

（县总工会办公室　孟新华）

2011—2013年青阳县工会系统先进集体名单

表3

年　度	获表彰集体	荣誉称号	表彰单位
2012	青阳县农商行	省“五一”巾帼标兵岗	省总工会
2012	县总工会	安徽省“安康杯”竞赛活动优秀组织单位	省总工会、省安监局
2013	县国税局工会	省模范职工之家	省总工会
2013	昌利集团工会	省模范职工小家	省总工会
2013	县总工会	安徽省“安康杯”竞赛活动优秀组织单位	省总工会、省安监局
2013	国网安徽青阳县供电公司	安徽省“安康杯”竞赛活动优胜单位	省总工会、省安监局
2013	国网安徽青阳县供电公司	安徽省“安康杯”竞赛活动优胜单位	省总工会、省安监局

2011—2013年青阳县工会系统先进个人及模范人物名单

表4

年　度	姓　名	性　别	出生年月	工作单位	荣誉称号	表彰部门
2011	刘清照	男	1959.05	青阳县南阳林场	全国绿化劳动模范	全国绿化委、人社部
2012	何秀兰	女	1962.04	青阳县新禾生态农业发展有限公司	全国种粮大户	国务院
2012	吴文年	女	1968.12	青阳县荣胜彩瓦厂	省劳动模范	省委、省政府

续表

2012	徐志树	男	1960.08	青阳县杨田镇上东堡村	省劳动模范	省委、省政府
2012	卢　凡	女	1965.06	青阳县殡葬管理所	省先进工作者	省委、省政府
2012	钱蒙文	男	1963.01	安徽九华金润铜业有限公司	省劳动模范	省委、省政府
2013	张　军	男	1970.03	安徽九华金润铜业有限公司	省五一奖章	省总工会
2013	徐　畅	女	1962.02	开发区党工委纪委书记、工会主任	全国优秀工会积极分子	全国总工会

共青团青阳县委员会

【概况】　中国共产主义青年团青阳县委员会(简称团县委)成立于1929年，主要职责是：1.负责团结带领全县团员青年，有效提高青少年的思想素质、政治觉悟和道德修养；2.负责健全和规范团组织生活、团员政治理论学习、团干部培训及其他有关工作，积极向党组织推荐、输送青年中的优秀分子；3.负责团员日常管理；4.负责完善和健全团组织建设；5.及时了解和反映团员青年的思想情况和要求，维护他们的正当权益；6.负责组织开展各种科技活动、社会实践活动、青年志愿者活动，提高他们的实践能力和创新精神。2011—2013年，青阳团县委共有409个团组织，其中乡镇团委11个，团工委1个，县直学校团委6个，县直、村团支部391个。共有团员15353人。

【共青团青阳县第十六次代表大会】　2011年11月29—30日在县会议中心召开。县委书记晁新、团市委书记林芳出席大会并讲话。县直有关部门、群团组织、兄弟县区团委负责人，以及全县团员青年代表共200余人参加大会。大会总结第十五次团代会以来全县共青团工作的开展历程和基本经验，明确今后3年全县团工作的指导思想和奋斗目标，选举产生共青团青阳县第十六届委员会。

共青团青阳县第十六次代表大会

【开展为民服务活动】　*志愿服务活动*　全县各级团组织每年3月份开展弘扬雷锋精神“3·5”青年志愿者服务月活动，举行卫生整治、清除白色垃圾、走访慰问敬老院等志愿服务活动；其中学校团组织和青年志愿者队伍开展和谐校园建设和志愿服务进社区活动，窗口行业系统单位、青年文明号单位青年职工开展力所能及帮扶活动。3年中，全县共开展志愿服务活动60余次，参加人数1400余人。团县委联系县教育局联合开展预防青少年儿童溺水宣传教育活动，采取措施保护青少年儿童生命安全。2011年中国·池州首届全国绿色运动会登高项目在青阳举行，团县委和职教中心组织60名志愿者从事比赛服务工作。

为考生提供送考服务　团县委和安徽908爱心车队青阳分队在每年高考期间组织30多辆“爱心送考车”，为考生提供送考服务。全县考生和监考教师均可在城区内免费乘坐爱心送考车。

救助贫困大学生活动　团县委参加池州市贫困大学生救助活动，本着“成绩优中择优，

家庭贫中选贫”原则，3 年中共筹集助学金 100 万余元，救助贫困高中学生 186 人。

【促进青年就业创业】　2010 年，团县委在县经济开发区成立青阳县促进青年就业创业培训（见习）基地，要求各乡镇团委向开发区输送本地青年参加培训。2011—2013 年共开设数控机床培训班 6 期，培训人员 200 多人，其中大部分人员与开发区企业签订了就业合同。

【培养农村青年信用意识】　为扩大金融对有信用、有创业能力、有贷款需求的农村青年支持力度，团县委开展农村青年信用意识教育，促进农村整体信用水平提高。其中有 38 户青年入选青阳县农村青年信用示范户候选名单，授信额 397 万元，由县财政提供 40% 贴息，贴息总额 30 万元。

【成人仪式】　2013 年 5 月 4 日上午，团县委联合青阳中学举办该校学生 18 岁成人仪式活动，共有 1000 余名师生代表参加。成人仪式以“青春绽放、梦想启航”为主题，由升国旗、唱国歌、向学生颁发成人纪念册和胸章、学生宣誓等环节组成，希望学生建设美好人生，创造幸福生活，为繁荣民族和国家贡献力量。

【团组织建设】　按照团市委关于乡镇团组织格局创新和乡镇实体化“大团委”建设要求，青阳团县委以乡镇团委集中换届为契机，争取县乡两级党委政府支持，在全县 11 个乡镇共建立 221 个直属团组织。2011—2013 年，团县委共在新经济组织和新社会组织建立“两新”组织团支部 84 个。

【希望工程】　2011—2013 年，青阳团县委共募集捐款 7.5 万元，扶助大中小学生 150 余人。青阳团县委每年对全县贫困中小学生进行摸底调查，详细掌握他们家庭状况、学习情况，在共青团网站介绍优秀贫困生情况，动员全县团组织和青年文明号集体开展募捐和扶贫助学活动。

2011—2013 年青阳县共青团系统先进集体名单

表 5

年　度	获表彰集体	荣誉称号	表彰单位
2012	富莱茵汽车部件有限公司	2011 年度安徽省青年文明号	团省委
2012	团青阳县委	2011 年全省优秀团县委	团省委
2013	青阳网志愿者服务队	2012 年度安徽省青年志愿者优秀组织奖	团省委
2013	青阳县丁桥镇春笋中队	2012 年全国优秀少年中队	团中央

2011—2013 年青阳县共青团系统先进个人及模范人物名单

表 6

年　度	姓　名	工作单位	荣誉称号	表彰单位
2012	章雪峰	青阳县实验小学	2011 年省“优秀大队辅导员”	团省委
2013	丁　鸣	蓉城镇龙山社区	2012 年安徽省青年志愿者优秀个人奖	团省委
2013	吴兆虎	青阳县职教中心	2012 年安徽省青年志愿者优秀个人奖	团省委
2013	何璐	木镇中学	2012 年安徽省优秀共青团员	团省委
2013	翟安熠	蓉城一小	2012 年全国优秀少先队员	团中央

妇　联

【概况】　青阳县妇女联合会（简称县妇联）成立于1953年3月，是中共青阳县委领导下的社会群众团体，从1995年4月起起青阳县妇女儿童工作委员会办公室设在县妇联。

2013年，青阳县共有11个乡镇妇联组织、110个村妇代会、7个社区妇联会、22个县直妇委会、20个女工委员会，全县专兼职妇联干部1626人，建立各类妇女培训和活动场所170个。2011—2013年，县妇联先后获得全省妇联系统先进集体、安徽省儿童慈善“春蕾计划项目奖”、全国城乡妇女岗位建功先进集体等多项荣誉称号。

【妇女创业行动】　提升妇女创业能力　2011—2013年，全县设立市县以上“巾帼创业示范实践基地”6个；联合有关单位召开妇女就业专场招聘会3期，提供就业岗位420个；为232名创业女性争取小额担保贷款1856万元；组织1200余名妇女参加农业新技术、家政服务、养老护理、SYB（创业培训）创业知识培训，有400余名妇女获得就业技能专业职称。涌现出省“巾帼创业之星”唐兰花、省市双学双比女能手杨继玲、王芳等一批女性创业人士。

开展巾帼建功活动　2011—2013年，全县涌现出国家、省、市、县级“巾帼文明岗”18个，培植县级以上“巾帼建功”先进集体、“创先争优巾帼示范岗”13个，表彰县级以上“巾帼建功”先进个人和巾帼标兵36个。其中2011年县供电公司营业大厅获得全国“巾帼文明岗”称号，县移动公司营业厅获得省级“巾帼文明岗”称号；2013年县房地产市场交易中心获得省级“巾帼建功”先进集体称号，县妇联获得“全国城乡妇女岗位建功”先进集体称号。涌现出张志芳、郑艳、周萍、曹牡丹等先进典型。

项目基地建设　2011—2013年，县妇联先后实施全国三八绿色工程基地、省级巾帼创业服务示范社区、4个省级“徽姑娘”农家乐项目、1个市级“徽姑娘”农家乐基地项目建设，走在全市前列，2012年、2013年全市妇女创业发展项目工作现场会在青阳县召开；蚌埠、界首等市县妇联相继来青阳县参观考察，省妇联主席黄红等领导对本县项目基地建设给予高度评价。

【文明行动】　举办“三八”主题活动　2011—2013年，县妇联联合相关单位先后举办“五好文明家庭”表彰大会、“超越自我·绽放活力”登山比赛、“约会春天·绽放风采”、拔河比赛、“相约春天·‘骑’乐无限”自行车绿色低碳行暨慢骑比赛。共表彰县级以上“三八”红旗集体19个、“三八”红旗手35人。许晓平、吴浩等获省“三八”红旗手称号，县国税局获全国“三八”红旗集体称号。

开展妇女志愿者活动　全县共建立“爱心妈妈”、“心理关爱”、“美丽家园”、“支教助学”、“文明创建”5个巾帼志愿服务团队，拥有巾帼志愿者2000人。3年中，相继开展“志愿服务进农村·巾帼奉献展风采”等6次志愿活动。

开展文明家庭行动　以“文明新风示范村”、“美丽家园行动”项目为载体，相继开展“特色家庭创建表彰”“美好乡村·清洁家园”等6次活动。共表彰460户“五好文明”家庭、220户“绿色低碳家庭”“书香悦读家庭”“和谐家庭”及“好婆婆好媳妇”示范户，涌现出省“五好文明家庭”标兵2人、市十大杰出母亲2人。围绕家庭文化建设，开展“十佳孝心少年评选”、“优秀留守儿童表彰”等系列活动，建立35个家长学校、40个家庭教育指导中心，举办9场家教报告会。2012年蓉城镇龙山社区获得“全国家庭教育工作示范社区”称号。

2011—2013 年青阳县妇联系统先进集体名单

表 7

年　度	获表彰集体	荣誉称号	表彰单位
2011	青阳县妇联	安徽省妇联系统目标管理考核优秀奖	省妇联
2011	青阳县妇联	全省妇联系统推进农村妇女进“两委”工作先进单位	省妇联
2012	青阳县妇联	安徽省儿童慈善“春蕾计划项目奖”	省妇联、省民政厅省文明办、省儿基会
2012	青阳县妇联	安徽省妇联系统目标管理考核优秀奖	省妇联
2013	青阳县妇联	全省妇联系统先进集体	省委组织部省妇联
2013	青阳县妇联	全国城乡妇联岗位建功先进集体	全国妇联农村妇女“双学双比”活动领导小组
2013	青阳县国税局	全国“三八”红旗集体	全国妇联

2011—2013 年青阳县妇联系统先进个人及模范人物名单

表 8

年　度	姓　名	工作单位	荣誉称号	表彰单位
2011	吴蓓蓓	青阳县妇联	省“三八红旗手”	省妇联
2012	许晓平	青阳县康平医院	省“三八红旗手”	省妇联
2013	吴　浩	青阳县公安局	省“三八红旗手”	省妇联

【维权行动】 *加大女干部培养选拔力度*　截至 2013 年，全县党政机关共有女干部 218 人，其中科级女干部 82 人，党政部门女干部配备率 54.8%，乡镇领导班子中女干部配备率 90.9%；党代表中女性 52 人，占 18.8%；人大代表中女性 47 人，占 26.4%；政协委员中女性 31 人，占 19.7%。

“两纲”实施稳步推进　县妇联完成 2001—2010 年妇女、儿童发展纲要终期评估，制订《2011—2020 年妇女、儿童发展纲要》。2012 年省政府妇儿工委确定青阳县为“实施新‘两纲’示范工程”项目县，县妇儿工委以此为契机，相继在全县举办“新两纲”政策培训和宣传活动。

维护妇女儿童合法权益　县妇联完善妇女维权联席会议制度，共建立县乡妇女维权服务站 18 个、妇女维权岗 7 个，成立有 37 名志愿者组成的妇女儿童维权队伍；围绕“六五”普法规划和法制宣传日，开展妇女维权宣传。2011—2013 年，全县妇联系统共接待来信来访 210 人次，办结率 98%。积极参与社会治安综合治理，共表彰市级“平安家庭”创建示范社区（村）、示范单位 10 个、“平安家庭”创建先进工作者 10 人，县级以上“平安家庭”180 户。县文广新局、蓉城一小获得安徽省维护妇女儿童权益先进集体称号。

【妇女儿童关爱行动】 *关怀留守流动儿童*　全县完成 11 个乡镇留守流动儿童活动室建设任务，积极实施省、市“农村留守儿童关爱服务项目”，开展系列主题活动。2011—2013 年，全县共开展留守流动儿童关爱活动 46 次，惠及留守流动儿童 5000 余人。2012 年 5 月人民日报《民生周刊》以《校里校外有个家》为题，对青阳县妇联民生工程建设给予报道。

实施“春蕾计划”　县妇联积极做大做强“春蕾计划”品牌，主动联系安徽移动等多家爱心企业和爱心人士参与实施“春蕾计划”。2011年深圳爱心人士曾卫向青阳县乔木乡中心小学丰文教学楼捐赠援建资金40万元。2011—2013年，全县共募集春蕾资金39.6万元，资助贫困儿童449人。2012年省妇联、省民政厅、省文明办等单位联合授予青阳县“安徽儿童公益慈善春蕾计划项目奖”。

开展扶贫助困　开展“爱在青阳”慈善义演，向20位贫困妇女儿童捐款近3万元；开展农村妇女妇科病免费普查活动，为近1万名农村妇女免费体检。2011—2013年，县妇联协调相关单位共争取救助资金9万元，救助贫困妇女75人。

【基层组织建设】　2011—2013年，县妇联组织基层妇女干部近45人次参加省妇联“启璞计划”、妇联业务知识及各类专项工作培训。推动基层妇女参选参政，率先在全市实现全县农村妇女进村两委“两个100%，一个明显提高”目标。2013年县、乡妇联成功换届，选举产生新一届妇联执委、常委和领导班子。截至2013年，全县110个村、7个社区均成立“妇女之家”，农村留守流动儿童活动室活动有序，县妇女儿童活动中心建设更加完善。

（县妇联办公室）

科　协

【概况】　青阳县科学技术协会（简称科协）成立于1956年，是全县自然科学技术工作者的群众团体。2010年县科协与县科技局合署办公，2013年在编8人。主要职能：发挥党和政府联系科技工作者的桥梁和纽带作用，团结动员科技工作者，开展科学普及和学术交流活动，促进科学知识普及与推广，提高公民科学素质，促进县域经济社会发展。

截至2013年，全县拥有农村专业技术协会14个，其中青阳县皖南土鸡产业化协会和青阳县九华黄精产业化协会分别获得中国科协表彰；拥有农村科普示范基地12个，其中国家级1个（安徽四海茶叶科普示范基地）、省级2个（县气象局、县消防大队）、市级4个、县级5个；拥有国家科普示范社区1个。（安徽省池州市青阳县蓉城镇龙子口社区2012年获得中国科协表彰）；拥有国家农村科普带头人1人（曹慧荣）。

【科学技术普及】　2011—2013年，县科协通过“科技下乡”“科技活动周”、“科普活动日”、“防灾减灾日”等载体，宣传普及科学知识、传播先进实用技术。2011年共举办各类技术培训班12期，发放科普书籍、资料1000份（册），参训人员近700人次，建设乡镇科普活动站6个、村级科普教室室12间、市级科普教育示范基地2个。2012年开展科普活动14次，发放科普书籍600册、实用技术资料1400份，受益群众2.2万人次。2013年，开展科技培训8期，参训人员600人次，开展科普活动7次，发放科普书籍500册、实用技术资料1000份，受益群众1.5万人次。

【科普惠农兴村计划】　县科协贯彻落实《全民科学素质行动计划纲要（2010—2020）》，通过农村专业技术协会、科普示范基地、农村科普带头人示范性和辐射性，以点带面，榜样示范，培养农村科普带头人，提高农民科学素质，推动社会主义新农村建设。2011年青阳县九华黄精产业化协会入选全国科普惠农兴村计划先进集体，获得国家奖补资金20万元；2013年安徽四海茶叶九华佛茶科普教育基地入选全国科普示范基地，获得国家奖补资金20万元。

【社区科普益民计划】　县科协加强社区科普基础设施和科普队伍建设，增强社区科普工作能力和公众参与科普活动机会，提升居民科学

青阳县科协人员为小学生发放科普书籍场景

文化素质。2012年龙子口社区获选“基层科普行动计划”全国科普示范社区先进单位，获得国家和省级奖补资金30万元。

【科普教育基地建设】　县科协发挥各级科普教育示范基地示范带动作用，提升居民学科学、懂科学、用科学能力。2011年，县职教中心、县平云牧业开发有限公司入选池州市科普教育示范基地；2012年，县气象局、县公安消防大队入选安徽省普教育示范基地；2013年安徽四海茶叶科普基地入选全国科普教育基地。

【开展“讲理想、比贡献”活动】　县科协围绕科学发展，加快科技成果转化为生产力，组织企业开展“讲理想、比贡献”活动。2012年以“节能、降耗、减排、增效”为重点，组织开展“五个一”活动（提一条合理化建议、撰写一篇科技论文、开展一次技术比武、举办一场科普讲座、召开一次科技工作者恳谈会），推进企业争先创优活动。县科协主席陈伟民获得全国2011—2012年度“讲理想、比贡献”活动优秀组织者。

【学术交流】　县科协加快发展九华黄精产业和皖南土鸡特色农业产业。2011年组织相关农技协负责人参加第十八届中国杨凌农业高新科技成果博览会，青阳县九华黄精产业化协会“陵阳春”九华黄精酒、青阳县皖南土鸡产业化协会“皖南土鸡选育及开发”获得中国农技协展团“优秀产品奖”。2012年组织各乡镇分管科技负责人、部分企业代表和小学生40余人赴芜湖参观第五届中国科普产品博览交易会。

【“百名专家乡村学堂讲科普”活动】　2011年6月20日，由九三学社池州市基层委员会 主办、青阳县科协承办的“百名专家乡村学堂讲科普”专题活动在青阳县举行，中国地理学会会员、池州学院资源环境与旅游系教授陈晓华开展《神奇而不堪重负的家园——中国国情地理概览》专题讲座，有200听众参加讲座。

（县科协　赵建国）

残　联

【概况】　青阳县残疾人联合会（简称县残联）成立于1990年，主要职责是代表残疾人利益，反映残疾人需求，维护残疾人权益，开展有益活动，为残疾人办实事。2013年，青阳县共有各类残疾人14172人，各级残联组织135个。

2011年以来，青阳县残疾人联合会围绕“改善民生，保障残疾人权益”主题，加速残疾人社会保障体系建设和服务体系建设，提高残疾人幸福指数。2012年12月28日，县残联召开第六次代表大会，提出今后5年工作目标和任务，选举产生新一届县残联组织机构。

【惠残民生工程】　2011—2013年，县残联共为6077名贫困残疾人发放生活特别救助金401.26万元；为1360名贫困精神残疾人发放药费补助金68万元，为12名贫困精神残疾人提供4.8万元住院治疗费；为贫困残疾儿童提供医疗康复训练救助29人次，适配辅助器具30人次，适配矫形器10人次；为200名贫困白内障患者施行免费复明手术。

【残疾人康复工作】　县残联筹措资金10余万元，为11个乡镇重点康复站购置下肢功率车、运动平板等9件13套残疾人康复训练器材，依托公立、私立医疗机构，加强残疾人康复训练技术指导，分别在县医院成立视力、听力言语、肢体、智力康复指导中心，在中心集镇卫生院成立康复指导站，全县残疾人康复工作逐步走向社会化、科学化和规范化。2012年11月顺利入选全省残疾人社区康复示范县。

【残疾人就业】　2011—2013年，县残联利用就业招聘平台，努力促进残疾人就业，对未按比例安置残疾人的单位依法征收残疾人就业保障金451.40万元；同时依托“万人千元就业”工程，积极争取省扶持资金和地方配套资金，共计发放就业扶持资金30.4万元，扶持203名残疾人就业。

【残疾人扶贫帮困】　推进残疾人扶贫工作。2011-2013年，争取省残联扶贫资金，为全县300名下肢残疾人发放燃油车补贴7.8万元，为200名智力、精神、重度残疾人发放居家托养补贴12万元，完成农村150户贫困残疾人危房改造。在春节和全国助残日期间，共争取县财政45万余元，走访慰问700多户贫困残疾人家庭。

残疾人教育。2011—2013年，全县共扶持帮助在校残疾大学生7人、高中生4人，解决贫困残疾人入学实际困难。

【残疾人维权】　2011—2013年，县残联联合县司法局成立青阳县法律援助中心残联法律援助工作站，积极协调司法局和法律援助中心等有关部门解决处理信访问题，共办结残疾人来信来访事项11件；联合县交通运输局出台《关于残疾人免费乘坐城区内公交车的通告》（青交办〔2013〕21号），办理残疾人免费乘车证210个。3年内全县城区共新增盲道23.8公里。2013年在全县非法载客“三车”取缔工作中，为残疾人“三车”车主发放生活救助和就业扶持资金13万余元。

【文体宣传工作】　县残联积极选派残疾人运动员参加2012年全省第三届特殊奥林匹克运动会，吴波取得男子定向跳远第二名好成绩。3年中，县残联开通网站并及时发布工作信息，被省、市残联等媒体网站采用稿件140余篇（次）；青阳县电视台报道本县惠残民生工程11次，为青阳县创建全省残疾人社区康复示范县工作摄制专题纪录片。

2012年12月，县残联召开第六次代表大会，选举产生新一届组织机构。

【残联组织建设】　2011以来，县委、县政府出台《关于进一步加强和规范基层残疾人组织建设工作的意见》、《推进残疾人“两个体系”建设，促进残疾人事业发展的实施意见》；县十四届人大常委会第四次会议专题听取和审议县残联关于全县贯彻实施《中华人民共和国残疾人保障法》情况汇报；县委常委会专题研究设立县残联党组，加强全县残联组织和干部队伍建设；县残疾人综合服务中心项目被纳入2013年县政府8项惠民实事之一。全县建立残疾人专职委员个人实名制档案，实现乡镇专职委员配备率100%，村（社区）协助理员配备率100%。2012年12月成立肢残人、盲人、聋人、智力残疾人及亲友协会等5个协会。县残联在开展创先争优等活动中不断健全组织、丰富载体，着力解决残疾群众实际问题。

（县残联办公室）

文　联

【概况】　青阳县文学艺术界联合会（简称县文联）成立于2003年，是中共青阳县委领导下的人民团体，是县委、县政府联系文艺家的桥梁和纽带。2011年，经县编委会议批准，县文联单独设置，为正科级建制，编制3人，结束了与县文化部门合署办公的历史。2013年，县文联下设6个文艺协会，分别是作家协会、美术家协会、书法家协会、摄影家协会、民间艺术家协会、音乐舞蹈戏剧协会，会员总数428人，其中省级会员92人，国家级会员5人。县文联最高权力机构是青阳县文学艺术界代表大会（简称文代会），由县文代会选举产生全委会和主席、副主席。自2003年起，县文联恢复《九华》文艺内刊，并设有《九华》杂志编辑部；2011—2013年，《九华》共出版10期。

【文艺交流】　2011—2013年，县文联及《九华》杂志编辑部组织协会会员赴各地采风，创作讴歌本土改革开放典型。其中2011年作家协会组织20多位会员到福建武夷山、江西上饶集中营、安徽呈坎等地采风，民间收藏艺术家协会组织20多人到浙江横店、东阳等地考察学习古玩收藏市场；2012年县文联参加省作协“茶乡行”采风活动，与省作协共同举办一期《作家文荟》青阳专刊，县作家协会组织22人前往山东曲阜等地采风；2013年县文联举行池州市文艺家看青阳活动，组织县书画家、作家赴萧县开展文艺交流活动。3年中县文联组织会员与本地企业、乡镇、军营开展笔会11次。县文联作家协会创办“大九华文学网”，提供青阳作家在全国各地发表的文学作品，为本地作家提供展示平台；摄影家协会创办“青阳摄影网”，吸引省内外摄影家来青阳进行摄影创作；书法家协会多次举办书画展；收藏家协会成功发行《九华藏游》报刊，影响扩大到周边县市。2011年，县两名作协会员参加池州市三月三·杏花村诗会，全国著名诗人余光中、舒婷等人到会，余光中到县参观考察。

【文艺活动】　2011—2013年，书法家协会每年开展“春联下乡”活动，共举办3届书法会员展；摄影家协会与省摄影家协会联合举办“灵秀青阳”摄影大奖赛；戏剧、音乐、舞蹈家协会围绕节日、民生工程等，开展多种文艺活动和演出。2012年，县文联开展青阳形象宣传语及“我爱青阳”歌词征集活动，收到宣传语2000余条、歌词34首；开展《安徽看青阳》文化活动，邀请本省著名作家、文艺工作者、有关媒体到青阳，宣传青阳，报道青阳。2013年县文联举办郭廷龙书画展，与县林业局联合举办“青阳县创建国家森林城市文艺作品大赛”活动，与蓉城镇政府共同举办“美丽青阳·多彩蓉城”文艺作品大赛，与县教育局联合开展全县中小学“美丽青阳·我的家”征文活动，与县纪委联合开展“廉政文化”征文活动。

【文艺创作】　全县文艺创作涌现出一批优秀文艺人才，创作出一批文艺精品。其中文学类作品有：《青阳览胜》（游记，苏诚安、苏诚林）、《九华藏游》（报刊，收藏家协会）、《九芙蓉诗刊》（诗刊，九芙蓉诗词学会）、《岁月》（散文集，童天掌）、《放生》（小说，刘炳生）、《酒的问题》《举报自己》（小说，章小兵）、《邂逅》（小说，施博远）、《地魂》（长篇小说，杨旭）、《秋天的记忆》（散文，施博远）、《苦海攒珠》（散文集，杨达）、《行走的莲花》（散文集，苏华民）、《心为谁而牵》（散文集，唐爱琴）、《在时间上跳远》（诗集，马光水）、《八月桂花遍地香》（散文，曹其明）、《邢梅虹诗词集》（诗词，邢梅虹）、《梦里梦外》《汪爱玲诗选》（诗歌集，汪爱玲）、《刘向阳诗选》（诗歌集，刘向阳）等；在“印象雾里青”全国诗歌散文大奖赛中，马光水诗歌《雾里青》获得三等奖，章小兵散文《热爱一杯茶》获得三等奖，施博远诗歌《品茶》获得优秀奖，曹远诗歌《就那一句话》获得鼓励奖。在“幸福池州”散文大奖赛中，张红、章小兵获得三等奖，王诗晓、张颖慧、张焕分获优秀奖。在2013年度安徽省作家协会组织评选的金穗文学奖中，章小兵小说《举报自己》获一等奖，王诗晓《忆我们已经远去的青春》获二等奖，吴蓓《我手写我心》、施麒俊《青阳物语（组诗）》获三等奖。其他文艺作品有：尚良智《傩戏》获得“首届安徽民俗风情摄影大赛”优秀奖，徐畅《晨》获中国摄影家网“风景·行走版”11月优秀作品奖。

青山之阳　翰墨之风——青阳县美术书法展

（县文联办公室）

工 商 联

【概况】　青阳县工商业联合会（简称县工商联）成立于1954年2月，1987年10月恢复。从1990年9月起，青阳县总商会与青阳县工商联实行一个机构、两块牌子。2003年7月，青阳县个体私营经济领导小组办公室（简称个私办）与县工商联合署办公。2005年7月，县光彩事业促进会成立。截至2013年，全县共有7个基层商会和行业商会、553个会员。

【参政议政】　2011—2013年，青阳县工商联围绕经济工作中心，组织非公经济代表人士学习《中共中央、国务院关于加强和改进新形势下工商联工作的意见》、《中共安徽省委、安徽省人民政府关于进一步加强和改进新形势下工商联工作的实施意见》和党的十七大、十八大精神，教育引导非公经济人士解放思想、更新观念，弘扬非公经济代表人士和会员企业的先进事迹，做好非公经济代表人士推荐工作。三年中，县工商联开展对全县民营企业登记和建档工作，配合省、市工商联开展各项专题调研活动，先后形成《充分发挥工商联“三性”优势，促进非公有制经济又好又快发展》、《发展非公有制经济，推进全民创业》等10余篇调研材料和专题论文。撰写《营造宽松环境，促进非公经济发展》等4篇县政协全委会议政发言材料，得到县委、县政府和县政协高度重视，有关部门认真办理落实，取得较好效果，其中有些材料在省《工商导报》发表。

【服务民营企业】 2012年，全县共有个体私营等非公有制经济14314户，其中私营企业1198户；非公有制企业注册资本金29.6亿元；非公有制经济实现营业收入96.1亿元，工业总产值85.5亿元；入库税金54942万元。非公经济已经成为县域经济的主体力量。为提高全县民营企业知名度，县工商联组织民营企业参加安徽省民营企业百名排序活动，先后有九华铜材、方兴实业、金邦铜业、超威电源4个企业入选全省民营企业200强。方兴实业入选全省就业与社会保障先进民营企业，何孔高、檀智忠、陶善如、方作胜、郑飞翔等5名民营企业家先后成为省、市社会主义优秀建设者。此外县工商联还向市工商联推荐申报优秀民营企业、科技创新先进企业、科技创新优秀人才和池州市首届拔尖人才；开展新徽商感恩行动，组织非公企业积极参与光彩事业；先后与浙江萧山区、浙江瑞安市、安徽省南陵县等地工商联等建立友好商会关系。

【县工商联第十一届会员代表大会】 2012年3月29日召开，出席大会会员代表140人。大会选举产生了县工商业联合会（总商会）新一届执行委员会执委70人、常委35人、副主席12人（其中专职副主席2人）、主席1人，杨青当选为执行委员会主席。

（县工商联办公室）

人物传

唐代人物

闵让和

青阳人。唐开元（713～741）时为“东岩山主”，人称“阁老闵公”。素怀善念，常斋宴僧众，每宴必为禅居岩洞的新罗僧地藏留一席位。地藏向其求一袈裟地，乃欣然允诺。相传“僧将袈裟一展，竟遍覆九峰”，让和遂尽喜舍。其子求出家，即道明和尚。闵公后亦皈依，反礼其子为师。故地藏侍像，左有道明，右为闵公。

王季文

字宗素，青阳人。晚唐隐士。咸通四年（863）进士。授秘书郎。旋托病辞官，归隐九华，于头陀岭下筑书堂，闭门读书。尝与杜荀鹤、殷文圭等往来唱和，有《九华谣》一首行世。隐居山中时，常至龙潭沐浴，无论寒暑，风雨无阻。临终前将所居书堂舍为寺宇，请僧智英住持。寺于北宋治平元年（1064）获朝廷赐额“无相寺”。

武装

综述

【概况】 2011—2013年，青阳县人民武装部（简称县人武部）在池州军分区和中共青阳县委、青阳县人民政府领导下，加强民兵预备役政治思想建设，修订完善防卫作战方案计划和13个非战争军事行动专项预案，重点编齐建强民兵应急分队、民兵专业救援分队等建设，共组织民兵集训12批次，村级民兵营规范化建设达标率达到90%以上。完成兵员征集任务，共征集新兵337人，其中高中以上文化程度88%。开展双拥共建和扶贫参建助学活动，共建立双拥共建联系点2个，与6名贫困学生结对助学，做好军地共建"八一林"示范基地建设，组织民兵预备役人员参加全县重点工作建设、维稳处突、抢险救灾等急难险重任务，积极推进和谐青阳、平安青阳建设，军政军民关系进一步融洽。

【民兵组织整顿】 县人武部按照"减少数量、合理布局、突出重点、分类建设"原则，开展青阳县民兵组织整顿工作，至2013年4月，全县完成基层武装部、村级民兵营整顿任务，基干民兵中退伍军人占有一定比例。结合整顿，加强应急连快速集结反应能力，进一步促进县民兵分队遂行多样化非战争军事行动能力。

【基层武装部规范化建设】 2013年，县人武部在木镇镇、庙前镇、丁桥镇3个镇先行开展规范基层武装部民兵营（连）部规范化建设试点，对先行单位配发部分应急器材，组织参观学习庙前镇武装部基层规范化建设情况。全县所有乡镇按统一建设标准在年底前基本完成规范化建设。

【民兵训练】 民兵分队训练 2011—2013年，县人武部组织县民兵分队开展参战支前和应急处突实战化训练。按照集中组训与依托岗位训练相结合方法，强化军事素质、军事技能、业务技能，累计完成民兵分队训练任务12批次994人次。

民兵干部训练 2011—2013年，县人武部组织专武干部和村级民兵营长训练，每年开展7天集训，重点学习民兵基本常识，介绍辖区维稳处突、抗洪抢险、森林防火形势，进行军事训练，提高他们业务素质组织带兵和执行遂行任务能力。

【做好预备设军官登记登记】 县人武部协调县委、县政府下发《做好退出现役军官转服预备役登记工作的实施意见》，明确社区履行预备役军官登记工作职责，在所有社区设立登记点，提高预备设军官登记储备工作效率，确保预备设军官能拉得出、用得上的格局。

【扶持民兵争当致富标兵】　2011—2013年，县人武部把提高民兵科技兴农意识和推广民兵致富经验作为参加新农村建设一项工作，培养出一大批民兵致富标兵，使他们成为青阳县新农村建设的主力军。县人武部依托民兵训练基地举办各种科技知识培训班，向广大民兵传授市场经济和科学种植、养殖、加工等方面知识；有计划输送有文化、有经济头脑的青年民兵到沿海发达城市打工学艺后返乡创业；把典型大户致富经验编印成册发到各民兵连、排学习，推广他们做法，取得较好效果。

【民兵武器装备仓库撤并】　2012年2月16日，根据上级指示精神，曾被中国人民解放军总参谋部表彰过、有近40年光荣历史的青阳县民兵武器装备仓库，正式撤并至军分区民兵武器装备仓库，同时启用兵器室。

【首长检查】　总参动员部副部长张汝涛到青阳县检查。2012年11月7—8日，中国人民解放军总参动员部副部长张汝涛一行6人到青阳县检查指导征兵工作，听取县征兵领导小组工作汇报后，充分肯定青阳县征兵工作。

省委常委、省军区政委宋海航到县武装部检查。2012年11月21日，安徽省委常委、省军区政委宋海航带领工作组实地检查县人武部机关，听取县人武部党委工作汇报，对青阳县武装工作给予充分肯定，对今后工作提出希望。

【抗洪抢险】　抗击台风“海葵”。2012年8月8—11日，12号台风“海葵”袭击青阳县，降雨量达200~400毫米，风力为7~8级，引起山洪及泥石流灾害。8月8日晚20点50分，县人武部应急抢险分队赶赴陵阳镇清泉村，连续奋战8小时，成功解救被洪水围困群众25人，转移群众500余人；8月9日15时，县人武部、县武警中队官兵共20人会同陵阳镇民兵应急分队30人解救陵阳镇清泉村受困群众17人，转移群众45人，受到一致好评。

新河镇、木镇镇抗洪抢险。2013年7月5日19时至7月6日上午7时，青阳县普降大到暴雨，新河镇最大降雨量247.8毫米，成灾面积3274公顷，受灾人数4.37万人，房屋倒塌30户77间，直接经济损失1.87亿元。县人武部迅即启动应急预案，县人武部、民兵应急分队、武警、消防共出动80人，组成抢险救灾突击队，携带冲锋舟2艘，第一时间赶赴受灾最严重的新河镇十里岗村、木镇镇河北村，协助地方开展抢险救灾行动。至7月6日下午15时，共转移群众650人、物资60多箱，运送方便面、矿泉水等物资15批次70多件，圆满完成任务，并被中央电视台、省市电视台等多家媒体报道。

【双拥共建】　2012年，县人武部与乡镇村逐级签订《扶贫参建目标责任书》，积极组织民兵开展抢险救灾、维护稳定、投身建设、扶贫帮困等实践活动，相继开展“青阳民兵志愿者在行动”“营连长百人百村手拉手共建联创”等活动，共创建“民兵生态经济建设示范工程”项目48个，建立民兵志愿者小分队100余支，民兵与贫困家庭结成扶贫帮困对子250户，民兵成为科技致富带头人600余名。

【征兵工作】　2011年，青阳县冬季征兵实际征集情况良好，连续实现36年无责任退兵良好态势。

【全民国防教育】　青阳县大力加强全民国防教育，定期组织党政领导干部到军营开展军事日活动，将国防教育列入副科级以上干部年度任职考核考察内容。在驻地学校开设国防知识教育基础课，开展国防知识教育普及活动；每年在国防教育日、国庆节、建军节，组织民兵、学生到现役部队、烈士陵园和军事纪念馆开展爱国主义和部队优良传统教育活动。县财政先后投资60余万元，帮助基层建立教育阵地，全县所有厂矿企业、乡村国防教育基本实现有领导组织、有活动制度、有教育阵地、有教学骨干的“四有”格局。县人武部创造出许多群众喜闻乐见的好形式，对群众进行国防教育，取得很好效果。

【学生军训】 2012年，全县明确学生军训工作由县人武部统一协调组织，县人武部积极协调县教育局、驻地部队等单位，成立学生军训领导小组，下发《关于进一步规范高级中学学生军训工作》通知。2012—2013年，全县每年组织6所高级中学高一新生进行一周军训，共计参训学生5000人次，出动参训教官100余人次，提高学生国防观念和军事技能和遵守纪律自觉自觉性，得到各校师生一致好评。

【人武部建设】 县人武部加强安全发展意识，开展“百日安全竞赛”征文和促进人武部安全管理意见建议征求活动，建立安全意识学习和管理制度，对不良行为随时发现，随时纠正，彻底将安全事故苗头消灭在萌芽状态。2011—2013年，县人武部专武干部队伍平均年龄33.7岁，全部为大专以上文化程度，本科学历占87%，先后有5名专武干部得到提拔使用，11名专武干部受到上级通报表彰。

【《青阳县军事志》编纂出版】 2011年3月，池州市第一本县级军事志《青阳县军事志》印刷出版，本书编纂时间7年，共21余万字，系统介绍青阳县军事情况，为了解青阳县军事历史，开展和做好青阳县军事工作提供资料和借鉴。

（吴　皓）

武　警

【概况】 武警青阳县中队组建于1949年5月，称“公安队”。1952年6月至1955年7月，改称中国人民解放军青阳县公安队；1955年7月至1966年7月，改称为中国人民武装警察安徽青阳部队，简称“民警队”；1966年7月，改称为中国人民解放军青阳县中队，类属于青阳县人武部领导；1968年10月，青阳县中队铜陵特区中队调防；1976年1月，改称为青阳县武装警察中队，接受公安相关领导；1983年，武警部队重新组建，中队改称为中国人民武装警察部队青阳县中队，沿用至今。

青阳武警中队是受武警池州市支队和青阳县委、县政府双重领导下的一支执行看守所外围警戒和辖区内社会稳定为主要任务的内卫执勤分队。中队在体制编制、领导体制、行政区域多次调整变化的情况下，实现看守所固定目标连续25年执勤无事故。先后圆满完成15次抗洪抢险任务、3次灭火救灾任务、16次两会安保任务、3次二级警卫任务，为展示青阳形象，维护青阳社会稳定和保护人民生命财产安全作出了贡献。

（武警青阳县中队）

消　防

【概况】 青阳县公安消防大队下辖1个中队，共有各类执勤消防车7辆。2011—2013年，青阳县共发生火灾起数70起，伤亡0人，直接财产损失110.49万元，过火面积1793.8平方米，受灾户数17户，受灾人数19人。县消防大队共接处警825起，出动车辆1130辆次，出动警力6387人次，抢救被困人员299人，疏散被困人员744人，抢救财产价值2044.33万元。参战人员伤亡0人。

【加强消防安全工作】 认真贯彻落实《全民消防安全宣传教育纲要（2011-2015）》，依托农村书屋和村头广播，组织开展农村防火常识宣传和村“两委”培训，实行“多户联防、区域联防”，组建义务消防队，提升农村消防基础水平。进一步强化乡镇消防“网格化”管理工作，已在6个乡镇建立乡镇专职消防队。2012—2013年，县公安消防大队先后在青阳网络论坛开通青阳消防专版，公布“96119”举报投诉热线，曝光重大火灾隐患的单位场所，定期开展消防知识问答竞赛，接受消防咨询；针对单位职工、在校学生、企业员工等群体举办“周末大讲堂”，义务消防培训180余次，培训人员6000余人。县公安消防大队完善消防站开放制度，接待参观学生及社会群众6000余人。

（县公安消防大队 章川）

消防车演练

人民防空

【概况】 青阳县人民防空办公室（简称县人防办）成立于1969年10月，1981年10月撤销，2007年7月恢复，2010年12月在县住房和城乡建设委员会挂牌。为县国防动员委员会常设办事机构，也是县人民政府防空工作的主管部门。主要负责全县人民防空事业建设维护与管理。内设综合科。现有在编人员2人。按照“长期准备，重点建设，平战结合”方针，战时做好防空工作，平时做好防灾工作。2011年、2012年分别获得“全

青阳县熙园山水居地下人防工程主入口

省人防工作先进集体”称号。

【指挥通信建设】 2012年9月，县人防办率先在全市建成防空防灾应急指挥平台系统，初步实现事发现场事件信息采集处置与指挥中心指挥决策一体化。同年，以县内业余无线电通信爱好者为主体组建青阳县民防通信志愿者中队，参与应急通信指挥工作。自2009年以来，县人防办逐年增加县城区防空警报器数量，至2013年形成以固定警报器为主，移动警报器为补充的防空防灾预警体系，实现县城区防空警报音响全覆盖。2013年9月，在庙前镇建成多媒体防空警报器1台。每年9月18日，参加全省防空警报试鸣活动，开展疏散演练。

【人防工程建设】 全县人防工程坚持“以建为主，以收促建”原则，开展以结合民用建筑修建防空地下室为主要形式的人民防空工程建设。

【乡镇人防工作】 2011—2013年，全乡共有蓉城、木镇、新河、朱备、陵阳、庙前、九华7个乡镇人民武装部增挂人民防空工作站牌子，增强人防宣传教育以及民防应急救援工作。

【人防宣传教育】 人防宣传教育“五进入”活动。县人防办与县教育局合作，将人防教育

列入全县初级中学课堂教学内容，县人防办免费提供《防空防灾知识》读本；与县委党校合作，将人防政策法规教育纳入干部培训内容。县人防办还积极推进人防教育进社区、进企业、进新闻媒体活动，2011—2013年共免费提供《防空防灾知识》读本1.1万本，提供宣传展板154块，提供居民防空防灾手册2000册，举办人民防空讲座5场次，接受教育人口在1万人次以上。2012年5月7—9日，全省人防系统新闻报道骨干人员培训班在县举办。2013年县人防办被评为全省新闻报道工作先进单位。

（县人防办　许金宏　田万成）

人物传

清代人物

吴　襄（1661-1735）

字七云，号悬水，青阳老田吴村（今九华乡老田村）人。康熙五十二年（1713）进士。授翰林院编修、教习庶吉士，先后任三朝国史、《治河方略》、《诗经集注》总纂修官及会试同考官。雍正元年（1723），命直南书房，充侍读学士，督顺天府学政。雍正三年，晋升内阁学士兼礼部侍郎，任经筵讲官，参与修纂《明史》、《八旗志》，并执笔撰写《贤良祠诸臣列传》。历礼部尚书，署都御史，于雍正十三年病逝，谥“文简”。生平至孝重义。其父年八十患病卧床，犹亲自侍奉汤药。中年丧妻，不继娶，不纳妾。少时与乡人徐念祖友善，岁试选贡时，二人成绩不相伯仲，因徐年长，襄自请让其先已入选。念祖早逝，襄又为其刻遗著行世。吴襄博览群书，文学造诣甚高。雍正帝赞其“文章归大雅，学术在纯金”。著作有《悬水诗集》、《锡老堂诗抄》、《梅花诗》百首传世。

法 治

综 述

【概况】 1956年6月，中共青阳县委成立政法部，1957年6月撤销，后几经恢复撤销。1983年4月成立中共青阳县委政法委员会（简称政法委），1992年6月成立县社会治安综合治理委员会（简称综治委），1996年10月县政法委与县综治委办公室合署办公，全县各乡镇均设政法委员会；1998年6月县成立维护稳定工作领导小组；当年各乡镇设综治办，与乡镇政法委合署办公。2012年4月，县社会治安综合治理委员会更名为县社会管理综合治理委员会，下设办公室，作为常设办事机构，与县政法委机关一个机构、两块牌子。2011—2013年，全县社会大局持续稳定、治安秩序总体平稳。

【维护社会稳定】 *开展社会稳定风险评估* 2011—2013年共对全县45个重大工程建设项目和重大事项进行社会稳定风险评估，从源头上预防和减少社会矛盾发生，正确处理好改革、发展和稳定三者关系。在评估工作中明确各乡镇、县直各单位领导评估职责，邀请“两代表一委员”（党代表、人大代表、政协委员）、相关专业人员和群众代表参与评估，听取相关利益群体利益诉求，强化风险调控。通过每年两次督查，对违反风险评估有关规定，可能引发的重大问题，及时报告县委、县政府，并提出整改意见和建议。

加强基层维稳应急处置机制建设 县及各乡镇成立应急处置指挥部，按照“属地管辖”和“谁主管、谁负责”原则开展具体工作。2011年9月，青阳县采取统一招录、统一管理方式，成立由50人组成的县特警大队；全县11个乡镇、116个行政村均成立维稳应急队伍；全县加强队员技能培训，开展安全生产、森林防火、防汛抗洪、处置群体性事件等综合演练。各乡镇、县直相关单位相互联动，建立县、镇、村、组4级涉稳信息收集报告机制，并针对突发事件划分不同类型、不同等级，有针对性地制订完善工作预案；2011—2013年全县共制订200余件应急预案。

【创新社会治安管理机制】 青阳县在各单位实行“一把手”负总责制度，落实社会治安综合治理目标管理责任制。在全县农村推进“平安和谐工程”，落实县、乡、村、组4级矛盾纠纷排查化解制度，健全完善“公调”、（“公调对接”，就是公安机关在依法履行法定职责的同时，在行政调解中依托各级人民调解组织，建立行政调解和人民调解的有效对接，综合运用法律、政策、经济、行政等手段和教育、协商、

领导调研

疏导等方法，化解社会矛盾、调处民间纠纷的一种新机制）、检调（“检调对接”是指检察机关公诉部门在履行法律监督职能的同时，在刑事和解工作中，依托人民调解组织进行调解，被害人或其亲属自愿同犯罪嫌疑人就财产损失、人身伤害达成和解协议的工作机制。）、诉调（“诉调对接”中的“诉”代表法院诉讼系统，“调”代表人民调解、行政调解等非诉调解系统。“诉调对接”实质是法院诉讼系统与法院外非诉调解系统的相互对接，形成人民法院与社会调解组织在职能上良性互动、在作用上优势互补）、援调对接（“援调对接”主要是针对法律援助案件提前进行审查把关，对能够调解的案件，采用非诉办法由法律援助服务人员进行调解处理）机制建设，初步形成以县援调中心为龙头、乡镇援调工作站为骨干、村援调受理点及志愿者为补充的法律援助与人民调解运行网络。针对行业矛盾纠纷发生，基本完成住建委系统、医疗卫生系统、劳动人事、交通运输、交通事故等17个行业性调解组织建设。全县各乡镇（村）、行业系统均建立“两代表一委员”工作室，安排“两代表一委员”接待群众，汇集社情民意，调解矛盾纠纷。全县结合“平安社区”治理，共在11个乡镇、110个村建立22个中心警务室、116个村级综治工作站（警务点）、203个重点治安瞭望哨和251个一般治安瞭望哨，实现目标全覆盖。

2011—2013年，全县加强舆论宣传，通过采用街头宣传、互联网络宣传、新闻媒体宣传、平安创建活动宣传等方式，营造社会治安综合治理浓厚氛围。县综治委广泛开展平安乡镇、平安村、平安单位、平安企业、平安校园、平安家庭、平安景区等“十创”平安活动，基层平安覆盖面达到91%以上。对已命名11个平安乡镇、62个平安机关单位、39个平安校园、3个平安医院、5个平安社区、110个平安村、3个平安景区实行动态管理。从2012年起，在全县范围开展“平安互助，十户联防”惠民工程，进一步推进“平安青阳”建设；共有43个行政村、411个联防组、3263户住民参加“十户联防”，1.76万户参加“治安保险”。同时结合“美好乡村”建设，开展“六无”村居（即：无到县到市赴省进京上访、无邪教和非法宗教活动、无“黄赌毒”问题、无重大恶性刑事案件、无群体性事件、无“民转刑案件”）创建工作；2013年共命名表彰13个“六无”村。

【加强人民调解工作】 2013年，全县共成立各级人民调解组织169个；其中建立县级人民调解委员会1个、乡镇人民调解委员会11个、村（社区）人民调解委员会117个、企事业单位调委会11个、区域性行业性调委会5个、其他调委会25个。实行首席人民调解员制度，聘任县级首席调解员12人、乡（镇）级首席调解员22人、村级首席调解员116人，基层人民调解员795人，形成县、乡镇、村、村民组4级调解网络，各级调解委员会基本达到“六统一”（指统一标牌、印章、调解标识、程序、制度、文书）。2011年，全县基层司法所和各级人民调解组织共受理各类矛盾纠纷1863件，调解成功1803件，调处成功率96.7%；其中开展经营性矛盾纠纷排查调处工作，排查经营性矛盾纠纷87件，化解87件。2012年，全县共调解各类矛盾纠纷1777件，调解成功1733件，成功率97.5%。2013年，全县共调解各类矛盾纠纷2467起，调处成功2430起，调解成功率98.5 %。

【维护社会治安秩序】　严厉打击各类刑事犯罪活动，特别重点打击严重影响群众安全感的暴力犯罪、涉枪涉爆犯罪以及群众反映强烈的电信诈骗、拐卖妇女儿童、“两抢一盗”和“黄赌毒”等违法犯罪，2011—2013年共处置该类事件7件，“破案会战”绩效列全市各县区第一。

开展社会治安重点地区排查整治。先后开展农村社会治安整治、旅游市场整治、校园周边安全整治、人群聚集复杂场所安全整治、铁路沿线治安秩序群防群治、摩托车安全整治活动，专项开展“集中整治黄赌毒”、“缉枪治爆”、“打四黑除四害”行动。

【执法监督】　2011-2013年，全县政法机关开展集中处理涉法涉诉上访问题专项活动，共化解上级交办及自身摸排涉法涉诉信访案件28件，开展执法检查和案件评查300余件。县政法委高度重视领导批办和重大疑难案件协调督办工作，推动案件依法及时处理；加强政法工作重大部署落实情况监督检查，推动中央和省委各项重大决策全面落实。

（县委政法委　洪尚华　李　丹）

公　安

【概况】　青阳县公安局成立于1949年4月27日，同年7月1日，改称青阳人民政府公安局。1956年5月10日，复称青阳县公安局。1968年3月成立中国人民解放军青阳县公检法军事管制小组，行使县公检法机关职权，同年5月成立青阳县革命委员会人民保卫组，与军管小组合署办公，行使县公检法机关职能，县公安局机构解体。1973年3月恢复公安机关建制，建立青阳县革命委员会公安局。1975年7月，改称青阳县公安局。2007年青阳县公安局进一步规范机构设置。设有指挥中心、国保大队、治安大队、刑警大队、交警大队、特警大队、经侦大队、法制大队、政工室、纪检监察室（督察大队）、警务保障室、信访室、县看守所、县拘留所等单位及蓉城、经济开发区、朱备、新河、木镇、丁桥、乔木、酉华、杨田、陵阳、庙前、杜村等12个派出所。

2011—2013年，全县公安机关积极维护社会和谐稳定，保障百姓安居乐业；社会政治稳定，社会治安平稳。2013年，全县群众安全感指数95%，对公安工作满意度指数92%，居全市第二，池州市居全省第二。

【打击刑事犯罪】　积极研究新形势下刑事犯罪特点、规律，坚持日常破案打击和适时组织专项行动相结合，严厉打击各类刑事犯罪活动。2011—2013年，共立各类刑事案件2258起，破获各类刑事案件1377起，抓获犯罪嫌疑人1232人，摧毁各类犯罪团伙19个72人，追缴赃款及赃物折款136.02万元。

【治安整治】　2011—2013年，先后组织开展治安重点地区排查整治、“缉枪治爆”、农村社会治安综合治理、治安重点人排查整治、打击“黄赌毒”、旅游市场治安秩序整治、校园及周边治安秩序整治、打“四黑”（黑作坊、黑工厂、黑市场、黑窝点）、除“四害”（害百姓、害家庭、害社会、害国家）等专项工作，严厉整治本地治安乱点和突出违法犯罪，有力地维护全县治安秩序持续平稳。共受理各类行政案件83224起，查处82433起。

【排查化解矛盾纠纷】　立足基层，采取定期排查，敏感时段专门排查、即时排查，“属地管理、条块结合”排查等工作措施，最大限度把矛盾纠纷化解在基层，消除在萌芽状态，2011—2013年，先后调处化解各类矛盾纠纷6000余起。

【应急机制建设】 2011年11月，组建50人特警大队，积极参与城区路面巡逻和各类突发案件、事件应急处置工作，成效卓著。局机关成立应急小分队，建立警铃紧急集合制度，大大地增强公安机关快速反应和整体作战能力。

【建立综合指挥平台】 2011年投入15万元，完成对110报警系统升级改造。打造综合指挥平台，实现110、119、122“三台合一”，进一步完善接警、指挥、处警、反馈等工作运行程序。在公安机关内部建立统一调度的即时通讯网络，初步形成统一指挥、上下贯通、多警联动的警务运作机制。

【道路交通安全管理】 2011—2013年，全县共发生交通事故219起，（死亡72人，受伤199人，经济64.18万元）。交警部门组织开展酒后禁驾，故意遮挡、污损、不按规定安装机动车号牌等交通违法行为，中小学校幼儿园及周边地区交通秩序、农村道路交通秩序、“三超一疲劳”（超员、超速、超载和疲劳驾驶违法行为）等一系列专项整治行动；开展事故隐患公路危险路段排查治理工作，加强路面巡逻管控，预防和减少事故。新河加油站省级事故黑点整治工作通过省有关部门验收。

【取缔非法载客“三车”】 “三车”是指三轮电瓶车、三轮摩托车、人力三轮车，2013年全县共有“三车”1285辆。2013年10月，全县开展取缔非法载客“三车”，县公安局作为此项工作牵头单位和主要职能部门之一，充分发挥主力军作用，通过一个月时间整治，圆满完成取缔工作任务。

【消防安全管理】 2011—2013年，全县共发生火灾事故70起。以“五大活动”（大排查、大整治、大培训、大教育、大练兵活动）为抓手，坚持对派出所消防监督工作开展情况月通报和消防工作季例会制度，先后开展“大排查、大整治”、清剿火患等行动，全面推进构筑“防火墙”工程。同时采取多种形式积极开展消防宣传活动，提高民众消防安全意识。

【科技强警】 2012年投资947.7万元，建设社会治安视频监控系统，一期工程建成治安视频监控点63个、道路监控卡口3处、红绿灯电子警察8处。深入推进“N通”工程建设，构建包括用于“家庭旅馆”管理的“一呼通”、用于出租房屋管理的“租信通”、用于整合群防群治资源的“联防通”、用于整合社会视频监控资源的“视信通”等，县城和重点集镇“一呼通”“租信通”覆盖面达到100%。整合社会视频监控资源2000余个。

【完善便民措施】 在户政、出入境、车管等窗口单位创新便民利民措施，开展“一站式”、“直通车”办事、办牌、办证服务。充分发挥主力军作用，积极参与各项抢险救援行动，维护人民群众生命财产安全。深入开展“大走访”开门评警活动，不断提升服务水平。

青阳县公安工作会议

【执法规范化建设】 集中清理近年来拟订的59件规范性文件，完善内部管理体制和运行机制；梳理、公开行政处罚等职权目录839项，查找在基层执法活动和队伍管理中风险源109处、风险点230处，确定防范措施233条。2011年10月，在全国公安机关人民警察首次基本级执法资格考试中通过率97%，中级执法资格考试通过率97.7%，3位民警通过高级执法资格考试。加强公安基础设施建设，刑警、交警和派出所必配装备达标率100%，所有办案区均安装视频监控、录音录像设备，配齐配全相关装备。执法质量考评连续六年获全省优秀等次。

（县公安局 李 俊 钱玉寿）

检 察

【概况】 1951年5月，成立青阳县人民检察署。1952年9月，青阳县人民检察署奉令撤销。1955年6月，成立青阳县人民检察院。青阳县人民检察院于1979年2月恢复重建，2002年8月机构改革，定编42人，2012年增编至49人。2013年我院在编人员46人，内设机构有办公室、政治处、反贪污贿赂局、预防科、公诉科、控告申诉科、民事行政检察科、侦查监督科、监所检察科、检察技术科、反渎职侵权局、案件管理办公室。

【打击刑事犯罪】 2011年，青阳县人民检察院受理移送审查逮捕案件93件160人，经审查批准逮捕犯罪嫌疑人71件112人，决定逮捕6件9人，公安机关主动撤回案件5件9人。其中逮捕恶势力犯罪、严重暴力犯罪、毒品犯罪和“两抢一盗”等犯罪案件30件48人。受理审查起诉案件195件307人，其中提起公诉168件271人，报请市检察院审查1件6人，退回公安机关并建议撤销案件10件17人。共依法适用宽缓刑事政策不捕30人，不诉17人。认真执行刑事和解、附条件不起诉刑事政策，全年以刑事和解方式结案20件27人。健全民行申诉案件调处工作机制，共成功调处案件3件。

2012年，青阳县人民检察院共受理移送审查逮捕案件62件108人。批准逮捕49件78人，不批准逮捕28人，撤回案件1件2人。受理审查起诉案件177件266人（不含上年度积存和退查重报的17件30人），比上年下降18件39人。经审查，提起公诉133件203人，报请市检察院起诉3件3人，不起诉34件39人，追诉漏罪1件，漏犯1人，提请抗诉并已获改判1件8人。认真执行刑事和解、附条件不起诉刑事政策，全年以刑事和解方式结案30件35人。

2013年，青阳县人民检察院共受理移送审查逮捕案件99件137人，其中，批准逮捕74件101人，决定逮捕2件2人，公安撤回案件1件1人，不批准逮捕22件33人。共受理各类审查起诉案件198件293人，其中，公安机关移送187件282人，上级院交办4件4人，自侦部门移送7件7人。经省检察院指定，移送他院管辖1件1人，依法提起公诉153件249人（含上年未结17件33人），决定不起诉42件46人，抗诉1件1人，结案率达94.9%。所有提起公诉的案件中，法院已审结的均作出有罪判决。所办案件中，破坏社会主义市场经济秩序犯罪呈高发态势，参与人数较多、社会影响恶劣的侵财性聚众犯罪仍居高不下，凸显社会治安形势依然严峻。认真执行刑事和解、附条件不起诉刑事政策，全年以刑事和解方式结案40件44人。

【查办和预防职务犯罪】 2011年，青阳县人民检察院共立案侦查贪污贿赂犯罪和渎职侵权案件9件9人，其中贪污案件2件2人，贿赂案件5件5人，渎职案件2件2人；其中大案5件5人，科级干部2人（要不要加

预防职务犯罪宣传

上“其中”）。特别是查办县医院贿赂串案，收到良好社会效果。2012年共立案查处职务犯罪8件8人，其中贿赂案件6件6人，挪用公款案件1件1人，渎职犯罪案件1件1人。2013年共立案侦查贪污贿赂犯罪案件6件6人，均是大案，其中贪污案件4件4人，受贿案件2件2人，（其中）科级干部2人，通过办案挽回经济损失50余万元。立案查处渎职犯罪案件1件1人。

青阳县人民检察院在查办职务犯罪（要不要加上“案件”）不加“案件”时，注重开展职务犯罪预防和宣传，积极参加工程建设领域突出问题专项治理工作，2011—2013年共开展预防咨询241次，参加重点工程建设招投标监督活动266次、工程量变更监督66次、受理招投标管理部门行贿档案查询594次、工程投标单位投诉6起，促进全县重点工程招投标工作健康开展。针对侵害群众利益、影响社会稳定的职务犯罪，开展案例分析和预防调查工作。

【加强法律监督】　加强立案和侦查活动监督。2011年向公安机关发出《不捕理由说明书》26份；认为公安机关应当立案而未立案，发《要求说明不立案理由通知书》1份；提前介入刑事案件，参加现场勘验、疑难复杂案件讨论10次。加大纠正漏罪、漏犯工作力度，追诉漏犯1人，追诉漏罪2起；对涉及监管安全、监管违法及不当行为提出检察建议16次。加强审判活动监督，对认为确有错误的刑事判决、裁定提请抗诉1件1人，提出抗诉1件1人；受理民事行政申诉案9件，对认为确有错误的民事行政判决、裁定提请抗诉1件，建议提请抗诉2件，建议不提请抗诉3件，依法和解3件。

2012年立案监督1件3人；向看守所提出安全检察建议19次；防止超期羁押和久押不决现象，共提出催办意见16件。加强民事行政诉讼活动监督，共受理民事行政申诉案件19件，提请抗诉7件，建议市检察院不提请抗诉10件，法院再审调解1件，改判2件。

2013年追诉漏犯2件8人，向公安机关发出纠正违法通知书2份，向审判机关提起抗诉案件1件，向看守所提出安全检察建议16次；针对社区矫正人员脱管、漏管现象，向有关机关提出口头检察建议6次；全年共立案审查民行申诉案件3件，其中提请抗诉1件，经市检察院向中院抗诉，法院再审调解结案1件；息诉2件。

【加强涉检信访工作】　2011—2013年，青阳县人民检察院共受理群众来信来访79件，其中2011年30件，2012年23件，2013年26件。县检察院明确涉检信访案件办理责任人，严格执行高检院信访案件分流、办理和答复机制，方便群众控告、申诉，继续保持涉检赴省进京“零上访”记录。

【检察队伍建设】　青阳县人民检察院加强思想政治和作风纪律建设，加大业务、技能培训力度。其中2011年参加省内外培训30人（次），编发简报31期、调研文章41篇，有多篇文章被省市级刊物转发。2011—2013年，分别获得全省先进基层检察院、全省检察机关先进党组织、全省检察机关先进基层院、“两房”（办案用房和专业技术用房）建设先进集体，全市档案工作先进单位等称号。

（县检察院办公室）

审 判

【概况】 1949年4月24日，青阳县人民政府成立，下属民政等四科，民政科执管司法行政工作。同年5月1日，成立青阳县司法处，受理刑事、民事案件。1950年1月22日，司法处改组成立青阳县人民法院，继续受理刑事、民事以及非诉讼案件。1952年上半年，县法院通过司法改革，打破坐堂问案的衙门作风，组成巡回审判小组，下乡就地办案。在此基础上，1953年9月，县法院在九华、木镇设立两个巡回法庭，管辖九华、木镇、丁桥、陵阳、杨田五个区的诉讼案件。1954年9月，《中华人民共和国人民法院组织法》颁布后，根据规定，基层人民法院可以设立人民法庭。1955年3月，县人民法院设立木镇人民法庭管辖木镇、丁桥等区的民事和轻微刑事案件。1956年2月，县法院附设公证室，9月，建立法律顾问处。同年，组建法院审判委员会。1958年人民公社化以后，“左”倾错误严重泛滥，政法战线上的公安、检察、法院，在青阳政法部领导下，统一使用力量，人员统一调配，对外三块牌子，对内成一家。青阳县改建政法办公室，下设侦察、审批、审判、秘书4个组。1961年3月，根据县委政法部批复，在中共省直采矿总场青阳分场建立人民法庭。1963年10月，县法院被批准设立刑事、民事审判庭和办公室，并成立党支部。1967年1月21日，青阳县发生“1·21”事件，造反派进行夺权，砸烂共、检、法，法院职能处于瘫痪状态。1968年3月10日，根据中央关于公安机关实行军事管制的规定，对我县原公、检、法进行军管，成立军管组。5月9日，撤销原公、检、法，成立青阳县人民保卫组，其中审判小组行使法院职能。军管组和人保组对外是两个机构，对内是一套人马。1973年2月，县革委会决定撤销县人保组审判小组，回复青阳县人民法院，3月，法院正式恢复办公，下设刑事、民事审判庭和办公室。1977年7月，县委批准县法院设立党组。1982年1月，县编制委员会批准法院成立经济审判庭。1984年6月，庙前人民法庭成立，管辖庙前、杜村、九华3个乡镇和九华山的民事、简易经济案件和轻微刑事案件；1986年9月，陵阳人民法庭成立，管辖陵阳、南阳、沙济、东堡4个乡镇的民事、简易经济案件和轻微刑事案件；1990年12月，木镇人民法庭成立，管辖木镇、丁桥、竹阳、酉华、乔木5个乡镇的民事、简易经济案件和轻微刑事案件。1990年8月，县编制委员会批准法院成立行政审判庭，负责审理不服行政机关处理、处罚决定而提起诉讼的行政案件。1995年，为实现上级法院指示的“审”和“执”分开，加大执行工作力度，经县编制委员会批准，成立县法院执行庭，负责执行发生法律效力的具有给付内容的裁判文书。1996年，县法院推进立、审分开，成立青阳县人民法院告诉和申诉审判

开展巡回审判，就地办案

庭，负责接待处理来信来访，审查立案、申诉复查和再审工作。1997年12月，根据编制委员会青编字〔1997〕72号文件“县法院机构改革方案”精神，县法院内设12个职能机构和4个派出法庭，即刑事审判庭、民事审判庭、经济审判庭、行政审判庭、执行庭、立案庭、审判监督庭、办公室、政工科、法警大队、研究室、技术室、庙前法庭、木镇法庭、陵阳法庭、九华山法庭。告诉申诉审判庭被撤销，其职能由立案庭和审判监督庭取代。至1999年底，除九华山法庭未挂牌办公外，其余机构均已成立，人员配备到位。2003年4月，根据编制委员会青编字〔2002〕52号文件“县法院机关机构改革方案”精神，县法院内设11个职能机构和4个派出法庭，即刑事审判庭、民事审判一庭、民事审判二庭、行政审判庭、执行庭（局）、立案庭、审判监督庭、办公室、政治处、法警大队、技术室、庙前法庭、木镇法庭、陵阳法庭、九华山法庭。2003年6月，增设监察室。2009年8月，增设行政装备科。2013年5月，增设审判管理办公室。

目前，青阳县法院内设办公室、行政装备科、监察室、政治处、刑庭、民一庭、民二庭、行政庭、立案庭、审判监督庭、执行局、司法警察支队、司法技术科、审判管理办公室14个部门。下设派出法庭3个，分别为庙前人民法庭、木镇人民法庭、陵阳人民法庭。现有正式干警60人，其中法官32人。本科以上文化程度59人，党员44人。

2011—2013年，青阳县法院受理各类案件1393件，其中诉讼案件1121件，执行案件272件，审结、执结案件1322件，审执结率95%。

【刑事审判】 2011—2013年，青阳县法院共受理刑事案件163件，审结162件，判处罪犯237人。其中重要案件有：2011年，刘某、杨某、陶某等8人寻衅滋事，聚众扰乱交通秩序、社会秩序的“7·16”案件；马某、汪某等人使用农药毒鱼，造成青通河污染，迫使县供水公司中断居民生产生活用水案件；荣某贩卖毒品案件。2012年，张某等十起非法买卖、制造、持有枪支案件。加大对职务犯罪惩处力度，依法审结一批职务犯罪案件。加大刑事附带民事案件调处力度，2013年，依法调解被告人邵某等5人因聚众斗殴案，附带民事赔偿受害方近140万元。

【民商事审判】 2011—2013年，青阳县法院共受理民商事案件954件，审结894件；调撤结案644件，调撤率72%。其中审理婚姻家庭、人身损害、医疗赔偿、劳动争议、民间借贷等案件455件，审理买卖、借款、承揽、承包经营等合同纠纷案件294件，审理租赁合同纠纷、房屋买卖纠纷以及其他各类纠纷案件153件。在民商事案件审理中，加大纠纷调处力度，努力化解社会矛盾。如通过多次协调，调结县汽车中心站诉王某等三户房屋租赁纠纷案，确保老汽车客运站按时拆迁。

【行政审判】 2011—2013年，青阳县法院共收到行政诉讼案件4件，判决1件，裁定不予受理3件，审查非诉行政执行案件2件。

【执行工作】 2011年来，县法院加大执行公开力度，邀请人大代表、政协委员等监督执行工作；发挥执行联动威慑机制作用，加强与检察、公安等部门协作，努力攻克执行难案；开展集中执行和专项执行活动，共出动警力140多人次，执结案件130件，执结标的额378.4万元；开展反规避执行专项活动，依法执结2件被执行人规避执行案；加大对规避执行行为的民事和刑事制裁力度，2011年，针对被执行人王某为逃避执行举家迁移情况，依法以涉嫌拒执罪移送公安机关立案侦查；开展执行救助工作，先后救助执行特困对象21人，支付执行救助款83.6万元，解决6人低保。2011—2013年，青阳县法院共受理执行案件270件，执结260件，执结率96.3%，执结标的额2654万元。

【司法服务】 开展县十二五规划开局之年发展目标专题调研。妥善审理涉企纠纷124件、涉案标的额1840余万元。强化诉讼服务中心功能，共为涉诉群众提供法律咨询160余人次，诉前调解案件12件。做好巡回审判工作，共巡回审理案件48件。认真落实司法救助规定，共减缓、免交诉讼费22万余元。推进审务公开，共制订防控措施67条。加大对未成年犯罪和轻微犯罪教育力度，依法对68名被告人适用非监禁刑，参加社区矫正60余次。积极开展帮教活动，共对缓刑犯回访12次，对少年犯回访3次。加强与城乡建设行政主管部门联系沟通，建立协调解决建设工程施工合同等矛盾纠纷案件工作机制。开展“送法进万家”和“12·4”法制宣传日等活动，与报社联办“法槌之声”专栏4期。

【审判管理】 建立完善审判管理制度。开展案件质效评析工作，共对全院875本卷宗进行评查，评查面100%；坚持开展百万案件专项评查活动，共评查案件40件。

开展涉诉信访工作。申报结案本院涉诉信访积案1件、上级交办涉诉信访案中7件，化解2010年年底以来市县领导接访案件3件。建立信访案件分析研判机制和重大案件信访听证制度，着力预防和解决重大群体性信访案件。坚持院长、庭长值班接访制度，共接待群众来访38人次。

加强联络督查工作。认真做好市、县人大常委会就民商事审判工作的调研。走访党代表、人大代表、政协委员8人次，邀请人大代表、政协委员旁听庭审和参与执行活动各1次。

队伍建设。开展集中警示教育和岗位练兵活动，参加上级法院举办各类培训21人次，撰写调研文章19篇、学术论文6篇。

（县法院办公室 徐峰 李勇杰）

司法行政

【概况】 青阳县司法局系主管全县司法行政管理工作的政府职能部门，其职责主要是：贯彻执行国家有关司法行政工作的方针、政策，制订全县司法行政工作的中长期规划、年度计划并监督实施；制订全县法制宣传和普及法律常识规划并组织实施；指导全县依法治理和法制宣传工作，承担依法治县领导小组办公室有关工作；管理公证机构、律师机构和社会法律服务机构；指导全县律师、法律顾问、法律援助、公证业务活动；管理、指导全县基层司法所、司法助理员、基层法律服务和人民调解工作；管理和指导全县刑满释放和解除劳动教养人员的帮教安置工作；管理、指导并组织实施社区矫正工作；负责全县司法行政系统队伍建设、思想政治工作、政法装备建设、信息化建设及应用工作；负责组织开展全县司法行政系统工作人员业务培训工作；负责司法行政复议和应诉工作；指导全县司法行政系统法学教育和法学理论研究工作；承办县政府交办的其他事项等。

青阳县司法局位于青阳县蓉城镇蓉溪南路121号，内设办公室、政治处、基层工作股、法制宣传股、公证律师管理股和法律援助中心、社区矫正管理局，在全县设立有11个乡（镇）司法所及1个经济开发区司法所，为司法局的派出机构。

青阳县司法局现有工作人员42名，其中局机关工作人员19名，司法所工作人员23名。辖区设有公证处1家，公证员2名；法律援助中心1个，法律援助工作站23个；执业律师11名，实习律师1名，律师事务所3家。全县共有各级调委会145个，专兼职人民调解员920人，形成了县、乡（镇）、村三级人民调解网络。

【人民调解】 2011—2013年，全县基层司法所和各级人民调解组织共受理各类矛盾纠纷5373件。其中2011年受理1863件，调解成功1803件，调解成功率96.7%。2012年受理1777件，调解成功1733件，成功率97.5%；在专项活动中共排查矛盾纠纷1248件，有效防止民间纠纷引起自杀的7件，防止民间纠纷转化为刑事案件的38件，防止群体性上访35件，防止群体性械斗7件。2013年探索个性化调解工作，在西华司法所成立“施世庆调解工作室”。全年排查纠纷1733件，调处2423起，防止民间纠纷引起自杀的19件，防止民转刑52件，防止群体性械斗11件，防止群体性上访36件，发挥了维护社会稳定的“第一道防线”作用。全县认真贯彻《人民调解法》及省、市有关文件精神，加强人民调解组织队伍建设，进一步健全人民调解工作网络，强化基层人民调解员的业务培训，其中2012年西华司法所施世庆获得司法部“全国人民调解能手”称号。

【社区矫正】 2011—2013年，青阳县司法局积极开展对社区矫正人员的监督管理和教育帮扶工作。2012年8月，成立青阳县社区矫正管理局。2013年12月，青阳县社区矫正中心挂牌成立。全县11个乡镇组建207名社区矫正志愿者和164名社区矫正工作者队伍，招聘12名社区矫正公益岗位人员全部到岗到位。通过“安徽省社区矫正定位及通信系统”平台，对部分社区矫正人员进行手机定位全程监控，实现社区矫正监管工作方式从“人防”向“人防、技防相结合”转变。2011年，全县在册社区矫正人员217人，其中缓刑205人、假释6人、暂予监外执行2人，剥夺政治权利4人；2012年，全县在册社区矫正人员220人，其中缓刑193人、假释10人、管制7人、暂予监外执行10人；2013年，全县在册社区矫正人员215人，其中管制1人，缓刑199人，假释11人，监外执行4人。开展社区影响评估共41件，其中监外执行保外就医续保评估4件，缓刑评估29件，假释评估8件。

【安置帮教】 2011—2013年，青阳县司法局为帮教对象建立帮教档案，建档率100%。2011年接收刑释解教人员42人，帮教率达100%，安置率100%。2012年接收刑释解教人员77人。2013年接收刑释解教人员74人。为使安置帮教工作制度化、规范化，2013年县政府投入35万余元，建成安置帮教基地1个，实现远程探视和刑释解教人员报到、教育以及临时安置等多种功能。为防止刑释解教人员重新犯罪，继续创新帮教思路，通过全社会力量解决他们生活出路和就业问题，达到刑释解教人员无重新犯罪，且5年内重新违法犯罪率控制在1%以下目标。

【法律援助】 2011—2013年，青阳县司法局成立工会、残联、青少年、老龄委、劳动和社会保障、县法院、县看守所等法援助工作站，制订《青阳县村级法律援助工作联络点管理暂行办法》，在县行政服务中心设立法律援助窗口，在陵阳路设立法律援助便民服务临街窗口；把婚姻家庭、劳动就业、就医就学、社会保障、土地承包、坑农事件等民生问题纳入权益保护范围。

2011-2013年，县中心共受理、指派各类法律援助案件1097件，为受援人挽回经济损失1410余万元；接待来访、来电法律咨询2110余人次。

2011-2013年，青阳县开展的“为了农民工兄弟—法律援助在行动”系列活动、法律援助零距离服务措施分别受到人民网、安徽法制报、池州日报、池州电视台等相关媒体报道，县法律援助中心分别获得池州市“文明窗口”“安徽省基层维护妇女儿童权益先进集体”

“2012年度全省便民服务示范窗口建设先进集体”等称号。丁桥镇、新河镇、杨田镇、陵阳镇、乔木乡、杜村乡、西华乡等7个法援工作站被市司法局授予“市级示范法援工作站”。

【律师工作】 截至2013年，全县共有社会执业律师11人，实习律师1人。全县各律师事务所共办理案件1094件。其中2011年共办理案件290件，分别为：刑事案件45件、民事案件193件、非诉案件52件；办理法律援助案件60件、担任法律顾问65家。2012年共办理案件396件，分别为：刑事案件57件、民事案件305件、非诉案件17件、行政案件3件、仲裁案件14件；办理法律援助案件46件，担任法律顾问90家。2013年共办理案件408件，分别为：刑事案件87件、民事案件290件、非诉案件9件、行政案件4件、仲裁案件18件；办理法律援助案件93件，担任法律顾问88家。全县加强对律师的教育培训和业务学习，对律师事务所各项工作和执业律师办案业务进行督查，加强律师与社区、经济开发区、工业集中区、小微企业、司法所等联系，安排优秀律师担任县、乡（镇）人民政府法律顾问，提高律师法律服务质量和范围。2013年戴晋玲律师事务所获得省优秀县域律师事务所光荣称号，受到省司法厅表彰。

【公证工作】 2011—2013年，青阳县公证处累计办理各类公证996件，其中民事类615件、经济类365件，法律援助案件16件，减免公证费16万元，为当事人避免和减少经济损失达1200万元。公证处连续3年获得“青阳县司法行政系统先进集体”称号。

【普法宣传】 县司法局制订“六五”普法工作计划，深入开展“法律八进”、“江淮普法行”、全国“12·4”法制宣传日等多种系列普法活动，把法律知识送到社会各个单位部门和千家万户。推进法治城市创建，增强公民法律素养，加强法治文化建设。2013年青阳县获得全国六五普法中期督查先进集体荣誉称号。

（县司法局办公室）

婚姻习俗

订 亲

旧式婚姻经媒人说合时，男女双方必须首先交换“庚帖”（以红纸写明出生年、月、日、时的定式帖），并请算命先生推算，如“八字”（出生年月日时的天干、地支共8字）相配，方可“下聘”（男方按约定送“聘礼”到女方）定亲。今此俗已废，但通过媒人介绍的婚姻中“相亲”之风盛行，尤以农村为甚。即男女双方经介绍相识并互相中意，先由男方随媒人前往女家相亲，如女方家长满意，则以家宴款待。然后择日由女方母亲偕女儿及其他女性亲眷，前往男方家庭察看，谓之“看人家”，若满意则留下就餐。男方将事先约定包好的聘金和首饰等，递交女方本人，称“递手”；有的相亲满意后，即由双方择日举行“订婚”仪式并“递手”。至此，双方婚姻关系基本确定。

经济管理与监督

国民经济和社会发展

【概况】 青阳县发展和改革委员会于2010年重新设立，主要负责拟订并组织实施国民经济和社会发展战略、中长期规划和年度计划，监测分析宏观经济和社会发展态势，指导推进和综合协调经济体制改革，规划重大建设项目和生产力布局，按权限审批、核准、备案投资项目，推进经济结构调整，研究提出社会事业发展战略，组织实施能源发展战略，综合协调节能减排，推进全县可持续发展。2013年共有编制12人。

【实施“十二五”规划】 2011—2013年，青阳县坚持新型工业化和特色城镇化双轮驱动，执行生态立县、工业强县、旅游兴县、商贸活县、城镇带动五大战略，推进“5121”工程（重点建设非金属新材料、有色金属材料、机械制造、旅游服务、现代农业五大特色百亿元产业基地，力争到2015年全县地区生产总值达到100亿元以上，财政收入达到20亿元左右，农民人均纯收入达到1万元以上），实现经济总量持续壮大，工业主导地位不断巩固，旅游商贸蓬勃发展，投资活力充分释放，经济结构逐步优化，规划执行情况总体良好。

【经济发展指标】 2011—2013年，全县地区生产总值分别完成54.7亿元、61.5亿元、68.2亿元，年均增长12.3%，年均超当年目标任务2%。财政收入分别实现8.5亿元、11亿元、13.2亿元，年均增长26.8%，年均超当年目标任务7.7%。规模以上工业企业增加值分别完成16.3亿元、22亿元、26.5亿元，年均增长27%，年均超当年目标任务8%。全社会固定资产投资分别完成47.5亿元、53.3亿元、68.9亿元，年均增长26.2%，年均超当年目标任务8%。社会消费品零售总额分别完成17.4亿元、19.7亿元、24.5亿元，年均增长18.5%，年均超目标任务1%。外贸进出口总额分别完成2863万美元、4124万美元、5747万美元，年均增长41.8%，年均超目标任务26.7%。旅游总收入分别完成44.8亿元、64亿元、84.5亿元，年均增

2013年全县重点项目推进会

长38.4%，年均超目标任务25.8%。招商引资分别完成45.6亿元、63亿元、78.2亿元，年均增长29.7%，年均超目标任务3.3%。

【社会发展指标】 2011—2013年，青阳县城乡居民社会养老保险缴费率分别为80%、99.8%、115.2%。合作医疗参合率分别为99%、99.6%、109%。城镇登记失业率分别为4.0%、3.6%、3.59%。人口自然增长率分别控制在6.22‰、3.8‰、5.9‰以内。

【人民生活指标】 2011—2013年，青阳县城镇居民可支配收入分别实现16100元、18540元、21350元，年均增长14.7%，年均超目标任务3%。农村居民纯收入分别实现7080元、8241元、9842元，年均增长18.3%，年均超目标任务3.6%。

（县发展改革委　柯同根）

2011–2013年青阳县经济发展指标完成情况统计表

表9

单位：亿元、万美元

年度 经济指标	2011		2012		2013	
	完成额	增幅	完成额	增幅	完成额	增幅
地区生产总值	54.7	14%	61.5	12%	68.2	10.9%
财政收入	8.5	31%	11	29.4%	13.2	20%
规模以上工业企业增加值	16.3	30%	22	34.9%	26.5	16.2%
全社会国有资产投资	47.5	37%	53.3	12.2%	68.9	29.3%
社会消费品零售总额	17.4	18%	19.7	13.2%	24.5	24.4%
外贸进出口总额	2863	42%	4124	44%	5747	39.4%
旅游总收入	44.8	40.8%	64	42.8%	84.5	31.6%
招商引资	45.6	43.8%	63	21%	78.2	24.2%

2011—2013年青阳县社会发展指标完成情况统计表

表10

单位：%、‰

年度 社会指标	2011	2012	2013
城乡居民社会养老保险缴费率	80	99.8	115.2
合作医疗参合率	99	99.6	109
城镇登记失业率	4	3.6	3.59
人口自然增长率	6.22	3.8	5.9

2011—2013年青阳县人民生活指标完成情况统计表

表11

单位：元

年度 生活指标	2011		2012		2013	
	完成额	增幅	完成额	增幅	完成额	增幅
城镇居民可支配收入	16100	14%	18540	15%	21350	15.1%
农村居民纯收入	7080	19%	8241	16.4%	9842	19.4%

国土资源管理

【概况】 青阳县国土资源局（简称国土局）成立于1984年，主要负责全县土地资源、矿产资源等自然资源的保护与合理利用。现有在编人员51人。

【基本农田保护】 2012年，全县开展永久基本农田划定工作，在丁桥镇丁桥村等7个村实施1000公顷高标准基本农田建设，2013年元月完成。2013年度在新河镇、木镇镇、乔木乡、西华乡等4个乡镇19个村在完成高标准基本农田建设项目2067公顷，通过市国土资源局验收。全县年度耕地保护责任目标履行情况通过市政府考核。

【保障经济社会发展用地】 2011年批准建设用地20个批次、4个独立选址项目，合计面积328.5公顷。2012年批准建设用地13个批次、3个独立选址项目，合计面积209.1公顷。2013年批准建设用地20个批次、2个独立选址项目，合计面积263.6公顷。2011—2013年，全县经营性用地和工业用地使用权出让共187宗595.3公顷，出让金收益19.97亿元。

【土地定级估价】 2011年启动青阳城区、庙前镇基准地价更新和新河镇、杨田镇、西华乡、朱备镇、童埠新区、五溪新区、杜村乡和乔木乡等8个集镇土地定级估价工作。2012年经县政府批准对青阳城区、庙前镇基准地价更新成果，新河镇、童埠新区、西华乡、乔木乡、杨田镇、杜村乡、庙前镇、五溪新区等8个集镇土地分等定级成果，自2012年3月1日起实施。包括2008年公布实施的沙济、陵阳、木镇、丁桥等4个集镇基准地价成果，基准地价体系覆盖全县重点集镇。

国土部检查县农村集体土地三证发放工作

【节约集约利用土地】 2011年，青阳县政府办公室印发《青阳县节约集约利用土地工作实施方案》，对县级工业园区内工业项目亩均投资在150万元以下、竣工投产后每亩土地产出不足5万元税收，其他乡镇工业集中区内工业项目亩均投资在100万元以下、竣工投产每亩土地产出不足3万元税收进行处置；为提高土地利用率，促进产业集聚，县政府印发《关于加强建设项目节约集约用地管理的意见》。

2012年全县共清查闲置、低效利用工业项目用地109宗、247公顷，通过清退、股权转让、协议收回、收购后转让等方式盘活工业企业用地6宗，限期整改工业用地20宗、40公顷，收回土地使用权3宗、5.3公顷。2013年共督查2011年以来全县认定闲置、低效利用土地189宗、610.6公顷，对查处问题限期整改，获得“第二届全国国土资源节约集约模范县”称号。

【地籍管理】 2011—2013年，全县共办理国有土地使用权登记发证5706宗、土地使用权抵押权设定登记787宗。提供地籍资料查询310多人次，调处土地权属纠纷10起。2011年按照第二次土地调查成果，对全县11个乡镇111个行政村113宗集体土地所有权进行登记，并完成确权和登记发证工作，发证率100%。农村集体建设用地使用权确权和登记发证623宗，发证率100%。2013年7月，根据省、市要求，全县启动宗地统一代码编制工作，制订《青阳县宗地统一代码地籍区和地籍子区划分和代码编制工作实施方案》，已通过省厅验收，于2014年1月1日起试运行。

【矿政管理】 2011年共为21个矿山企业办理登记、延续、变更等手续，全县共有22个矿山企业缴存地质环境治理恢复保证金1300.27万元。县国土局统一制作矿山标志牌，埋设部分矿山界桩。

2012年发布实施《青阳县矿产资源总体规划》，编制《青阳县矿业权设置方案》，为11个矿山企业办理登记、延续、变更等手续，全县共有50多个矿山企业缴存地质环境保证金5063.68万元，对未按时交纳保证金的矿山实行停产整顿。完成53个探矿权2011—2013年度审核工作。完成全县矿山资源储量数据库录入上报及乙类矿山储量评审备案工作。

2013年为18个矿山企业办理延续手续，首次实行采矿权、探矿权年检网上报备制度，对全县存在转让行为的12个矿山企业办理转让变更手续，规范矿业权市场。

【地质灾害防治】 全县在每年汛期召开地质灾害群测群防工作会议和地质灾害防治工作会议，开展地质灾害防治业务培训和科普宣传，健全县、乡（镇）、村、组四级地质灾害群测群防制度，从5月1日至9月30日实行汛期24小时值班制度。2011—2013年，县国土局制作、发放各种地质灾害防治资料信息5000份，实施地质灾害应急调查20余次。按照国土资源部《关于开展地质灾害群测群防“十有县”建设的通知》要求，开展“十有县”建设活动，被国土部列为全国地质灾害群测群防“十有县”。制订《青阳县2011年度、2012年度、2013年度地质灾害防治目标责任书》，确定全县地质灾害点111处，其中滑坡22处、崩塌6处、泥石流4处、地面塌陷2处、不稳定斜坡77处，列出重点地质灾害点19处，其中市级重点7处、县级重点12处；编制《2011年度、2012年度、2013年度青阳县地质灾害防治方案》和突发性地质灾害应急预案。开展全县1：5万地质灾害调查工作。

【土地矿产卫片执法检查】 2011年，县国土局接到国土资源部下发青阳县2010年度土地矿产卫片遥感图斑及数据后，及时核实查处35宗违法用地和1宗矿产违法行为，顺利通过检查验收。2012年，县国土局制订《青阳县2011年度土地卫片执法检查工作实施方案》，根据2011年度土地矿产卫片图斑和数据，及时核实查处24个（含九华山4个）违法用地行为，共计土地面积19.38公顷，其中耕地面积3.17公顷，顺利通过验收。2013年根据2012年度土地矿产卫片图斑和数据，对12宗违法用地行为进行立案查处，没收建筑物面积999.64平方米，拆除违法建筑物和构筑物943.65平方米，行政处分8人，顺利通过验收。

【国土资源执法监察】 2011—2013年，县国土局共开展国土资源执法动态巡查1667次，接到群众举报、上级交办督办、部门转办、信访件及“12336”举报电话87件（次），立案查处国土资源违法案件141件，下发《责令停止土地违法行为通知书》141份，其中查处土地违法行为为158件、矿产违法行为15件，拆除违法构建物2.29万平方米，没收构建物10.41万平方米，责令退还土地面积23公顷，没收、罚款4480.28万元，建议监察机关给予责任人不同行政处分39人（次）。积极参与县城南扩拆迁及城区周边违法建设拆除行动，拆除木镇南河、蓉城杨冲、光华、五星、和平、百花等村21宗违法用地的违章建筑2600平方米，收回土地4336平方米。成立青阳县国土资源联合执法办公室，设立青阳县公安局国土资源警务室，提高国土资源违法案件执法能力。2012 年分别获得“全省国土资源执法模范县”、“全国国土资源行政复议工作先进单位称号”。

【国土资源普法宣传】 制订“六五”普法规划和年度宣传教育计划，利用“4·22”地球日、“6·25”土地日、“12·4”法制宣传日、“11·29”测绘法宣传日和各类舆论媒体广泛开展国土资源法律法规宣传。通过举办培训班，对国土资源法律法规进行培训。2011 年，县国土资源局获省国土资源系统依法行政先进单位称号。

（县国土局办公室）

劳动人事管理

【概况】 青阳县人力资源和社会保障局（简称人社局）组建于 2010 年 10 月，主要承担全县人力资源综合管理和社会保障工作，下设人才交流服务中心、劳动就业管理局、社会保险事业管理中心、城乡居民社会养老保险管理中心、医疗保险基金管理中心等 5 个直属事业单位。

【公务员管理】 2011—2013 年，全县共招录公务员 135 人，接收安置军队转业干部 7 人，组织申报县旅游外事局等 7 个单位为参照公务员管理单位，安排参加省公务员科干班、青干班培训 25 人次。

【人才招聘工作】 2011—2013 年，全县共招聘事业单位工作人员 255 人，其中医技人员 34 人、中小学教师 128 人，到农村基层从事支农、支医、支教、扶贫人员 9 人，其中支医人员 4 人、支教人员 5 人；组织高校毕业生就业见习 85，参与并指导县人民医院、县中医院招聘临时聘用人员 80 余人。

【离退休人员工资福利管理】 2011—2013 年，县人社局共办理核定机关事业单位工作人员退休和待遇手续 291 人，其中 2011 年 132 人、2012 年 96 人、2013 年 63 人；审批机关事业单位工作人员及离退休人员一次性死亡抚恤金 84 人，其中 2011 年 25 人、2012 年 26 人、2013 年 33 人；到 2013 年，全县机关事业单位工作人员（含离退休人员）遗属生活补助费提高到每人每月 420 元。

【就业创业】 2011—2013 年，全县城镇新增实名制就业 10354 人，其中：下岗失业人员再就业 4513 人，就业困难人员再就业 532 人。落实高校毕业生就业见习 85 人。转移农村劳动力 9960 人，城镇登记失业率为 3.6%。累计登记招聘企业 108 个，提供岗位近 6000 个，成功介绍 1841 人。开展劳动者就业技能培训 5528 人，企业在岗职工技能提升培训 1285 人，开展职业技能鉴定 6002 人。组织举办创业培训 1150 人。全县失业保险参保职工达 10158 人，失业保险基金征缴 1581 万元，支出 375.7 万元。申报创建市级“充分就业星级社区”6 个、市级“农村劳动力转移就业示范乡镇”6 个；建设农民工创业园 5 个、民营创业孵化基地 1 个，有 25 家企业入驻，带动就业 1300 余人，有力调动农民工返乡创业的热情。

【落实就业扶持资金】 2011—2013 年，全县累计筹集就业资金 2989.8 万元，其中上级财政拨付 2984.6 万元，利息收入 5.2 万元；支出共计 2672.6 万元，其中扶持公共就业服务 239.3 万元，职业培训补贴 6852 人、397.5 万元，职业介绍补贴 1119 人次、12.38 万元，社会保险补贴 6664 人次、1272.5 万元，岗位补贴 629 人、145.4 万元，技能鉴定补贴 8226 人次、102.9 万元，小额担保贷款贴息 57.6 万元，就业见习补贴 70 人、35.7 万元，其他补贴 409.4 万元。筹集小额担保贷款担保基金1088万元，发放小额担保贷款4748万元，带动就业2000余人。

【就业培训】 2011—2013年，全县开展劳动者就业技能培训5528人，企业在岗职工技能提升培训1285人，开展职业技能鉴定6002人，有力提高城乡劳动力就业能力；开展创业培训班36期，培训1150人，帮助796人实现成功创业，直接带动2500多名城乡劳动者实现就业再就业。

公益性岗位专场招聘会

【人力资源市场建设】 2011—2013年，全县大力实施就业优先战略，初步形成以县人力资源市场为中心，以开发区人力资源服务中心为辅助，以17个乡镇（社区）人力资源市场和110个村就业信息联络站为支点，以4个民办人力资源服务公司为补充的人力资源市场服务体系。通过每年举办“春风行动”、春节大型招聘会、“就业援助月”和民营企业招聘周等活动，年均提供就业岗位3000余个，人力资源市场在就业服务工作中的主导作用得到充分发挥。

【基层就业服务平台建设】 2013年，全县11个乡镇和蓉城镇6个社区全部建立基层就业和社会保障服务站（所），全县110个行政村全部配备村就业和社会保障信息员，协助开展就业服务。全县在创建市级“充分就业星级社区”“农村劳动力转移就业示范乡镇（村）”活动中，注重提升基层就业服务平台服务水平，共申报创建“农村劳动力转移就业示范乡镇（村）”6个、“充分就业星级社区”6个，有序推进基层就业服务平台建设。

工商行政管理

【概况】 青阳县工商行政管理局（简称工商局）成立于1979年，主要负责全县工商行政管理工作。现有行政编制人员76人，事业编制人员3人。

【注册登记】 2013年，全县注册登记企业1887个，其中内资357个，私营企业1530个；共有农民专业合作社178个，家庭农场27个，个体户总数9431户。各类经济主体注册资本金共计69.37亿元。

【服务县域经济发展】 助推企业发展，优化窗口服务 全县推行企业注册登记“三通一减免”政策，即：基本条件具备的“畅通”、基本条件不完全具备的“变通”、基本条件不具备的“沟通”，对企业注册登记、年检全部实行“零收费”。

构建企业融资“快速通道” 2011—2013年，全县办理动产抵押登记、股权出资出质登记和商

“3·15”宣传活动现场

标专用权质登记283件，帮助企业融资5.52亿元。

开展“进万企、优服务、促发展”活动　上门走访各类企业192个，帮助企业解决实际困难157条，指导企业申报省市级“守重企业”66个。

【商标战略】　助推县政府出台《青阳县人民政府关于进一步实施商标战略促进经济发展的意见》，新发展商标406件，申报“九华山黄精”地理标志证明商标1件。截至2013年，全县有效商标注册量673件，其中马德里商标国际商标2件，省著名商标11件，市知名商标47件。

【经济检查执法】　县工商局履行“查无”（查处取缔无照经营）联席会议办公室职责，2011—2013年共排查各类经营主体1.22万户次，对全县775户涉及前置许可的无证无照经营户向相关单位进行抄告，引导办理营业证照1197户，创建1个证照管理示范区和9条证照管理示范街，经营户达2758户。深入开展打击侵犯知识产权和制售假冒伪劣商品以及“红盾护农”专项行动，立案查处各类经济案件797起，罚没款入库360余万元。将打击传销纳入网格化监管，联系公安系统，先后完成“皖剑”“打传销反欺诈促和谐”执法行动，共检查重点区域120处（户），创建“无传销社区（村）”5个，实现全县无传销活动目标。

【食品安全监管】　全县2114户食品经营户（含批发户208户）全部纳入经济户口档案管理，共建立食品安全教育基地5个，在城区商场超市建立“临近保质期食品销售专柜”制度。健全完善网格化监管和“票证通”信息化监管，开通“票证通”用户208户，实现食品批发户全覆盖，出票58万张。举办食品经营户培训班14期，培训食品经营从业人员1531人。立案查处食品案件328起，查获不合格食品3550余公斤，各类假冒仿冒酒1.05万瓶。

【消费者权益保护】　全县建立消费者投诉站、“12315”联络站121个，在县实验小学挂牌建立首个消费教育学校。2011—2013年共受理消费者咨询、申诉及举报案件449件，受理办结率100%，为消费者挽回经济损失43.3万元。唱响“12315”品牌，每年3月15日举办大型“打击假冒伪劣商品成果展”，共计销毁假冒伪劣商品标值70余万元，汇总维权典型案例在市县主流媒体上发表。深入推进流通领域商品质量监测和专项整治，共检查经营主体6679户次，抽样送检各类重点商品200余组，有效提升群众消费防范能力。

【文明创建】　2013年3月，全县共出动执法车110台次、人员600余人次，查扣非法待销、已销“马自达”（三轮助力车）11辆。对照第三届安徽省文明县城创建标准，对城区集贸市场、旅游香烛市场、“前店后坊”、“百城万店无假货示范街”、“学校周边环境”、“商场超市”和“责任路段”进行集中达标整治。

（县工商局　徐光华）

物价管理

【概况】　青阳县物价局成立于1987年7月，主要负责贯彻执行国家价格法律、法规和方针、政策，组织实施对价格的宏观调控。2013年共有编制15人。2011—2013年青阳县物价局先后获得“全省价格系统先进集体”、“全市价格系统先进集体称号”。

【收费管理】　2011—2013年，青阳县物价局认真做好年度收费年审工作，共审查行政事业性单位和经营服务性单位360个，其中2011年81个、2012年158个、2013年121个，共涉及收费金额7.35亿元；继续做好收费治乱减负清理工作，共清理收费项目21项；将“收费许可证”“服务价格登记证”统一纳入县行政服务中心物价窗口办理。

收费服务　支持全县经济转型发展，与县发改委、县财政局、县农委、县商务局、县工商局、县质监局等七单位联合制订《青阳县防止生猪价格过度下跌调控实施方案（暂行）》，较好落实省、市、县促进承接产业转移示范区建设价格政策，对企业融资、强农惠农、基层医改、保障性住房、教育收费、民生和物业收费、旅游景区价格减免等开展公共服务与管理。落实国家、省、市公布的《行政事业性收费项目目录》、《安徽省定价目录》和“收费许可证”规定，梳理、审核各类收费项目标准，编印《青阳县行政事业性收费项目标准目录》，免费发放到各单位。

商品与服务调定价　2011—2013年，青阳县物价局根据《中华人民共和国价格法》《政府制订价格行为规则》《安徽省定价目录》，适时制订或调整政府指导价、政府定价的商品和服务价格。进行医疗、教育、幼儿园保育教育收费、住校生住宿费、政府廉租房租金、城区出租车运价、旅游景区门票、部分农村客运班线票价、垃圾清运费、墓穴位价格等调定价工作。

【物价检查】　2011—2013年，青阳县物价局将加快转变经济发展方式监督检查与日常价格管理相结合，重点加强医疗卫生、教育、旅游、涉农及民生商品价格检查和巡查，共没收非法所得42万元，其中2011年13.8万元，2012年27万元，2013年1.2万元。在医疗卫生物价检查方面，2011年对全县医药卫生服务价格及乡村一般诊疗费政策进行检查，共查出价格违法案件11起；2012年对15个申报进入医保定点单位医院、诊所和药店药品价格进行审核。在市场物价检查方面，先后检查规范五溪香烛市场、农资市场、节假日民生商品物价、商品房市场、旅游市场、银行业和教育收费价格，落实成品油价格调整政策，及时掌握市场价格动态。在涉农价格与收费方面，2012年对5个乡镇自来水价格、化肥等重要农资价格、县水务局、国土资源局、城建系统收费情况进行检查，共查出违价案件2起；2013年对城区和各乡镇30余个经营户农资价格进行检查。省物价局继续做好12358价格举报信息服务，2011—2013年共处理价格咨询110余人次、投诉案件25起，办结率100%，其中2013年退还消费者多收价款1.3万元。

【农产品成本调查和价格监测】　农产品成本调查　2011—2013年，按要求相继完成每个年度水稻、油菜籽、桑蚕茧、烤烟等农产品常规性成本调查和农资购买、农户存售粮、种植意向等专题调查任务，为党和政府制订价格提供第一手原始资料。

加强成本监审工作　2011—2013年，县物价局先后完成县城城区出租车运价制订和对县城城区高层住宅二次供水定价成本，池州杰达青阳公交公司城乡公交车票价成本，丁桥、乔木、酉华、庙前、杜村5个乡镇自来水价格。

加强价格监测　围绕居民生活必需品和价格热点，针对27个重要商品和服务价格，落实《安徽省价格监测管理规定》做好价格监测报告制度，当好政府参谋，及时提供第一手数据。

【价格认证】　2011年，县物价局除日常车损评估及刑事、民事案件评定外，还主动与县开发区管委会取得联系，完成逸伦麻业、联硕、神磁3个企业近8300万元资产评估认证。2012年完成价格鉴定126件、标的额7600余万元。对县工业园区5个企业开展土地收储和企业资产评估，为县政府和县工业园区办理土地收储和合理安排投资提供价格依据。2013年完成价格鉴定90件、标的额100余万元。对县经济园区4个企业固定资产、政府委托的整治“三车”资产、市法院委托的涉案物品进行认证。

【政治教育活动】 2011—2013年，县物价局推进权力公开透明运行试点工作，加强政务服务建设和价格法制宣传，完善价格行政决策机制，规范行政执法行为，加大阳光电子政务信息处理平台建设，提供优质高效便民的价费招商引资环境。

（县物价局 李 清）

审计监督

【概况】 青阳县审计局成立于1984年5月，主要职责是参与制订审计、财经方面的地方性法规、规章和其它规范性文件；制订全县审计制度规范并监督执行；制订并组织实施年度审计计划。向县人民政府、市审计局报告以及向县有关部门通报审计情况，受县政府委托向县人大常委会提交本级预算执行和其他财政收支情况的审计工作报告、审计发现问题的纠正和处理结果报告。依据《中华人民共和国审计法》等法律法规，直接进行财政预算、政府投资等审计和进行专项调查，对直接审计、调查和核查的事项依法进行审计评价，作出审计决定或审计建议。承办县委、县政府交办的其他事项。2013年编制17人。

2011—2013年，县审计局共完成审计项目128个，审计查出违规资金4280万元，管理不规范资金38737万元，调账处理5167万元；政府投资审计核减节约财政资金4271万元。

【预算执行审计】 2011—2013年，县审计局根据县委、县政府安排，先后对青阳县财政局（国库支付中心）、地税局、公安局、教育局、法院、检察院、人社局等11个部门单位进行预算执行及其他财政财务收支情况审计，以预算支出为重点，检查财政性资金使用合规合法性和效益性，揭露预算执行过程中违纪违规现象，查处违法犯罪行为，对查出的带有普遍性、苗头性等影响经济发展大局问题提出针对性意见和建议，促进财政支出改革和公共财政体制不断完善。

【专项资金审计和审计调查】 县审计局从推进民生工程、构建和谐社会角度，对涉及人民群众切身利益的重点专项资金进行审计和审计调查。2011—2013年先后审计新型合作医疗、农村养老保险基金、社会保险基金、社会救助基金、社会福利基金、农业综合开发专项资金、市政工程拆迁安置房、中小学布局调整、城镇保障性住房、2011—2012年农村公路建设资金等14项专项资金，针对审计过程中发现的普遍性、倾向性问题，提出针对性意见和建议，保障民生工程顺利实施。

【固定资产投资审计】 2011—2013年，先后对南（阳）六（都）公路、东风等21座水库除险加固、新河土地复垦、中小学校舍安全工程等105个项目进行审计，为政府开展重点项目建设节约大量资金。针对审计中发现的部分工程项目招标不规范、现场管理不到位、签证不全不及时等问题，提出许多规范性意见和建议。

【经济责任审计】 2011—2013年，共对20名领导干部的任期经济责任进行审计，并作出客观评价。在对领导干部审计过程中，注意审计方式转变，逐步实现从领导离任审计到任中审计，起到控制和防范作用，促进干部依法行政和预防腐败犯罪。

【审计队伍建设】 县审计局强化审计人员政治素质和业务能力培养，先后提交审计（调查）报告128篇，编印《审计信息》33期，《审计专报》5期，被各级采用信息40余篇次；积极参加各级各类培训，有2人获得全省审计机关优秀审计能手称号。2011—2013年，县审计局先后获得“第五届全省审计系统精神文明单位”、“全省审计系统党风廉政建设先进单位”、“第六届池州市文明单位”等多项称号。

（县审计局　张宏实）

质量技术监督

【概况】 2000 年 5 月，青阳县技术监督局更名为青阳县质量技术监督局。主要承担质量、计量、标准化、认证认可、特种设备安全监察综合管理，实施源头质量监管，质量振兴，执法打假和安全监察。截至 2013 年底在编人员 22 人，其中行政编制 14 人，事业编制 8 人。

【质量强县】 编制三年全县质量状况白皮书，协调质量振兴成员单位，巩固和扩大“质量兴省先进县”活动成果。完善名牌推荐和培育机制，推广卓越绩效管理模式，实施以质取胜战略。2011—2013 年,全县企业获安徽名牌企业1个、安徽省卓越绩效奖1个池州市知名品牌企业5个、池州市市长质量奖1个、青阳县县长质量奖6个。2013 年制订《青阳县质量强县活动实施方案》，按照“产业分类、特色发展”原则，完善培育体系，推进品牌梯度发展。

【质量监督】 加强质量定期监督检查，配合国家、省、市开展质量抽查。根据《安徽省工业产品生产许可证获证企业分类监管实施方案》要求，2012 年起将全县获证企业按通用规则分类，实施动态监管。推进质量管理体系认证工作，不断健全 3C 生产企业档案，配合省质监局开展辖区获证实验室检查工作。

【标准化管理】 2012—2013 年，全县企业按照市《关于实施技术标准战略的意见》开展标准化建设活动，共创建标准化良好行为 3A 企业 2 个、2A 企业 3 个；完成《桑蚕鲜茧》国家标准 1 个，《桑树高产栽培技术操作规程》等省地方标准 6 个、企业标准 14 个；青阳县蚕桑农业标准化示范区项目顺利通过省专家组考核验收；上述 5 个企业和县蚕桑农业标准化省级示范区获得县政府奖励 11 万元、市财政奖励资金 22 万元。县质监局申报皖南土鸡孵化场操作规范省地方标准项目以及“九华黄精种植”、“特种水产养殖”、“绿色水稻种植”等 3 个农业标准化示范区项目，启动九华山黄精国家地理标志产品保护申报工作。扩大组织机构代码和商品条码应用面，为社会提供标准查询代购服务；依据《商品条码管理办法》，对生产、零售、物流等领域使用商品条码单位进行专项检查，确保商品条码真实性。

【计量管理】 开展能源计量管理创优活动，降低企业单位耗能指标，分别对超威电源、华隆钙业等 10 余个高耗能企业能源计量进行检查与服务，推进企业节能工作。开展电子秤、加油机、压力表和出租车计价器等强制检定工作，3 年累计检定 8000 余台（次）。开展企业实验室计量器具检定工作，共检定实验室 100 余个。分别在乡镇基层医疗机构、县城主要集贸市场开展计量器具免费强制检定工作，推荐 7 个企业开展诚信计量示范单位争创活动。

【食品质量安全监管】 开展打击违法添加非食用物质和滥用食品添加剂专项整治工作，定期监督检查和市级监督抽查涉及大米、粮食加工品、肉制品、植物油、糕点、淀粉及淀粉制品等产品 11 类 800 余组，合格率 97%。指导食品生产企业申请许可证，2011—2013 年到期食品企业共换证 52 个，新领证 9 个，对 64 个食品生产加工小作坊基本卫生条件进行核查，发放合格告知单 57 张。3 年里辖区未发生生产领域食品安全事故。

【特种设备安全监察】 制订《青阳县特种设备重要信息公示制度》，推行特种设备安全管理标准化建设。出台乡镇政府特种设备安全协管制度，建立乡镇定期报告、质监检查反馈等工作机制。编印《特种设备安全快报》，对特种设备严重隐患和工作动态进行通报。强化重点行业领域安全监管，通过现场检查及时整改安全隐患。开展“一瓶一卡”式气瓶充装试点，规范全县气瓶充装行业安全管理。对吊运熔融金属起重机进行治理再排查，加强铸造行业起重机械安全监管。每年召开全县电梯安全与维保质量工作会议，进一步提高全县电梯安全管理水平和维保质量。在起重机械、锅炉和快开门式压力容器3个领域开展专项整治。2011—2013年共对194个特种设备使用单位进行检查，共排查隐患193处，下达《特种设备安全监察指令书》235份，查处违法安装、使用特种设备等各类案件20起，打击了特种设备安全违法行为。全县特种设备安全监察工作实现连续14年零事故，为“平安青阳”建设作出积极贡献。

【行政执法】 建立行政执法工作责任制，突出“专项整治”和“重点稽查”。深入开展“质监利剑”行动，针对辖区农资、汽车配件、白酒、葡萄酒等生产企业进行专项检查；加大对县工业园区及乡镇园区在建工程建筑材料、开关柜、电力电缆和装饰装修材料进行执法检查。以“12365”投诉平台为基础，进一步健全打假举报信息网络；3年共受理投诉28起，立案查处31起，公开案审3起，进一步提高质监部门执法透明度和公信度，扩大案审效果。

【技术机构建设】 2012年县质监局“安徽省佛教文化用品质量监督检验中心项目”被列入省政府“861”项目投资计划，2013年8月检验中心开工建设。2011年投入资金50多万元筹建食品实验室项目，2013年食品实验室能够检出大米、植物油、面条、白酒等四大类食品中53项参数，基本满足全县食品安全检测工作需要。2011年新建出租车计价器、分光光度计、酸度计、压力试验机、电导率仪等五项检定装置，2012年新建接地电阻表、耐电压测试仪、绝缘电阻测量仪、游标量具、指示量具和常用玻璃量器等6项标准。2013年县质量监督技术所通过省质监局5年一次的法定计量检定机构复查考评。

（县质监局　王　丹）

食品药品监管

【概况】 2013年，青阳县共有餐饮服务单位1050个，其中持证餐饮服务单位996个；学校（托幼机构）食堂96个。涉药涉械单位201个，其中医疗器械生产企业1个、医疗器械经营企业6个、药品批发企业1个、药品零售企业51个（城区31个、乡镇20个）、医疗机构142个（其中县级医疗机构2个、乡镇卫生院10个、民营医院5个、村卫生室110个、个体诊所15个）。

2011—2013年，全县没有发生重大食品药品安全事件；2013年，青阳县创建“安徽省食品药品安全示范县”顺利通过验收。

【餐饮服务食品监管】 食品监管　全县食品检查覆盖率、从业人员健康证持有率、食品药品安全管理人员培训证持有率、监督信息公示

开展保健食品专项检查

率100%。农村食品安全监管实施集体聚餐备案管理，农村50人以上集体聚餐备案率达到95%以上。餐饮服务食品及餐具抽检合格率达到95%以上。保障重大活动餐饮食品安全，实施全程监控，对蔬菜农药残留、食用油酸价、过氧化值、餐饮具消毒效果等进行现场检测，做好食品留样工作。

药品和医疗器械监管　健全基本药物配送企业监管档案，开展药品购、存、销稽查，打击基本药物销售违法违规行为，保证流通环节药品质量。全县55个药品零售企业全部纳入电子远程监管网络。加强农村药品监管和供应网络建设，其中药品供应网覆盖100%行政村，实现药品城乡同价阶段性目标。全县各级医疗机构全面完成“规范药房”建设。

（洪　丹）

安全生产监督

【概况】　县安监局2005年正式成立，为正局级单位，2013年共有机关公务员编制7人，事业单位编制4人，有办公室、综合科、监管一科、监管二科、职业健康监管科5个内部科室，下属安全生产监察大队、非煤矿山管理办公室两个全额拨款事业单位。主要职责为贯彻执行国家安全生产工作方针政策和法律法规，重点监督管理非煤矿山、危险化学品、烟花爆竹行业安全生产工作，综合指导协调全县安全生产工作，分析和预测全县安全生产形势，发布安全生产信息，协调解决安全生产中的重大问题。

【安全生产目标管理】　2011—2013年，县政府通过每年与各乡镇、各部门和单位签订安全生产目标责任书方式，分解下达各项安全生产控制指标，落实生产经营单位主体责任和第一责任人责任，严格执行“谁审批谁负责、谁主管谁负责、谁发证谁负责”工作原则和“一岗双责”、“一票否决”制度，确保安全生产责任落到实处。2011—2013年，县委、县政府共表彰70个先进单位和69名先进个人。

【整顿关闭小型非煤矿山】　县安监局根据市非煤矿山安全准入管理工作联席会议办公室通知要求，开展小型非煤矿山整顿关闭工作，以规范非煤矿山行业生产秩序。其中2011年关闭小型非煤矿山4个，2012年关闭8个，2013年关闭9个，共计21个。

【职业卫生监管】　2011—2013年，青阳县成立职业病防治工作领导小组，建立职业病防治工作联席会议制度，完善职业卫生监督检查机制，督促企业落实职业危害防治与整改措施，开展作业场所职业危害申报，共完成作业场所职业危害申报159个。2012年县安监局培训职业卫生主要负责人和安全管理人员88人次，均通过考核并取得职业卫生安全资格证书；2013年培训职业卫生管理人员250人，涉及130个企业。2013年县安监局检查产生粉尘和使用有毒有害物品的生产经营单位43个，下达整改指令书13份，现场检查记录42份，并对2368人进行职业健康体检。

【治理排查安全生产隐患】　治理安全生产隐患　全县突出安全生产非法违法行为检查，对发现的非法违法行为，坚决采取措施取缔关闭；对排查出的安全隐患立即整治，并依法予以行政处罚。2011年共排查出一般隐患347项，整改345项，整改率99.4%；2012年共排查事故隐患350条，完成事故隐患整改350条；2013年共排查事故隐患672条，应完成事故隐患整改672条，已完成事故隐患整改606条，按期整改率为90.1%。

建立联合执法机制　从2012年起，全县每月开展一次由安监、环保、质监、消防等部门参与的联合检查，每季度聘请安全生产方面专家逐企业进行隐患排查。督促企业建立隐患排查治理长效机制，推动企业主体责任落实。

开展“打非治违”专项行动　2011年在道路和水上交通、非煤矿山、建筑施工、危险化学品、烟花爆竹等12个重点行业领域开展隐患排查治理和安全专项执法检查行动，力促各行业领域安全形势稳定。2012年以交通运输、建筑施工、非煤矿山等8个行业领域为重点开展专项整治和“打非治违”专项行动，坚持“谁主管、谁负责”原则，先后编发专题简报15期，上报相关工作信息20余篇。2013年组织6次安全生产监督检查，确保彻底消除安全隐患。

加强重点矿区重大安全隐患整治　2012—2013年，中钢集团马鞍山矿山设计院有限公司受县安监局委托，对全县地下矿山进行工程地质调查，各有关矿山严格按照方案进行施工，全面开展采矿区隐患治理。

【安全生产标准化】　根据国务院、省市安委会关于深入开展安全生产标准化建设指导意见，县安监局大力推进安全生产标准化创建工作，提升重点行业领域安全生产管理水平。其中2011—2012年共完成41个企业安全标准化创建任务。2013年全县共有19个非煤矿山、尾矿库企业取得安全标准化相应等级，2家危险化学品生产企业达标准化，另有19个冶金有色的八大行业企业通过三级标准化专家考评。

【安全生产投入】　不断督促各乡镇、各部门和单位加大隐患整治资金投入，督促生产经营单位加大从业人员安全教育培训，劳动防护用品配备和发放等，确保安全生产。严格执行安全费用提取制度和高危企业按标准足额缴纳风险抵押金制度，认真落实教育培训、隐患治理、技术改造等方面安全专项经费投入，2011—2013年累计存储1300余万元。

【查处安全生产事故】　2011—2013年，全县共发生各类生产安全事故230起，死亡83人。其中2011年发生事故38起，死亡34人；2012年发生事故88起，死亡33人；2013年发生事故104起，死亡16人。全县严格按照“四不放过”原则和调查处理权限，加大对生产安全事故查处和责任追究。2011—2013年共对安徽安超建设工程有限公司等11个企业和单位进行查处，对事故责任单位分别予以停产整顿，按照上线处罚，同时严格追究事故责任单位和有关责任人责任。

【安全生产教育培训】　安全生产培训。2011—2013年，全县相继组织非煤矿山、危险化学品、烟花爆竹、建筑、道路、水上运输等领域以及乡镇、部门、生产经营单位分管负责人和相关专业人员、农民工进行培训。其中2011年度培训各类人员1450人，2012年度培训2000人，2013年度培训2100人。县安监局在每年6月开展“全国安全生产月活动”，同时组织企业和人员参加“安康杯”竞赛活动。

（县安监局　施明惠）

招投标监管

【概况】　青阳县招标采购管理局（简称招标局）成立于2007年4月，主要负责全县招标采购日常管理工作；下设县招标采购交易中心，依法受理集中采购目录范围以内和采购限额标准以上的各类招标采购项目。2013年县招标局在编5人，县招标采购交易中心在编7人。

2011—2013年，县招标采购交易中心共执行并完成招标采购任务1354项次，完成招标采购金额约15.98亿元，节约资金约3.56亿元。

【制订招标采购规章制度】　依据《政府采购法》和《招标投标法》，根据青阳县招标采购

2011—2013 年青阳县招标采购任务一览表

表 12

年　度	项目次数	预算价（万元）	中标价（万元）	资金节约（万元）	资金节约率（%）
2011	473	42188.8	34586.47	7602.33	18.02
2012	453	72173.19	60067.69	12105.5	16.77
2013	428	81067.22	65133.71	15933.51	19.65
合　计	1354	195429.2	159787.9	35641.34	18.15

管理办法等系列文件精神，2011–2013 年，县招标局相继制订《重大采购项目会审制度》《投标人资格审查规定》《公开招标程序、职责、时限规定》《青阳县政府采购项目履约回访暂行办法》《青阳县建设工程项目标后跟踪服务暂行办法》《青阳县政府采购年度投标保证金缴纳及管理暂行办法》《投标人(供应商)不良行为记录和公示管理办法》等多项规章制度，规范本县各类招标采购活动，加强对招标工作管理。

【招标采购审查监督】　全县对政府采购严格执行“事前核准、事中监督、事后备案”运行机制。采取对投标人报名资格、招标文件进行集中会审；邀请监察局、检察院和行业主管部门对开标、评标、定标全过程进行监督，重大项目邀请县公证处进行现场公证；对货物类和服务类项目招标后实行合同鉴证制度，对工程类项目招标后实行技术标书、施工合同、工程决算备案制；加大对投标企业不良行为查处力度，2011–2013 年共记录不良行为 8 起，其中限制投标 4 起，并在县招标局网站进行曝光；加强对招标的建设工程项目工程量变更进行审查，2011–2013 年配合县监察局对 39 个在建项目变更情况实施现场审查。县招标局设立投诉受理中心和投诉电话，分别为（电话号码）；从 2011 年以来，共受理投诉 14 起，均给予及时答复。

招标采购大厅

【评标专家库管理】　2008 年建立青阳县评标专家库，到 2013 年共审核入库评标专家 110 人；县招标局制订《专家抽取工作纪律》，健全评标专家库管理制度；2013 年与省发改委及省招投标协会协调，开通省综合评标专家库专家抽取终端，实现可远程在线抽取省综合专家库专家。

【电子化平台建设】　2008 年建立青阳县招标采购网，实现招投标信息网络公开；2013 年对门户网进行改版升级，增加招投标电子化平台，实现企业入库注册、在线报名、在线支付、在线下载、在线退付等功能，实现一站式投标，凸显集约化办公效应。

（县招标局办公室）

统计管理

【概况】 青阳县统计局（简称县统计局）成立于1982年。主要职责是对全县国民经济、社会发展、科技进步和资源环境等情况进行统计分析、统计预测和统计监督，向县委、县政府及有关部门提供统计信息和咨询建议。2013年县统计局共有编制14人。2011—2012年县统计局先后获得第六次全国人口普查省级先进集体、全省统计系统法制工作先进单位、安徽省统计系统先进集体称号。

【第六次全国人口普查】 2011—2012年，青阳县完成第六次全国人口普查及数据录入、资料整理等工作。根据普查：全县共有常住人口230618人，比10年前236655人（2000年11月1日零时青阳县第五次全国人口普查数字，下同）减少6037人，下降2.55%，年平均下降0.26%；户籍人口272127人，比10年前264532人增加7595人，增长2.87%，年平均增长0.28%；全县常住人口中共有家庭户73915户，家庭户人口219530人，平均每个家庭户的人口2.97人，比10年前3.13人减少0.16人。

【第三次全国经济普查】 2013年，国务院决定开展第三次全国经济普查，全面调查了解我国第二产业和第三产业发展规模及布局情况。当年县统计局根据工商、税务、民政、质检、编办等部门提供情况，收集本县2420个现有法人单位、361个产业活动单位、2万余户个体经营户资料，完成部门资料与统计基本单位名录库比对工作。根据规定，青阳县第三次全国经济普查将在2014年1月1日至4月完成上门登记工作。

【加强统计基础工作】 全县积极推进乡镇（街道）首席统计员制度，分别召开推进首席统计员制度现场会，加强乡镇、经济开发区统计站规范化建设和服务业企业单位核查业务培训，组织全县首席统计员参加市统计局培训班，联合国家统计局青阳调查队对本县统计基础工作进行全面检查。2011—2013年全县开展乡镇（经济开发区）12名首席统计员及统计基础工作考核，并对每年考核前三名者进行奖励。与此同时，县统计局还分别联合县委组织部、县委党校、县经信委举办统计实务培训班、乡镇统计干部培训班。

【法制建设】 2011—2013年，县统计局共组织统计人员持证上岗和从业资格考试报名215人、继续教育报名17人，各乡镇首席统计员12人及辅助统计员18人全部实现持证上岗或已报名参加培训。酉华乡通过省统计局投资统计执法检查。2013年县统计局开展统计从业人员持证上岗专项执法检查，全县170户“三上企业”（规模以上工业企业、资质以内建筑业、限额以上批零住餐业）及重点服务业企业共有专职统计员26人、兼职统计员144人，统计从业人员持证数109人。

【企业一套表】 企业一套表是一种新型统计调查制度。2011年县统计局出台《青阳县企业一套表试报和年报工作考核奖惩暂行办法》，对123户“三上企业”及房地产开发经营企业统计人员考核，共兑现发放奖金2.46万元；完成法人单位临时代码清理任务164个，法人单位临时代码使用率降低到8.1%。2013年底全县共有197个“三上企业”、房地产开发企业及重点服务业参加一套表联网直报，顺利完成任务。

【推进统计方法制度改革】 推进工业、投资统计改革。2011年全省规模以上工业统计口径和固定资产投资统计中城镇和农村建设项目投资统计口径均有大幅调整，县统计局完成统计口径变化前后数据衔接工作。为确保全县服务业国内生产总值核算准确，县统计局积极开展205个服务业企业单位核查及服务业增加值统计工作。在推进基本单位名录库维护工作中，坚持“先有库，后有数”，重点做好“三上企业”及房地产经营企业比对核查结果更正、专业字典库确认、临时代码清理等工作，做好全县“三上”企业和房地产开发经营企业、贸易专业个体经营户纳规纳限工作。

【统计服务工作】 2011—2013年，县统计局认真编写人大、政协“两会”特刊《数说青阳》《新起点 新征程》《跨越2012》以及《政务信息》《信息专报》《青阳统计信息》《青阳经济运行监测》，完成统计年鉴组稿编辑工作，共撰写统计分析113篇。

（县统计局 徐 鹰）

青阳腔

青阳腔又称池州调，系明嘉庆年间青阳艺人所创的一种戏曲声腔。江西弋阳腔流入青阳后，逐渐与当地语音民歌结合而形成。以其婉转的声韵，跌宕的旋律和粗犷浓烈的表演风格，取代弋阳腔，与昆山腔并称“时调青昆”，迅速流传到赣、鄂、闽、广、湘、蜀、晋、鲁等省，且远及海外。至明隆庆、万历年间，已成为“天下时尚”的新调。青阳腔打破过去戏曲曲牌联套体的音乐结构和长短句格的文学体裁，创立了“滚调”，即在唱腔中加入“滚白”和“滚唱”；在唱法上沿平、低发展，使唱腔趋于柔和优美；在句法上，增加三、五、七言的偶句，促成了板式唱腔的形成，使中国戏曲发生了重要的变革。赣剧、清戏、徽剧、黄梅戏与青阳腔有着密切的“血缘”关系。其中徽剧由青阳腔直接演变而成，四大徽班晋京产生了京剧，因此，青阳腔被称为京剧的“鼻祖”。

青阳腔从声腔、剧目到表演形式，都完整地保存有明代戏曲原貌。剧本流传极广，日本内阁文库收藏有明万历进行的4种青阳腔选本，国内仅存有抗日战争前影印的《精选天下时尚南北徽池雅调》。徽剧、京剧、赣剧、汉剧等十余剧种都直接或间接受到它的影响。在山西发展为清戏，在山东发展为“大弦子戏”；在江西有湖口、都昌、彭泽等地的“九江高腔”；在湖北有黄州、汉阳、德安、襄阳5府25县的“湖北高腔”；还有安庆地区的“岳西高腔”。其剧目可考的有：1954年在山西万泉县百帝村发现的4部青阳腔全本[《三元记》、《黄金印》（即《金印记》、《涌泉》、（《跃鲑记》）、《陈可忠剔目记》]及《荆钗记》、《白兔记》、《二郎山》、《织锦记》等4部选本，散有《卖斗箩》、《王婆骂鸡》、《大闹白家庄》等剧目。

农业与农村经济

综　述

【概况】　青阳县农业委员会（简称县农委）成立于2002年，是在原县农经委、农业局和乡镇企业管理局的基础上合并组建。主要负责规划实施全县农业中长期发展规划和年度计划，负责完善农村经营体制管理工作。2013年年底全县农委系统在编198人，机关在编35人，拥有农业专业技术人员近百人。

【种植业】　粮食生产　2011年，青阳县粮食种植面积21020公顷，总产11.7万吨；其中水稻20800公顷，总产11.64万吨，小麦206.6公顷，总产700吨。2012年粮食种植面积20633公顷，总产11.96万吨。其中水稻20433公顷，总产11.90万吨，小麦种植面积200公顷，总产600吨。2013年，粮食种植面积20786.6公顷，总产11.88万吨，其中双季稻种植相比前两年有所下滑，小麦种植面积达到1000公顷。

油菜生产　2011年种植面积3293公顷，单产142公斤，总产0.7万吨；2012年3300公顷，单产145公斤，总产0.72万吨；2013年收获面积3153公顷，单产149公斤，总产0.71万吨。

茶叶生产　2011年茶园面积1166.6公顷，茶叶总产241吨，其中名优茶190吨，茶叶产值5300万元；2012年茶园面积1213公顷，茶叶总产265吨，其中名优茶225吨，茶叶产值6500万元；2013年茶园面积1246.6公顷，茶叶总产272吨，其中名优茶215吨，茶叶产值6480万元，名优茶产值5300万元。2001—2013年共发展无性系茶园69.7公顷，“九华青”商标2013年获得有机茶认证，入选省最受消费者喜爱品牌。

植保工作　全县粮油棉等主要农作物相继发生病虫草鼠灾害。其中2011年发生面积约95万亩次，防治面积约109万亩次，挽回稻谷损失1.7万吨，油菜籽150吨，直接经济效益近6000万元；2012年发生面积约93万亩次，防治面积113万亩次，挽回稻谷损失1.4万吨，油菜籽600吨，直接经济效益近5000万元；2013年发生面积约67万亩次，防治面积80万亩次，挽回稻谷损失近8000吨，油挽回菜籽损失875吨，挽回其他作物损失300吨，直接经济效益3000多万元。

【土壤肥料】　全县农作物总播面积29000公顷，其中稻田土壤以麻石砂泥田、扁石砂泥田、石灰泥田、沙泥田和紫砂泥田为主。全县种植业化学肥料施用总量偏高，特别是氮肥施用量偏大，氮磷钾施肥比例不合理现象仍然存在，造成一定程度环境污染。另外中微量元素施用量过小，在不同区域作物间分布不均，也一定程度上影响了农作物的产量和品质。通过实施农业部测土配方施肥项目，邀请安徽农业大学和省市土肥专家指导，建立早稻、中稻和双晚、油菜等主要作物施肥指标体系。全县印发各类资料30万份，其中施肥建议卡18万份。各行政村测土配方施肥信息均上墙公示，经测土配方控氮增磷钾后，农田施用农药次数和数量都有下降，农作物病虫害发生程度有所减轻，农用药剂面源污染减轻，有益生物得到保护，生态条件向着良性方向发展。

（朱正超）

【农业产业化经营】 2013年底，全县共有农业产业化省级龙头企业8个，市级龙头企业27个，县级龙头企业19个。带动全县农户5万余户，有效促进农业产业化的展。

近年来，全县新型农业经营主体蓬勃发展，2011—2013年，全县发展农民专业合作社178个，家庭农场22家，其中农民专业合作社示范社65个，含国家级3个、省级1个、市级12个、县级33个，省直管直贷试点家庭农场4家。为促进农民专业合作社持续健康发展，全县11个

种田大户农田机械插秧

乡镇均成立农民专业合作社指导服务站。全县共有5个集体和2名个人加入省农民专业合作组织联合会，有1人获得省农民创业带头人表彰，有5个合作社、3名种粮大户受到县农村工作会议表彰。

青阳县注重发展农产品品牌，2011—2013年共有“三品一标”认证企业11个，其中无公害农产品6个、绿色食品标志4个、地理标志产品1个。此外，全县共有6件涉农类商标获批安徽省著名商标，27件获批池州市知名商标。有效地提高了青阳农产品的知名度和市场竞争力。

青阳县农业资源丰富，各级政府把发展“一村一品”作为农业和农村工作的重要内容来抓，有效地促进了全县特色产业基地的形成及农民收入的增加。截至2013年底，青阳县共有“一村一品”特色产业专业示范村23个，其中省级5个、市级8个，县级10个。2013年九华中药材科技有限公司入选省级黄精“规范化种植”示范基地，基地面积1000余亩，为全省最大黄精种植基地；安徽渔人生态农业有限公司获批市级标准化规模水产健康养殖示范场。形成了“龙头企业＋合作社＋基地＋农户”的产业发展格局。

（鲍　征）

【青阳九华省级现代农业示范区建设】 2011年12月，青阳县入选安徽省第一批省级现代农业示范区。示范区规划建设面积1.27万公顷，开展优质稻米、大棚蔬菜、优质畜禽、特种水产、优质茗茶、茧丝绸和花卉苗木等八大主导产业基地建设，实现从传统农业向现代农业跨越转变。截至2013年，示范区共投入6.62亿元，完成建设规划80%，建成旱涝保收农田面积7200公顷，设施农田面积773公顷，农田道路总长160.5公里，排溉渠道102.2公里，农机总动力16.4万千瓦，农机华率71%，土地

承包流转面积5760公顷，核心规模流转比重达61.35%。示范区成立农民专业合作社178个（全县），申报国家级示范社2家，新创家庭农场22个，省级龙头企业6个。当年农业总产值10.12亿元，农民人均纯收入1.05万元；农产品加工业总产值11.6亿元，农产品质量检测合格率100%。

【水稻标准化育秧工厂】 2013年，青阳县投资230余万元，分别在蓉城镇、新河镇、杜村乡实施水稻标准化育秧工厂建设试点，重点扶持种粮大户、水稻生产合作组织、农机服务组织及农业企业。共建设标准化育秧工厂3座、生产流水线厂房600平方米、水泥晒场1300平方米，开展中稻集中示范育秧9.33公顷，签订晚稻育秧订单166.67公顷，中、晚稻机插秧示范面积500余公顷。

【全国绿色食品原料标准化生产基地县】 2011年6月，青阳县入选第十一批创建全国绿色食品原料标准化生产基地县，覆盖丁桥镇等6个乡镇，2012年9月通过验收。2013年，6个基地共种植绿色食品原料水稻面积7200公顷，总产量4.4万吨，产值1.3亿元，比上年稳中略增。当年水稻绿色食品认证产品达到4个，带动全县茶叶等名特优农产品向绿色、有机食品方向发展，进一步拓宽市场领域。

【青阳县农副产品检测服务中心】 2013年7月，青阳县启动农副产品检测服务中心建设，总投资860万元，建筑面积2485平方米。该项目将加强本县农业有害生物预警、增强农作物及水生动物病虫害防控，提高农产品质量安全，强化农技服务体系和科技服务能力。

（林其海）

【畜牧业】 青阳县畜牧业有家禽养殖、生猪饲养两大产业。其中家禽养殖以皖南土鸡为主导产业。皖南土鸡（三黄鸡）已进入安徽省地方品种遗传资源保护名录。

2011年，全县新增标准化畜牧企业5家，其中省级2家（丰华禽业、义祥畜牧），市级3家（九华金牛、月路农牧、曙光生态养殖）。皖南土鸡标准化示范基地通过省级复检。共落实国家能繁母猪补贴生猪养殖户483户（能繁母猪2938头）。全年共落实防疫经费30万元，村级防疫员配套经费11万元，发放实施强制免疫禽流感疫苗230万毫升、猪瘟疫苗29万头份、猪口蹄疫疫苗17万毫升、牛羊口蹄疫2万毫升、猪蓝耳病疫苗22万头份。同时为免疫工作购进贮备免疫注射器、消毒药品、防护品等其他防疫物资。

2012年，全县规模化、标准化养殖推广工作深入开展，产业结构逐步调整。全县存栏家禽2000只以上大户达300多户，生猪100头以上大户120多户，规模化比重已经占到养殖总量的55.6%。新增蛋鸡、水禽、肉牛、肉羊4个规模化养殖产业。标准化养殖场和龙头企业

2011—2013年青阳县畜禽养殖情况统计表

表13

年　度	家禽（万只）			生猪（万头）			肉牛（头）	肉羊（只）	肉类总量（万吨）	产蛋量（万吨）	总产值（亿元）
	饲养量	存栏量	出栏量	饲养量	存栏量	出栏量	养殖量	养殖量			
2011	626.92	370.5	256.42	17.3	8	9.3			1	1.5	
2012	670.22	367.14	303.08	18.52	9.18	8.34	930	2320	1.01	1.29	3.82
2013	673.21	340.5	332.71	17.02	7.4	9.62	929	3463	1.15	0.67	4.42

创建获得新发展，新增市级标准化示范场2家(华园禽业，童埠生猪标准化养殖场)。新增市级畜牧业龙头企业2家（华园禽业、曙光生态养殖有限公司），县级1家（六泉生态养殖有限公司）。全年共落实防疫经费10万元，村级防疫员配套经费11万元。落实防疫物资禽流感疫苗390万毫升，生猪口蹄疫疫苗34万毫升、蓝耳病32万头份、猪瘟疫苗43万头份，牛羊口蹄疫疫苗3万毫升。全年共组织200多人开展防疫工作。

2013年末，规模养殖比重继续加大，约占养殖总量的58.8%，提升3.2%；畜牧产业结构已经形成以主导产业皖南土鸡、生猪为主，蛋鸡、水禽、肉山羊、肉牛等多产业逐步发展的格局；产业链条获得延伸，从单纯养殖发展到品牌营销、加工和专业合作经济组织等多个领域。畜牧业总产值已占农业总产值的三分之一。新增市级标准化养殖企业2家（童埠良种猪标准化养殖场、华园禽业有限责任公司），新增市级龙头企业4家（华园禽业有限公司、丰华农业发展有限责任公司、木镇黑山羊养殖有限公司、木镇曙光综合养殖场），县级龙头企业3家（旗星皖南土鸡扩繁场、六泉畜牧养殖有限公司、金鹿牧业有限公司）。落实规模养殖场病害生猪无害化处理补贴政策，截至9月底，全县共无害化处理3601头病害生猪，已落实每头80元的财政补贴资金。落实防疫经费10万元，村级防疫员县级配套经费11万元。落实防疫物资禽流感疫苗350万毫升、生猪口蹄疫疫苗29万毫升、蓝耳病16万头份、猪瘟疫苗9万头份，牛羊口蹄疫疫苗4万毫升。截至2013年，全县共有各类各级农业产业化龙头企业14个，其中省级2个、市级7个、县级5个；各类畜牧业农民专业合作社36个、协会1个，其中市级以上7个。拥有畜牧兽医专业人才11人，其中高级职称2人，中级职称6人。

（吴育发　陈保东）

【水产养殖】　2013年，全县水产养殖面积2640公顷，水产品产量1.75万吨，比上年增长4.7%；其中天然捕捞、养殖产量分别为2700吨和1.48万吨，名优水产品占总产量60%；繁育各类水产苗种18亿尾，增长45%；渔业总产值2.28亿元，增长18%。

现代渔业体系建设　至2013年，全县共创建2个部级、2个市级“水产健康养殖示范场”，1个省级、10个县级农民专业经济合作组织，3个市级水产良种场，省、市、县级农业产业化龙头企业各1个，省级现代农业科技示范园区和农业专家大院各1个。2012年，青阳县皖江特种养殖有限公司实施国家农业综合开发“千亩鳜鱼标准化养殖基地”建设项目，2013年，实施青阳县水生动物疫病防治站建设项目。

名优渔业　2013年，全县加州鲈面积约266.67公顷，产量约4000吨；黄鳝网箱养殖面积1.9万平方米，稻田养殖小龙虾面积666.67公顷，泥鳅养殖面积20公顷。鲫鱼等大宗优质鱼养殖比例高于45%，鳜鱼、黄颡鱼、青虾等品种养殖比例为3%～5%。

渔技推广　围绕渔业发展需求，重点指导和实施加州鲈标准化养殖技术示范项目、水库网箱集约化养殖名优水产品技术和水产健康养殖技术。先后组织专业技术人员600余人次，深入50余个养殖单位（户）现场指导，水产技术培训240人次，接待渔农咨询600多人次。成功推荐“黄鳝生态繁育与水蚯蚓规模化培育”专家服务基层科技项目。

渔业资源增殖与保护　2011—2013年，先后启动渔业资源增殖放流、禁渔和渔业秩序专项整治3项行动。2011年8月，首次在青通河、七星河交汇处放流鲢鱼、鳙鱼、草鱼、鲂鱼350万尾；2012年7月、2013年6月分别放流上述品种300万尾和1000万尾。从2013年3月1日起，在粽子店滴水洞至牛桥水库的青通河上游河段首次实施6个月禁渔期，2013

年，翻印张贴《青阳县人民政府关于禁止电鱼、炸鱼、毒鱼的通告》，查处电捕鱼违法事件7起。2014年3月1日起，在粽子店滴水洞至牛桥水库的青通河上游河段首次实施6个月禁渔期。

渔政管理　全县加强渔船安全生产监督管理，确保无生产事故发生；指导、督查养殖安全用药，水产品质量均为合格；推进养殖证制度建设，共颁发水面养殖证13本，颁证水域1582公顷；实施渔船检验、登记、捕捞许可“三证合一”制度。

渔业惠民政策　2012—2013年，全面摸查79户专业渔民住房等生产生活情况79户，实施渔民上岸工程。2011—2013年，先后发放机动渔船燃油补贴216万元，惠及79户专业渔民和1200公顷养殖水面承包户。

（刘秀云）

【农业机械化】　截至到2013年，青阳县农机总动力25.9万千瓦。大中型拖拉机61台、67712千瓦，手扶拖拉机、耕整机2.16万台、11.11万千瓦，联合收割机618台、2.04万千瓦，谷物烘干机12台，插秧机30台。全县主要农作物耕种收综合机械化水平达65%，农机化水平逐年提升，平均每年递增6%以上。

全县共有农机专业合作社8个，合作社农机户1000余户，从业人员1000余人，当年完成机收面积6025千公顷，机耕面积4336千公顷，机耕率100%。农机运输作业量3648万吨公里，农机户农机化作业收入1.77亿元。农机安全生产事故“四项指标”为零。2011年至2013年，全县共争取中央财政农机购置补贴资金1508万元，补贴各类农机具1.02万台（套），受益农户4197户。

（杨再峰）

【农村能源】　2011年，青阳县启动实施农村沼气民生工程建设，共建户用沼气池500口、村级沼气服务网点8个；全县首个大中型沼气工程五星畜牧养殖有限公司沼气发电工程启动运行。2012年10月，县获批国家绿色能源示范县中央补助资金项目（建设年限至2015年）；2012年农村沼气民生工程新建村级沼气服务网点5个。2013年该项目新建沼气工程4处、生物质成型燃料加工厂1个；2013年农村沼气项目新建村级沼气服务网点8个、养殖小区沼气10处；巩固退耕还林农村能源建设项目共推广太阳能热水器320台，建设农户节柴灶1750台。

（舒爱民）

【农业执法监督】　2011—2013年，全县采同时加强种子、农药、肥料等农业投入品质量抽检，开展农业执法监督检查，先后开展农资打假、鲜肉及肉制品安全等专项整治行动，同时加强种子、农药、肥料等农业投入品质量抽检，共出动执法人员700多人次，立案查处不合格种子案件1起、不合格肥料案件9起、农药标签案件5起、劣质农药案件2起，大力整顿规范农资和农产品市场，严厉打击制售假劣农资和不合格农产品行为。

（周登峰）

林　业

【概况】　青阳县林业局成立于1956年，为县政府主管全县林业工作的职能机构。主要负责全县林业及生态建设监督管理，组织、协调、指导和监督全县造林绿化工作。2013年全县林业系统编制286人。

【造林绿化】　2011年，完成人工造林1056公顷，森林经营896公顷，封山育林1000公顷，义务植树和四旁植树46万株。已建成竹产业基地 2952 公顷，绿化苗木产业基地 1733 公顷。2012 年全县通过实施千万亩森林增长工程，完成人工造林 1440 公顷；加快培育绿化苗木产业基地，新发展绿化苗木基地 667 公顷；加快推进竹产业基地建设，通过竹林新造和竹林培育经营，新增竹林 1333 公顷；完成森林经营 4047 公顷；义务植树和四旁植树 142 万株。2013 年共完成人工造林 1331 公顷，森林经营 4132 公顷，义务植树和四旁植树 105 万株。

【创建国家森林城市】 2012 年承接市政府启动创建国家森林城市工作任务，2013 年县政府启动青阳县创建省级森林城市工作，全县围绕森林围城、森林进城和国道、省道、县乡道路绿化和矿山植被恢复等创建任务，共投资 4.5 亿元，完成 30 个重点项目 120 多个绿色节点工程建设，完成县城区 16 条线路 64.22 公里道路绿化，完成 9 个城区小块状、住宅区绿化 13 万平方米，栽植各类乔木 2.8 万株，灌木 30 万株，全县城区绿地率达到 36.5%，绿化覆盖率达到 39.5%，人均绿地面积 12.9 平方米。组织蓉城、陵阳、庙前、丁桥、新河等乡镇开展了森林城镇和优美乡村建设，实施城镇绿化 45.44 万平方米，线路绿化 109 公里。完成了新河乌龙、蓉城云山 30 公顷矿山绿色植被恢复工作，顺利完成国家森林城市和省级森林城市创建工作。

【美好乡村建设】 组织开展绿色小康村、森林旅游人家、森林城镇、森林村庄、绿色长廊创建活动推进美好乡村建设，2013 年建成国家绿色小康村 1 个、市级绿色小康村 21 个，创建“森林旅游人家”7 个、森林城镇 2 个、森林村庄 15 个，完成绿色长廊建设 16 公里。

【资源林政工作】 坚持发展与保护并举，加强限额采伐管理和林地征占用管理，2011 年启动《青阳县林地保护利用规划（2010—2020 年）》编制工作，2013 年完成规划编制并报县政府批准实施，《规划》确定：到 2020 年全县林地保有量增加到 71160.54 公顷。2013 年启动并完成森林资源规划设计调查工作。调查结果显示，全县国土总面积为 114001 公顷。其中林地面积 71077.6 公顷，占 62.4%；森林面积 63470.8 公顷，占林地面积的 89.3%，森林覆盖率 55.68%，林木绿化率 59.75%。活立木总蓄积 406.56 万立方米，其中森林蓄积 387.66 万立方米。

【森林病虫害防治】 2011 年，全县开展松材线虫病除治和预防，完成《2008—2010 年松材线虫病防治目标责任书》考核验收。2012 年，全县加强国省道、合铜黄生态旅游风景线路枯死松树监测、清理，重点开展“绿盾 2012”林业植物检疫执法专项行动、松毛虫防治、松木定点企业监管和野生动物保护管理，完成森林病虫害“四率”目标管理，最大限度降低林木损失。2013 年，全县开展松褐天牛综合防治，共清理枯死松树 2.32 万株；做好松材线虫病除治巩固、野生动物保护管理，完成巩固除治超前皆伐 145 公顷、1.32 万立方米松类采伐；组织“爱鸟周”、“森防宣传月”宣传活动，共发放各类宣传资料 4200 份。

【森林防火】 2011 年，全县 11 个乡镇、2 个国有林场全部组建 14 支森林消防专业队，共有

杨田苗圃庭院绿化

消防队员380人。2012年，全县防火秩序井然有序，实现“零火灾”目标。2013年仅发生5起森林火警，全县森林火灾受害率在0.02‰以下，远低于目标管理值0.05‰。

【集体林权制度改革】 2011年，基本完成集体林权制度主体改革任务，全县应参加林改面积5.57万公顷，完成勘界面积5.48万公顷，完成发证面积5.3万公顷，发证率达96.7%。2012年，重点深化集体林权配套制度改革，成立青阳县林权交易中心、青阳县林权纠纷调处中心和森林资源资产评估机构，在全市率先建立林权管理服务信息系统，规范林权流转程序，完善林权抵押登记制度，当年共流转山场面积5082公顷，林权抵押面积1778公顷，抵押贷款7652万元。2013年完成林权变更登记74宗358公顷，申报核发林权证64本；受理林权抵押20宗，受理林权抵押面积484公顷，抵押金额1.34亿元，抵押贷款3841万元；积极推进森林保险试点工作，完成生态公益林保险32.73万亩；加强林业专业合作社建设，共组建苗木花卉、木竹加工、竹产业、林下经济、经济林等29个林业专业合作社、专业协会，涉及农户8216户、3.17万人，经营林地1.10万公顷，创林业产值26.2亿元。

【林业招商引资】 2012年共引进林业招商资金1.3亿元，建成九华立胜有限公司、宏博木业、安徽子泷湖生态有限公司。2013年与徽清源春农业综合开发有限公司、青阳县鑫华苗木有限公司、宏博木业有限公司达成协议投资项目3个，协议投资总额2.2亿元，已完成投资7300万元。

【科技兴林】 2013年，县林业局选派21名林业科技干部，采用一对一方式服务林业经营造林大户，聘请各类专家举办林业科技培训3期、1270人次，发放各类科技书刊200本（册）、科普宣传15期、科技材料2100份。

县林业局办公室 供稿

水　利

【概况】 青阳县水务局成立于1959年，主要负责保障全县水资源的合理开发利用及全县生活、生产经营和生态环境用水的统筹兼顾和保障；负责水资源保护和全县防汛抗旱指挥部的具体工作；负责全县水利工程建设管理工作、水利行业安全生产工作；负责全县水利设施、水域及其岸线的管理与保护，指导农村水利工作；负责全县水土保持工作；开展全县水利科技和教育工作及全县水利队伍建设，指导水利信息化工作。2013年全局在编40人。

【民生水利建设】 2011—2013年，全县将病险水库除险加固和农村饮水安全摆在水利工程建设首要位置，共实施小型水库除险加固工程17座，其中2011年5座、2012年8座、2013年4座；完成农村饮水安全工程建设57处，其中2011年19处、2012年10处、2013年28处，共解决6.5万农村居民和0.36万农村学校师生饮水不安全问题。

【中小河流治理工程建设】 2011-2013年，全县相继启动青通河防洪（一期）工程、七星河木镇段防洪工程（一期）工程、九华河庙前段防洪工程建设。其中2013年七星河木镇段防洪（一期）工程建设任务全面完成，九华河庙前段防洪（一期）工程主体工程建设任务完工，青通河雨洪调蓄调蓄区开挖（一期）工程基本完工。

【防汛抗旱】 2011年1—5月，青阳县降雨量较历年减少5成，持续干旱造成全县农作物

雨洪调蓄区

受旱面积约2333公顷，其中重旱面积333公顷。县防汛抗旱指挥部及时进行人工增雨，扩大山塘蓄水量，使旱情得到有效缓解，基本做到农业受灾不减产目标。2011年6月，全县11个乡镇出现不同程度洪涝灾害，受灾人口达6万人，农作物受灾面积4000公顷，倒塌房屋间数183间，损坏房屋间数1796间，直接经济损失达4780万元。全县紧急转移危险区域群众3000人，没有造成人员伤亡。

2012年8月，受11号台风“海葵”正面冲击，全县11个乡镇不同程度遭受洪涝灾害，尤其是环九华山周边的陵阳镇、杜村乡、庙前镇等地灾情最为严重。全县受灾人口达4.2万人，紧急转移安置人口9340人。农作物受灾面积2980公顷，倒塌房屋155户390间，损坏房屋1520间，直接经济损失9100万元。洪涝灾害造成水利设施损坏达4500余万元。全县在第一时间及时启动抗击“海葵”III级响应预案，共投入各类巡查抢修人员2万余人次，做好灾民安置工作。

2013年7月5—6日普降大到暴雨，全县11个乡镇不同程度的遭受洪涝灾害，其中木镇、新河、乔木等东部乡镇受灾尤为严重；从7月下旬到8月中旬，全县出现严重干旱。全县洪灾损失1.87亿元，旱灾损失0.83亿元；其中洪涝受灾人口4.37万人，受灾农作物3724公顷，绝收416公顷，倒塌房屋86间，严重损房174间、一般损房1044间；旱灾受灾人口13.38万人，饮水困难人口4.33万人，饮水困难大牲畜3520头，农作物受灾面积1.36万公顷，其中成灾1.12万公顷，绝收3040公顷；高温热害8240公顷。全县干部群众共同抗击洪涝灾害，其中在洪涝灾害中共及时转移群众3576人，建立临时安置点9处，切实保障受灾群众有饭吃、有水喝、有住处。在抗击旱情过程中，采取首保饮水安全、实行。“保生活”、“保生产”分类指导并重，坚持统一调度，努力减少旱灾损失，稳定群众生产生活秩序。

【农田水利基本建设】 2011—2012年，全县共开工各类水利工程1831处，完工840处；其中2011年开工904处，完工892处，投入水利建设资金3677万元；2012年开工927处，完工859处，投入水利建设资金8477余万元；2013年共开工、完工各类水利工程840余处，投入水利建设资金7339余万元。

（县水务局办公室）

风味小吃

陵阳豆腐干

青阳豆制品特产。陵阳镇有多家加工作坊，传统工艺制作，个体经营，规模不大，皆为散装品，闻名县内外。原料为精选大豆和蚕豆酱，豆腐干色泽乌黑光亮，质地板结而不硬，酱香浓郁，咸淡适宜，外形方正，厚薄均匀，在县内市场销量一直居前。

工 业

综 述

【工业经济运行】 2011全年实现全部工业增加值247676.2万元，按可比价格计算，比上年增长21.3%；工业用电22825万千瓦时，增长26%。年末全县规模工业企业62家，比上年增加6家；全年实现规模以上工业增加值161507.2万元，按可比价格计算，增长27.6%；主营业务收入561512.3万元，同比增长67.3%；入库税金15266万元，同比增长43.6%；规模工业用电10100万千瓦时，增长32%。三大主导产业中，机械装备制造业增长117.3%，非金属材料业增长57.2%，有色金属采选加工业增长27.6%。安徽超威电源有限公司、青阳县华兴线缆有限公司、安徽省华隆钙业有限公司、青阳县天平机械制造有限公司、安徽金田通信科技实业有限公司、安徽大九华铜业有限公司、安徽省青阳县方兴实业有限公司、昌利锻造有限公司等16户企业产值超亿元，其中超威电源产值已达7.1亿元，增长85.4%。主要工业品产量中，阀门9352吨，增长3.3%；铅蓄电池405万只；方解石84万吨，同比减少37.2万吨，下降31%，减幅较大（主要是南片方解石矿山企业整合带来的影响）。石灰石333.1万吨，同比增加100.5万吨，增幅44%；白云石370万吨，同比增加124.4万吨，增幅51%；蚕丝207吨，增长13.8%；纱3589吨，增长8.6%。2011年，方兴实业有限公司被评为国家高新技术企业。当年省经济和信息化委员会批准安徽九华金润铜业有限公司技术中心为省认定企业技术中心，确定安徽九华金润铜业有限公司、青阳县天平机械制造有限公司为省信息化与工业化融合示范企业。昌利锻造有限公司通过了市级技术中心和省级民营科技企业认定。

2012全年实现全部工业增加值27.58亿元，按可比价格计算，比上年增长15.7%；工业用电26381万千瓦时，增长11.2%。全县拥有规模以上工业企业76户，当年新增16户，退出2户；截至12月份产值超亿元企业已达30户，累计实现规模工业增加值22.12亿元，按可比价格计算，同比增长18.9%；完成规模工业销售产值75.9亿元，产销率为96.9%；规模企业入库税金16014.1万元，增长7.6%；规模工业用电16995万千瓦时，增长50.4%。三大主导产业中，机电首位产业增长25.2%，非金属材料业增长19.1%，有色金属采选加工业增长35.8%，三大主导产业占比分别达到39.7%、30.6%和9.2%。主要工业品产量：阀门6740吨，增长20.5%；铅蓄电池476万只，增长17.5%；方解石82.5万吨，同比减少1.5万吨，南片矿山企业安全整顿及资源整合是产量下滑的主要原因；石灰石 353.4 万吨，同比增加 20.2 万吨；白云石 386 万吨，同比增加 16.4 万吨。蚕丝 23.4 吨，增长 18.4%；水泥 51.6 万吨，增长 37.5%；纱 3340 吨，增长 26.8%。战略性新兴产业实现产值 12 亿元，增长 10%。新增高新技术企业 3 户、省级企业技术中心 1 个、省质量奖企业 2 户。全县规上共有 46 户企业建成数字企业，其中今年新增 6 户，数字化企业覆盖率已达到 63%。2012 年，省经济和信息化委员会批准安徽联硕实业有限公司、安徽超威电源有限公司技术中心为省认定企业技术中心，确定安徽联硕实业有限公司、安徽方兴实业有限公司为安徽省信息化与工业化融合示范企业，省科学技术厅等授予超威电源有限公司为省级高新技术企业。当年九华金润铜业有限公司被省经信委、省科技厅等部门授予安徽省产学研联合示范企业和安徽省高新技术企业称号。

2013 全年实现全部工业增加值 30.83 亿元，按可比价格计算，比上年增长 11.3%；工业用电 31794.8 万千瓦时，增长 16.5%；工业增值税 1.8 亿元，总量居全市前列。全县拥有规模以上工业企业 113 户，当年新增 28 户，截至 12 月份产值突破百亿，达 107 亿元。超亿元企业达 35 户；累计实现规模工业增加值 26.54 亿元，按可比价格计算，同比增长 16.2%；完成规模工业销售产值 105.5 亿元，产销率为 97.75%；规模工业用电 20857 万千瓦时，增长 24.2%；规模企业入库税金 20610 万元，增长 6.1%，纳税百万元企业新增 12 户，达 45 户。三大主导产业中，机电首位产业增长 1.8%，非金属材料业增长 3.5%，有色金属采选加工业增长 10.9%，三大主导产业占比分别达到 39.2%、28.3% 和 9.0%。主要工业品产量：铅蓄电池 499 万只，增长 4.8%；铸铁件 80158 吨，增长 22.7%；铜材 14335 吨，增长 15.7%；方解石 121.7 万吨，增长 94.7%；石灰石 438.4 万吨，增长 24.1%；白云石 412.5 万吨，增长 6.7%；服装 224 万件，增长 26.8%；纱 4343 吨，增长 16.4%。全年新增省级企业技术中心 1 户、高新技术企业 3 家、省名牌产品 1 个、省卓越绩效奖 1 个。战略性新兴产业产值 15 亿元。省级两化融合示范企业 4 户，规上企业数字化企业覆盖率达到 85%。出台发展民营经济实施意见，设立 3000 万元专项发展资金，实施“个转企”127 家，新增民营企业 420 户，总数达 1595 户。2013 年县开发区被省经济和信息化委员会确定为第四批安徽省新型工业化产业示范基地、认定为安徽省首批小微企业创业基地。2013 年 6 月 17 日出台《中共青阳县委 青阳县人民政府关于大力发展民营经济的实施意见》，意见在明确工作目标、放宽发展条件、强化要素保障、加大财税扶持、优化发展环境和加强组织领导等 6 个方面作出了具体规定。

【工业项目建设】 2011 年全县工业固定资产投资完成完成 42.8 亿元，同比增长 81.4%。在建工业项目 186 个，其中新建 105 个，续建 81 个。亿元以上项目 29 个，在建 23 个，前期工作 6 个，当年完成投资 13.68 亿元。富莱茵公司年产 100 万套汽车零部件项目，当年完成投资 1.15 亿元，5 万平方米厂房已完工，厂房室内正在浇筑水泥地平，部分设备已安装并开始试生产。九鼎环保纸公司年产 6 万吨环保石头纸项目，当年完成投资 3078 万元，厂区道路、附属设施已建成，主厂房桩基施工基本结束。替克斯阀门公司年产 4 万吨高新阀门项目，当年完成投资 1.54 亿元，4.6 万平方米厂房主体框架已完工，厂内硬化施工已结束，已开始购置设备并安装调试。昌宁新材料公司年产 2 万吨 PEG 新材料声测管项目，当年完成投资 4381 万元，1.26 万平方米厂房主体框架已建成，2000 平方米办公楼正在建设，设备已进厂调试完毕，开始试生产。九华金润公司年产 6 万吨电工圆铜线项目，当年完成投资 1.02 亿元，已投入生产，后期将继续添加设备。青阳县埃美柯公司年产 3 万吨铸铁水表和阀门项目，当年完成投资 3200 万元，4000 平方米车间厂房已建成，购置了部分设备在安装。鼎胜矿业公司年产 40 万吨钨钼选矿项目，当年完成投资 1.25 亿元，一期日处理矿石量 500 吨的选矿厂已投产，钨钼分离技术成功，尾矿库已开工建设。动冶合金公司合金材料项目，一期开始建设，当年完成投资 5750 万元，1.6 万平方米主厂房正在建设中。宁波柯力电气公司传感器产业基地及物联网研发产业园项目，当年完成投资 2300 万元，租赁的标准化厂房已装修完毕，开始生产。

2012 年全县工业固定资产投资完成 48.17 亿元，同比增长 44.9%。全县在建工业项目 155 个，按产业分类，机电产业 51 个、非金属材料 43 个、有色金属加工 6 个、其他产业 55 个。总投资亿元以上项目 28 个，其中续建 13 个、新建 11 个、前期工作 4 个，完成投资 20.75 亿元。富莱茵汽车部件公司年产 100 万套汽车零部件项目，当年完成投资 2.4 亿元，新厂区一期基建完成，陆续购置生产设备，同时建设 2 万平方米职工宿舍楼。超威电源公司新能源产业园项目，项目可行性报告、能评报告、用地指标均已批准，项目环评已委托省环科院编制。柯力电气公司传感器产业基地及物联网研发产业园项目，当年完成投资 1.2 亿元，继续在租赁的 1.5 万平方米厂房生产，新厂区厂房及配套设施正在施工。替克斯阀门公司年产 4 万吨高新阀门项目，当年完成投资 2.3 亿元，边生产边增添生产设备。昌利锻造公司年产 300 万只锻件生产基地二期项目，当年完成投资 4100 万元，已竣工投产。九鼎环保纸公司年产 6 万吨环保石头纸项目，当年完成投资 1.6 亿元，9000 平方米仓库主体完工，1 万平方米涂布车间主体完工，1.2 万平方米造纸车间主体 4/5 完工，1.6 平方米造粒钢构主体完工，开始购置生产设备。迈克工具公司年产 20 万台（套）电动工具、伺服电机、自行车碟刹等配件项目，当年完成投资 4350 万元，4.5 万平方米厂房外墙整体粉刷。天宇物流公司物流仓储中心项目，当年完成投资 3840 万元，办公楼墙体粉刷，二期工程土地挂牌。青阳埃美柯公司年产 3 万吨铸铁水表和阀门项目，当年完成投资 9650 万元，8000 平方米厂房已竣工，剩余部分厂房正在建设，购置部分设备。建晟纪元新材料公司年产 30 万立方米加气混凝土砌块、20 万平方米微晶玻璃项目，当年完成投资 1.5 亿元，已投产。新泰中药材公司中药材生产项目，当年完成投资 4500 万元，已投产，同时建成 1 万平方米宿舍楼及生产厂房。

2013 年全县工业固定资产投资累计完成 46.2 亿元，增长 16.6%；在建工业项目共 123 个，按产业分类，机电产业 38 个、非金属材料 35 个、有色金属加工 3 个、其他 47 个。总投资亿元以上项目 38 个，其中续建 20 个、新建 10 个、前期工作 8 个，累计完成投资 21.7 亿元，占工业投资 47%。市政府调度项目：柯力电气公司传感器产业基地及物联网研发产业园项目，累计完成 8200 万元，租赁厂房内新增了一条桥式生产线。迈克工具公司年产 20 万台（套）电动工具项目，累计完成 1.37 亿元，已完成设备安装。龙杨铜业公司年产 1.2 万吨低氧铜杆、6000 吨铜扁线项目，累计完成 1789 万元，已投产。亚太沃德公司年产 150 万平方米 A 级建筑节能环保防火复合板项目，累计完成 1.39 亿元，第二批设备安装调试。丰瑞金属公司年产 1.8 万吨汽车零部件和 1.5 万吨钢构件项目，累计完成 8000 万元，已投产。青阳埃美柯公司年产 3 万吨铸铁水表和阀门项目，累计完成 8670 万元，一期已投产。友邦新材料公司年产 20 万吨高活性氧化钙及 A2 级防火复合建材项目，累计完成 5820 万元，四座氧化钙竖窑已建成、设备在安装中。

【工业技术改造与创新】 2011年全年技改投资完成18.1亿元，同比增长132.6%。青阳县著明木业有限公司年产6000立方米胶合板、建筑模板技改项目完成4000万元投资，已投产；青阳迎春炉料公司年产20万吨氧化钙项目投资5900万元，已投产；安徽超威电源公司三期工程当年投资200万元，已投产；青阳县天平机械制造有限公司年产各类铸件8000吨技改项目，当年投资3100万元，已投产；青阳县春诚汽车配件制造有限公司新增一条技改生产线，投资650万元，已投产；青阳县九华生态食品有限公司年产3000吨米面、1000吨糯米粉项目投资4000万元，已投产；青阳县双木榨矿业有限公司年产20万吨碳酸钙粉项目投资6000万元，已投产。当年，九华矿山机械公司年产5000吨耐磨耐热铸件项目、天平机械公司年产10万台叉车桥项目、永红木业公司年产45万块新型材料托盘项目、方兴实业公司年产600台大口径智能阀项目、联硕实业公司TPU线缆及聚氨酯改性粒子项目获国家中小企业发展专项技改资金支持。

2012年技改投资完成20.32亿元，同比增长44.3%，技术改造项目85个。青阳县宏基炉料有限公司二期年产50万吨冶金石灰项目，累计完成投资9500万元，已投产。安徽德力衡器制造有限公司年产2万吨地磅项目，累计完成投资5700万元，已投产。安徽九华三奇电子有限公司二期年产1000万台(套)汽车发动机轴瓦及水泵配件项目，累计完成投资450万元，已投产。安徽日隆机械制造有限公司二期年产400万件汽车、矿山、纺织机械零部件项目，累计完成投资2590万元，已投产。安徽合顺纸业有限公司二期年产6000吨纸品项目，累计完成投资1380万元，已投产。安徽省久松机械制造有限公司年产20万套汽车压铸件、铝浇铸件项目，累计完成投资2600万元，已投产。青阳县浦江粉体材料有限公司年产5万吨碳酸钙项目，累计完成投资2350万元，已投产。安徽九子山塑业有限公司年产5000吨塑料注塑产品项目，累计完成投资2500万元，已投产。当年，富莱茵汽配公司年产精密齿轮40万台（套）项目获国家630万元重点产业振兴和技术改造专项资金支持。

2013年技改投资完成17.1亿元，增长4%，技术改造项目64个。青阳县强力水泥有限责任公司年产80万吨水泥项目，累计完成9000万元，已投产。青阳县勇飞铸造有限公司工业泵项目，累计完成2656万元，厂房、宿舍楼在建。安徽建晟纪元新材料科技有限公司二期年增产10万平方米蒸压加气混凝土板材、10万吨干粉砂浆项目，累计完成5630万元，厂房在建。瑞泰汽车零部件公司年产2000万件汽车发动机紧固件项目，累计完成7200万元，已竣工。池州市弘港科技电子有限公司年产3000万只微电机项目，累计完成2859万元，已投产。青阳县百丈岩矿业有限公司年采40万吨钨钼矿，累计投资5000万元，已投产。当年，投入产业振兴和技术改造项目资金1942万元、企业技术改造升级资金1702万元。瑞泰汽配公司年产2000万件汽车发动机紧固件技术改造项目获318万元国家重点产业振兴和技术改造专项资金支持；永恒机械公司年产1万吨消失模铸造及金加工技术改造项目、润青工贸公司新建2万平方米标准化厂房建设项目各获50万元国家中小企业发展专项资金支持。安徽联硕实业有限公司历经三年试验，终于在2013年10月自主研发生产出直径0.152毫米稀土铝铜合金高频高导导线，当年就获得安徽省重点新产品认证。

工业门类

【机电装备制造业】 2011年有安徽超威电源有限公司、青阳县天平机械制造有限公司、安徽方兴实业有限公司、昌利锻造有限公司、安徽瑞泰汽车零部件有限责任公司等12户规模企业，全年工业产值23.07亿元，增长57%；工业用电6338.9万千瓦时，占比30.8%；入库税金4346.2万元，占比28.5%。是年，天平机械制造公司年产10万台叉车桥技术改造项目，采用液压驱动机械化造型线全自动生产线技术，购置安装叉车桥生产线成套设备16台套，企业经济效益、劳动生产率大为提高。方兴实业有限公司通过增资扩股，成功地组建了以方兴实业为母公司，方兴国贸、方兴阀门、方兴铸造、永兴铸造、振青物流为子公司的青阳县第一家集团公司——“安徽方兴集团”。并与木镇政府签订500亩的“流体设备制造产业园”土地项目协议书，招商上下游产业链相关企业，走多元化经营、集群化发展道路。

2012年确立机电装备制造产业为我县首位产业，编制了《青阳县机电制造首位产业（2012-2015年）发展规划》，拟订了《青阳县扶持机电制造首位产业发展暂行办法》、《青阳县机电制造首位产业扶持资金使用管理实施细则》，通过配套政策的制订，机电制造首位产业得到长足发展。截至年底，机电制造首位产业拥有规模以上企业17户，全年工业产值35.6亿元，增长25.2%；工业用电8606.4万千瓦时，增长31.6%；入库税金5240.7万元，增长21.1%。是年，永恒机械公司新上消失模造型生产线，工艺主要性能干砂固型、一箱多铸，不需要任何添加剂，节省机加工，减少清理费用。具有占地面积小、中间环节少、生产效率高、铸件尺寸精度高等特点。昌利锻造公司年产300万只锻件生产基地二期项目竣工投产，公司当年申报155项新型实用专利，已有80多项新型实用专利获得授权。

2013年县政府出台了《青阳县机电制造首位产业（2012-2015年）发展规划》，该《规划》与去年出台的《青阳县扶持机电制造首位产业发展暂行办法》、《青阳县机电制造首位产业扶持资金使用管理实施细则》相配套。成立企业家协会机电分会，由分会牵头与合工大等高校开展产学研合作；成立县机电产业服务中心，为企业发展提供帮助。当年对机电制造首位产业发放扶持奖补资金463万元。截至年底，机电制造产业共有规模以上企业24户，其中新增池州埃美柯水表铸造有限公司、替克斯阀门有限公司、富莱茵汽车部件有限公司等9户企业。全年工业产值42.3亿元，增长1.8%；工业用电10702.1万千瓦时，增长35.1%；入库税金5778.7万元，增长4.7%。是年，天平机械公司新上垂直分型无箱射压造型工艺生产线，铁液采用中频电炉熔炼，铸件以薄壁铸铁件为主，大大提高铸件光洁度，降低废品率，具有自动化程度高、生产效率高、节能环保等优点，其主导产品秤重传感器底座市场占有率70%，叉车桥市场占有率30%。昌利锻造有限公司通过一年多时间努力成功与世界500强企业德国博世力士乐公司达成合作协议，当年9月，该公司被认定为省级企业技术中心企业。安徽瑞泰汽车零部件有限责任公司年产2000万件汽车发动机紧固件技术改造项目竣工建成。超威电源公司通过技改项目在行业内率先全部实现电池内化成和胶体电解质技术工艺路线，当年销售收入7.9亿元，上缴税金3060万元，利润3151万元，其主导产品铅酸蓄电池销售规模在全省排第三位。

【非金属材料业】 2011年有30户规模企业，占到当年规模企业数的48.4%，其中矿山开采企业12户，下游加工企业18户。全年工业产值20.1亿元，增长57.2%；工业用电2740.5万千瓦时，占比13.3%；入库税金7615.3万元，占比49.9%。安徽国风非金属高科技材料有限公司、益瑞石（青阳）颜料公司、安徽省华隆钙业有限公司、青阳县恒基钙厂等为行业龙头企业，主导产品有方解石、氧化钙、轻烧白云石等。

2012年有36户规模企业，占到当年规模企业数的47.4%，其中矿山开采企业13户，下游加工企业23户。全年工业产值27.5亿元，增长19.1%；工业用电4701.6万千瓦时，增长58.8%；入库税金8066.7万元，下降7.1%，这主要是因为南片矿山企业大多处于整合以及采空区治理阶段，停产、半停产企业居多。华隆钙业公司、恒基钙业公司、玉冠钙业公司等氧化钙加工主流企业使用的大多为土立窑，面临向钢制立窑转变。方解石粉产品在400目左右，主要销往山东、上海等地，用于造纸、建筑、化工等。是年，九鼎环保纸业股份有限公司年产6万吨环保石头纸项目建成厂房6万余平方米，一条墙纸生产线开工生产，产品为利用矿石粉和无毒树脂密制而成的环保纸，具有防水、防雾、防油、防虫、耐折、抗破裂强度高、无毒无害，表面不生长细菌等特性，可完全替代木浆纸。

2013年整合减少矿业权2个，关闭矿山9家，非金属材料产业新增规模企业9家，酉华乡成为省级非金属矿采选及深加工产业集群专业镇。截至年底共有42户规模企业，占到当年规模企业数的40%，其中矿山开采企业16户，下游加工企业26户。全年工业产值30.6亿元，增长3.5%；工业用电5796.6万千瓦时，增长14.7%；入库税金11365.5万元，增长8.7%，占全部105户规模以上工业税收的55.1%。是年，欧米亚公司年产26万吨超细微粉项目已完成试生产，青阳县南阳粉业有限公司年产10万吨超细碳酸钙微粉项目开工建设，池州瑞祥钙业有限公司年产10万吨氧化钙及纳米碳酸钙项目建成投产，标志着行业正在朝下游深加工、产品高附加值方向发展。青阳县佳德环保材料有限公司充分利用青阳县非金属尾矿资源，投资5000万元建设了年处理150万吨尾矿渣环保化处理项目，变废为宝，取得了较好的经济和社会效益，还填补了安徽省非金属尾矿综合利用空白。

【有色金属采选加工业】 2011年有青阳县百丈岩矿业有限公司、安徽省青阳县九华铜材有限责任公司、青阳县华兴线缆有限公司等3户规模企业，主要产品有钨钼矿、铜矿粉、铁矿粉、铜杆、铜丝等。全年工业产值6.8亿元，下降2.2%；工业用电298.3万千瓦时，占比2.9%；入库税金429.5万元，占比2.8%。

2012年有青阳县百丈岩矿业有限公司、安徽金邦铜业有限公司、青阳县华兴线缆有限公司等3户规模企业，其中金邦铜业公司为当年新增规模企业，九华铜材公司因长期停产退出规企。全年工业产值8.28亿元，增长35.8%；工业用电1811.7万千瓦时，增长293.9%；入库税金684万元，增长201.5%。

2013年有青阳县百丈岩矿业有限公司、安徽金邦铜业有限公司、池州市威尔富工贸有限公司、青阳县华兴线缆有限公司等4户规模企业，其中池州市威尔富工贸有限公司为当年新增规模企业。全年工业产值9.69亿元，增长10.9%；工业用电2010.1万千瓦时，增长18.5%；入库税金964.6万元，增长41.4%。

【轻纺服装加工业】 2011年有青阳县大华丝绸有限公司、青阳县三方缫丝有限责任公司、池州九华红茶纺有限公司、青阳县思源麻棉纺织有限公司等4户规模企业，全年工业产值2.2亿元，增长45%；工业用电198.3万千瓦时，占比1.0%；入库税金370.3万元，占比2.4%。主要工业产品：桑蚕丝、蚕丝被、茶枕、混纺纱等。

2012年有青阳县大华丝绸有限公司、青阳县思源麻棉纺织有限公司等5户规模企业。全年工业产值2.77亿元，增长12.4%；工业用电212.6万千瓦时，增长6.3%；入库税金309.2万元，下降26%，这主要是棉纺等产品价格下滑，当年思源麻业税收128.7万元，同比减少94.8万元，下降42.4%。

2013年有青阳县大华丝绸有限公司、青阳县思源麻棉纺织有限公司等7户规模企业，其中安徽润青工贸有限公司、青阳县加怡服饰有限公司为当年新增规模企业，主要产品有棉纱、混纺纱、白厂丝、蚕丝被、服装等。全年工业产值3.56亿元，下降0.6%；工业用电307.9万千瓦时，增长19.0%；入库税金606.8万元，增长36.6%。

（县经信委办公室）

电　力

【概况】　国网安徽青阳县供电有限责任公司（简称供电公司）成立于2001年，2013年根据国家电网公司统一部署，更为现名；当年共有职工125人，农电工209人；下设11个供电所。截至2013年底，供电区域内拥有220千伏变电站1座、110千伏变电站4座、35千伏变电站10座。35千伏变压器容量为14.30万千伏安，有35千伏线路22条，长度183公里。配电变压器1075台，容量为16.29万千伏安，有10千伏线路63条，长度1132公里，低压线路长度4389.8公里。

【电力供应】　2011年完成供电量3.96亿千瓦时，售电量3.75亿千瓦时，电费回收双结零，综合线损率为5.18%；2012年共完成供电量4.47亿千瓦时，售电量4.24亿千瓦时，电费回收双结零，综合线损率为5.3%；2013年共完成供电量5.18亿千瓦时，售电量4.90亿千瓦时，电费回收双结零，综合线损率为5.35 %。

【供电服务】　2011—2013年，围绕全县决策部署和经济发展形势，主动服务招商引资和南部新城建设，确保重点项目用电需求。共实现五星级供电所3个、四星级供电所10个、三星级供电所16个、二星级供电所4个；新建杜村、庙前供电所营业综合楼，完成10个供电所C级营业厅建改工作；新增银行代收代扣、24小时自助缴费方式；完善供电业务联席例会制度，开展保障居民用电服务质量专项行动，加强行风建设“风险点”管控；积极服务优美乡村示范点建设，其中陵阳谢家村等美好乡村电力建设获得地方政府高度评价；城区营业厅获得全国“巾帼文明岗”称号，丁桥供电所获得“中国最美供电所”、“国家电网公司标准化示范供电所”称号。2012年、2013年县供电公司连续两年蝉联青阳县公共服务性企事业单位类综合考评第一名，并被县委、县政府授予“作风建设”、“效能建设”、“经济发展环境建设”等3项建设先进单位荣誉称号。

【电网建设】　2011年，配合省、市供电公司推进特高压工程建设和110千伏及以上变电站工程建设，建成35千伏童埠变电站。完成2010年农网改造升级工程172个项目，总投资3290万元；更换35千伏主变1台，建改35千伏线路17.7公里、10千伏线路137.7公里、低压线路234.95公里；新增（更换）变压器135台，配电容量1.44万千伏安，整改农户6884户。结合县域经济发展水平和农村电气化现状，完成1个电气化镇和25个电气化村的建设任务。全县新农村电气化镇、村覆盖面分别达到82%和81%，完成投资452万元，解决442户低电

公司大楼全景（供电）

压问题。

2012年，配合市供电公司开展110千伏及以上主网架建设，110千伏丁桥天屏变正式动工。开展丁桥、西华、新河、杨田等乡镇区域的电力市场实地调研，完成青阳电网“十二五”规划滚动调整及南部新城电力专项规划编制上报。完成2011年农网改造升级项目建设94个项目，总投资2820万元；新建35千伏乔木变电站1座，建改35千伏线路16.235公里、10千伏线路46.5公里；新增（更换）配变91台，配电容量1.11万千伏安，建改低压线路125公里，整改农户数6900户，更换电能表1047户。启动2012年农网改造升级工程建设61个项目，总投资2100万元，开工率80%。建成新农村电气化乡1个，电气化村8个，全县电气化乡镇实现全覆盖，电气化村覆盖面上升到91%。投入资金396.9万元开展低电压整治工作，完成低电压改造工程项目17个。

2013年，配合市供电公司开展110千伏及以上主网架建设，110千伏天屏变、蓉城变至天屏变Ⅱ回110千伏输电线路工程等一批主网工程相继动工，完成110千伏光华输变电工程的初设等工作。完成2012年农网改造升级项目建设61个项目，总投资2100万；建改35千伏线路11.2公里、10千伏线路42.29公里、低压线路56公里；新增配变51台，配电容量8640千伏安，整改农户数3880户，更换电能表1849户。完成2013年农网改造升级项目建设32个项目，总投资1600万；新建35千伏新河黄檀变电站1座，建改35千伏线路12公里、10千伏线路21.04公里、低压线路40.28公里；新增（更换）配变28台，配电容量5700千伏安，建改农户数1740户，更换电能表465户。2013年新电气化村10个，在全市率先实现新农村电气化乡镇、村的全覆盖。投入资金440万元开展低电压整治工作，完成低电压改造工程项目11个。

【安全管理】 以“保人身、保电网、保设备”为目标，加强农网改造升级、技改大修、基建、检修等施工现场安全管控，全面实现作业人身安全；完成应急指挥中心建设，与县电视台、安广网络公司分别建立应急协调机制，应急培训和迎峰度夏反事故演练取得成效，入选“第二批省级应急管理示范点”。加强调度、修试、线路、变电站规范化管理，生产规范化通过验收。修订青阳县电力系统调度规程，规范停送电管理，开展全县范围内35千伏大用户、10千伏专线用户、并网水电站停送电联系人培训工作。开展全员、“1+3”安全管理培训、外包施工队安全调考、取证上岗等工作，坚持各类安全大检查及重点行业和领域安全生产专项整治活动。截至2013年底，已连续实现安全生产8132天。公司连续3年获得“青阳县安全生产先进企业”称号。

【科技信息化建设】 2011年投入资金585万元，用于数据交换网建设、调度自动化升级、供电所视频监控等科技项目建设。建成电力系统视频及环境监控信息系统、变电站多媒体监视及安全防范集成网络系统等平台。2012年投入资金155万元，完成城西变10千伏工业121线、青阳变10千伏工业121线城区通信系统工程建设，为实现县城配网自动化奠定基础。架设光缆66公里，全面建成电力光纤环网。2013年投入资金134万元，完成城区电力终端接入网二期工程，实现城区公专变的通信网全覆盖。当年有22篇典型经验入选国家电网公司典型经验知识库。开展智能台区试点建设，完成5台智能配变安装；实现10个变电站的10千伏和35千伏关口表的远程集抄；2013年推进用电采集信息系统建设，实现2.6万余户电量远程采集功能。

（县供电公司　熊寿康）

商　贸

【概况】　青阳县商务局成立于2005年，主要职能是贯彻执行国家和省有关国内外贸易和国际经济合作的法律法规和方针政策，推进流通产业结构调整，指导流通企业改革、商贸服务业和社区商业发展，协调整顿和规范市场经济秩序，组织实施重要消费品市场调控和重要生产资料流通管理。负责对外经济合作工作，指导贸易促进活动和外贸促进体系建设，宏观指导外商投资工作等。2013年行政在编9人，事业在编2人。

【社会消费品零售总额】　社会消费品零售总额是指批发和零售业、住宿和餐饮业以及其他行业直接售给城乡居民和社会集团的消费品零售额。2011年，青阳县实现社会消费品零售总额17.6亿元，比上年增长18.8%。当年继续实施"家电下乡"和"家电以旧换新"工作，推进"万村千乡市场工程"，商业经营规模不断扩大，新增限额以上商贸流通企业（指年营业额批发企业2000万元以上、零售企业500万元以上、住宿和餐饮企业200万元以上）7个，总数达25个。2012年，消费品市场内外需求收缩，国内经济下行压力增大，组织重点商贸流通企业开展"双百"促销活动，社会消费品零售总额呈现低开稳走的运行态势。当年实现社会消费品零售总额20.47亿元，增长17.35%；其中限额以上商贸企业实现销售额4.02亿元，增长37.1%。新增18个限额以上商贸企业，总数达41个。2013年着力培育限额以上企业，提高限额以上企业对社会消费品零售总额的贡献率。全年实现社会消费品零售总额22.5亿元，增长14%。其中限额以上商贸企业实现零售额5.3亿元，增长34.4%。增幅均位列池州市第一。

【家电下乡】　为扩大农村消费，提高农民生活质量，更好统筹城乡发展和国内外市场，促进社会主义新农村建设，青阳县于2008年12月1日至2012年11月底开展"家电下乡"工作。按照农民消费升级新趋势，组织物美价廉的彩电、冰箱、手机和洗衣机四大家电产品进入农村，并提供售后服务，同时对农民消费给予适当补贴，以激活农民购买能力，促进内需和外需协调发展。2011年全县共销售家电下乡产品3.64万件，销售额1.03亿元，比上年增长31%；当年全县共有家电下乡备案销售网点80个，累计销售家电7.96万件，总销售额2.47亿元，每万户购买量继续保持池州市第一。2012年全县销售家电下乡产品4.51万件，拉动消费1.3亿元。截至2012年11月底活动结束，全县共有家电下乡产品备案销售网点81个，累计销售“家电下乡”产品12.46万件，销售额3.38亿元，其中12.44万件通过审核获得财政补贴。每万户购买量仍居池州市第一。

【家电以旧换新】 为进一步扩大消费需求，提高资源利用效率，减少环境污染，2010年6月1日至2011年12月31日，青阳县实施家电以旧换新工作，实行家电以旧换新财政补贴。补贴对象为在安徽省注册登记具有法人资格或具有安徽省户口的单位和个人。补贴产品为电视机、电冰箱（含冰柜）、洗衣机、空调、电脑。个人限购5台，单位限购50台。补贴标准为新家电销售价格的10%，最高补贴限额电视机400元/台、电冰箱（含冰柜）300元/台、洗衣机250元/台、空调350元/台、电脑400元/台。到活动结束，全县共有备案销售（回收）企业7个，销售家电以旧换新产品1422台，总销售额508.39万元，财政补贴资金44.83万元。

【万村千乡市场工程】 为进一步健全农村流通网络，拉动农村消费，根据商务部等系列文件精神，青阳县继续实施“万村千乡市场工程”，对农家店进行验收，并给予一定资金扶持，用于农家店改造及培训，提高农家店质量水平。截至2011年，全县改造建设农家店138个，基本实现所有乡镇全覆盖。2012年全县有24个农家店完成信息化改造，村民在家门口就可刷卡购物，办理水、电、话费缴纳及小额存贷款等业务，极大改善了农村消费环境。2013年全县“万村千乡市场工程”承办企业直营店和加盟店141个，农村商品流通网络基本形成。

青阳县“商贸活市”工作开展情况调研座谈会

【“放心肉”体系建设】 为加强青阳县生猪屠宰行业监督管理，完善肉品质量安全保障体系，根据商务部、财政部《关于开展“放心肉”服务体系建设试点工作的通知》精神，2012年青阳县入选安徽省首批“放心肉”体系建设试点县，开展“放心肉”体系建设工作，实行定点屠宰、冷链配送、分散运销模式，促进产业化经营，保障肉食品消费安全。10月，城区屠宰场完成机械化升级改造，成为全县唯一合法定点屠宰企业，11月，木镇、庙前、陵阳3个乡镇手工屠宰场相继关闭，城区屠宰场机械化屠宰生产线正式投入运营，12月，“放心肉”体系通过省级检查验收。

【大中型商业网点】 青阳县加快传统商业向现代商贸流通业转型，繁荣商品市场。到2013年，全县共培育营业面积5000平方米以上大中型商业网点7个，分别为青阳县蓉东农贸市场、江南蔬菜批发市场、皖南建材大市场、富贵陵阳大市场、九华红蚕桑文化园、九华素食文化园和佛教文化园，总营业面积为14.2万平方米，从业人员7000余人，年营业额6亿元。

【成品油管理】 成品油是指汽油、煤油、柴油及其他符合国家产品质量标准、具有相同用途的乙醇汽油和生物柴油等替代燃料。从事成品油批发、仓储经营的企业，应当申请成品油零售经营许可证书。成品油批发市场开放后，正在改变原有中石油、中石化两大集团集中批发成品油的市场格局，逐步形成以国有石油公司为主导，国外大石油公司和国内民营企业积极参与的多元化市场格局。青阳县现有中石化加油站 11 座，中石油加油站 4 座、京台高速九华山服务区加油站 2 座，其他社会加油站 4 座，柴油加油点 21 个。2011 年销售汽油 1562 吨、柴油 5452 吨，2012 年销售汽油 879 吨、柴油 4508 吨，2013 年销售汽油 1626 吨、柴油 6294 吨。

【酒类流通管理】 2013 年，青阳县共有酒类流通备案企业 79 个，其中生产企业 4 个，批零兼营 13 个，零售 62 个。2011 年全县开展酒类流通领域专项整治，严格落实酒类经营者备案登记制度，推进酒类流通随附单溯源制度，规范酒类流通秩序。2012 年开展集中清理整顿利用互联网销售滥用“特供”、“专供”等标识酒类商品专项检查行动；对销售假冒伪劣酒类商品的经营户加大处罚力度，共开展专项行动 3 次，出动执法人员 68 人次。

【利用外资】 青阳县不断优化投资环境，先后引进欧米亚、法国益瑞石、香港海亿、韩国元进、台湾立达超微、超威电源、替克斯阀门等一批投资规模较大、带动效益较强的外资项目，2013 年落户青阳县外资企业共有 20 个，其中工业外企比重达到 75%。外商投资方式除中外合资、合作、外商独资以外，外资企业再投资本县也有较快发展。投资来源地包括韩国、日本、法国、瑞士等国以及中国香港和台湾等地，主要涉及新材料、新能源、机械制造等行业。2011 年外商直接投资 4286 万美元，比上年增长 15%。2012 外商直接投资 6061 万美元，增长 41.4%；新成立外资企业 4 个，投资总额 1.36 亿美元。2013 年外商直接投资 7209 万美元，增长 18.9%。

【外贸进出口】 青阳县鼓励外向型经济发展，近年来出口产品结构逐渐由传统矿产品出口向技术含量较高的工业产品出口转变，形成以机电产品、非金属矿产品和市场采购类产品为龙头，竹木制品、轻纺产品为两翼的进出口格局，其中出口超 1 百万美元的有阀门、漆包线、打火机、服装、箱包等 5 种商品，进口以关键设备和技术为主；进出口贸易主要与美国、英国、比利时、俄罗斯、韩国、日本等 10 余个国家和地区往来，其中欧美、亚洲市场占主导地位，约占全县进出口总额 60%。据池州市海关通报数据，2011 年青阳县 21 个企业发生进出口实绩，进出口总额 2863 万美元，比上年增长 45%；全县共有备案企业总数达到 81 个，当年新增 13 个，具有进出口实绩的企业由 2010 年的 18 个增加到 23 个。2012 年有 31 个企业发生进出口实绩，进出口总额 4124 万美元，增长 44%。全县共有备案企业 99 个，当年新增进出口备案企业 17 个、进出口实绩企业 12 个。2013 年全县共有进出口备案企业 101 个，外贸进出口总额 5760 万美元，增长 39.7%；当年新增进出口备案企业 10 个、进出口实绩企业 3 个。

【对外合作】 青阳县充分利用国际国内两个市场、两种资源，积极参加中国华东进出口商品交易会（简称华交会，每年一届）、中国进出口商品交易会（简称广交会，每年分春秋两届，每届三期）以及国外专业展会等，寻求贸易合作机会，扩大进出口规模和效益。组团参加中国中部投资贸易博览会（中博会）、中国国际投资贸易洽谈会（厦洽会）、徽商大会以及其他境内外定向招商活动，宣传青阳投资环境和资源优势，寻求投资合作机会。2011 年组织 6 个企业分别参加第二十一届华交会、第一百一十届广交会；在第六届中博会推介项目 30 个，总投资 35 亿元；在第十五届厦洽会推介项目 24 个，其中签约九子岭现代农业生态旅游观光园项目，投资总额 2 亿元；在第七届徽商大会签订 A 级防火复合板生产项目、五星级大酒店等 6 个项目，总投资 20.4 亿元。2012 年先后组织 3 个企业参加我国香港电子展、德国科隆五金展、巴西国际家庭用品展；组织6个企业参加春季和秋季广交会；围绕青阳县首位产业和主导产业，多次赴江、浙、沪等地与客商广泛洽谈；当年还筹备参加第七届中博会、第十六届厦洽会，签约项目有九华温泉度假村、高速传输线缆、新能源电动汽车生产等，投资总额约24.9亿元。2013年组织6个企业参加春季和秋季广交会。

【商务促进政策】　商务促进政策包括商务部、安徽省商务厅、池州市人民政府及青阳县人民政府对利用外资、外贸进出口及内贸发展给予的政策支持。2011年共为3个企业申报省级财政支持项目，县财政为企业兑现外贸进出口奖励资金44.03万元；对外贸进出口贡献企业、经济发展外向度先进单位以及新增的限额以上商贸企业给予表彰，县财政兑现奖励资金77.54万元。2012年组织企业申报省级外贸促进政策资金项目5个、境外展览项目3个、中小企业国际市场开拓资金项目25个。有3个企业分别获得省级专项资金扶持，县财政兑现奖励资金80.98万元。2013年将县级外贸促进资金全部发放到位，县财政兑现奖励资金129.32万元。

（县商务局　伍德才　张　帆）

供销合作

【概况】　青阳县供销合作社（简称供销社）成立于1949年，是农民的合作经济组织，也是我国最大、组织体系最完整的合作经济组织。2013年县供销社下辖兴农公司、土产公司、祥瑞花炮公司、皖江棉业公司、龙泉旅游公司、双赢拍卖分公司，城关、木镇、陵阳、庙前4个中心社，九华山供销社，26个农民专业合作社、20个农村综合服务社和供销社农特产品购销中心；初步建成农资现代经营网络、日用消费品现代经营网络、农副产品购销网络、再生资源回收利用网络、烟花爆竹安全经营网络和旅游服务网络六大新农村现代服务网络工程（简称“新网工程”）。当年机关在编8人、公司29人、基层社91人（含未改制80人）。

2011—2013年，县供销社加快建设“新网工程”，形成以县城为中心、以乡镇为骨干、以村级为网络终端的农村现代经营服务新体系。重点强化烟花爆竹资源整合和市场开拓，形成布局合理、安全便捷、管理有效的烟花爆竹安全经营管理体系。加强与省辉隆集团等龙头企业合作，建设大型农资连锁配送中心，发展农资放心店，提升农资经营网点建设标准化、规范化和综合服务水平。积极领办、引办农民专业合作社，发展基层综合服务社，发挥供销社为农服务职能。加强社有资产管理，创新社有企业经营机制。2010—2013年，县供销社连续4年获得全省“先进县级供销社”称号。

粮油经营

【概况】　青阳县粮食局（简称县粮食局）文革期间曾为县粮油收购站，后几经变化，1996年改为青阳县粮食局。主要负责规划和实施全县粮食宏观调控、总量平衡，以及粮食流通、收购、储备等。自粮油购销市场化以来，全县逐步形成以国有粮食购销企业为主渠道，私营粮油经营企业为辅助，粮油经纪人为纽带的粮油流通网络。2013年全县共有国有粮食企业4个、从业人员136人、仓库容量9万吨，私营企业1个，取得收购资格个体经营户45户。当年全县稻谷产量11.8万吨，油菜籽产量为7500吨。

【粮食购销】　2011年青阳县早籼稻收购价115～120元/50公斤，中晚籼稻130～140元/50公斤；2012年早籼稻115～125元/50公斤，中晚籼稻138～144元/50公斤；分别高于国家规定的稻谷最低收购价。2013年粮食市场低迷，市场价格降至 115 元 /50 公斤，低于国家规定最低收购价早籼稻收购价 132 元 /50 公斤，中晚籼稻收购价 135 元 /50 公斤，青阳县启动“最低收购价”执行预案。2011—2013 年，全县共收购粮食 11.07 万吨，其中国有粮食企业收购稻谷 5.43 万吨，累计销售粮食 10.95 万吨，超额完成省、市、县下达的粮食购销目标任务；企业增效、农民增收，充分发挥粮食流通主渠道作用。

【粮油储藏和仓储】 近年来，粮食安全引起社会广泛关注，储备是粮食部门的一项重要工作。2013 年全县承储省、县储备粮 1 万吨，其中 2011 年度稻谷 7000 吨，2012 年度稻谷 3000 吨；国家托市收购代储粮 1.68 万吨。所有储粮全部专人、专库管理，实行粮食仓储机械通风、环流熏蒸、“双低”储粮等科学规范方式，确保各级储备粮和代储粮安全。

【农户科学储粮工程】 全县积极响应国家号召，实施“农户科学储粮工程”，鼓励农民使用科学储粮仓进行储粮。农民使用 1 个科学储粮仓可储藏粮食 1000 ~ 1500 公斤，具有使用方便，密封性能好，易清扫消毒等特点。全县采取“三个一点”原则（即中央财政补贴一点，地方财政补助一点，农户自筹一点），在经过多年实践后，使农民感觉到科学储粮仓使用效果好。截至 2013 年，全县共发放农户科学储粮仓 7609 个，补贴农民资金近 213 万元，节约粮食 500 余吨。

【水稻品种开发】 本县南阳米业有限公司、天河米业、新禾生态农业研究开发的“皖南香丝”“润河”“玉珍香”品牌大米，远销华东各地区；南阳米业生产开发的黑米、紫米等稻谷优质特色，昌胜米业“九子山”商标获选池州市知名商标、池州市著名商标。

（县粮食局 魏爱球）

青阳县国有粮食企业徽丰粮食购销公司正在收购农民余粮

食盐专营

【概况】 青阳县盐务管理局、池州市青阳盐业有限公司〔简称“县盐务局（公司）”〕为一套机构，两块牌子，成立于 1992 年。主要职能是：依据盐业行政法规对全县食盐市场进行监管，按计划组织供应食盐和小工业盐。2013 年县盐务局（公司）编制 48 人。

2012 年 10 月，成立“万村千乡市场工程”物流配送中心，为全县食盐配送奠定坚实基础。2011—2013 年为全县和九华山风景区每年提供食盐 1650 吨，其中各种小包装食盐 1300 吨、加碘盐 350 吨。供应食盐的品种有：绿色加碘盐、海藻加碘盐、绿色低钠盐、低钠深井盐、低钠菇盐、调味菇盐、腌制加工用盐、加碘盐等。

（县盐务局 吴章福）

烟草专卖

【概况】 青阳县烟草专卖局（营销部）成立于 1984 年，隶属安徽省烟草公司池州市公司，是县级烟草专卖行政主管部门，主要负责对本县级行政区域内的烟草专卖品的生产、销售、运输、储存实施监督管理和宣传贯彻烟草专卖法规等工作，2013 年在编 58 人。先后获得安徽省2010—2011年度A级纳税信用等级、2011年安徽省优秀质量管理小组，“青阳文明号”等荣誉称号。

【烟草专卖管理】　201—2013年，县烟草专卖局以“基本买不到假、私、非烟”为目标，开展专项治理行动，共查处违法案件997起，其中行政处罚案件983起；查获各类违规卷烟6617.8条，案值182.43万元，上缴罚没款3.75万元。2013年严格许可证管理，控制新增户、清理违规户，优化零售网点布局，截至10月底全县共有卷烟零售户1643户。

【卷烟营销】　按照“控总量、调结构、降库存、稳价格”原则和市场实际需求，均衡合理制订营销策略，提升营销服务水平，客户盈利率12%、满意度95%，形成诚信经营、规范有序市场环境。2011—2013年全县卷烟销售收入8.54亿元，上缴税利3600.69万元；销售卷烟15.61亿支、3.12万箱。

【烟叶产销】　全县烟叶种植片区分布在杜村乡、木镇镇、乔木乡，共建设密集型烤房群150座、烟水配套设施8670米。推进综合服务型烟农专业合作社建设，推广“采、烤、分、收”一体化烟叶生产模式，率先实行下炕解竿分级，优化烟叶结构，提高烟农收益。2011—2013年全县共计种植烟叶502公顷，收购烟叶76.755万公斤，收购总金额1509.69万元。

旅　游

【概况】　青阳县旅游局于1994年成立，主要负责拟定全县旅游业发展规划和国际国内旅游市场开发计划，组织全县旅游整体形象对外宣传和重大促销活动，组织、指导重要旅游产品开发。2003年，青阳县九华山旅游经济开发区管委会成立，与青阳县旅游外事局两块牌子、一套人马，合署办公。青阳县旅游外事局有1个二级机构单位青阳县旅游质量监督所（与青阳县旅游监察大队两块牌子、一套人马），全局编制12人。

青阳县位于皖南国际文化旅游示范区核心，旅游资源十分丰富，境内拥有国家5A级旅游景区、国家重点风景名胜区、著名佛教圣地九华山。除九华山外，全县另有旅游资源单体329个，涉及52个基本类型，占国家级标准旅游资源基本类型总数（155个）的33.5%，其中优良级旅游资源24个，大部分集中在九华山风景区周边乡镇。旅游资源数量大，比例协调，有利于综合开发，是名副其实的旅游资源大县。2013年入选中国旅游竞争力百强县。

【重要的旅游资源集合区】　九华山风景区　九华山位于我县西南，北俯长江，南望黄山，西接池州，东临太平湖，景区面积120平方公里，是以悠久的佛教文化和奇丽的自然景观为特色的国家重点风景名胜区。

烟霞园旅游资源集合区　本区位于九华山国家森林公园入口处（朱备镇境内），包括九子泉声（七布泉）、九子岩、大兴殿、涌泉寺、鹫灵茅蓬、蕴空茅蓬、定西茅蓬、法华精舍、广化下院、双溪寺、林岩竞秀、程九万墓及索道上站的华严禅寺、谛听塔、佛茶茶道馆、枫榆神树、喇嘛双塔、地藏王第一修行处、观音殿、·览亭、犀牛望月等资源点。此集合区的特点是寺庙林立，佛教文化底蕴深厚，旅游规划中作为开发的重点。

天华峰旅游资源集合区　本区位于九华山山脊一线（朱备镇与庙前镇、九华乡交界处），包括了笔架山、天华峰、狮子峰峰群、仙人谷峰群等资源单体，此集合区的特点是峰峦险峻，高潮迭起，视野开阔，是我县山岳型旅游景观的精华所在。

黄石寨旅游资源集合区　本区包括陵阳镇的黄石村，资源点有黄石溪茶叶、黄石峡谷、黄石寨、黄石瀑布、黄石山洞、黄石美女湖、古石板道和南阳的神龙谷、苦木潭瀑布、楼台山等，资源集中且品位较高。

青峭湾旅游资源集合区　本区包括朱备镇的六亩田、天柱仙踪、天柱馆、翠峰寺、青峭湾人家、净居古塔、天柱竹海、百丈箭、嘉鱼池、心安寺、百丈潭、回头湾大峡谷、水口秋色、阳山梯田、花台峰丛、雪花潭、石板古道、花台杜鹃、大古峰、猫碗峰、杀猪台、菩萨岭、原始岭等，适宜与九华山花台景区联动，开发山村特色休闲度假系列产品。

盘台旅游资源集合区　本区包括目前西华乡的大部分旅游资源，资源点有百丈瀑、九井十三坑、乐园中草药、西华茶干、宋冲石片瓦房民居、泾青南县委旧址、笔架山等，结合新河镇的东山水库、间歇泉，以及杨田镇的五梅中草药等，未来或可开发成为青阳东部地区养生保健休闲旅游区，同时还可以开发红色旅游线路。

【旅游经济规模】　2011 年，全县共接待国内外游客 443.75 万人次，完成旅游总收入 44.80 亿元，同比分别增长 43.56% 和 40.88%。2012 年，全县共接待国内外游客 600 万人次，同比增长 35.2%，旅游总收入 64 亿元，同比增长 43.3%。2013 年，全县共接待国内外游客 779 万人次，同比增长 29.8 %，完成旅游总收入 84.5 亿元，同比增长 31.6 %。

【旅游景区开发】　除九华山外，青阳其它景区、景点的开发起步较晚，近几年有较快发展。九子岩景区于 2009 年成功创建国家 4A 级旅游景区。神仙洞景区、龙泉圣镜景区成功创建国家 3A 级旅游景区，此外，另有 2A 级旅游景区 2 家（齐春生态庄园、青阳县博物馆）。2013 年 1 月，莲峰云海旅游区成功创建国家 4A 级旅游景区。

【旅游产业体系】　目前，全县 A 级以上旅游景区 7 个，其中，国家 5A 级旅游景区 1 个；国家 4A 级旅游景区 2 个；三星级以上旅游饭店 8 家，其中 5 星 1 家，四星 2 家，3 星 5 家；旅行社（门市部）11 家；旅游商品生产企业 198 家；国家级农业旅游示范点 1 家，省级农业旅游示范点 2 家；（安徽省）三星级以上“农家乐”46 家；市“农家乐”旅游示范点 50 家；旅游示范村 4 个，最佳旅游乡镇、优秀旅游乡镇 5 个。在发展自然观光、宗教朝觐等传统旅游产品的同时，全县以“农家乐”、度假农庄、度假村为主体的乡村旅游产品不断兴起，具有青阳特色的多元化的旅游产业体系已初步形成。

【旅游大项目】　2013 年，青阳县首次将旅游业放在更加突出位置，与工业发展并列。全县摸排 20 个重点旅游建设项目和 16 个美好乡村建设点，明确建设任务和时间。县委县政府将全县所有乡镇按工业类和旅游类进行分类考核，其中旅游类乡镇以旅游业发展为主要任务。全县在建 1 亿元以上旅游项目 21 个，其中 10 亿元以上项目 8 个，100 亿元以上项目 1 个，总投资 350 亿元。

九子岩风景区

【旅游市场整治】　青阳、九华山的旅游市场综合整治工作曾引起多位市领导的高度重视。假导黑导假和尚欺客骗客行为，香烛市场和宗教活动场所的违法违规行为一度成为顽症，影响极坏。近年来，根据市旅游市场整治工作总体部署，结合我县实际，全县公安、旅游、工商、物价、交通、质监、安全等部门多次开展联合执法大检查，重点整治导游市场、香烛市场和宗教活动场所的违法违规行为。坚决打击假导黑导、假冒僧尼欺客骗客行为，净化旅游环境，情况有了根本好转。

【旅游市场营销】　2013 年，青阳县组团参加了中国国内旅游交易会、第五届中国国际旅游商品博览会、池州旅游合肥推介会、池州旅游北京推介会、池州旅游上海推介会、池州旅游南京推介会、第二届中国安徽旅游商品展示交易总汇暨旅游商品设计大赛等。高度重视全县旅游宣传促销工作，积极邀请旅行商、媒体记者来青踩线。央视 3D 频道《3D 看天下》摄制组、安徽广播电视台《人与健康》等栏目组先后走进青阳。充分利用网络信息平台，积极实施网上营销。青阳县在充分发挥传统平面媒体作用的同时，积极利用网络、微博、微信等现代信息平台，开展一系列宣传营销活动。积极参加池州首届旅游网络展，积极向国家旅游网、安徽旅游网、池州旅游网等网络媒体发布旅游信息，扩大了青阳旅游的影响力和知名度。

（县旅游局办公室）

蒿子粑、年年香粑

蒿子和年年香皆为能食用的草本植物，前者是一种香蒿，一般长在田间地头，初春时嫩叶生成，气味类似艾叶；年年香则生长在较高山上，多绒毛，气味清香纯正。每年清明节前后，境内居民在糯米里，掺进香蒿或年年香，然后用石磨磨粉，再根据自己的喜好加馅做粑，粑馅一般有芝麻糖心、腌菜心、竹笋炒腊肉腌菜等。为增加粑粑的清香并方便食用，有的居民还在粑粑下托上粽叶。畈区居民多数做蒿子粑。近年来，蒿子粑已成一种时令性小吃，出现在饭店、早点摊等。由于年年香采摘比较困难，味更为香浓，且保持浅绿色，一般为山里人家用，很少出现在市场上。

城乡规划

【概况】 青阳县住房和城乡建设委员会（简称县住房城乡建委）作为县政府组成部门，主要担负全县城乡规划、建设和管理等各项工作职能。委机关下设办公室、财务科、规划管理科、建工管理科、市政管理科、征收科、公用事业科、信访办等科室，委属单位包括县房管局、县质监站、县规划监察队、县园林办、县设计院和县供排水公司等。

【规划编制和城市设计工作】 2012年6月，青阳县新一轮城市总体规划（2010—2030）经市政府批准并报省住建厅备案后依规划实施。完成青阳县南部新城约10平方公里概念性城市设计，编制南部新城核心区约6平方公里控制性详细规划设计方案。编制完成木镇镇、陵阳镇、杨田镇、杜村乡、朱备镇总体规划。完善城市功能配套，编制完成青阳县城区给水工程专业规划、青阳县城区排水工程专业规划、绿地系统专业规划、长龙山人民公园规划建筑设计方案。完成南部新城市民中心初步规划方案设计、南部新城文化中心、青阳中学南校区、青阳第四中学新校区、城南水厂、安徽省佛教用品检测中心、人行综合服务中心、残疾人康复中心、农副产品检测中心、气象科普中心等重要公共服务及基础设施规划设计。编制完成美好乡村建设规划等相关规划设计方案。

【依法查处违法建设】 2011—2013年，共查处县城规划区内违法建设800户、面积3.8万平方米，开展主次干道乱搭乱建整治、文明创建综合整治、小区人居环境整治、历史遗留违法建筑整治等专项拆违治违行动。县政府组织依法拆违80余次、3万余平方米，违法建设势头得到有效遏制，违法建设发生率呈逐年下降趋势，确保城乡规划顺利实施。

【农村危房改造】 2011—2013年，青阳县农村危房改造共计完成6355户；其中2011年完成1400户，中央及省级补助资金1120万元，县财政补助163.2万元；2012年完成2472户，中央补助资金1854万元，省级补助资金494.4万元，县财政补助92.1万元；2013年完成2483户，开工率114.73%，竣工率114.73%，中央补助资金1725万元，省级补助资金460万元，县财政补助7.8万元。

【农村清洁工程】 截至2013年，全县乡镇除陵阳镇建设垃圾焚烧炉外，其余乡镇均配套建设垂直式垃圾中转站1座；农村清洁工程垃圾处理已覆盖77个行政村、770个自然村，每年处理垃圾1.9万余吨。全县共计购置垃圾人力清扫车270辆、简易垃圾运输车50辆、专业垃圾运输车13辆，建设垃圾池2423个、垃圾箱1340个。杨田镇、西华乡被省建设厅确定为清洁工程实施乡镇。全县提前实施乔木乡、新河镇清洁工程，全面实施完成所有乡镇农村清洁工程，并辐射到自然村，实现清洁工程全覆盖。

城乡建设

【新城区建设】 市政道路网建设 已完成天柱南路、临城南路、莲花路、富阳南路、望华路、光明大道、翰林路、青山路和望池路等9条道路（五横四纵）建设，共计投资1.6亿元，建设道路里程10.22公里。

公共设施项目建设 包括文化中心和城南水厂项目。其中文化中心建设工程集文化馆、博物馆、档案馆、图书馆于一体，占地3.33公顷，计划投资6000万元。城南水厂建设工程位于蓉城镇百花村，占地4.67公顷，设计能力为7万吨/日，一期工程为4万吨/日，总投资5600万元，计划于2014年8月试运营。

【老城区建设改造】 市政道路建设 共完成天柱北路、长龙山北路、长龙山南路、九子大道（西段）、梅溪路、宝灵路、碧桃路等道路建设15条、7.22公里，投资1.04亿元；道路升级改造共完成北外环、九华西路、临城南路、西峰路等道路9条、9.61公里，投资9600万元。

排水系统改造 完成光明老河道疏浚、环城北路排水系统、富阳河污水管道向东延伸、高阳巷污水管道、土邮干沟污水管道、龙子口区域排水工程、九莲小区内涝点、富阳路排水系统、青山东路水系贯通等9个项目，新建、改造排水管道1.2万米，投资4400万元。

背街小巷及老旧小区整治改造 完成贺家南巷、菜园巷、印刷巷、财贸巷、河滨巷、殷山巷等40余条背街小巷及多个居住小区整治改造，硬化砼道路及人行道2.5万平方米，建设排水管道约6000米。

【城区生活设施建设】 绿化亮化建设 2011—2013年，城区新增绿化面积33.5万平方米，完成投资4400万元；城区绿化覆盖率39.5%，绿地率36.5%，人均绿地面积12.9平方米。城区新装、改造路灯1300余杆，其中老城区600杆。

供水和燃气建设 2011–2013年，新建和改造供水管道35公里，完成投资约1600万元。新建和改造燃气管道25公里，完成投资2500万元。

生活污水和生活垃圾处理工程 建成生活污水处理厂1座，设计处理能力6万吨/日，完成一期工程，日处理能力2万吨，县城区生活污水处理率91.67%。建成生活垃圾处理厂1座，设计库容140万立方米，起始日处理能力100吨，全县城镇垃圾处理率90%以上。

市容管理

【概况】 青阳县城市管理行政执法局（简称县市容管理局）成立于2010年12月，与县精神文明建设指导委员会办公室合署办公，下设县城市管理行政执法大队、蓉城环卫所。主要职责是：贯彻执行国家和省、市有关城市管理的法律、法规，结合县情，研究拟订具体办法并组织实施。行使城市市容和环境卫生管理方面法律、法规、规章规定的行政处罚权。负责城区各类户外广告、店面招牌、摊位等的行政许可及规范管理，维护市容市貌。2013年，全局在编人员28人。

【城市环卫保洁】 2011年，青阳县城区保洁面积145万平方米，日产生活垃圾70余吨。城市环卫保洁实行市场化运作，外包给4个专业保洁公司，年投入资金300余万元。城区保洁共配备环卫保洁车90辆、垃圾运输车4辆、垃圾转运车2辆，建成压缩式垃圾中转站1座、占地11公顷垃圾处理厂1座，垃圾日处理能力每天100吨；城市生活垃圾已做到即时收储、清运与处理。城区公厕管理实行制度化。

2012年完善《青阳县城区环卫保洁督查考核办法》，启动垃圾收运新模式，逐步推广垃圾桶装、车压、直运模式，公园广场公厕实行免费开放。

2013年城区保洁范围扩大到近22平方公里，东、西城区全面实行“桶装车载”垃圾收运模式。同时城区环境卫生夜间管理得以加强，主干道保持随脏随扫。自7月份开始，市容局每天出动洒水车对各路段压尘降温。

【城市管理】 2012年，青阳县召开城市管理第一次联席会议，制订《青阳县城市管理联席会议制度》、《青阳县城市管理互通互报制度》，县住建委、公安局、交通运输局、工商局、环保局等14个县直部门为联系会议主要成员单位。2011—2013年，全县先后开展夜市排档整顿，庙前路、九华西路文明示范街创建，富阳北路整治，蓉东蔬菜批发市场搬迁，城区主次干道占道经营行为整治，户外广告管理，货车停放管理，杂物、车辆占用人行道，建筑垃圾、工程渣土消纳场管理，“牛皮癣”小广告整治等多项行动，实行城市管理常态化、制度化、规范化。

【县城绿化管护】 2011年，启动城市绿化体制改革，实行绿化养护任务对外招标承包，并将城市道路绿地分成街心花园、道路绿化带和行道树等3个类别，其中道路绿化带划分3个级别，制订相应管理标准，分类分级进行承包，分类分级进行管理养护。

（市容管理局办公室）

环城北路绿化亮化工程

建筑业

【概况】 全县建筑业保持稳定、协调、健康发展态势，建筑企业生产规模继续增长。2011—2013年，全县施工图纸共送审310个工程，总建筑面积269.08万平方米；建筑工程施工合同备案登记317项，总建筑面积247.98万平方米，合同总造价22.36亿元；施工许可证共发放252份，建筑面积252.57万平方米，总造价23.09亿元；建筑工程工伤保险参保261项，总额600.3万元，参保人数2.53万人；安全风险抵押金缴纳登记57项，总额235.8万元；农民工工资支付保障金缴纳登记54项，金额963万元。

【安全生产管理】 *增强安全生产意识* 县住建委组织开展市、县非国有经济组织建设工程中初级专业技术职务申报工作，组织各施工企业开展特种作业人员和施工现场专业人员操作资格证书的延期和培训报名工作等。开展专项治理和隐患排查治理工作和“全国安全生产月”活动，落实安全生产隐患排查治理月报和季报制度，组织开展安全生产咨询日活动和安全生产知识竞赛活动。每年分季度召开全县建筑业安全生产会议，强化目标管理，落实安全生产责任。

【建设工程招标】 2011—2013年，全县完成房屋建筑招投标工程项目29个、139.2万平方米，总合同价4.38亿元。县住建委配合县招投标局完成招投标工程投标企业资质预审工作。金盛山水华城小区获“省级安全质量标准化示范工地”称号，青阳县供电有限责任公司办公综合楼、青阳县青通河九子桥工程获得市建设工程最高奖“九华山杯”奖。

【清理拖欠农民工工资】 县住建委与施工企业签订预防拖欠农民工工资工作目标责任书，推行工程风险管理制度，制订完善建筑施工企业职工工资支付保证制度，规范建筑施工企业用工及工资支付行为。2011—2013年，全县共处理建设领域农民工工资投诉58起，清欠农民工工资2451.5万元，涉及农民工2222人。

房产管理

【概况】 2011—2013年，全县办理产权登记3258件、他项权登记3537件、预购商品房抵押登记1582件、商品房预售许可证37件、二手房房屋交易1312件、商品房转移登记1938件。

全县严格按照《城市商品房预售管理办法》审批，实行网上销售备案和销售价格、销售合同备案制，备案价格实行一价清。严格开发企业资质审查，加大查处违规销售行为力度。规范房地产交易与权属管理，公开接受群众监督。配合金融部门提供房屋抵押贷款融资方便。县房管局在房产交易中心办证窗口设立绿色通道，方便革命伤残军人、现役军人快速办理房产相关业务。青阳县房地产市场交易中心开通短信服务平台，通过统一的公共服务移动号码给办理产权和抵押业务的用户发送相关信息。2012年5月11日举行首届房地产展示交易会。全县实施《青阳县物业管理实施办法》，成立小区业主委员会8个，建立物业管理投诉受理机制。润城·景秀世家小区获得“2011年度省物业管理优秀住宅小区”称号。

【房地产开发完成情况】 2011—2013年，全县房地产市场的投资销售保持稳定局面，各年度房地产开发累计完成投资30亿元，刚性需求不断增加，住房结构趋向合理，对提高人民居住水平、繁荣经济发展起到持续推动作用。

【保障性住房建设情况】 2011—2013年，全县共计建设保障房3600套，其中建设廉租房200套、公租房1600套、棚户区改造1800户。完善保障房分配制度建设，按条件和标准发放廉租住房补贴156.7万元，发放家庭801户。强化保障房质量建设，督促各乡镇企业保障房项目按质按量完成建设计划。

2011—2013年，全县共举行保障性住房实物分配摇号现场会3次，县房管局根据摇号选房结果，坚持公正、公平、公开原则，及时办理申请家庭入住手续，让住房困难户搬入新居。

为加快推进统筹城乡发展，完善本县住房保障体系，解决城市住房困难群体住房问题，2012年4月经县政府批准，发布实施《青阳县公共租赁住房管理暂行办法》。

（县住建委办公室）

环境保护

【概况】 青阳县环境保护局（简称环保局）于2002年单立设置（1997年设置青阳县建设局、青阳县环境保护局两块牌子、一套人马），为县政府部门管理机构。2010年机构改革为县政府工作部门。下属青阳县环境监察大队（2006年设立）和青阳县环境监测站（1984年设立）等2个事业单位。2013年在编19人。

【环境监测】 完成全县11个乡镇集中饮用水

水源地、县内5条主要河流15个断面地表水定期水质监测，定期监测城区环境空气质量、国控重点污染源、涉铅污染源以及涉铅企业周边环境质量。2011—2013年全县水环境质量符合地表水功能区规划要求，水质达标率100%；城镇环境空气质量符合国家二级标准，空气质量优良率达95%以上。县环境监测站共编制建设项目环境质量现状监测报告80份、确认函135件、验收监测报告34份。

【主要污染物减排】 2011年青阳县实施减排项目5个，共减排COD（化学需氧量，下同）662.77吨、NH3-N（氨氮，下同）50.02吨、SO_2（二氧化硫，下同）111吨、NOx（氮氧化物，下同）51吨。2012年实施减排项目4个，共减排COD719.67吨、NH3-N65.088吨。2013年实施减排项目2个，共减排COD 181.94吨、NH3-N22.6吨。2011—2013年均通过环保部年度核查核算，其中2011年县政府获全市主要污染物减排工作先进单位称号。我县主要污染物减排工作连续3年（2009—2011年）受市政府表彰，2012年，县政府通报表彰县环保局。2012年和2013年主要污染物减排考核均位列全市前列。

【环境监察】 开展对铅酸蓄电池企业、重金属企业定期督查，重点加强对涉重金属工矿企业环境整治。2011—2013年共检查265个企业，完成40个企业的验收环境监察工作，开展排污申报登记企业125个依法征收116个企业排污费。对12个医疗单位核技术利用情况进行现场检查，对29个生产矿山企业办理环境污染责任保险和环境应急预案进行评估。加强高考、中考期间噪声监测控制，为考生营造良好环境。加强来信来访处理，共办理本级来信来访233件，接上级部门来信来访通知单及督办件77件，来信来访处理率100%。2013年12月，青阳县环境监察大队通过省环保厅组织标准化验收。

【建设项目环境管理】 严格执行环评和“三同时”（建设项目污染防治设施，与主体工程同时设计、同时施工、同时投入使用）制度，严格控制高耗能、高排放、高污染行业项目建设，减少新增排污量。2011—2013年全县共审批建设项目环境影响评价报告211份，完成“三同时”验收项目47个。

【城乡综合管理】 生态文明创建　2011年，朱备镇获省级生态乡镇命名，庙前镇高源村获省级生态村命名；蓉城镇龙山社区、青阳中学等6所中小学分别获市级绿色社区、绿色学校命名。2012年，县委、县政府印发《关于加快推进生态文明建设的实施意见》，县政府组织修编《青阳生态县建设规划》，全县掀起生态文明创建高潮。庙前镇、朱备镇申报国家级生态乡镇，申报省级生态乡镇6个，申报省、市级生态村53个。2013年，县人大常委会批准实施《青阳生态县建设规划（2012—2020）》，全县共有10个乡镇获省、市级生态乡镇命名，命名率达91%，市级以上生态村95个，命名率达86%。12月，青阳县获省级生态县命名。

农村环境综合整治　2011年加强畜禽养殖污染防治，对重点规模养殖企业实施限期治理，争取省级环保资金245万元，实施污染整治项目5个，控制农业面源污染。2012年争取到中央农村环境连片整治资金80万元、省环保专项资金155万元，实施环境治理项目5个，着力改善农村生态环境。2013年组织实施村庄环境综合整治项目3个，获省级环保专项资金86万元；陵阳镇农村环境连片整治项目和太平湖生态环境保护项目实施方案均通过省环保厅评审，投资估算2000万元；申报项目入库2014-2015农村环境综合整治项目10个。

【环保宣传】 2011—2013年相继在“6·5”世界环境日、“12·4”全国法制宣传日开展环保宣传活动，向群众发送宣传材料、环保短信，接受群众咨询。相继开展“学雷锋清洁家园”“环保知识进校园”活动，配合市、县人大、政协等有关部门开展“江淮普法行”、“池州环保世纪行”集中采访活动。全县共创建绿色学校14所，其中庙前镇窑西小学被评为“全国绿色学校”建设先进单位、获“地球奖”殊荣。

（县环保局办公室）

婚姻习俗

送日子

订亲后，男方选定迎娶吉日，以红纸写成规定帖式，由媒人（或偕男方家长）送往女家。酒席间通过媒人协调，谈妥迎娶各项条件，主要为女方所要彩礼与嫁女宴席所需“三牲水礼”及经费。男方一般均须接受，是所谓“抬头嫁女儿，低头娶媳妇”。

迎　亲

旧时迎亲队伍一般由领亲1人、月老2人、伴娘（俗称“搀嫁姑”）2人、花轿1顶以及吹打乐队等组成。今花轿由轿车替代，一般不用乐队，但带摄影、摄像。也有新郎与迎亲队伍一道迎接新娘。

出　嫁

旧时女方嫁前3日办“送嫁酒”，祭拜祖先，谓“辞堂”，今此俗已废。临嫁日新娘要沐浴，并请多子多福的妇人代为梳妆、更换嫁衣。迎亲队伍来到门前时，女方一边燃放鞭炮迎接，一边由女性亲眷（姊妹、嫂、婶等）紧闭大门，索取“开门礼”，厨房也索取“上席礼”；男方则一边从门缝递送礼包，一边不断放爆竹催促开门。新娘上轿前，新娘母亲要“哭嫁”（形同祝福歌词），俗谓“不哭不发”（今多半已废）。上轿时双脚不沾尘土，由同胞（或叔伯）兄弟背进轿门（不带走娘家财气之意）。女方陪嫁，旧时必备“盆桶”，即洗脚盆、“子孙桶”（马桶），以及梳妆台之类；今多为大件家用电器，如彩电、冰箱、空调、洗衣机等。

交通　邮电

交通运输

【概述】 青阳县交通运输局（简称县交通局）成立于2010年，主要承担全县交通运输体系规划协调工作，承担公路、水路建设和运输市场监管责任。2013年县交通局在编79人。

青阳县区位优越，交通发达，水陆空立体交通运输网络基本形成。截至“十二五”中期，全县境内公路里程1200.4公里，其中318国道41.8公里，103省道62.6公里，325省道7公里，219省道（五九公路）12公里，县道150.8公里，乡道284.6公里，村道487.1公里，高速公路51.3公里。农村公路四通八达，实现村村通油路或水泥路。

上海—武汉沿江高速、合肥—铜陵—黄山高速公路纵横全境；铜陵—九江铁路在境内里程5.8公里，在童埠设县级火车站—青阳火车站，并设道口两处，达到200人次的聚集规模；境内内河航道主要有青通河、七星河，其中童埠港口年吞吐量在50万吨以上。

【公路基础设施】 通车里程　全县公路总里程1200.4公里，其中高速公路51.3公里，等级公路948.8公里，国道42.2公里，省道64.5公里，等外公路251.6公里。

公路密度　按国土面积计算为101.73公里/百平方公里，按人口计算为42.87公里/万人。通达深度。全县11个乡镇油路（水泥路）通乡率100%，110个行政村公路通村率100%，全县公路客运共有县内客运线（短途客运）23条，区县间客运线13条，省外客运线5条。

客运站点　全县有客运站1个，为二级站（池州杰达汽车运输股份有限公司青阳汽车中心站），四级以下客运站点126个。

客货运输　全县年旅客客运量1319.04万人，年客运周转量7.58亿人公里；年货运量3200.39万吨，年货物周转量39.35亿吨公里。

【水上交通】 境内内河航道主要有青通河（童埠港口—大通长江入口处，14公里）、七星河（杨家塘码头—大通长江入口处，17公里），有童埠港、青通河港、老山、大桥、杨家潭5个码头，其中童埠港口年吞吐量在50万吨以上。

【交通基础设施建设】 2011年，县乡道路升级改造计划共6条道路35.2公里，总投资4892万元，其中金峰至平田州段3.9公里及青朱路9.1公里当年完工通车；完成60公里“点点通”工程、九黄公路水毁工程、回龙桥拆除重建、县城区污水处理厂进厂道路等。民生工程7座危桥加固改造计划投资888万元，其中五梅桥建成通车。

2012年，县乡道升级改造续建工程丁南路、石西路、金冲路、朱备路4条道路22.2公里全部建成运行；当年计划6条道路29.6公里，总投资3801万元，其中丁桥柯冲路和东桥路建成通车。全年完成村村通改建10公里，路肩硬化工程156.4公里。民生工程10座危桥加固改造计划投资755万元；当年建成通车有粽子店桥、小江桥、清溪桥、彩虹桥、乌潭桥、溪田桥、古彩虹桥、晏村桥、泰行口桥、沙平桥、丁丫桥、响铃桥12座危桥。这一年，G318青阳段（五星—清泉岭）8.59公里总投资3.04亿元，是全县首个投资建设与转让收购项目；G318青阳北外环段改建工程全面启动。

2013年，县乡道升级改造计划粽新路、宾山路、杜西路、宋冲路、童埠街道共5条23.1公里，总投资2400万元，当年全面完工。2012年度的续建工程童青路9.5公里、陵阳至永丰5.8公里路面工程及田屋至宋冲段1.8公里均建成通车。危桥加固改造工程计划13座，总投入915万元；实际完成谢村桥、C252桥、龙口桥、朝阳桥、回龙桥、C328桥、梅村桥、新桥、牛家桥、石平板桥、下街桥、金峰桥、县门桥共计完成13座。同时启动七星河大桥维修加固工程建设。续建项目G318青阳段（五星—清泉岭）改建工程及G318青阳北外环段改建工程建设顺利推进，G318南陵界至青阳段改建工程顺利启动。

【道路交通运输管理】　坚持“畅通主导、安全至上、服务为本、创新引领”方针，开展全县道路交通运输与管理。

农村公路养护和维修　2011—2012年农村公路日常养护投资621万元，在各乡镇设立农村公路管理站，出台《青阳县农村公路建设养护管理考核办法》。

规范道路运输市场秩序　2011—2013年共投入执法人员近8000人次，检查营运车辆1.8万台，查处违法违规营运案件167起。加大源头监管和路面管控，实施科技治超，相继开展联合“治超”、打击“黑头车”非法营运、打击货运车辆“非法改装”、国省道公路沿线广告清理等专项行动；同时加强对出租车营运，国省道沿线加油站、加气站，机动车驾驶员培训市场管理。特别是取缔非法载客“三车”（三轮电瓶车、三轮摩托车、人力三轮车）1285辆，规范了青阳道路运输市场秩序。

全力以赴防汛救灾　在2011年6—7月防汛抗灾、2012年8月防台风“海葵”任务中，启动紧急预案，实行24小时值班制，在危桥及存在安全隐患地段设立警示标志，对塌方地段进行清除，确保全县交通系统安全度汛无事故。

【安全生产】　全县加强道路交通运输安全，与企业签订安全责任书，开展驾乘人员安全培训、教育和考核，严格现场安全管理，狠抓“三不进站，六不出站”，严厉打击“三超一疲劳”行为；加强道路工程安全，建立三级安全管理网络；加强施工人员人身安全，将卫生防疫和防震防洪列入安全生产管理范围，并制订相应的应急方案；加强水上交通安全，撤销童埠、杨家潭、春江3个渡口。三年来全县道路交通未发生安全责任事故。

【党风廉政建设】　深入推进反腐倡廉建设和反腐败斗争，以建设廉政交通为目标，以作风

美好乡村

建设为主线，做好基础设施建设领域廉政工作和加强对权力运行。

【双拥、计划生育工作】 局主要领导亲自抓，分管领导具体抓， 开展以爱国主义为核心，以热爱人民军队为主题的国防和双拥宣传教育，开展形式多样的军民共建活动，加快驻军部队进出口道路及训练营地道路建设，积极营造军爱民、民拥军的浓厚氛围。

（县公路分局办公室）

公路建设与管理

【概况】 池州市公路管理局青阳分局成立于1949年6月（原名青阳公路管理站），主要负责辖区内公路建设、养护和路政管理。2013年共有在职职工40人，管养公路里程125.41公里，其中国道41.83公里、省道69.06公里、重要县道14.53公里。

【公路建设】 2013年做好北外环改建工程项目管理工作，协助县政府做好G318青阳至木镇段14公里一级公路改建前期征地、拆迁等准备工作。

【公路养护】 重新修订《青阳县公路养护管理考核办法》、《青阳公路分局小修工程考核管理办法》规范公路养护管理和施工。2011—2013年，连续开展公路路域环境综合治理，完善境内国、省道及重要县道指路标志、各类警告标志标线和安全防护设施，创建了S219（五九路）和S103（合黄路）两条市级文明公路。在公路交通突发事件应急管理工作中，制订各类突发事件应急预案和规章制度，建立应急、抢险专业队伍，配置应急抢险专业设备和充足物资。

【路政管理】 按照“路面养护是中心，行车舒适是目的，预防性养护、路政管理是关键”原则，不断加强执法队伍建设，规范执法行为，寓服务于管理。在“三线三边”（铁路沿线、公路沿线、江河沿线，城市周边、省际周边、景区周边）环境综合治理、文明公路创建和路政管理过程中，推进依法行政，维护路产路权。注重预防性管理，加强与公安、规划等部门协作、沟通，严格控制建筑红线，加大对违章建筑、非法搭接道口、擅自设置广告牌等涉路行为监管，努力形成路政管理由单一部门行为向政府行为和社会行为转变。

【文明建设】 加强公路文化建设，在木镇中心道班、分流中心道班设立便民服务室，开展“一笑、二礼、三心、四创”为主要内容的“微笑服务、温馨交通”活动和创建工作先锋号活动，在职工中形成“路兴我荣，路差我耻”良好氛围。在全局职工的共同努力下，分别获得池州市、省交通厅文明单位称号。

（县公路分局办公室）

邮　政

【概况】 青阳县邮政局成立于1998年8月，前身是青阳县邮电局分营（全称），现下设11个网点，其中城区2个、乡镇9个，另在陵阳、朱备、石安设置邮政业务代办所。2013年共有职工（含劳务派遣用工）106人。

2011—2013年，青阳县共有邮路28条，其中县城投递8条、乡邮投递20条，总长度1272.9公里，实现村村通邮；全县共设立信筒22个、集群式或单体式信报箱4320个，在各行政村、小区建立邮政村邮站、邮件代收点204个，在各乡镇设立邮政便民服务站24个，邮政服务覆盖全县各村乡镇居民点，满足群众日常邮政通信基本需要。

【邮政业务】　青阳县邮政局业务经营由传统函件、报刊、集邮扩大到邮政业务类、代理金融类、速递物流类三大范围。2011—2013年，在函件业务方面完成收入425.51万元，增长率26.41%。在报纸业务方面继续做好报刊订阅和零售，及时推出各类报刊，共完成收入326.7万元。在集邮业务方面共发售集邮邮票1918套、集邮品1.04万册，其中在省集邮公司批准下自主开发《灵秀青阳》邮票、《钟灵毓秀话青阳》邮册；3年共完成集邮业务收入171.21万元。在其他邮政业务方面与青阳联通、移动、电信、燃气、电力及汽车站签订代办协议，在7个乡镇开展“服务三农示范田”业务，依托邮政网络优势向农村配送化肥360吨；在当地驻军开展收寄“军营”包裹服务，共收寄军营包裹2000余件。在代理金融业务方面积极推进个人网银、手机网银等新兴业务，参与新农村养老保险代理工作，累计发放农村养老金4.1万多户。在代理速递业务方面开办证件快递、企业物流快递、大专院校录取通知书快递等业务，3年共完成快递业务收入4800万元。

2011-2013年青阳县邮政电信系统业务收入简表

表14　　　　单位：万元

年　度	业务总收入	增长率
2011	1465.99	22.99%
2012	1507.20	14.47%
2013	1826.82	21.21%

（县邮政局办公室）

中国电信青阳分公司

【概况】　中国电信青阳分公司是于1998年8月由原青阳县邮电局分营改制而成，现下辖4个农村营业部、1个城市营业部、1个渠道中心，

中国电信青阳分公司

共有在职员工70余人，其他各类业务代办70余人。青阳电信分公司运营全县最大固定电话网，拥有速度最快、品质最优的宽带互联网，以及覆盖最广的3G移动网，是青阳县内实力最强的综合的电信运营商。年业务收入5000万元，收入增长率居全省65个县分公司第四位。2011—2013年，青阳电信分公司获分别获第九届、第十届省“文明单位”称号。

【网络建设】　2013年，全县基本实现城区光纤到户，农村光缆进村民组；宽带出口带宽40G，端口容量10万线；其中光宽带容量2.4万线，光缆16万公里。首期在县城、庙前、朱备启动4G-LTE实验网建设。电信数字程控贝尔1240电话交换机网退出交换网络。

【信息化建设】　2011—2013年，青阳电信先后开通翼支付、天翼看店、天翼对讲、外勤助手、销售管家、消防e通、天翼WIFI等信息通讯服务。其中“翼支付”可通过互联网、手机上网等进行电费、水费、煤气费、话费及机动车加油网上缴费和商店购物等。“天翼看店”主要针对公司、店铺等进行场所可视化管理。“天翼对讲”为客户提供“手机对讲”服务。“外勤助手”是为中小企业外勤人员与企业进行信息交互的手机服务。“销售管家”帮助企业管理人员进行店面管理，实施市场活动。“消防e通”是针对消防救援单位开发的消防管理系统，可实现消防救援应急指挥快速响应。“天

翼 WIFI”为客户提供手机随时随地上网服务。

（青阳电信分公司）

青阳县移动分公司

【概况】 中国移动通信集团安徽有限公司青阳县分公司（简称县移动分公司）于 1999 年 7 月成立，2006 年 10 月更为现名。2013 年县移动分公司下设 6 个乡镇营业部及 1 个县城中心厅，共有职工 73 人。2013 年全县拥有移动用户 13 万户。

【基础设施建设】 截至 2013 年底，青阳县移动分公司投资建设移动基站累计 181 座，其中 2011 年建设开通基站 7 个、2012 年建设开通基站 6 个、2013 年建设开通基站 6 个。移动通信网络覆盖全县所有乡镇、行政自然村、高速公路、国省道，网络质量在同行业中处于领先水平。

【加快农村信息化工程】 县移动分公司承担建设移动通信“村通”工程，提高农村信息化水平。2011—2013 年共建设开通“村通”基站 13 个，实现信息化工程进乡镇、进村、进户。根据农村市场需求，从 2011 年起开通“老人机”和“家庭手机”，开发适合农民的资费套餐“家园卡”、“神州行大众卡”、“神州行乡情卡”等。

【倡导低碳生活】 县移动分公司在企业内部开展节能动员活动，面向用户推出电子渠道营销模式。2011—2013 年，县移动分公司先后获得安徽省巾帼文明岗、第六届池州市文明单位、省移动公司“为民服务先进窗口单位”等称号。

（县移动分公司　孙　静）

中国联通有限公司青阳县分公司

【概况】 中国联合网络通信有限公司青阳县分公司（简称县联通分公司）于 2000 年 1 月成立，现有职工 27 人。截至 2013 年底，青阳联通在网用户 3.5 万户，其中移动用 3.2 万户、宽带用户 3182 户。2013 年获安徽省“青年文明号”称号。

截至 2013 年，县联通分公司投资建设移动基站累计 140 座，其中 2011 年 20 座、2012 年 42 座、2013 年 6 座。2011—2013 年，承担建设的移动通信“村通”工程共开通“村通”基站 32（2G）个，实现信息化工程进乡镇、进村、进户目标。宽带资源覆盖城市住宅 8.81 万套、商务楼宇 10 栋、工业区 7 个、专业市场 7 个、高校 2 个、乡镇 24 个，拥有大客户 549 户。

（县联通分公司）

婚姻习俗

婚　礼

旧时迎娶新娘到门，即由司仪主持与新郎“拜堂”，一拜天地，二拜高堂，夫妻交拜，然后送入洞房。新房门外用麻袋铺地，新娘足踩麻袋进房，称“传袋”（谐“传代”）。入房后，司仪一边唱诵祝词，一边抛撒米、豆、茶叶等物，称“撒帐”。新郎新娘同饮交杯酒，再出房上席敬客。宴请宾客原则是，亲戚“不接不送”（主人先发请柬，客人再送贺礼），朋友“不送不接”（客人先送贺礼，主人再发请柬），即期皆需登门催请。今县城与乡镇有条件的大户，婚宴均委托城内各大酒店举办，婚礼亦在酒店举行。

财政　税务

财　政

【概况】　青阳县财政局是管理全县财政收支、财税政策和国有资产监督管理工作的综合经济部门，全县乡镇（开发区）财政分局12个。2013年，全县财政系统在编职工97人，其中行政编制73人，事业编制24人。

2011—2013年，先后获得池州市第五届创建文明行业活动先进单位、池州市第六届文明单位、池州市廉政文化建设示范点等称号，青阳县国库支付中心获得第三届安徽省文明窗口称号。

【财政收支情况】　2011年，全县财政收入85180万元，为预算的113.6%，比上年增长30.9%，增收20084万元。财政支出131593万元，增长36.3%，增支35024万元，其中民生类支出105105万元，增长44%。

2012年，全县财政收入110330万元，为预算的110.3%，首破10亿元大关，增长29.5%，增收25150万元。财政支出162217万元，增长23.3%，增支30624万元，其中民生类支出124242万元，增长18.2%。

2013年，全县财政收入132008万元，为预算的100%，增长20%，增收21678万元。财政支出197808万元，增长21.9%，增支35591万元；其中民生类支出151167万元，增长21.7%。

【支持经济转型发展】　2011年，1.突出重点项目资金扶持力度。重点投放城区南扩工程及其他重点工程建设26926万元，新老汽车站拆迁1483万元，廉租住房、公共租赁房及安置房建设8708万元，城市污水管网建设资金1365万元，中心河流治理项目资金1555万元。2.支持工业企业和战略性新兴产业发展。安排企业奖励资金及优惠政策兑现资金2150万元，企业技术改造与创新资金378万元，企业融资担保资金1000万元。3.推进园区扩容升级。投入县开发区基础设施建设资金4466万元，乡镇工业集中区规划建设资金24076万元，加快该县承接产业集聚转移，实现经济转型发展。4.发挥投融资功能。融资农发行"青阳县蓉城镇农民集中安置房建设项目"贷款1亿元，农民集中安置房建设项目贷款7000万元。

2012年，1.打造青阳特色新城。投入城区南扩工程建设资金2.5亿元，青山安置房建设资金10758万元，蓉城镇安置房建设及重点项目征迁资金2171万元，市政工程建设资金12494万元，污水处理及管网建设资金2805万元，党校建设资金793万元，廉租房、公共租赁房及棚户区改造资金2162万元。2.支持企业转型发展。安排超威新能源二期工程资金4300万元，各类企业发展资金2820.6万元，企业财政优惠资金778万元。3.加大园区建设投入。安排县开发区基础设施建设资金4466万元，乡镇工业集中区规划建设资金24076万元。

2013年，1.保障重点项目建设，安排南部新城建设资金21583万元，青山及光华家园安置房建设资金5798万元，市政工程建设资金16650万元，超威新能源二期工程资金2500万元，廉租房、公共租赁房及棚户区改造资金5328万元，318国道改线及北外环建设资金4507万元，取缔非法载客“三车”补偿资金892万元。2.支持产业提升和转型发展。安排“营改增”财政扶持资金7060万元，产业振兴和技术改造项目资金1942万元，企业技术改造升级资金1702万元，扶持机电制造业首位发展资金463万元，企业过桥资金及民营专项资金2700万元，各项企业奖励支出1549万元，新增财政担保基金430万元，累计发放小额担保“整贷直发”贷款3605万元。

【保障改善民生】 2011年，33项民生工程投入资金2.57亿元，其中县财政配套3830万元，直接受益人群99038人。发放财政涉农补贴资金7290万元，直接受益人群22.82万人。做好家电和汽车下乡工作，销售下乡产品87412台（辆），发放补贴资金3370万元。实施“一事一议”财政奖补建设公益性项目111个，财政奖补资金845.76万元，受益群众11.67万人。投入农村安全饮水工程167万元、病险水库除险加固1814万元、童埠排涝站170万元、小农水维修470万元、农村公路养护及公路危桥改造2115万元、农村清洁工程及新农村建设专项446万元、农村沼气池建设151万元、农业综合开发土地治理项目3775万元。完善社会保障体系建设，安排社会保障支出14609万元；启动新型农村和城镇居民社会养老保险试点工作，安排财政资金1214万元。推进基层医疗卫生体制改革，将乡镇卫生院工资全部纳入国库集中支付中心统发，安排卫生体制改革资金632万元。

2012年，33项民生工程投入资金3.25亿元，其中县财政配套3410万元。规范财政涉农补贴工作，发放资金12462万元，涉及项目23个，开通财政补贴农民资金手机短信信息发送平台，发送短信10.81万条。落实家电和汽车下乡财政补贴政策，销售39381台（辆），补贴资金1355万元，发放成品油价格改革财政补贴资金1832.8万元。实施农业综合开发土地治理项目3个，总投资1018.6万元，其中财政资金951.7万元。投入农村安全饮水工程596万元、病险水库除险加固2304万元、农田水利工程1023万元、农村公路建设及公路危桥改造4320万元、农村清洁工程332万元、农村危房改造3248万元。

2013年，33项民生工程投入资金3.6亿元，其中县财政配套5132万元。实施“一事一议”财政奖补项目112项，总投资3277.77万元，其中财政奖补投入1207.7万元，受益群众10.65万人。推进农业保险工作，县级财政补贴98.31万元。建设农业综合开发土地治理项目2个，总投资1207.7万元，其中财政资金1126.4万元。安排农业产业化财政补助项目8个，财政补助资金390万元。安排美好乡村建设专项资金1000万元。落实财政涉农补贴政策，发放补贴资金13126万元。提高社会保障资助能力，安排社会保障支出26145.7万元、就业补助资金1276.8万元、城乡医疗救助资金546.5万元、救灾资金520万元、财政扶贫资金330万元、低保资金3237.8万元。

【深化财政体制改革】 2011年，1.推进预算管理制度改革。制订《青阳县第六轮县乡财政体制改革实施办法》，建立以绩效评价为核心的支出管理机制。2. 完善国库集中支付改革。全面实施财政平台一体化系统建设，实现财政数据资源共享和上下贯通，确保财政资金拨付管理程序规范、责任明确。3. 强化财政监督管理工作。开展“小金库”专项治理工作，对全县 251 个党政机关、事业单位、社会团体和国有企业进行全面核查，其中对 25 个进行重点督查。4. 加强乡镇财政基础工作和基层建设，有效改善基层办公条件。制订《青阳县乡镇财政所（分局）职责和内部管理制度》，有 3 个基层财政分局档案管理达省一级。

2012 年，1. 规范财政专户管理。制订《青阳县财政局关于清理整顿财政专户实施方案》，财政专户由 2011 年 7 月的 55 个减至 22 个。2. 深化国库集中支付制度改革，将所有财政专户资金纳入平台一体化信息系统管理，实现财税库银税收收入电子缴库横向联网。推进公务卡试点改革，制订《青阳县县级预算单位公务卡使用管理暂行办法》，确定 184 个预算单位为改革单位，发放公务卡 671 张。3. 推进县乡财政一体化管理。印发《青阳县推进县乡财政一体化管理工作实施方案》，实现省、市、县、乡四级财政专网互联互通，提升财政管理科学化精细化水平。

2013 年，1. 完善第六轮县乡财政体制。出台《青阳县经济开发区财政管理体制实施意见》，增强开发区活力。2. 加强融资平台建设。清理整合县级有效国有资产，将各单位国有资产产权统一划转到县城市建设投资有限公司或县经济发展投资有限公司，使经投公司资产总额达到 60 亿元，增强本县投融资规模和能力。3. 加强地方政府债务管理。加强乡镇债务登记与统计，清理乡镇融资平台公司，加强县融资平台管理，全面理清县本级和乡镇级政府性债务。4. 启动深化农村综合改革试点工作。印发《青阳县深化农村综合改革示范试点工作实施方案》，建立多元统一的农村土地市场和建立农村公共基础设施建管新机制，选择深化农村土地确权登记发证工作、探索土地流转新机制、创新农村公共基础设施建设管理体制、创新农村公共基础设施管护机制 4 项改革作为重点项目，在丁桥镇进行试点，同时全县进行深化农村土地确权登记发证试点，开展农村土地承包经营权确权登记发证工作，鼓励非试点乡镇结合实际自主进行试点探索。

（县财政局：项之明）

国　税

【概况】　青阳县国家税务局（简称国税局）成立于 1994 年，主要负责本县中央税、中央地方共享税等税种征收、管理和稽查工作，负责增值税专用发票、普通发票和其他税收票证管理工作。现有在编人员 81 人。2013 年全县共有纳税人 6259 户。

【税收收入】　2011 年全县国税收入 2.3 亿元，比上年增长 24%，增收 4416 万元。2012 年国税收入 2.76 亿元，增长 21%，增收 4788 万元。2013 年国税税收收入 3.86 亿元，增长 40.2%，增收 1.1 亿元。

【税收法治】　全县落实增值税转型政策、“营改增”、小微企业优惠政策，2011—2013 年共

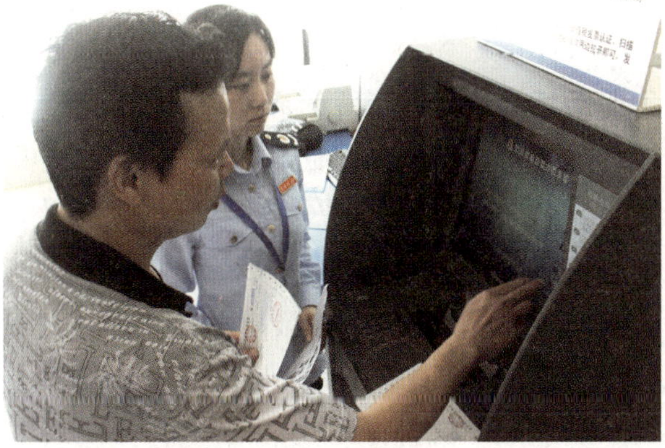

辅导纳税人使用自助办税终端

为纳税人减负1.81亿元，其中2011年4100万元、2012年4850万元、2013年9100万元。在税收执法程序上制定“两表两卡”办法，即税务人员下户申请审批表、税务人员下户工作记录表和作风效能监督卡、廉政监督卡，规范实地核查、纳税评估、税务稽查、日常检查等进户执法行为。

【纳税服务】 创立“6S·与您同行”纳税服务品牌，开展标准化窗口服务、专业化辅导服务、集约化审批服务、个性化办税服务、网络化咨询服务、社会化代征服务。开办池州市第一所“纳税人学校”，推行全员导税服务制度，建立纳税服务QQ群和微博，设立乡镇纳税服务站和行政服务中心服务点，加强国税、地税合作，联合开展纳税信用等级评定、税务登记、税收宣传、政策辅导、代征税款、税务稽查、个体定额及涉税信息交换。

【税收征管】 2011年，县国税局将集中审批放到纳税服务科办理，将乡镇零散税收委托纳税服务站办理，将普通发票领购、代开等服务事项延伸到乡镇一级办理。2012年将年纳税200万元以上企业集中放到收入核算科管理，率先运行税源专业化管理新模式。2013年划分服务与管理职能，设置办税服务、日常管理、纳税评估三大系列岗位，一线管理人员比重由28.6%上升到40.5%。

【服务地方】 县国税局成立招商办公室，参与地方招商引资，年均引资5000多万元；出台《青阳县国税局支持园区企业发展若干规定》，及时向地方政府汇报有关营业税改征增值税试点的相关文件精神，为地方经济发展出谋划策。县国税局撰写的《青阳县首位产业发展现状及建议》《工业增值税分析情况》和党建调研、税源专业化工作报告均受到县委、县政府主要领导重视。

地 税

【概况】 青阳县地税局负责全县2296个企业、5982户个体户税收管理，同时还负责全县6170户社会保险费征收。2013年在编职工69人，下辖2个直属分局，5个派出分局。

2011-2013年县地税局先后获得安徽省第九届文明单位、安徽省廉政文化示范点、池州市第五届创建文明行业先进单位、全市地税系统综合考评优秀单位等多项称号。

【税收征管】 2011年，青阳县地税局开展促进税收征管服务质量转型升级3266活动，编制《纳税服务指南》，推行国地税联合办税和社保费联网征缴，率先在全市推进城镇土地使用税政策调整，开展权力公开透明运行试点工作。2012年编印《青阳地税廉政风险防控手册》，率先在全市开展财务公开试点，推进税收专业化改革，按照“行业+规模+属地”模式重新划分税源管辖范围，实行分级分类管理。充分发挥地税职能，助力美好乡村建设。2013年在全市率先上线使用存量房纳税评估系统，有序实施纳税服务城乡一体化，打造服务型地税机关。

【征收实绩】 税费收入总量。2011—2013年，全县共组织征收各类税费收入20.68亿元，年平

升级改造后的城区办税服务厅

均增速25.4%。其中2011年突破5亿元大关，达到5.29亿元；2012年突破7亿元大关，达到7.46亿元；2013年近8亿元，达到7.92亿元。地方税收收入。2011—2013年，青阳县地方税收入年均增长率为27.67%，其中：2011年和2012年增幅均在30%以上，税收收入快速增长，收入质量逐年提高，为服务地方经济、推动县域发展、保障社会民生等方面作出积极贡献。

2011-2013年青阳县税费总量收入表

表15　　单位：万元

年　度	2011	2012	2013
实　绩	52980	74595	79248
增长率（%）	45.6	24.4	6.2

注：青阳县2011-2013年税费总量收入共计206823万元，年均增长25.4%。

2011-2013年青阳县地方税收收入表

表16　　单位：万元

年　度	2011	2012	2013
实　绩	37635	62301	66344
增长率（%）	36.9	39.6	6.5

注：青阳县2011-2013年地方税收收入共计166280万元，年均增长27.67%。

（县地税局　董世明）

婚姻习俗

媒　介

俗称“月老”。旧时男女青年缔结婚姻，须凭“父母之命、媒妁之言”。1950年代以后，提倡男女自由恋爱（通称“谈朋友”），媒介已不是婚姻的必要前提，但男女通过介绍相识进而恋爱结婚的仍为数不少。即便纯属自由恋爱，正式举行婚礼时，一般仍要聘请德高望重的亲戚、朋友充当名义“月老”，以便双方家长协调关系。

金融 保险

银行业监督监管

【概况】 银监会池州监管分局青阳监管办事处成立于2004年4月，是中国银行业监督管理委员会池州监管分局派出机构，主要履行对辖区内银行业金融机构及其业务活动监督职责，2013年在编4人。

2011—2013年，青阳监管办事处协助市银监分局完成青阳县金融机构现场与非现场检查，对金融机构高级管理人员进行年度履职考核，协助公安部门检查金融机构营业场所规章制度落实情况及安全设施运用情况。全县金融市场稳定有序，金融机构安全无事故，没有发生经济案件。

（青阳监管办事处）

银行简介

【中国人民银行青阳县支行】 中国人民银行青阳县支行（简称县人民银行）成立于1949年6月21日。作为中国人民银行的派出机构，在人民银行的组织体系中起着承上启下的作用，是全面履行中央银行职责的重要基础。主要职责：认真贯彻执行国家有关法律、法规、方针、政策及上级行的有关规定，在辖区内贯彻执行货币政策；管理人民币流通；实施外汇管理，监督管理银行间外汇市场；经理国库；维护支付、清算系统的正常运行；指导部署金融业反洗钱工作，负责反洗钱的资金监测；负责金融业的统计、调查、分析和预测；负责信贷征信市场管理；根据有关规定参与辖区系统性金融风险的防范化解，维护地区金融秩序稳定。2013年在编25人。

2011年，全县共有银行类金融机构9个，分别是：中国人民银行青阳县支行、中国农业发展银行青阳县支行、中国工行银行青阳县支行、中国农业银行青阳县支行、中国银行青阳县支行、中国建设银行青阳县支行、安徽青阳农村合作银行、中国邮政储蓄银行股份有限公司青阳县支行、安徽青阳县九华村镇银行。2012—2013年共有银行类金融机构10个，除上述银行外，另增加徽商银行池州青阳支行。

2011—2013年，全县保险类共有6个保险公司和1个营销服务部，分别是：中国人民财产保险股份有限公司青阳支公司、中国人寿保险股份有限公司青阳支公司、中国平安财产保险股份有限公司青阳支公司、国元农业保险有限公司青阳支公司、中国人民人寿保险股份有限公司青阳支公司、中国太平洋人寿保险股份有限公司池州中心支公司青阳支公司、泰康人寿保险股份有限公司青阳营销服务部。

2011年，全县共有证券类机构、融资类担保公司、非存款类金融机构各1个，分别是：华安证券青阳营业部、青阳县中小企业融资担保有限公司、青阳县雨田小额贷款公司。2012年非存款类金融机构增加青阳县丰祥小额贷款公司，2013年融资类担保公司增加青阳县金诺融资担保有限公司，非存款类金融机构增加青阳县江南小额贷款公司。

2011—2013年，县域金融运行总量持续增长，其中2011年各项存款余额66.66亿元，各项贷款余额为35.73亿元，存贷款增幅均列池州市增幅前列；2012年各项存款余额80.80亿元，各项贷款余额为45.79亿元，存款增幅列池州市第二；2013年各项存款余额99.72亿元，各项贷款余额为56.12亿元，存贷款增幅均居池州市之首。

央行调整存款准备金率　2011年，中国人民银行决定从1月20日、2月24日、3月25日、4月21日、5月18日、6月20日起分别上调存款类金融机构人民币存款准备金率0.5%；从2011年12月5日起降低存款类金融机构人民币存款准备金率0.5%。2012年中国人民银行决定从2月24日、5月18日起分别降低存款类金融机构人民币存款准备金率0.5%。

纪念币发行　2011年发行中国共产党成立90周年和普通贺岁纪念币，2012年发行普通贺岁纪念币，2013年发行“和”字三级纪念币和普通贺岁纪念币。人民银行青阳县支行对网点兑换工作进行全程监督，兑换过程顺利，青阳市民反应较好。

银企对接　2011—2012年，青阳县人民政府举办青阳县银企对接会。其中2011年有6个银行与12个企业进行贷款项目签约，签约金额13260万元；2012年有7个银行与14个企业进行贷款项目签约，签约金额27650元.

金融生态　2012年开展“信用青阳”建设，普及金融安全知识，出台金融消费者权益保护工作联席会议制度，构建和谐稳定金融消费关系。继续完善集中清理积案活动长效机制，加大金融诉讼案件强制执行力度。出台《青阳县金融消费者权益保护手册》，2012年青阳县农商行、青阳农行和青阳九华村镇银行共发放41户、金额402万元的农村青年信用示范户贷款。

金融服务　2011开通“银行卡助农取款服务”，加强邮政储蓄银行信贷业务与农民专业合作社的合作。召开第一季度金融运行分析会；邮政储蓄银行开展小额担保贷款“整贷直发”，共发放个人微利小额担保贷款270户、1641万元；青阳县南门街刷卡无障碍示范区列入省级刷卡无障碍一条街示范区；全县推进“农汇通工程”建设，跨境贸易人民币结算业务迅速发展。2013年邮政储蓄银行通过小额担保贷款“整贷直发”模式共发放个人微利小额担保贷款363户、2507万元；中国人民银行青阳县支行引导涉农金融机构采取措施应对H7N9禽流感，获得社会各界好评；全县支农再贷款人民币2.2亿元，累计发放5.2亿元；当年青阳县获得安徽省金融服务下乡示范县称号。

安徽青阳九华村镇银行　2011年6月9日成立，是池州市首家村镇银行。有2个企业法人和8名自然人共同发起成立，注册资金5369万元。主要发起人为池州市九华农业商业银行，持股比例50.27%。主要为青阳县农民、农业和农村经济发展提供金融服务。

徽商银行池州青阳支行　2012年10月18日成立，各项业务发展较快。2012年末，各项人民币存款余额1.95亿元，各项人民币贷款余额2.1亿元。主要贷款业务有：专业担保公司担保贷款、委托贷款、优质法人企业担保贷款、小企业联保贷等，徽贷通个人经营贷款。

（县人民银行　杨　平　唐国胜）

【中国银行青阳支行】　中国银行股份有限公

司青阳支行（简称中国银行青阳支行）成立于1992年12月，下辖一个经营性支行，共有员工40人。至2013年末，全行各项人民币存款余额8.88亿元，比2011年初增长2.42亿元；其中企业存款余额2.98亿元，增长1.01亿元，储蓄存款余额5.91亿元，增长1.41亿元。至2013年末，全行贷款余额4.36亿元，比2011年初增长2.03亿元；2013年实现中间业务收入726万元。

增加网点效能，满足客户全方位的需求。2011年全行各项人民币一般存款余额6.81亿元，比2011年初增长0.98亿元，其中企业存款余额2.06亿元，增长0.31亿元，储蓄存款余额4.75亿元，增长0.67亿元。2012年全行各项人民币一般存款余额7.62亿元，比2011年末增长0.8亿元；其中企业存款余额2.47亿元，增长0.41亿元，储蓄存款余额5.14亿元，增长0.39亿元。2013年全行各项人民币一般存款余额8.88亿元，比2012年末增长1.26亿元；其中企业存款余额2.97亿元，增长0.50亿元，储蓄存款余额5.91亿元，增长0.76亿元。

积极支持地方经济建设，探寻和培育市场发展的新支点，解决中小微企业融资难问题。2011—2013年累计投放贷款4.35亿元，其中2011年累计投放0.70亿元，2012年累计投放0.98亿元，2013年累计投放2.67亿元。2011年贷款余额为2.71亿元，新增0.38亿元，2012年贷款余额为3.14亿元，新增0.43亿元，2013年贷款余额为4.36亿元，新增1.22亿元。贷款的有效投放满足了企业不断增长的资金需求，为企业做大做强提供了强力支撑。

文明优质服务方面。支行领导始终把“争做当地最佳体验的商业银行”作为服务主旨，改善厅堂服务环境，对柜面窗口实行灵活调度，通过标准化销售流程的实施，提升了柜面服务水平，提高了客户体验。

（中国银行青阳支行）

【中国工商银行青阳支行】 中国工商银行青阳支行（简称县工商银行），成立于1985年1月。现设有2个营业网点，在岗员工36人。至2013年末，本外币各项存款余额为8.57亿元，比2010年末增加6801万元；其中储蓄存款增加1.93亿元。各项贷款余额为4.41亿元，比2010年末增加1.11亿元。2011—2013年，县工商银行实现中间业务收入1823万元、净利润8046万元。

支持中小微型企业发展 2011-2013年累计向中小微型企业发放贷款16.87亿元；其中2011年发放5.77亿元，2012年发放7.06亿元，2013年发放4.05亿元。2011#—2013年投放中小微型企业贷款年均余额比2010年末增加1.43亿元，增幅79.18%；年均发放贷款比2010年增加2.52亿元，增幅81.0%。县工商银行加强与政府部门沟通联系，建立目标实体企业客户库，紧紧抓住承接产业转移示范区和加快工业园建设机遇，多渠道引入资金，严格执行收费标准，解决中小微型企业融资难问题，扶持企业发展。

个人金融业务 截至2013年末，县工商银行储蓄存款余额为6.11亿元，比2010年末增加1.93亿元，增幅46.3%。个人贷款余额1.59亿元，比2010年末增加866万元，增幅5.8%。个人贷款在总贷款中占比35.97%。2011#—2013年，实现个人中间业务收入372.35万元，经营效益明显提升。个人客户规模持续增长，至2013年末，有效客户数为4.76万户，较2010年末增加8325户，增幅20.51%。

电子银行业务 截至2013年末，个人网银客户为2.38万户，企业网银客户463户，手机银行客户9095户，较2010年末分别增加1.20万户、216户和5747户。2011#—2013年，实现电子银行交易额215.2亿元，年均增长26.7%；实现电子银行业务收入232.6万元，较2010年末年均增长92.33%，经营效益大幅提升。

2011-2013 年，个人网上银行证书客户和企业网上银行证书客户分别增加 8275 户和 115 户，总量增长 168.5% 和 108.3%。网银客户整体结构持续优化，客户活跃程度进一步提升。截至 2013 年末，证书客户占个人和企业网银客户比例分别达到 55.4% 和 47.7%；交易离柜率在 50% 和 80% 以上的电子银行活跃客户占比达到 32.85% 和 18.22%。

优化服务 2011#—2013 年累计“坐堂”接待客户 2920 人次；网上银行、手机银行和电话银行业务分流率为 32.2%，自助银行业务分流率为 38.5%。除传统储蓄产品外，累计销售各类理财、基金、国债、保险、贵金属等金融产品 3.89 亿元。

（县工商银行）

【中国农业银行青阳县支行】 中国农业银行青阳县支行成立于 1979 年。2013 年全县设有 4 个营业网点，在岗员工 68 人，本外币各项存款余额为 9 亿元，比 2010 年底各项存款增长 3.7 亿元，增量市场份额位于青阳同业前列，其中储蓄存款余额 6.4 亿元，增长 2.6 亿元；对公存款余额 2.6 亿元，增长 1.2 亿元。2011—2013 年实现中间业务收入合计 1232 万元、拨备后利润合计 3551 万元。

法人信贷业务 至 2013 年末，支行法人贷款余额 2.17 亿元，较 2010 年底增长 1.5 亿元，增长 223%。2011#—2013 年累计办理法人信贷 132 笔，发放贷款 4.6 亿元。近年来支行对青阳县工业园、木镇工业园、丁桥工业园等经营情况良好的企业提供了信贷支持，解决 70 余家中小企业的融资难问题，并根据经济发展形势和青阳县产业规划不断调整信贷结构。

农户金融业务 支行农户贷款自 2011 年后呈快速增长趋势，2013 年农户贷款余额为 1678 万元，较 2010 年底增长 1049 万元，其中农户小额贷款余额为 767 万元，农村生产经营贷款为 911 万元。农户贷款结构得到不断优化，以联保方式发放的农户小额贷款占比减少，以房产抵押的农村生产经营类贷款增长幅度较大。2012 年成立“三农”事业部，提升对县域农户的支持力度，解决部分农村小企业主、个体工商户和种养大户的融资问题，有力支持地方经济发展。

住房按揭业务 近年来支行加大对县域住房消费贷款的投放力度，2011 年—2013 年累计办理个人住房按揭贷款 1000 多户，累计发放贷款金额 2 亿多元，大力支持青阳房地产业发展，解决县内广大居民的住房问题和房地产开发商的资金回笼需求，也提升该行的客户群体和经营效益。

电子银行业务 为应对电子商务的快速发展，支行向企业和个人客户积极宣传电子银行业务。2011—2013 年新增个人网银客户数 16786 户、企业网银客户 401 户、手机银行客户 9759 户、银信通客户 18260 户。该行不仅针对不同的客户设置不同的电子产品，同时还在电子银行安全上予以充分重视，证书安全介质也是不断更新升级，现有口令卡、一代 K 宝、二代 K 宝和通用 K 宝多款安全工具可以选择，并设定不同的支付限额和验证方式，在发展业务的同时，注重对客户资金和信息的保护。

优化信贷结构 近年来支行把支持地方小微企业、服务“三农”作为深化经营转型、优化信贷结构的重要抓手，积极探索小微企业融资难问题，充分发挥国有银行金融服务“三农”主渠道作用，进一步做实小微企业金融服务、全面提升“三农”金融服务，为青阳经济转型发展、加快城镇化建设提供全面优质高效金融支持。

（沈晓江）

【中国建设银行青阳支行】 中国建设银行青阳支行（简称县建设银行）成立于 1978 年。

2013年，在岗员工38人。

截至2011年末，一般性存款余额7.14亿元，比年初增长1.09亿元，全口径存款、一般性存款、对公存款、同业存款在县四大国有银行新增占比均排第一位。贷款余额4.11亿元。

截至2012年末，一般性存款余额7.45亿元，比年初增长3090万元。贷款余额4.21亿元，比年初增长1025万元。

截至2013年末，一般性存款余额8.16亿元，比年初新增7989万元。其中对公存款余额3.61亿元，增长6624万元；对私存款余额45422万元，增长1364万元；同业存款150万元。各项贷款余额5.15亿元，比年初增长9433万元；其中个人类贷款余额2.60亿元，增长707万元；公司类贷款余额2.55亿元，增长8726万元。全年实现账面利润2074万元，创历史新高。

服务地方经济 县建设银行积极深入青阳县一主两副工业园区和经济重镇了解企业情况，多次与县政府有关部门联系，组织召开银企对接会，在县工业园区推进“助保贷”业务，增强企业市场竞争力。

“助保贷”业务 “助保贷”业务是指在企业提供一定担保基础上，由企业缴纳一定比例助保金和政府提供风险补偿资金共同作为增信手段的信贷业务，有效解决企业因抵押率不足造成的融资难问题。2011—2013年在县经开区相继投放，投放金额分别为1300万元、3240万元和5390万元。

不良贷款额和不良贷款率实现双降 截至2013年末，不良贷款余额602万元，比年初下降12万元，不良贷款率1.2%，实现不良贷款额与贷款不良率双降，超计划回收不良贷款，资产质量进一步提高。

银行各项业务 2013年，县建设银行新开户工商业106户，个人账户新增3750户，私人银行客户新增8个。对公结算账户从年初473户发展到年末530户；个人中高端客户从286户发展到378户。2013年末财政存款净新增7500万元，规模达到1.35亿元，在县四大国有商业银行中排名第二。对公存款增长迅猛，余额和新增位列四大国有商业银行第一；公司类贷款新增较快，余额位列四大国有商业银行第一。自助设备运行替代率高达55.07%。电子银行账务性交易量比达到56.50%，比上年度提升15.30%，是市分行账务性交易量比提升较快的支行。

（胡东辉）

【安徽青阳农村商业银行】 安徽青阳农村商业银行股份有限公司（简称安徽青阳农村商业银行）成立于2012年8月，前身是青阳县农村信用合作联社，注册资本2.73亿元。2013年在岗员工292人，下辖14个支行、12个分理处、6个储蓄所、33个营业网点、109个助农取款便民服务点，是全县机构网点最多、客户资源最广、业务规模最大的银行业金融机构，也是全县服务“三农”和地方经济的金融主力军。

截至2013年末，各项存款余额40.3亿元，占全县金融机构存款总额的41%，位居全县银行业第一位；各项贷款余额27.18亿元，占全县金融机构贷款总额的50%，居全县银行业第一位。其中涉农贷款余额22.53亿元，占全县涉农贷款总额的58.03%，居全县银行业第一位；中小微企业贷款余额15.54亿元，共支持全县240个中小微企业，占全县中小微企业贷款额的51.2%以上，中小微企业贷款总量居全县银行业第一位。

安徽青阳农村商业银行发挥“地方银行”优势，在做好“农家乐”、“商家乐”等传统业务的同时，开展生源地助学贷款、涉农补贴发放等民生服务，积极研发和引入手机银行、金融社保卡、金农易贷·福农卡、住房公积金组合贷款、公务员贷款、及时雨贷款快速通道、助学贷款、农民工创业贷款、下岗再就业贷款、

"巾帼建功"贷款和"青年创业"贷款等具有地方特色金融产品，不断满足客户需求。2013年全县行政村金融服务覆盖率达到99%，营业网点、助农取款便民服务点数居全县第一位；拥有292名在岗职工，金融服务人员数量居全县第一位；2013年共缴纳各项税款3142万元，税收贡献度居全县银行业第一位。

（左思思）

【中国农业发展银行青阳县支行】 中国农业发展银行青阳县支行（简称县农业发展银行）成立于1996年12月，全县设有1个营业网点。2011年全行在职职工19人，贷款余额27813万元，较上年增加6865万元；各项存款17072万元。2012年在职职工19人，贷款余额32469万元，较上年增加4656万元；各项存款14741万元。2013年末，在职职工21人，各项贷款余额达38313万元，较年初增加7825万元。各项存款余额30137万元。

（王 健）

【安徽青阳九华村镇银行】 安徽青阳九华村镇银行成立于2011年6月，是具有独立法人资格的股份制商业银行，为池州市第一个村镇银行，注册资本5369万元人民币，下辖1个营业部、4个镇支行。2011—2013年，安徽青阳九华村镇银行着力服务"三农"、服务中小微企业、服务县域经济发展，累计发放贷款10亿元。2013年获得省政府授予的"支持小微企业金融服务工作先进单位"称号。

（青阳九华村镇银行）

【徽商银行池州青阳支行】 徽商银行池州青阳支行（简称青阳徽行）成立于2012年10月18日，2013年全县设有1个营业网点，在岗员工14人。主要经营范围包括吸收公司和零售客户存款，利用吸引的存款发放贷款，以及从事资金业务，包括货币市场业务，投资和交易业务及代客交易等。截至2013年末，各项存款余额为3.79亿元，比2012年增长1.92亿元，其中储蓄存款1.03亿元，对公存款2.76亿元；各项贷款余额2.71亿元，比2012年增长1.24亿元；2012—2013年，共实现中间业务收入480万元、净利润1738万元。

服务中小微企业、支持中小微企业。2012—2013年青阳徽行累计向中小微企业发放贷款3.95亿元，其中2012年发放1.35亿元，2013年发放2.60亿元，增幅为92%。2012—2013年累计为中小微企业开出银行承兑汇票3.51亿元，其中2012年开票0.44亿元，2013年开票3.06亿元，增幅为595%。青阳徽行积极加强与地方政府及经济开发区沟通联系，深入企业实地调研，拓展目标客户群体，针对中小微企业融资难问题推出"联保贷"、"易保贷"、"商易贷"等一系列贷款品种，切实解决企业难题，扶持企业发展。

个人金融业务发展迅速。截至2013年末，青阳徽行储蓄存款余额为1.03亿元，比2012年末增加7500万元，增幅267%。个人贷款余额1900万元，比2012年末增加700万元，增幅58%。个人客户规模快速增长，至2013年末，有效客户数为3064户，较2012年末增加2368户，增幅340%。

青阳徽行开业一年来，在自身不断发展壮大的同时，也有力地支持了青阳县域经济的快速发展，在青阳县2013年金融支持县域经济发展综合评比中荣获第一名。

（青阳徽行）

【中国邮政储蓄银行青阳县支行】 中国邮政储蓄银行青阳县支行（简称县邮政银行）成立于2008年6月，2013年在岗员工48人，共有直属营业部1个、二级支行5个、邮政代理网点8个，是青阳县服务网点最多、覆盖面最广的国有商业银行。

2011—2013年累计向中小微型企业发放贷款2.887亿元；其中2011年发放6418万元，2012年发放1.065亿元，2013年发放8208万元。小企业贷款发放3600万元。多渠道引入资金，严格执行收费标准，解决中小微型企业融资难问题，扶持企业发展。

截至2013年末，县邮储银行储蓄存款余额为3.62亿元，比2010年末增加1.88亿元，增幅51.93%。2013年贷款余额8741万元，比2010年末增加4715万元，增幅53.94%。经营效益明显提升。个人客户规模持续增长，至2013年末，有效客户数为12.01万户，较2010年末增加69308户，增幅57.68%。

2013年末储蓄余额比2011年末增长58.73%，储蓄业务市场占有率17%，储蓄存款活期占27%；个人贷款余额8740万元。2011-2013年累计放款1.50亿元，理财类业务达到2.28亿元，实现代收代付2.8亿元，汇兑业务收汇兑付量稳中有升。

优化服务。开展窗口规范服务，优化服务网点布局，逐渐形成物理网点和电视银行、网上银行、电话银行、手机银行并存局面。2012年通过“整贷直发”小额担保贷款业务，向下岗再就业人员、创业大学生和城镇登记失业人员投放贷款1641万元。2012年开设助农取款点37处，方便偏远农村老百姓取款。

（县邮政银行）

保　险

【中国人保财险青阳县支公司】 中国人民财产保险股份有限公司（简称中国人保财险）青阳县支公司成立于1983年，2013年在编30人，有执业资质的专兼职个代人员96人、兼业代理单位5处。公司主要经营财产、人身意外伤害和各种责任、信用等保险业务。

2011—2013年，实现保险费收入1.2亿元，支付企业财产险、人身意外伤害险、车辆险、林木火灾险、雇主及校园方责任险等30多个险种理赔案件8600余件，赔款总额逾8000万元，缴纳各类税金1300万元。

中国人保财险青阳县支公司支持县域经济社会发展，保险产品由传统10余个险种拓展到各种企业雇主责任、安全生产责任、环境污染责任、医疗责任、农村社会治安责任、企业进出口贸易信用保险等30余个险种，满足县内中小企业在新形势下对风险防范与灾后补偿的需求，并为企业争取最优惠的费率投保。在理赔过程中，简化理赔手续，提高案件流转速度，为地方经济建设保驾护航。

（周　强）

【中国人寿保险股份有限公司】 中国人寿保险股份有限公司青阳支公司成立于1983年，主要经营人寿保险、健康保险、意外伤害保险等各类

2011—2013年人保财险青阳县支公司业务表

表17　　单位：万元

年度 项目	2011	2012	2013
保费收入	3772	4166	4804
赔付支出	2346	3130	2843
营业利润	492	119	687

（周　强）

人身保险业务；人身保险的再保险业务。下设4个农村营销服务部，有执业资质营销员180人。

2011年股份总保费达6205.93万元，新单保费2131.77万元，续期保费3692.55万元；2012年股份总保费达6,745.92万元，新单保费2535.82万元，续期保费3781.45万元；2013年股份总保费达5978.38万元，新单保费1743.17万元，续期保费3,825.87万元。

中国人寿保险青阳支公司多年来一直为全县3万多名学生提供平安保险，为全县300多名村干部及计生双女户夫妇提供意外伤害保险。

【中国平安财保青阳支公司】 中国平安财产保险股份有限公司青阳支公司成立于2005年12月，前身为中国平安财产保险股份有限公司青阳营销部，2012年更为现名。经营业务涵盖车险、财产损失险、责任保险等一切法定产险业务。2011年保费收入1280万元。2012年保费收入1400万元。2013年保费收入1480万，缴纳税金174万。

（中国平安财保青阳支公司）

【中国人民人寿保险股份有限公司】 中国人民人寿保险股份有限公司青阳县支公司（简称中国人保寿险青阳县支公司）成立于2008年8月，主要经营人寿险、健康险、意外险、人身再保险。下辖陵阳农村营销服务部，2013年在职员工5人，营销人员135人。

业务发展　2011年完成保费3011万元，其中个人保险806万元，续期保费427万元，银行保险1778万元；2012年完成保费1957万元，其中个人保险619万元，续期保费460万元，银行保险878万元；2013年完成保费2428万元，其中个人保险858万元，续期保费420万元，银行保险1150万元。

理赔服务　2011年完成赔付28件，共计理赔款7.06万元；2012年完成赔付56件，共计理赔款50.63万元；2013年完成赔付98件，共计理赔款43.85万元。

优化服务　2011年，中国人保青阳县支公司特聘首批7位客户监督员，开展服务监督。2011—2013年在陵阳、杨田、庙前、新河等乡镇行政村开展保险下乡活动。一般理赔案件5日内结案，复杂理赔案件在30日内核定,10日内结案；全国范围内通赔通付，重大紧急案件预付赔款，让客户安心享有保险保障。

（中国人保寿险青阳县支公司）

【国元保险青阳支公司】 国元农业保险股份有限公司青阳支公司（简称县国元保险）成立于2009年11月，主要开展政策性农业保险业务，前身为国元保险青阳农业保险服务部。2013年共有员工8人、保险代理人9人、销售员工3人。截至2013年年底，县国元保险在全县11个乡镇、110个行政村分别设立“三农保险服务站”“三农保险服务点”，“三农保险服务站（点）”共有乡镇协保员123人。政策性农业保险业务模式为种植业保险、养殖业保险。其中种植业保险采用“保险公司与地方政府联办”模式，经营风险由地方政府和保险经办机构共担；养殖业保险采用“保险公司自营”模式，保险经办机构在政府保费补贴政策框架下，自主经营，自负盈亏。

2011—2013年，国元保险青阳支公司水稻保险共承保4.96万公顷，总保费1340.39万元；油菜承保6793公顷，总保费146.2万元；小麦承保393公顷，总保费7.2万元；特色农业大棚蔬菜承保160公顷，总保费57.03万元；特色烟叶承保136公顷，总保费13.29万元。能繁母猪承保1.08万头，总保费64.71万元；商品林承保3.53万公顷，总保费116.64万元；公益林承保2.18万公顷，总保费51.55万元。三年中，共理赔水稻保险面积3040公顷，理赔金额734.86万元；理赔油菜保险面积193公顷，理赔金额 33.66 万元；理赔特色大棚蔬菜保险面积 15.5 公顷，理赔金额 13.16 万元；理赔特色烟叶保险面积 20 公顷，理赔金额 17.4 万元；理赔能繁母猪金额 92.07 万元。

（丁　辉）

担保公司

【青阳县江南小额贷款有限责任公司】 青阳县江南小额贷款有限公司成立于 2012 年 3 月，主要经营范围：发放小额贷款。坚持小额分散原则，贷款额度控制在注册资本 5%以内，贷款金额最高 100 万元，期限以 1 年以内短期贷款为主，贷款种类有：不动产抵押贷款、存货质押贷款、应收账款质押贷款、担保贷款、信用贷款等。截至 2013 年底，累计发放各项贷款 1.4 亿元，其中涉农贷款 5000 余万元。

（县江南小额贷款公司　舒仁魁）

风味小吃

鳖鳖蛋

为一种类似汤圆的小丸子，据说从含山县传入。用糯米粉作皮，棉白糖、糖渍桂花和优质黑芝麻碾碎作馅，因大小、颜色与鳖蛋相仿，故名。主要做法为，先将黑芝麻洗净沥干，放在石臼内舂成细粉，筛后加白糖及糖渍桂花拌匀，摊在干净的木板上，用方木棒捶打，压制成饼，再切成约为鳖鳖蛋直径一半的小方块，然后放入特制的竹箩里，用力摇滚，使之变成圆形，馅即做好。裹皮用韧而柔软、细嫩爽口的优质水磨糯米粉，将做好的馅浸水后迅速提起，倒入盛放适量糯米粉的簸箕里，两手握住簸箕边缘不断推拉、摇滚，使馅丸在簸箕内互相碰撞、挤压、跳跃、滚翻，黑丸渐渐变成白丸，再浸水，加糯米粉，摇滚。如此数次，直至鳖鳖蛋成形。食用方法有多种，一是加糯米甜酒煮食，不糊汤，不粘连，甜而不腻，醇而不醉；二是油炸，香甜可口；三是与玉米、豌豆等一起烹调，色佳味美。在青阳县城老河埂（现城北小区）发展起“鳖鳖蛋小吃一条街”，最多时有 10 馀家小作坊。

教育概述

【概况】 青阳县教育局（简称县教育局）主要负责贯彻落实国家关于教育发展的法律、规章，方针、政策，拟定教育事业发展重点、规模和步骤，统筹管理本部门教育经费，综合管理全县基础教育、高中教育、职业技术教育、成人高等教育、高等教育自学考试以及社会力量办学等工作，实施普及九年义务教育督导与评估，主管全县教师工作，负责全县教育督导和语言文字管理等工作。2013年县教育局在编33人。

2013年，青阳县共有义务教育阶段学校96所，其中初中17所，小学33所，教学点46所；共有在校学生23636人，教职工1653人，专任教师1517人。共有普通高中3所，其中省示范高中1所，市示范高中2所；在2所民办学校设立高中部；共有在校学生6512人，教职工480人，专任教师389人。共有职业高中1所，在校学生2294人，教职工94人，专任教师85人。共有幼儿园17所，在园幼儿6975人；教职工288人，专任教师159人。

【教育民生工程】 2011—2013年，全县投入义务教育保障机制公用经费5840.8万元；其中补助贫困寄宿生生活费270万元，免费教科书资金940.4万元；资助中职贫困学生2001人，免学费4292人，补助金额823.9万元；资助普通高中贫困学生3900人，补助金额585万元。

2009年全县启动“校安工程”建设，通过对95所中小学校舍排查鉴定，需加固重建面积15.38万平方米。其中2009—2010年投入加固改造资金2894万元，完成加固重建4.94万平方米；2011年投入资金4705万元，改造校舍面积8.88万平方米；2012年投入资金846万元，改造校舍面积1.59万平方米。截至2012年底，所有“校安工程”项目均已完成并交付使用。

2013年5月10日，青阳中学新校区正式开工，学校占地面积13.47公顷，青阳第四中学新校区选址于2013年底完成，占地面积6.47公顷。

【学校标准化建设】 截至2013年底，全县完成56所义务教育阶段学校标准化建设任务，占总量的87.5%，位列全省同类县区前列。2010—2013年全县薄弱学校改造项目学校图书、班班通、实验室器材和音体美卫器材全部通过验收；全县19个农村教学点数字教育资源全覆盖项目通过验收。

【实施学前教育3年行动计划】 根据省教育厅学前教育三年行动计划要求，2011#—2013

年，全县需要建设6所公办中心幼儿园。截至2013年底，已新建工业园区幼儿园、陵阳幼儿园、五溪新区幼儿园、朱备幼儿园、竹阳幼儿园、杜村新风幼儿园等6所公办中心园和2所民办乡镇中心园，共投入资金近2000万元，完成计划任务的133%。同时，县教育局利用上级下达资金250万元，新建农村公办小学附属幼儿园18所,完成省教育厅下达的建设任务。全县认真做好学前教育资助工作，开展普惠性幼儿园认定授牌，按照县政府文件规定发放资金奖补。

【农村留守儿童之家建设】 2010—2012年，全县完成105个校内留守儿童之家建设任务，制定出《关于进一步加强农村校内留守儿童之家管理、使用和养护工作的实施意见》。各项目学校强化日常管理，创新服务，为留守儿童营造家的氛围。

【未成年人思想道德建设】 建立健全学校、家庭、社会德育教育工作网络，新建青少年活动中心、青少年校外综合实践基地和5个乡村学校少年宫。全县各级各类学校全部开办留守儿童之家和心理咨询室。积极开展文明学校、文明班级等各类评选活动和“同铸复兴路、共圆中国梦”等各种报告会、故事会活动。贯彻落实《学校体育工作条例》，每年3月份举办青阳县中小学生田径运动会。

【职业教育学校】 2008年，青阳县职业技术教育中心入选省示范中等职业学校，被评为安徽省第一批合格的县职教中心；毕业生“双证率”（毕业证和技能证）90%以上，毕业生就业率95%以上。2013年，县职教中心完成专业课程设置，与省国防科技职业学院签订联合办学协议，进入省示范职业高中行列；县职教中心连续5年在省技能大赛中获得奖项，是2013年池州市唯一获奖的中职学校。

【民办教育学校】 2013年，青阳县共有青华公学、育英学校、望华公学和九子山公学等4所民办学校，现有教职工410人，在校学生4159人，其中青华公学和育英学校高中部学生754人。

【高、中考成绩】 全县中考各学科优秀率和及格率位居全市首位，高考本科达线率连续八年名列全市前茅。其中2011年参加高考1212人，本科达线率位居全市各县区首位，为55.4%；初中毕业生4113人,升入高中阶段学校3907人。2012年参加高考2121人，本科达线率62.9%；2012年初中毕业生4113人，升入高中阶段学校共4083人，2013年本科达线1547人，本科达线率67.2%。2013年初中毕业生3333人，升入高中阶段学校3311人。3年来，我县中考成绩各项指标位居全市前列。

【学校安全工作】 加强学校食堂食品和校园周边饮食摊点卫生监管，组织开展地震、消防等应急疏散演练130多场。

加强校园安全“三防”（人防、物防、技防）建设，共在中小学、幼儿园建立校园警务室39个，配备校园专职保安人员76人，兼职保卫人员105人；全县有47所学校安装视频监控系统，20所学校安装紧急报警装置，20所学校与公安部门监控系统连接，全县中小学、幼儿园共安装监控探头165个。

加强学生接送车辆管理，不断完善安全监管机制。开通三中至五溪、四中至新中、杨田至东堡等多条接送学生的公交专线。城区学校配合交警部门维护校前交通秩序，开展“文明交通护花行动”。各校加强校园周边环境整治，维护学校及周边环境秩序。推行“平安校园服务平台”建设，印发《青阳县“平安校园服务平台”运行要求》。

（县教育局办公室）

学校选介

【安徽省青阳中学】 安徽省青阳中学始创于1923年，校园占地面积10公顷，2003年入选省级示范性普通高中。2013年共有在校学生近3000人，教职工166人。2013年青阳中学新校区开工建设，校园占地面积约13公顷。80多年来，青阳中学培养人才近3万人，涌现出原全国政协副主席陈锦华、美籍水利专家李席儒、南京大学教授洪诚等杰出人物。

【木镇中学】 木镇中学坐落于木镇镇河北村，1958年创办，2002年入选池州市示范高中。校园占地面积6公顷。2013年共有在校学生1606人，教师94人；其中安徽省特级教师1人，中学高级教师30人，市教坛新星、名校长3人，市学科带头人6人，市骨干教师7人。近年来学校有多名教师在国家、省、市课堂教学大赛中获奖，其中曹文斌在2011年“圣陶杯”全国语文教学大赛中获得全国一等奖，为全市首例。

【九华中学】 九华中学坐落于庙前镇，于1958年创办，为县直属学校、市示范高中。校园占地面积5.3公顷。2013年共有在校学生1600余人，教师95人；其中高级教师31人，具有研究生学历教师14人。自2006年起，应届本科达线率连续七年名列市示范高中第一。

【青阳县职业技术教育中心】 青阳县职业技术教育中心是一所集职业教育、开放教育、教师进修、成人培训为一体的综合性学校，校园占地面积6.8公顷。2013年共有在校学生1500余人，教职工92人；其中高级教师37人，“双师型”教师57人。学校开设汽车运用与维修、旅游服务与管理、数控技术应用、电子技术应用、计算机应用与财会、学前教育（幼师）等专业。其中旅游专业学生在2011—2013年全国导游资格考试中通过率超过65%。学生就业供不应求，近年来每年为县工业园区输送近200名一线技术工人。学校电大工作站共有在籍学员数近1000人，13年来共培养大学专科毕业生1500余人，2012年正式设立本科教学点。学校同时还是县职工社会培训定点机构。

【青阳县第三中学】 青阳县第三中学创办于1997年8月，2005年5月成为县直属学校，承担着7个行政村、3个社区的初级义务教育责任。校园占地面积7.2公顷，2013年共有在校学生近2000人，教师109人；其中高级教师23人，一级教师65人。学校多年中考成绩稳居全县前列，曾多次夺得市中考状元。

【青阳县第四中学】 青阳县第四中学前身为城东初级中学，2007年8月更名青阳县第四中学，升格为县直属学校。校园占地面积3.8万平方米。2013年共有在校学生1657人，教师99人；其中高级教师15人，中级教师61人，省级骨干教师1人，市级教坛新星、骨干教师16人，县级骨干教师35人。学生在中考和教育教学质量检测中位居全县前茅。

【庙前初级中学】 庙前初级中学座落在九华山脚下，创办于1965年。学校占地面积1.89万平方米，共有学生300人、教师40人，拥有教学班7个，已建成“班班通”项目。

【杜村乡初级中学】 杜村乡初级中学位于杜村乡镇华村，创办于1972年。学校占地1.46万平方米，现有教职工45人，在校生385人。学校开设9个教学班，2004—2013年中考成绩名列全县同级同类学校前列。2007年学校被评为国家教育先进集体。

【青阳县实验小学】 青阳县实验小学创办于2002年8月，校园占地面积3.6公顷。2013年共有2320余名师生，先后涌现出省级优秀教师、先进工作者、市教坛新星、学科带头人、骨干教师40余人。2012年2月学校被推荐为安徽省首批长三角网上结对学校，有多名教师在国家、省、市、县教研活动中执教公开课、研究观摩课，论文发表、获奖共计200余篇。

【陵阳镇中心小学】 陵阳中心小学创办于1917年，是一所完全小学。学校本部占地面积1.43万平方米，拥有教学班12个，在校学生465人，教职工25人，其中拥有特级教师1人、最美乡村教师1人，教学质量多年位居全县前列。书画艺术是该校一大特色，学校师生先后有200人次获得省级奖项。2013年，该校被评为省级语言文字规范化示范学校、市级汉字书写规范化示范学校。陵阳镇中心小学下设2所完小、3个教学点，共有28个班级，学生706人，教师50人。

【沙济中心小学】 陵阳镇沙济中心小学位于青阳县南部太平湖畔，创办于20世纪20年代，为全日制六年制完全小学。学校共有学生300多人，教师31人，61%教师已取得小学高级教师职称。学校另有梅山小学、南埂小学、上章小学等3所附属村小。中心小学现已成为一所功能齐全、设备先进的现代化小学，每个教室都配有“班班通”设备，并接通10兆网络。

【杨田镇中心小学】 杨田镇中心小学地处杨田镇，创办于20世纪20年代。学校本部占地面积8057平方米，在校学生447人，在编教师21人，教师学历合格率100%，其中拥有小学高级教师15人、省优秀教师1人、市优秀教师2人、市级骨干教师7人。学校下辖3所村完小和4个教学点。近年来，学校完善基础设施建设，率先在全县完成“班班通”工程；加强教师培训，先后完成省、县级课题；教师论文、教学案例等经常在市县级评比中获奖。学校各项检测和考核均在全县均名列前茅。

沙济中心小学堂教学课

【木镇中心小学】 木镇中心小学始建于清光绪三十年（1904年），原名私立蒙养初等小学堂，1978年更名木镇中心小学。2006年9月迁址重建，校园占地面积2.2公顷，2013年共有在校学生912人，教职工52人；其中小学高级教师37人，小学一级教师15人，本科以上学历11人。学校教学质量在县教育局综合考核中连续多年位居前列，学校运动队在全县小学生田径运动会连续多年位列前茅。

【竹阳中心小学】 竹阳中心小学位于木镇镇竹阳街道，创办于1972年，下辖2个教学点和1个公办幼儿园，共有20个教学班，在校学生486人，专任教师37人。近年来，校园环境与办学条件得到极大改善，教育部、省教育厅及市、县领导多次莅临该校视察指导，学校各项工作发展势态良好。

【酉华镇中心小学】 酉华镇中心小学始建于

1927年，现辖1所完小、3个教学点、2所附属幼儿园。学校占地2万平方米，共有学生近600人，教师38人，其中拥有小学高级教师32人，市学科带头人2人，市县骨干教师6人。学校教学设施完善。2007年，学校被池州市教体局批准为普通级体育传统项目学校；2013年，安徽省第三批乡村少年宫落户学校并正式启用。

【杜村中心小学】 杜村中心小学坐落在九华灵山脚下，与池州市贵池区毗邻，创办于1943年，是1所六年一贯制农村学校。下辖4所完小、2个教学点、1个公办幼儿园、41个教学班，共有在校学生1200余人、教职工60人；其中杜村乡中心小学本部共有在校学生533人、教职工30人。校舍占地1.05万平方米，内设"杜村中心小学乡村少年宫"；学校13个教学班2011年全部开通"班班通"工程，实现办学条件标准化和教育信息化目标。

【青阳县幼儿园】 青阳县幼儿园（原蓉城幼儿园）创办于1964年，1982年恢复，2008年重建。2009年秋向全县适龄幼儿开放。占地面积7000平方米，2013年共有在园幼儿500余人，教职工48人。2013年列入省一类幼儿园，获得省学前教育先进单位称号。2013年9月，开设帝景国际分园。

第三届校园艺术节红龙社团汇报演出

体　育

【概况】 青阳县体育局成立于2010年，是主管全县体育行政管理工作的政府部门。2012年，青阳县被省体育局确定为全省"全民健身示范县"试点单位。2013年，青阳县共有体育馆1个、农民体育健身工程86个、文化广场7个，当年新建国家级乡镇全民健身广场1个、省级全民健身广场4个。

【群众体育】 2011年，青阳县颁布《青阳县全民健身实施计划（2011—2015年）》，成立"青阳县全民健身工作委员会"，形成县、乡、村全民健身联动格局。2012年，青阳县制订《青阳县创建"全省全民健身示范县"实施方案》，将全民健身工作列入"十二五"发展规划，将贯彻落实《全民健身条例》内容写入政府工作报告。2012--2013年，县政府把体育基础设施建设列入为民办实事之一，共投入全民健身经费一千多万元，并将全民健身工作经费、公共体育设施建设资金列入各级财政预算和基本建设投资计划，同时整合社会资源，鼓励社会投资体育，发动经济能人捐款捐物，群众投工投劳。

全县每年8月8日举办全民健身展示活动，以篮球、乒乓球等项目比赛为纽带，引导、带动群众广泛参与健身活动，并逐步增加项目，扩大群众体育规模。县体育局与各单位合作，每年举办职工体育节、妇女趣味体育、乡镇农民篮球赛、残疾人运动员比赛、学生运动会以及元旦越野长跑、棋类、游泳比赛等多种群众体育活动。中小学开展"阳光体育"活动，确保在校学生每天一小时体育锻炼。各乡镇、村、街道、社区举办多种体育活动，其中新河镇每年和当地驻军开展庆"八·一"篮球赛，杜村乡于2013年成功举办首届乡镇农民运动会。

全县农村体育组织网络建设逐步建立，并

形成以乡（镇）文广体站具体负责指导全民健身活动，组织本地体育活动，管理体育场地、器材的格局。

【体育设施建设】 全县不断完善体育基础设施建设，其中可容纳2000名观众的县体育馆已建成使用，突破本县举办大型体育健身活动缺乏场地瓶颈。新城区和老城区结合部正在建设1个综合训练馆和1个健身广场，共占地8000平方米；县经济开发区采取民营公助形式，建起1个体育健身中心和1个文化体育活动中心。全县110个行政村完成86个省级农民体育健身工程，1个国家级全民健身广场，4个省级全民健身广场建设，1个县级全民健身广场，10个全民健身苑，3个社区体育俱乐部，3个学校体育俱乐部建设。

【体育服务】 自2007年起，县体育局共为行政村配备篮球架86套、乒乓球台172副，为美好乡村建设点、敬老院配备体育健身器材200多件，在全县范围内培养各级社会体育指导员300人。全县共有各种体育协会10个，会员近1万人。各行政村篮球场及其他体育设施集中在人口相对集中地域，方便群众开展体育锻炼活动。

（县体育局办公室）

风味小吃

陵阳锅子

又名“八鲜一品锅”，源于徽菜里的“一品锅”。以往主要用于婚丧嫁娶等比较重要的场合。由于其味道鲜浓，色泽润美被人们所喜爱，遂成一种特色菜肴，普及到家庭餐桌及饭店。主要配料为七八分熟的五花红烧肉、手磨豆腐、黄花菜、陵阳豆腐干、山芋粉丝、干豆角（煮烂）、干竹笋（煮烂）、炒米粉做成的丸子，再配上葱、蒜、姜、五香粉、八角等佐料。具体制作过程为，先放干豆角、竹笋，其次豆腐，再在锅内四周码放适量的圆子，中间放入红烧肉，肉上加粉丝，最后用一层豆干丝、肉丝、黄花菜炒成的“和气菜”盖顶。锅下用文火慢煮即成。此锅主要是由八种原料合成，包含着吉祥与美好的祝愿。

科技　卫生

科学技术

【概况】　青阳县科学技术局（简称县科技局）成立于1959　年，主要承担全县科技创新统筹协调、分类指导，优化科技资源配置和推进创新体系建设方面职责。2010年以后，县科技局与青阳县科学技术协会合署办公，并增设青阳县知识产权局、青阳县地震局。2013年县科技局总编制13人。

【科技进步考核】　全国县（市）科技进步考核工作由科技部组织开展，每两年进行一次，考核内容涉及科技进步工作领导与管理、科技促进经济社会协调发展、科技发展等。2011年、2013年青阳县分别通过全国县（市）科技进步考核，获得全国科技进步先进县称号，全县获得全国县（市）科技进步考核先进个人称号共有7人次。

【高新技术产业】　2011年，全县新增6个省级高新技术企业、5个省级民营科技企业、7个省级高新技术产品，实现高新技术产业产值14.56亿元，占全县工业总产值的20.12%。2012年全县新增3个省级高新技术企业、8个省级高新技术产品，实现高新技术产业产值24.04亿元，占全县工业总产值的26.79%。2013年全县新增3个省级高新技术企业、9个省级高新技术产品，实现高新技术产业总产值31.4亿元，占全县工业总产值的28.47%。截至2013年底，全县共有高新技术企业14个、民营科技企业22个、高新技术产品32个。

【创新型企业】　2011年，安徽大九华铜业有限公司入选省第4批创新型试点企业。富莱茵汽车部件有限公司、安徽瑞泰汽车零部件有限责任公司、安徽金田通讯科技实业有限公司、安徽九华金润铜业有限公司入选市第三批创新型试点企业。2013年安徽新河竹业有限公司入选市创新型企业，昌利锻造有限公司、安徽马东机械制造有限公司入选市第4批创新型试点企业。

2011—2013年新增高新技术企业、民营科技企业、高新技术产品名单

表18

项目	企业（产品、机构）名称	级别	认定年度	所在或所属单位
高新技术企业	安徽金田通信科技实业有限公司	省级	2011	新河镇
	安徽新河竹业有限公司		2011	新河镇
	青阳县三宝塑业有限责任公司		2011	丁桥镇
	安徽方兴实业有限公司		2011	县开发区
	安徽瑞泰汽车零部件有限责任公司		2011	县开发区
	安徽大九华铜业有限公司		2011	县开发区
	安徽省青阳县九华矿山机械制造有限公司		2012	木镇镇
	青阳县双龙涂料有限责任公司		2012	朱备镇
	安徽九华金润铜业有限公司		2012	县开发区
	青阳县天平机械制造有限公司		2013	木镇镇
	安徽联硕实业有限公司		2013	县开发区
	昌利锻造有限公司		2013	县开发区
民营科技企业	安徽金田通信科技实业有限公司	省级	2011	新河镇
	池州市弘港科技电子有限公司		2011	县开发区
	安徽德润工业设备有限公司		2011	县开发区
	安徽联硕实业有限公司		2011	县开发区
	昌利锻造有限公司		2011	县开发区
高新技术产品	松套层绞式通信用室外光缆	省级	2011	金田通信科技有限公司
	DGN15-100多功能球阀		2011	马东机械制造有限公司
	发动机传动系统倒档换档组件		2011	瑞泰汽车零部件有限公司
	多层木竹复合地板		2011	新河竹业有限公司
	大惰齿轮组件		2011	富莱茵汽车部件有限公司
	弹簧式机械密封		2011	德润工业设备有限公司
	环保型电动车智能充电器		2011	联硕实业有限公司
	F05型高性能机械密封		2012	德润工业设备有限公司
	HYA市内通信电缆		2012	金田通信科技有限公司
	稀土多元复合高强高导铜铬锆合金传输材料		2012	九华金润铜业有限公司
	稀土铝铜合金高频．高导导线		2012	联硕实业有限公司
	汽车喷灌上支架总成		2012	瑞泰汽车零部件有限公司

续表

高新技术产品	稀土铝合金高导电磁线	省级	2012	神磁线缆有限公司
	凸轮轴正时齿轮		2012	富莱茵汽车部件有限公司
	车用蓄电池安装总成		2012	瑞泰汽车零部件有限公司
	旋转式止回阀		2013	雄伟泵阀制造有限公司
	活性脱硫超细重质碳酸钙粉体		2013	恒源化工原料有限公司
	全自动链锯式管桩切割机		2013	利锋机械工具有限公司
	汽车部件用高强阻燃耐磨尼龙		2013	三宝塑业有限责任公司
	手机用永磁式直流震动马达		2013	弘港科技电子有限公司
	QS-D10t-50t 型称重传感器		2013	柯力电气制造有限公司
	供水系统用弹性密封闸阀		2013	方兴实业有限公司
	A1 型全焊接管线球阀		2013.	替克斯阀门有限公司
	HD 平板显示器		2013	华硕电子科技有限公司

2011—2013 年争取各级科技项目一览表

表 19

年　度	项目名称	级　别	计划类别
2011	青阳县九华黄精产业化协会	国　家	科普惠农兴村计划
	无铅易切削高强耐蚀硅磷黄铜	国　家	创新基金
	利用串联生产二次分级新工艺生产亚微米超细重钙粉	国　家	创新基金
	无铅易切削高强耐蚀硅磷黄铜工艺技术研发及产业化	省　级	技术创新试点省
	汽车零部件用高强阻燃耐磨尼龙	省　级	科技攻关
2012	电动车智能充电器技术创新项目	国　家	创新基金
	稀土改性高强高导铜铬锆合金传输材料产业化	国　家	火炬计划
	青阳县龙子口社区	国　家	社区科普益民计划
	优质高抗家蚕春用新品种 681×682 的中试与示范	国　家	农业科技成果转化
	安徽省淡水养殖科技专家大院	省　级	专家大院
	电动汽车自动变速箱研发及产业化	省　级	技术创新试点省
	旋翼多功能水表产业化项目	省　级	重点新产品
	青阳县农村信息化示范项目	省　级	农村信息化
2013	新型发动机传动系统倒档换档总成	国　家	创新基金
	新型全自动链锯式管桩切割机	国　家	创新基金
	机电液一体化智能自控阀门	国　家	创新基金
	四海茶叶科普教育基地	国　家	科普惠农兴村计划

续表

2013	军民两用航空零部件研发	省级	技术转移
	稀土铝铜合金高强·高频·高导导线研制及产业化	省级	技术创新试点省
	高性能碳化硅陶瓷密封件关键制造技术的开发与应用	省级	科技攻关
	池州青阳新河镇十里岗村综合信息服务站	省级	农业科技成果转化

【科技计划项目】 2011年，全县争取省级以上科技项目5项，其中国家级3项，省级2项，获项目资金360万元。2012年，全县争取省级以上科技项目8项，其中国家级4项，省级4项，获项目资金442万元。2013年全县争取省级以上科技项目8项，其中国家级4项，省级4项，获项目资金540万元。

【皖南土鸡示范与推广项目】 2010年，青阳县获批实施国家科技富民强县专项行动计划《皖南土鸡标准化养殖关键技术集成、示范与推广项目》，获国家资金154万元、省级配套资金40万元支持；到2012年底，项目实施区直接参与皖南土鸡养殖农民2.01万人，实现产值6.02亿元，比2010年新增产值1.82亿元，增长43.33%；标准化养殖科技示范基地实现产值1357.5万元，比2010年增加1054万元，增长347.28%。养殖户户均纯收入由项目实施前的1.90万元增长到3.51万元，净增收1.60万元，收入增长84.14%。有效推动了皖南土鸡生态养殖配套技术的研发与产业化进程，增加农民收入，其中青阳县平云牧业开发有限公司被认定为省级农业产业化龙头企业。

【产学研合作】 县科技局搭建政产学研合作平台，围绕企业新产品开发、人才培养、成果转化等技术需求，推动校企产学研合作，实现校企双赢。2011—2013年，全县共有34个企业签订43份产学研合作协议，技术合同登记金额1250万元。

【研发机构和科技成果】 2011—2013年，全县新增省级企业技术中心3个，省级工程技术研究中心1个，市级企业技术中心（研发中心）19个，省级科技成果5个。截至2013年底，全县共有省级企业技术中心5个，省级工程技术研究中心1个，市级企业技术中心（研发中心）20个，省级科技成果7个。

科技兴农

【知识产权】 2013年，青阳县分别获得全省知识产权工作示范县、全省发明专利授权量十强县、池州市县区知识产权局工作考核优秀单位称号。2011—2012年，县科技局获得全市专利目标综合考核工作先进单位称号，县知识产权局获得全省专利系统先进集体称号，昌利锻造、富莱茵2个企业入选池州市专利申请“双百”企业（年专利申请量超过100件）。

2011—2013 年研发机构、科技成果一览表

表 20

类别	年度	名称	级别	所在（完成）单位
研发机构	2011	九华金润企业技术中心	省级	安徽九华金润铜业有限公司
	2011	瑞泰汽车零部件企业技术中心	市级	安徽瑞泰汽车零部件有限责任公司
	2011	金田通信企业技术中心	市级	安徽金田通信科技实业有限公司
	2011	联硕实业企业司技术中心	市级	安徽联硕实业有限公司
	2011	三宝塑业企业技术中心	市级	青阳县三宝塑业有限责任公司
	2011	双赢铸造企业技术中心	市级	青阳县双赢铸造有限公司
	2012	联硕实业企业技术中心	省级	安徽联硕实业有限公司
	2012	埃美柯水表企业技术中心	市级	池州埃美柯水表铸造有限公司
	2012	天平机械企业技术中心	市级	青阳县天平机械制造有限公司
	2012	神磁线缆企业技术中心	市级	池州市神磁线缆有限公司
	2012	德润工业设备企业技术中心	市级	安徽德润工业设备有限公司
	2012	华瑞科技企业技术中心	市级	安徽省青阳县华瑞科技有限公司
	2013	安徽省稀土铝合金导线工程技术研究中心	省级	安徽联硕实业有限公司
	2013	昌利锻造企业技术中心	省级	昌利锻造有限公司
	2013	高强度紧固件技术研发中心	市级	安徽瑞泰汽车零部件有限责任公司
	2013	铅酸蓄电池技术研发中心	市级	安徽超威电源有限公司
	2013	UPVC 管材、管件技术研发中心	市级	青阳县三宝塑业有限责任公司
	2013	稀土铝铜合金高强·高频·高导导线技术研发中心	市级	安徽联硕实业有限公司
	2013	光机电一体阀门技术研发中心	市级	安徽方兴实业有限公司
	2013	智能化控制阀技术研发中心	市级	安徽青阳县雄伟泵阀制造有公司
	2013	无木环保纸技术研发中心	市级	九鼎环保纸业股份有限公司
科技成果	2011	稀土多元复合高强高导铜铬锆合金传输材料	省级	安徽九华金润铜业有限公司
	2012	稀土铝铜合金高频高导导线	省级	安徽联硕实业有限公司
	2012	新型高效节能秸秆破碎机研制及开发	省级	安徽省青阳县九华矿山机械制造有限公司
	2013	电动汽车两档自动变速器	省级	富莱茵汽车部件有限公司
	2013	皖南三黄鸡快慢羽自别雌雄品系培育及配套技术研究	省级	青阳县平云牧业开发有限公司

2011—2013年专利申请、授权一览表

表21

年　度	专利申请量	发明专利申请量	专利授权量发	发明专利授权量
2011	281	44	102	3
2012	584	89	273	13
2013	579	157	358	35

【科技奖励】　2011年，安徽马东机械制造有限公司的“DGN15-100多功能球阀研制及产业化”、安徽九华金润铜业有限公司的“无铅易切削高强耐蚀硅磷黄铜”产品获池州市科学技术进步奖励三等奖。2012年，在第十八届中国杨凌农业高新科技成果博览会上，青阳县九华黄精产业化协会的“‘陵阳春’九华黄精酒”、青阳县皖南土鸡产业化协会的“皖南土鸡选育及开发”获得中国农技协展团“优秀产品奖”。2013年，青阳县九华矿山机械制造有限公司的“新型高效节能秸秆破碎机研制及开发”、安徽联硕实业有限公司的“稀土铝铜合金高频·高导导线”产品获池州市科学技术进步奖励三等奖。

【农业和农村科技】　农村信息化示范项目　2012年7月，青阳县列为全省首批国家农村信息化示范县，获12万元项目资金支持。全县共建立4个村级综合信息服务站，有35个市级农业产业化龙头企业、6个农民专业合作社建立网页。全县通过广播、电视、电脑和电话为农村和农业生产提供信息咨询、技术推广服务，提升全县农村信息化科技服务水平。

科普惠农兴村计划　县科协贯彻落实《全民科学素质行动计划纲要》，通过农村专业技术协会、科普示范基地、农村科普带头人，提高农民科学素质。2011—2013年，经县科协推荐，青阳县九华黄精产业化协会、安徽四海茶业九华佛茶科普基地分别获批实施国家科普惠农兴村计划项目，分别获得20万元项目资金支持。

农业专家大院建设　2012年，青阳县平云牧业开发有限公司承担的青阳皖南土鸡专家大院通过验收，选育出可以自别雌雄的皖南土鸡快羽系和慢羽系两个品系，建设畜牧科技培训中心和示范学习基地，实现科技成果在农民群众脱贫致富实践中有效转化。2012年青阳县皖江特种养殖有限公司入选安徽省淡水养殖科技专家大院，建立洛平圩养殖基地，组织实施千亩加州鲈鱼标准化养殖示范，开展技术培训600人次。

农村专业技术协会建设　2012年7月，陵阳镇梅山村成立全市首家农村专业技术协会联合会。2012年11月，青阳县农村专业技术协会联合会成立，联系指导全县13个农村专业技术协会、138个农村专业合作社，涉及种植、养殖、农产品加工及服务等方面。2013年新增农村专业技术协会1个，青阳县竹产业协会获安徽省示范农村专业技术协会称号。

【科学技术普及】　2011—2013年，全县举办各类技术培训班20期，开展科技科普活动21次，发放科普书籍、资料4500份（册），参训人员近1300人次，受益群众3.7万人次。建设乡镇科普活动站6个、村级科普教室12间、市级科普教育示范基地4个。县龙子口社区获选全国和安徽省科普示范社区，县气象局、县公安消防大队入选安徽省科普教育示范基地，安徽四海茶业科普基地入选全国农村科普示范基地。

【防震减灾】　2011年，县政府将建设工程抗震设防工作纳入规范性管理，县政府办公室印

发《青阳县地震应急预案》。2011—2013 年，全县依托“5·12”全国防灾减灾日开展防震减灾宣传活动，建立地震观测点 3 个，在陵阳镇中心小学、蓉城二小等学校举行防震减灾紧急疏散演练活动。

（县科技局　赵建国）

气　象

【概况】　1956 年 11 月 1 日，青阳县气象站于合兴圩农场成立，1979 年 8 月 1 日，更名为青阳县气象局。主要承担全县气象测报、气象灾害防御与乡镇综合信息站管理工作。2013 年在编职工 7 人。

【2011 年气候概况】　2011 年年平均气温 16.3℃，比常年平均偏高 0.2℃。极端最高气温 38.5℃（7 月 25 日），极端最低气温 -7.3℃（1 月 16 日），2011 年度总降水量为 1428.1 毫米，比常年平均偏少 97.1 毫米。其中冬、春、秋三季降水量偏少，夏季降水量均偏多。汛期总雨量偏多，梅雨期雨量较集中。年日照总时数 1983.9 小时，比常年平均偏少 122.8 小时。无霜期 251 天。

1 月中旬出现暴雪天气过程。6 月上、中旬出现了连续性强降水天气过程，由于上年冬季和当年春季持续干旱，出现了历史罕见的旱涝急转情况。当年 6 月 9 日入梅，6 月 30 日出梅；但在 7 月 8 日 ~ 19 日又出现一段连阴雨天气，使当年梅雨期时间延长，出现了历史罕见的二度梅，8 月 14 日至 20 日连续出现超过 35.0℃的高温天气，对我县农业生产影响较大。

【2012 年气候概况】　2012 年年平均气温 16.4℃，比常年平均偏高 0.3℃。极端最高气温 38.4℃（7 月 5 日），极端最低气温 -5.8℃（12 月 31 日）。2012 年度总降水量为 1813.6 毫米，比常年平均偏多 288.4 毫米。其中冬、春、秋三季降水量偏多，夏季降水量基本持平。当年 6 月 22 日入梅，7 月 22 日出梅，比常年偏多 6 天。年日照总时数 1891.0 小时，比常年平均偏少 215.7 小时，无霜期 255 天。

2 月下旬起，出现长达 20 天的低温阴雨天气。7 月出现 24 天最高气温超过 35.0℃的高温天气。7 月 13 日 -15 日，全县普降暴雨，引发洪涝，造成水冲流失、稻田被冲毁，部分水利设施损毁严重。8 月 7 ~ 12 日受台风 " 海葵 " 影响，出现连续性强降水过程，为历史罕见，江河湖水位猛涨。9 月 13 日起，有连续七天左右平均气温≤ 22℃，为中度寒露风天气，农作物受灾严重。

【2013 年气候概况】　2013 年，全县年平均气温 17.3℃，极端最高气温 41.0℃（8 月 7 日），极端最低气温 -6.2℃（12 月 28 日）。年降水量 1447.8 毫米，年日照总时数 2114.0 小时，无霜期 257 天。与历年同期平均值相比，气温偏高 0.9℃，年降水量偏少近 1 成。

年初县域冷空气活动频繁，寒潮和雨雪冰

冻以及雾霾天气对春运造成严重影响，共出现两次暴雪天气过程，雨雪量偏多造成土壤过湿。进入夏季，出现短时、局地强降水、雷电等极端天气，有三次较大暴雨天气过程；其中6月23日出现全年第一场暴雨；7月5—6日，县域中北部出现暴雨、大暴雨，导致农作物大面积受灾，多处道路、桥梁及厂矿企业遭到破坏；当年入梅较晚，6月下旬入梅，7月中旬出梅，梅雨量较常年偏少；全年高温日数45天，其中7月23日至8月18日连续27天出现超过35℃以上高温，超过40℃的高温日数共有10天，气象干旱迅速发展，达重旱以上；8月中旬抓住有利天气条件，在县域多地开展人工增雨作业，降雨效果显著，有效缓解旱情。秋冬季全县大部分地区出现气象干旱，给农业生产带来一定不利影响。

【气象为农业服务】 青阳县自2010年12月底被列为全国乡村气象服务专项建设试点县以来，建立了《安徽省县级气象灾害预警信息综合发布平台》，并将气象灾害防御领导小组成员、乡镇主要领导和气象协理员、种养殖大户、气象信息员等纳入免费气象信息手机短信用户，建立县、乡、村各级气象灾害防御人员动态库。

在关键性、转折性、灾害性天气来临前以及重要农事活动时期，与农技部门会商、下乡调查，共同制作完成《气象灾害监测评估报告》9期、《农业气象专题服务》96期、《农用天气预报》43期。

全县防汛抗旱暨气象灾害防御工作会议

在乡镇、村人口流动密集区安装大型气象宣传栏18个，安装气象预警显示屏53台、远程服务终端10台，为信息员配备专用电脑、打印机各20部，在95个村安装气象预警大喇叭，定时播报天气形势和农事建议。开通青阳气象微博、青阳气象局门户网站，及时更新最新天气信息动态。

（县气象局　宫小娜）

卫　生

【概况】 新中国成立初期，青阳县卫生行政工作由县政府文教科管理；1952年，县政府设立卫生科；1978年改为青阳县卫生局至今。2013年青阳县卫生局在编9人。2013年全县基本公共卫生服务项目纳入民生工程，根据省、市要求按质按量完成各项指标。截至2013年，全县基本公共卫生服务项目由2009年的9项增加到11项，筹资水平由2009年人均15元增加到人均30元，其中中央财政补助60%，省财政补助20%，市县财政补助20%。

【建立居民健康档案】 公共卫生服务均等化是青阳县医疗改革重点任务之一，2012—2013年，县争取到中央基层卫生信息化建设项目资金145万元、地方配套资金68万元，将电子居民健康档案、电子病历、电子处方机房与县新农合机房合建，并投入使用。2013年，全县基本公共卫生服务项目纳入民生工程，其中建立城市居民健康档案24681人、农村居民健康档案135284人，全县65岁以上老年人健康档案22074人，高血压患者档案24780人，糖尿病患者档案5348人，重性精神病患者档案741人。当年共开展各类健康教育、宣传和咨询2476次，发放宣传材料22.05万份，设置健康教育宣传栏3349期。

【爱国卫生运动】 2011—2013年，全县结合美好乡村建设，开展城乡环境卫生综合整治，先后开展改水改厕工程、城乡生活饮用水质常规检测、病媒生物防控、控烟禁烟和健康教育活动。实现卫生厕所普及率85%，卫生系统全面禁烟。2011年全县共创建省级卫生村和省级卫生单位各1个，命名并表彰县级卫生镇2个、县级卫生村和先进单位各8个。

【卫生人才队伍建设】 2011—2013年，全县卫生系统共招聘专业技术人员199人，其中硕士研究生1人、本科37人、大专125人、中专36人。先后开展继续医学教育及人员培训，其中培训乡镇卫生院卫生技术人员83人、村卫生室人员333人、全科医生21人、住院医师39人、社区护士5人。县人民医院、县中医院派出进修35人，参加省、市级学术会议488人次。其他机构培训参加各类业务培训414人次。

【卫生项目建设】 2011—2013年，中央预算内投资该县18个卫生基础设施建设项目，建设总面积9150平方米，建设总资金1511万元，其中中央投资975万元，地方配套536万元；分别完成木镇镇中心卫生院、陵阳镇中心卫生院、蓉城镇卫生院、丁桥镇卫生院、杜村乡卫生院医技综合楼与木镇镇中心卫生院职工周转宿舍楼、县卫生监督所业务楼、农村急救体系及10所村卫生室等建设任务。县中医院自筹资金600万元新建1幢中医综合楼，并于2013年9月投入使用。

【红十字会工作】 1988年5月，青阳县成立红十字会及红十字理事会，挂靠县卫生局，主要开展赈灾救灾及无偿献血工作。2011—2013年，全县累计无偿献血1233人次，献血总量37万毫升。

（县卫生局办公室）

【基层医疗卫生体制改革】 按照省政府《关于基层医药卫生体制综合改革的实施意见》，2010年9月，青阳县全面启动实施基层医药卫生体制综合改革，推进管理体制和人事、分配、保障、基本药物制度等5项重点改革内容，基本卫生事业得到发展、医务人员积极性得到提高、人民群众普遍得到实惠。

管理体制改革 省核定青阳县乡镇卫生院编制286人，比改革前新增编制119人。全县11所政府举办的乡镇卫生院、1所社区卫生服

2011—2013年青阳县卫生事业基本情况表

表22

项　目	2011年	2012年	2013年
卫生机构（个）	157	164	163
民营医院、卫生院	17	17	17
县级医院	2	2	2
社区卫生服务中心（站）	4	4	4
门诊部、诊所	19	26	25
村卫生室	110	110	110
医疗保健防治管理机构	5	5	5

务中心及3所社区卫生服务站全部纳入政府编制管理和财政保障，由县卫生局统一管理。

人事制度改革　全面完成乡镇卫生院院长公开选聘、岗位设置、竞聘上岗、分流安置等工作。全县共设置岗位262个，其中管理岗位11个、占4.2%，专业技术岗位76个，占29%；竞争上岗218人，其中在编人员186人，非在编人员32人；分流11人，其中自动辞职5人、病退1人、提前退休5人。

分配制度改革　核定各乡镇卫生院医疗收入基数；各乡镇卫生院（含社区卫生服务中心）按照服务数量、质量、效果和群众满意度，制定工作人员及村卫生室绩效考核办法，根据绩效考核兑现绩效工资。

基本药物制度改革　自2010年9月1日起，全县11所乡镇卫生院、110所村卫生室全部实行目录药品零差率销售，降低药品价格，保证药品基本供应。

保障制度改革　取消基层医疗卫生机构账户，将收支全部纳入县财政国库支付中心集中管理，基层医疗卫生机构公共卫生经费、人员经费、经常性收支差额补助、离退休人员经费纳入财政保障。县财政按月预拨经费，保证基层医疗卫生机构正常运转。

【县级公立医院综合改革】　青阳县系安徽省第二批县级公立医院改革县。根据要求，青阳县于2012年12月15日对县人民医院、县中医医院2所县级公立医院启动改革，重新核定县人民医院病床数510张、编制686人，县中医医院病床数270张、编制351人。县财政局制定县级公立医院国有资产运营管理办法和财政补助政策，两家医院全面实施药品零差率销售，其中药品让利580万元，CT检查降价57万元。

【乡村卫生一体化管理】　2009—2010年，全县所有乡镇相继纳入乡村卫生服务一体化管理机制，乡镇卫生院和村卫生室房屋、设备基本达到标准化建设要求。县卫生局制定《乡村卫生服务一体化考评标准》，对乡镇卫生院和村卫生室进行检查考评，严肃查处乡村“医生”非法行医行为，通过明确村卫生室负责人法定代表人地位，提高自我管理、自我发展能力。到2013年，全县共有村卫生室110个，从业人员252人。

（县卫生局办公室）

【新型城乡合作医疗】　参合人数　2011年全县参合人数为24.51万人，其中参合农民22.25万人，参合率为99%；城镇居民2.26万人，比2010年增加4865人。2012年参合人数24.62万人，参合率108.44%，其中乡村22.70万人。2013年参合人数24.80万人，参合率109.90%，其中乡村22.56万人。

财政资金配套到位情况　2011年中央、省、县财政对参合农民每人每年补助标准共计为200元，城乡居民筹资30元，全县资金总额为5636.20万元；2012年中央、省、县财政对参合农民每人每年补助标准共计为240元，城乡居民筹资50元，全县资金总额为7138.38万元；2013年中央、省、县财政对参合农民每人每年补助标准共计为280元，城乡居民筹资筹资60元，全县资金总额8430.50万元。

补偿受益情况　2011年共补偿9.59万人次，补偿金额5046.25万元，全县参合居民受益率39.13%，其中住院病人受益率6.45%。2012年共补偿30.38万人次，补偿金额7057.85万元，全县参合居民受益率123.42%，其中住院病人受益率8.11%。2013年共补偿36.73万人次，补偿金额9312.7万元，全县参合居民受益率148.14%，其中住院病人受益率9.56%。

2013年5月，青阳县入选安徽省新型农村合作医疗工作先进县，并有1人获得先进个人称号。

【信息化建设】 青阳县于2011年以前实现新型农村合作医疗省平台、县平台、定点医疗机构管理系统互联互通，实行网上审核、网络结报，县内医疗机构（含村卫生室）全面即时结报。全县实现省级医院、池州市人民医院、铜陵市属公立医院、祁门蛇伤研究所等20多个医院网上即时结报，并建成移动短信平台。

（县农合中心）

【医政管理】 医疗机构管理 严格医疗机构和医疗人员执业许可制度，2011—2013年，共办理医师执业注册193人次。严把麻醉药品购用准入关。自2013年起开始，对各单位购用的麻醉药品和第一类精神药品实行登记存档和监督，杜绝麻醉药品流入非法渠道。

医德医风建设 2011—2012年，在全县卫生系统分别开展“医务人员医德医风及法律法规教育培训”“规范医疗服务行为、强化医疗服务监管”培训活动，建立医疗卫生服务信息公开制度，治理医药购销领域商业贿赂和行业不正之风。

医疗质量监管 对各医疗机构、医院内感染控制、手术与麻醉医疗、实验室等加强安全管理。县卫生局加强医疗质量日常监督，发现问题依法给予行政处罚。各医疗机构建立健全医疗质量责任制和追究制，将医疗质量列入医务人员绩效工资，促进医疗质量不断提高。

【实施基本药物制度】 2010—2013年，全县乡镇卫生院、村卫生室全部执行基本药物制度、使用基本药物，实行药品网上集中招标采购配送和零差率销售。在实施基本药物制度过程中，全县广泛建立舆论宣传氛围，组织药品招标采购和配送，开展基本药物知识培训，实行药品价格公示，加强监督检查，保证基本药物制度和药品零差率销售政策落实到位。

【调处医疗纠纷事故】 2011—2013年，全县共发生医疗事故90起，其中2011年发生29起，赔偿总额72万元；2012年发生28起，赔偿总额178万元；2013年发生33起，赔偿总额112万元。全县医疗纠纷处理一般有以下三种方式：1.医患双方协商解决；2.患者和其家属共同向县卫生局医政股申请，进行医疗事故技术鉴定；3.患者或其家属也可向县人民法院提出诉讼申请，由法院组织安排司法鉴定或医疗事故鉴定，并依据鉴定结论，依法做出民事判决。

【中医药工作】 县中医院医疗条件进一步改善，11所乡镇卫生院均建立中医科，在2个乡镇的25个村卫生室配备中医常规诊疗设备，对卫生院中医事业发展提供项目资金支持，通过举办中医技术培训、中医骨干业务人员进修等方式加强中医人才培养。

（县卫生局办公室）

【卫生监督】 青阳县卫生局卫生监督所成立于2001年11月，受县卫生局委托执法，主要承担全县食品、生活饮用水、公共场所的卫生行政许可及审核工作，实施传染病防治、公共场所、化妆品、生活饮用水、职业卫生、放射卫生、学校卫生、医疗机构的卫生监督工作。2011年，食品、化妆品卫生监管职能划出；2012年职业卫生监管职责调整为对职业健康检查机构的监管；2013年我所承担医疗机构、放射卫生执业许可及校验工作。

2011—2013年，青阳县卫生局卫生监督所开展打击非法行医专项整治工作，累计查处非法行医案件31件，罚没款6.22万元，取缔非法黑诊所、游医14户；配合计生部门对出生人口性别比进行综合治理；开展全县村镇供水专项整治，对7个水质检测不合格水厂立案处罚，限期整改；规范职业病健康检查并督促18个厂矿企业接触危害因素人员进行了职业健康体

青阳县2012年卫生监督工作会议

检；建立放射诊疗单位监督档案，规范放射诊疗行为；在重要节假日或重大旱涝灾害期间，开展专项卫生监督和灾区饮用水卫生检查；对公共场所单位实施卫生量化分级管理，开展日常性卫生监督1368户次，发放卫生许可证672户；2011年9月实施卫生监督协管项目，开展卫生监督协管巡查369次，上报巡查信息1051条；完成全县150个医疗机构执业许可证和放射诊疗许可证的发放、换证及校验工作。

（县卫生监督所）

疾病预防控制

【卫生应急】 县政府制订《青阳县突发公共卫生事件应急预案》，建立突发公共卫生事件监测网络，有效应对各种突发公共卫生事件。县卫生局成立卫生应急领导组织，下设2支医疗救治应急分队、11支医疗救治应急小分队及疾病预防控制、卫生监督应急分队，基本能满足本县应急处置一般突发公共卫生事件的需要。

【重点疾病防控】 *传染病疫情* 2011—2013年，全县无甲类传染病发生，其中乙、丙类传染病为：2011年841例，2012年1133例，2013年997例；每10万人发病率为2011年340例，2012年459例，2013年400例。

艾滋病防治 2011—2013年在中央转移支付与省补项目支持下，全县加强艾滋病防治工作，共为艾滋病病毒感染者及艾滋病患者提供救助资金4.5万元。2011年县医院与中医院完成艾滋病初筛实验室验收工作，通过省验收达标。2013年，全县艾滋病感染人数8人，累计感染人数36人，现存管理人数26人，抗病毒治疗人数20人。其中2011年前死亡6例病人，2011年死亡2例病人，2012年死亡2例病人。

结核病防治 2011—2013年在中央转移支付与省补项目支持下，全县继续全面实施现代结核病控制策略，实行结核病归口管理。2012年，县疾控中心结防门诊并入县医院传染病区。2013年，全县结核病新发病人数133人，治疗病人数167人，医疗救助人数40人。肠道传染病防治。2011—2013年，全县于每年4月底在各医疗单位开设肠道门诊，并上报腹泻病门诊就诊情况，均未检出霍乱弧菌。2011—2013年各肠道门诊上报腹泻病人数依次为544人、464、205人。

手足口病防控 自2012年起，在县级医疗单位开展就诊手足口病人咽拭子采样并送市疾控中心进行检测，其中2012年采集检测21份咽拭子，2013年采集检测62份咽拭子，EV71所占比例均较低。

疟疾防治 继续保持无本地病例感染发生，2011—2013年全县累计病例数4例，均为输入性疟疾病例。

流行性出血热监测 2011-2013年，我县作为全省流行性出血热监测点，继续开展流行性出血热监测项目，2011-2013年共布鼠夹3396次、捕鼠76只。采集人血标本160个，监测结果：鼠密度分别为1.38%、2.04%、3.39%；3个鼠肺血带者、5例人血抗体阳性。

【地方病防治】 2011-2013年继续在全县范围内开展碘缺乏病病情和碘盐监测工作，三年来监测结果显示，各项指标控制在稳定的状态，综合指标均达到持续消除碘缺乏病目标。2011-2013 年，8-10 岁小学生甲状腺肿大率分别为 3.3%、2%、1.5%；学生尿碘中位数分别为 284.11、183、224.96；2012-2013 年孕妇尿碘中位数分别为 213.2、133.39；居民户碘盐监测合格率分别为 98.6%、89.1%、96%。

【扩大国家免疫规划】2011-2013 年我县进一步落实免疫规划工作，积极开展疫苗针对性疾病的宣传与疫苗针对性疾病的监测力度，积极做好我县常住儿童与流动儿童的常规疫苗接种工作。2011-2013 年全国扩大国家免疫规划常规免疫接种针次分别为 59337、60424、58317，单苗接种率均达 98% 以上。各年度均超额完成省下达的工作指标。

【从业人员健康检查】2011-2013 年积极开展公共场所及食品卫生从业人员健康体检，2011 年体检 1740 人、2012 年体检 2912 人、2013 年体检 3450 人，三年来共体检 8102 人。

【农村环境卫生监测】2011 年开始，我县开始实施农村环境卫生监测项目，2011-2013 年，每年分别对 5 个乡镇 20 个行政村开展农村环境卫生调查工作，走访 100 户居民和 10 户中心小学分别开展了农村环境卫生调查与学校环境卫生调查，并采集 20 份土壤样品进行微生物和理化检验。

【妇幼保健】 2011-2013 年继续实施民生工程免费婚前医学检查项目，共实施婚检 4587 对，婚检率 76.2%。全县以降低孕产妇死亡率、消除新生儿破伤风和贫困孕产妇住院分娩补助为主线，加强对基层检查指导。从 2013 年起，县政府将儿童保健、孕产妇保健基本公共卫生项目列入民生工程项目，继续实施农村育龄妇女免费增补叶酸项目，累计发放叶酸 3.84 万瓶。2011 年起实施免费新生儿疾病筛查工作，新生儿疾病筛查率逐年提升。

【血吸虫病防治】 经过几代血防人的不懈努力，全县血吸虫病防治工作取得明显成效。

2011—2013 年，全县共开展查螺 3994.1 万平方米，药物灭螺 688.7 万平方米；开展血检查病 5.64 万人次、粪检查病 1.15 万人次，治疗病人和扩大化疗 4738 人次；救治晚期血吸虫病人 222 人次；聘请血防禁牧员 90 人，制做竖立禁牧标牌 70 块，淘汰耕牛菜牛 190 头，较好完成各年度血防工作任务。2012 年，根据《安徽省实现“十二五”血防规划目标工作指导方案》，认真实施血吸虫病传播控制达标工作，如期实现传播控制标准。

（县血防站）

医疗卫生单位简介

【青阳县人民医院】 青阳县人民医院成立于 1949 年 4 月，是一所集医疗、急救、教学与康复保健为一体的二级甲等综合性医院，实际开放床位 388 张，年门诊就诊病人 13 万人次、住院病人 1 万余人次；共有各类专业技术人员 320 余人，其中高级职称 20 人，中级职称 80 余人。设置 17 个临床科室和 10 个医技科室。医院拥有大型先进医疗设备，常规开展多种手术和微创治疗。

（县人民医院）

【青阳县中医院】 青阳县中医院成立于 1986 年 6 月，是一所集医疗、预防保健、康复于一体的综合性二级甲等中医医院，共有床位 270 张，实开放床位 195 张；2013 年门诊就诊病人 9.26 万人次，出院病人 5068 人次。全院共有卫生技术人员 242 人，其中高级职称 7 人，中级职称 68 人。内设 7 个病区、18 个门诊科室、

10个医技科室，其中肝病科、针灸推拿科为省级重点专科专病科室。医院注重中医人才队伍建设和培养，拥有多台大型先进医疗设备和中医诊疗设备。

（县中医院）

【蓉城社区卫生服务中心】 蓉城社区卫生服务中心成立于2010年8月，下设蓉城、九华、龙子口3个社区卫生服务站，负责社区基本医疗和基本公共卫生服务，共有编制24人。截至2013年，共建立社区居民健康档案2.24万人，建档率65.5%。

（县卫生局办公室）

青阳农民画

青阳历史上有“诗文之地、书画之乡”美称。据《青阳县志》载，唐天宝八年冬，李白第一次到青阳寻幽会友，目睹九子山九峰如莲花的秀美景色，触景生情，在与友人唱和的《改九子山为九华山联句并序》中曰：“妙有分二气，灵山开九华”，此诗成为九华山的“定名篇”。自李白为九华山定名之后，历代文人墨客纷纷慕名来到青阳赋诗题咏，酬唱答和，挥毫泼墨，蔚然成风。明、清时期，青阳林恒山等人以画交友，甚是红火。到了清代，青阳乡村出现了书画爱好者群体。同治年间，青阳人张家顺等组织民间画社，广交雅士，相习书画，乡民求画者不绝于道。

青阳农民画艺术，是在接受青阳县及周边地区古代砖雕、石雕、木雕、剪纸、墙饰画等民间艺术的基础上，逐渐发展起来的独特的绘画艺术，具有文人画与农民画互补的特点。青阳农民画以身边人、身边事为主要题材，具有很强的时代特征和浓郁的生活气息，以色彩丰富、线条细腻、构图独特著称于世。

文 化

【概况】 青阳县文化广电新闻出版局、体育局成立于2010年，是主管全县文化体育、广播电视、新闻出版、文物等行政管理工作的政府部门。下辖文化馆、图书馆、博物馆、影剧公司、文化市场行政执法大队等5个直属单位。2013年在编40人。

【文化事业建设】 2013年，青阳县共有公共图书馆、文化馆、博物馆、影剧院、体育馆、广播电台、电视台各1个，乡镇综合文化站11个，农村文化活动室110个，农家书屋127个，农民体育健身工程86个，形成县、乡镇、村三级公共文化服务体系；其中图书馆、文化馆、博物馆和各乡镇综合文化站免费向公众开放。此外青阳县还建有7个文化广场，是全国文化信息资源共享工程县级支中心，新建国家级乡镇全民健身广场1个，省级全民健身广场4个。

2011-2013年间，全县实施“广播电视村村通工程”“公共文化场馆开放”“农村文化建设”“公共文化服务信息化建设”等4项文化民生工程和送戏、送电影进社区2项文化“惠民实事”，其间11个乡镇的“公共文化服务信息化建设”工程已于2012年完成。

【公共文化服务】 2011—2013年，全县图书馆、文化馆、博物馆和各乡镇综合文化站免费开放，接待观众人次大幅增加。其中图书馆投入书刊购置费40万余元，接待近16万人次，图书办证人数7000余人，图书、刊物借阅20余万册次；与县直单位联合主办“中华美德颂”读书演讲比赛暨县第七届红领巾少儿读书活动。2013年实现“农村公共图书服务一体化”，流动图书服务进驻4所山村小学，完成图书借阅6760余册，服务3680人次。

全县举办多种类文化展示和展览活动，有各类群众文化团体近30个，参加活动的群众近1万人，其中“激情广场大家唱”逐步成为品牌。青阳县文化馆是国家二级馆，面积2000多平方米，其间举办的书法作品展和“党是阳光·我是苗”书画展、“法治之光”书画摄影作品展吸引众多群众参加。全县筹办多种文化交流活动，扩大文化交流层级。

2011—2013年，本县相继组织申报“农民工文化园”“青阳农民画培训基地”“少儿图书馆”“流动图书屋”等农村文化建设资金项目；推荐青阳腔剧团为“全省民营艺术院团十大名团”；开展青阳腔资料收集整理工作，形成文字资料100万字、音像资料100盘、青阳腔图谱4卷，筹建青阳腔博物馆。

【群众文化活动】 2011—2013年春节期间，全县举办送春联、舞龙灯和春节文艺晚会等文化活动，深受群众喜爱。三年中，全县组织送文化下乡，开展多项文艺演出；发挥文化民生工程作用，形成“一站一品”（每个乡镇综合文化站打造一个特色品牌文化活动）；扶持“夕阳红”剧团、景范黄梅戏演出公司，提高民间艺术影响力；推进青阳农民画基地建设，培养农民画作者20余人，参加全国和省农民画展，受到省委、省政府主要领导的接见；加强非遗保护，培养农民歌手，提升青阳民歌艺术品质；为4个村的农家书屋配置电脑，实现村级文化信息资源共享。

【文物保护】 2006年，青阳县列入安徽省文化先进县。全县共有重点文物保护单位国家级3处，省级5处，市级2处，县级5处；国家级非物质文化遗产1处，省级非物质文化遗产3处。

青阳腔于2006年入选首批国家级非物质文化遗产代表作项目。青阳腔又称“徽池雅调”，驰名于明清，在我国戏曲声腔史上起着承上启下的重要作用，影响徽剧、黄梅戏、京剧、赣剧、湘剧、川剧等多个戏曲剧种的形成与发展，为中国戏曲做出卓越贡献。

青阳农民画2007年入选首批省级非物质文化遗产代表作项目，2009年入选全国农民歌会农民画展，2012年在安徽画廊展出。

2011年，青阳县杜村乡入选“中国民间文化艺术之乡”。当地农民业余剧团演出的目连戏具有青阳腔声腔最显著特征，保持青阳腔“原汁原味”特色，其领头人成为国家级非遗保护首批传承人。此外，青阳民间器乐曲“十番锣鼓”（又名“一枝香”）已有300多年历史。酉华唱经锣鼓、大九华水磨玉骨绢扇2011年列为省级非物质文化遗产代表作项目。

【文化资源开发建设】 青阳县地处佛教圣地，山水景观秀丽，古遗迹众多，人文景观十分丰富。为将特色文化资源转化成文化产业优势，青阳县积极发展适应旅游市场的大文化产业，开发“文化、农业、旅游三结合”庭院经济。2011年青阳县新建青阳腔演示厅、新声青阳腔艺术团。2012年青阳农民画注册成立市场经营公司，青阳腔小剧场接待演出200余场。2013年青阳县共有书画、瓷器、雕刻等古玩经营商户100余家，“农家乐”经营个体300多家。

【青阳县图书馆】 青阳县图书馆为国家一级馆，馆舍建筑面积2000余平方米，总藏量8万余册（件），存有古籍图书1140余册，其中善本40余册，古籍图书《新刊性理集要八卷》入选国家古籍珍贵古籍名录。

【青阳县博物馆】 青阳县博物馆共有馆藏文物1549件，其中一级品7件，二级品14件，三级品123件。馆内一对带底座元代青花兔纹净瓶为镇馆藏品，2008年征集的青铜大铙堪称国之瑰宝。

（县文化广电新闻出版局）

广播电视

【概况】 青阳县广播电视台于2010年8月重新组建，2013年共有事业编制37人。全台共有电视自办栏目《青阳新闻》《美丽青阳》《政协论坛》《美食青阳》等；广播有1套自办新闻节目，采用无线调频覆盖，频率为94.9兆赫。

2011—2013年，县广播电视台有多部作品在全省广播电视节目评选中获奖，县广播电视台先后获得全省广播电影电视系统先进集体、市关爱留守儿童工作先进集体等多项称号。

【广播电视宣传】 2011—2013年，《青阳新闻》栏目共播出稿件4500余条，其中在中央电视台发稿13条，省电视台发稿21条，市电视台发稿500多条。2013年县广播电视台积极发布党务、政务信息和公益广告；与经济开发区联合开办《美丽青阳》栏目，宣传青阳本土文化，共制作播出节目18期；与县政协办公室联合开办《政协论坛》栏目，邀请政协委员，就人民群众关心的热点、焦点问题展开讨论，建言献策；与县市场监督管理局联合开办《美食青阳》栏目，介绍青阳美食。

【平台建设】 2011年，县广播电视台更换《青阳新闻》栏目片头，公开向全国征集台标，并招聘男女播音员各1人。2012年实现《青阳新闻》节目日播制，升级改版青阳—1频道，增加近十档新节目，全天播出17小时，初步构建出一个丰富多元的节目体系。2012年6月28日，青阳—2频道开播，提高新闻宣传覆盖面。2011—2013年县广播电视台共投入资金330万元，增添办公设备，对全台摄、录、编、播设备进行全面升级换代，实现播控系统由模拟到数字质的转变，大大提高节目播出质量。

【安全播出】 完善应急预案和各项预防措施，建立健全预警监测和调度指挥体系，实行重大问题及时报告制度。加强广告监管力度，对医疗、药品、医疗器械、保健食品等广告进行全面清理。加强网络病毒防控，确保广播电视传输更加可靠安全。

【项目建设】 2011—2013年，县广播电视台实施“青阳县广播电视无线发射台站基础设施建设”项目，该项目建成后，将有效提高广播电视播出保障能力，预计到2014年底建设任务将全面完成。2013年县广播电视台根据省委、省政府文化强省战略要求，申报《灵秀九华山》纪录片拍摄项目，已通过省广电局初步审核。

（县广播电视台）

档 案

【概况】 1979年12月，青阳县档案局成立，同时将原青阳县革命委员会档案馆改为县档案馆，局馆合署办公。1997年3月，县档案局（馆）与县地方志办公室合署。2002年7月，县委党史研究室、县地方志办公室并入县档案局（馆），为县委、县政府直属事业机构，保留行政管理职能。2010年，县委党史研究室划出。2011—2013年，县档案局（馆）丰富和开发利用馆藏资源，在池州市档案目标考核管理中均为第一名，被评为先进集体。

【馆藏档案】 至2013年底，馆藏档案15.97万卷（册、盒），分为旧政权档案、革命历史档案、新中国成立后档案，内含文书、会计、影像、实物档案及林权、公证等专业档案。馆藏图书、资料16792册。分为文件汇编、统计资料、史志、期刊、报纸、图书六大类。

县档案馆库房面积800平方米，2003年，县档案馆晋升为省一级档案馆。为加强馆舍建设，提高安全性能，创建国家二级档案馆，2013年县委、县政府将档案馆建设列为政府性投资项目，基桩工程于6月19日启动。

【档案业务建设】 县档案局加强机关、企事业单位档案建设，指导新农村档案建设试点工作。其中2011年确定丁桥镇及茗山村为示范乡镇、村；2012年指导社区档案建设，使社区档案从无到有，从零散到规范；县住建委成立城市建设专门档案机构，将各类档案整理归档至档案馆。2011—2013年，全县有7个单位通过机关档案目标管理省一级认定；3个单位通过省二级认定； 6个单位档案管理逐步规范化。

档案馆库房

2013年，牛桥水库重点水利项目工程档案业务获得优秀等次，陵阳镇谢村等4个美好乡村示范点村级档案走向规范。县档案局帮助和指导县博物馆整理国保、省保档案40件，协助县文广新局开展可移动档案普查工作，联合县交通局等单位对全县147座古桥开展整理归档工作。

【档案利用】 县档案局（馆）利用多种渠道丰富馆藏资源，其中2011年接收林业局等单位1万余件（卷）档案进馆；2012年制订《青阳县重大活动档案管理办法》，规定全县重大活动档案进馆，当年共接收进馆档案899件；2013年接收历史档案28件。在档案利用上，开展函电代查、现场指导查档等服务方式，为编修史志，证实工龄、军龄、达龄参保人员办理养老保险，机关、企业及社会组织解决纠纷等，提供原始资料和凭证。2011—2013年共接待查阅档案3642人次，调阅档案7153卷次，提供有效复印4000余件。

【档案执法与宣传】 县档案局（馆）贯彻落实《档案法》《安徽省档案条例》，2011—2013年，共检查公安、法院、检察院、财政局、教育局、卫生局和11个乡镇档案安全情况，举办全县各类档案业务培训班8期，组织基层档案员参加市档案局专业知识培训班，选派业务人员到先进地区学习交流经验，共有10名档案员取得档案工作上岗合格证书。每年6月9日国际档案日，面向社会开展档案法律法规及档案知识宣传。2013年开通档案信息网，对外公布案卷级目录850条、文件级目录3752条，提供档案信息服务。

（王诗晓）

方　志

【概况】 1981年12月，青阳县地方志编纂委员会成立，下设青阳县地方志办公室（简称县方志办），2002年县方志办公室并入县档案局。目前县方志办藏有明万历《青阳县志》（蔡立身主修）手抄本，《青阳县志》（光绪辛卯版）、《青阳风土志》（民国22年版）。1992年出版的《青阳县志》，2013年出版的《青阳县志（1978—2005年）》。

【《青阳县志》（1978—2005年）编纂】 2004年10月，《青阳县志（1978—2005年）》开始编纂，至2009年底，约70%的资料稿件陆续编成进入总纂。2012年2月，全省方志工作推进会召开，县志办负责人出席会议并签订责任书，当年基本完成县志总纂，形成征求意见稿和评议稿，2013年12月交付出版。全县参与供稿单位近百家，参与撰写资料稿件84人，提供基础资料300余万字。

【地情资料编纂】 2011—2013年，县方志办按照《关于协助征集编纂〈中华佛教寺院名胜大典·安徽卷〉》要求，收集撰写县内主要寺院资料，并完成初稿上报。根据《池州市志》编修任务，完成《青阳县概览》《人物传》初稿，后将资料内容补充延伸至2012年底，近1.6万余字。2013年，参与池州市方志办《池州城镇历史变迁研究》编写工作，完成《青阳县城镇历史建设》，内容包括6个方面内容。

（王诗晓）

社会生活

人口与计划生育

【概况】 青阳县人口和计划生育委员会（简称人口计生委）成立于1984年，2005年更名青阳县人口和计划生育委员会，2013年在编12人，主要负责全县人口和计划生育工作。

2011—2013年，青阳县积极探索符合形势发展、切合青阳实际的人口计生工作方法，生育长期稳定在较低水平位置，出生性别比控制在正常范围之内（见附表），连续三年获得全省人口和计划生育工作先进县等称号，受到省政府表彰。2012年，安徽省省长李斌批示："青阳的有益经验值得推广。"2012年9月10—11日，全省推进诚信计生利益导向工作现场会在青阳召开，会前，梁卫国副省长深入新河镇十里岗村和育龄群众座谈调研。2013年青阳县县长纪良才作为全国唯一县级代表出席全国计生协七届四次理事会暨计划生育基层群众自治工作经验交流会并作大会交流发言。

（姜永武　徐晓云）

【宣传倡导计划生育政策】 2011年以来，青阳县采取多项措施，全面加强计划生育宣传，提高群众对计生政策知晓率。通过综合运用宣传载体、入户发放宣传袋、定期召开诚信计生

2011-2013年青阳县人口计生主要统计指标

表23

年度	总人口（人）	育龄妇女数（人）	出生情况			出生率（‰）	死亡率（‰）	人口自然增长率（‰）	总和生育率（‰）
			总数	总政策符合率（%）	性别比（以女性为100）				
2011	270020	82648	2535	93.85	101.99	9.39	3.86	3.03	1.36
2012	267000	78805	2542	93.75	109.05	9.52	5.55	2.77	1.35
2013	272000	76944	2040	94.85	99.02	7.50	3.95	4.03	1.08
三年平均	269673	79466	2372	94.15	103.35	8.80	4.45	3.28	1.26

全省推进诚信计生利益导向工作现场会在青阳县召开

小组会议和开展有奖知识竞赛、巡回上门宣传服务、实行宣传包保责任制等方式，及时向群众解读相关政策。2011—2013年，全县共发放计划生育婚育新风宣传袋2万余份、宣传折页20万份，对外出流动人口邮寄到位，做到每户计生家庭不少于3种计生宣传品。镇、村干部和计生工作人员对每户家庭每月上门不少于一次，做到面对面宣传，心贴心交流，实打实服务，广泛听取意见和建议，妥善解决问题，着力提高群众满意度。

（张泽义　程　斌）

【完善利益导向机制】　2011—2013年，全县继续完善计划生育奖励优惠政策，共发放独生子女保健费1126.3万元；城乡居民养老保险计生家庭参保人员12.74万人，拨付财政补贴资金381.5万元；兑现奖金142.4万元；核实城镇有关领取独生子女父母光荣证人员1477人，兑现奖金295.4万元；核实奖励扶助扩面2068人，兑现奖扶金124.1万元；核实特别扶助提标198人，兑现特扶金30.9万元。截至2013年，全县计划生育奖励优惠政策实现全覆盖，共增发计划生育奖励优惠财政资金2462.9万元，形成完备的利益导向机制。

（房善英　程　斌）

【推进免费孕前优生检查】　2012年，青阳县列入国家免费孕前优生健康检查项目第二批试点县以后，全县采取多项措施，切实做好目标人群服务工作。其中2012年共完成免费孕前健康检查761对，占任务的109%；2013年完成1668对，占任务的104%；两年累计投入资金69.96万元。与此同时，全县还开展“生殖健康乡村行”活动，积极向群众宣传生殖健康知识，为育龄群众免费普查，建立《育龄妇女生殖健康档案》，共免费查治妇科病1.2万人次，最大限度满足育龄群众生殖健康需求。

（张泽义　金嫦娥）

【开展“生育关怀·幸福家庭”活动】　2011—2013年，全县共募集人口基金140万元，救助计生困难家庭751户；紧急慰藉计生特殊家庭8户；帮助146名计生困难家庭子女进入大学；为288户计生特扶家庭办理综合保险；为155名村计生专干办理家庭意外伤害保险；为1671户绝育对象办理家庭意外伤害保险；投资3万元配套蓝氧治疗仪器，免费为800余人开展母亲健康检查；为30户计生特殊困难家庭免费赠送“爱心手机”，并牵线搭桥，组织大学生志愿者结对帮扶，构建爱心交流、亲情互助平台；投资30余万元建立5个“生育关怀·幸福家庭”活动中心和6个青春健康俱乐部。

（钱叶红）

【创建诚信计生示范村】　2011年，根据国家、省人口计生委《关于开展诚信计生工作的通知》精神，青阳县把政府和育龄群众在计划生育事务中应享受的权利和履行的义务，通过签订协议书的形式进行承诺约定，实现“政府诚信，群众守信，村民互信”工作目标。2011—2013年，全县共有48个村验收达标，有8个村分别获得国家、省人口计生委、计生协“人口计生基层群众自治示范村”命名。

（汪思宽）

【创建依法行政示范乡镇】 2011—2013年，按照国家、省人口计生委统一部署，全县开展创建人口计生依法行政示范乡镇活动，共组织各级各类法制培训和行政执法业务辅导150场次，育龄群众法律知识竞赛38场，发放宣传品10万份，入户随访4500人次，接待信访380次，电话访问3600人次，政（村）务公开165期、信息5400条，群众计生政策法律知晓率98%，办理社会抚养费征收案件629起，2012年青阳县获省人口计生委"阳光计生示范县"命名，丁桥镇获省人口计生委"人口计生依法行政示范乡镇"命名；2013年酉华乡获国家人口计生委"人口计生依法行政示范乡镇"命名。

（汪思宽、程 斌）

【城市和流动人口计生服务管理】 2011—2013年，全县每年流动人口总数近7万人，其中流出人口约6万多人，流出已婚育龄妇女约2多万人；流入人口3000多人，流入已婚育龄妇女近1000人。全县通过在社区建立"城市生活e站"，与目标单位签订人口和计划生育责任书，摸清、监控流动人口数量和计生信息，为流入人口提供优质均等化服务，开展流动人口区域协作等多种方式，加强对城市和流动人口计生服务管理。2011—2013年，青阳县城市和流动人口计划生育工作连续3年获得市级先进县区称号，其中2011年获得省级先进县区称号。

（汤礼清、刘浙云）

【推进人口信息化建设】 2011—2013年，青阳县把27.2万户户籍人口全部准确录入全员人口数据库，实现全覆盖。人口计生部门通过省人口交流信息平台，为相关部门提供适龄儿童入学、计生户对象等信息；从民政、公安、卫生等部门获取新婚登记、户口变动、住院分娩等个案信息，互通共享各类信息4万余条；在11个行政村试点启用省孕情监测服务管理系统，共录入信息1万余条。全县依托全员人口数据库、人口信息交流平台及孕情监测系统，实现全县全员人口信息动态管理，为新时期人口计生工作科学发展提供可靠的基础信息和科学依据。

（汤礼清、钱叶红）

民 政

【概况】 青阳县民政局前身为青阳县政府民法科，1959年12月，更名为县民政局，后几经变化，1981年成立青阳县民政局。主要职责是组织协调全县防灾减灾和社会救助工作；研究指导全县基层政权和社区建设；负责全县婚姻登记、儿童收养、殡葬管理、地名管理、民间组织管理、行政区划、老龄工作等专项社会事务；管理和指导全县社会福利事业、慈善事业及福利彩票发行管理工作；主管全县拥军优属、优抚安置工作。

【基层政权建设】 2011年第八届村民委员会换届选举完成，全县110个村全部依法选举成功，选民参选率达92.22%。当年出台进一步加强和谐社区建设意见，推进和谐社区建设。2012年大力宣传贯彻《村民委员会组织法》《居民委员会组织法》等，开展"难点村"治理，加强村（居）民自治、村（居）务公开。当年有6个社区完成居民委员会第二次统一换届选举工作，选民参选率90.15%。2013年县委、县政府出台《关于进一步推进和谐社区建设的意见》，进一步加强和改进社区居委会建设与管理，当年龙子口社区开展标准化社区服务中心建设；开展新一轮创建村务公开民主管理示范县和民主法制示范村活动，推进村务公开民主管理，促进基层民主政治建设。

【社会组织管理】 2011年全县共有民间组织

78 个，其中当年新登记 8 个、注销 3 个，全部参加年检，年检率达 100%。2012 年全县共有民间组织 90 个，其中当年新登记 12 个，全部参加年检，年检率达 100%。2013 年严格依法对各类社团组织进行登记和年检工作，加强社会组织执法体系建设，推进社会组织的创新管理，探索实行直接登记制度，当年年检社会团体和民办非企业 96 个，年检率达到 100%。

【婚姻、收养登记】 2011—2013 年，全县巩固婚姻登记规范化成果，开展收养登记信息化建设，县民政局婚姻登记处获选第二批省民政系统行风建设示范单位、创先争优优质服务和“情系 520”品牌称号。

2011—2013 年青阳县婚姻、收养登记情况表

表 24

年度 事项	2011	2012	2013
办理结婚登记（对）	2189	1844	1893
补办结婚登记（对）	305	187	322
办理离婚登记（对）	525	477	584
补办离婚登记（件）	11	8	3
出具婚姻登记证明（件）	658	698	1079
办理收养登记（件）	13	13	14

【社会福利】 养老、老龄事业得到长足发展。2013 年，全县 13 所敬老院集中供养 1029 人，集中供养率接近 70%，并狠抓敬老院规范化管理和安全管理。当年农村五保对象 1568 人，供养标准每人每年 1870 元，且每年保障标准增幅均在 10% 以上。2013 年，我县首次开展按照五保对象供养标准对社会困难老人实施生活救助，并将此项工作列入县政府惠民实事组织实施，第一批共救助 240 人、44.88 万元。组织开展安徽省第三届十大福星、第五届十大孝星和民政部全国孝亲敬老之星评选表彰活动，钟辣椒荣获安徽省第五届“十大孝星”、方泽发荣获全国孝亲敬老之星称号。争取“青阳县老龄公寓”立项。年年形式多样地组织开展“敬老月”活动。2013 年，杨田镇敬老院获得第一批全省“敬老文明号”单位称号，庙前镇敬老院、陵阳镇第一敬老院、西华乡敬老院获得第一届全市“敬老文明号”单位称号。三年改扩建新增农村敬老院 256 张床位，完成 8 个乡镇敬老院高标准美化绿化工作，设立蓉城镇红旗养老服务中心。

【城乡医疗救助】 2011 年修订《青阳县城乡居民医疗救助实施办法》，进一步提高救助标准，取消“五保”户、三无对象、城乡低保户、重点优抚对象起付线。投入 20 余万元，重点开通医疗救助“一站式”服务系统，当年实施医

蓉城镇敬老院

疗救助1148人次，发放救助金316.4万元，资助三无对象、“五保”户、重点优抚对象及城乡低保户参保、参合1.65万人、46.30万元。2012年，将城乡医疗救助与城乡居民医疗保险有效结合，把“五保”户、城乡低保家庭和重点优抚对象医疗保险纳入到医疗救助范围，对“五保”户、农村低保户、重点优抚对象参保资金全额补助。全县18个定点医疗机构全部开通“一站式”结算方式。当年实施医疗救助1196人次，发放医疗救助金383.7万元，其中资助参合99万元。2013年加大“一站式”管理服务平台建设和救助档案资料建设。全年累计救助1772人次，发放医疗救助金558万元，其中资助参合99万元。

【临时救助】 2011—2013年，全县加大对边缘群体因病、因灾或因子女上学等遇到临时性、突发性特殊困难救助，建立并完善临时救助管理制度，共实施困难群众临时救助2260人次，发放救助金193.2万余元。开展艾滋病患者生活救助，共计救助27人次、5.7万元；实施困难大学新生一次性生活救助55人、11万元；春节慰问困难家庭，送去救助金68万元；落实1.79万户低保“五保”对象电费补贴59.30万元。2013年8月，开工建设流浪乞讨人员救助站，设置床位30张，总投资180余万元，9月完工并投入使用；当年实施流浪乞讨人员救助45人次、1.5万元。

【防灾减灾】 2011年调整成立县防灾减灾委员会。当年发放各类救灾款322万元、救灾棉被300床，救灾大米2250公斤，食用油65桶，救济人群8000余人，完成倒房重建89户。将20世纪60年代精减下放退职职工（含精减下放职业制武装民警）生活救济标准提高到每人每月220元。2012年，重点做好台风“海葵”防灾抗灾救灾工作，灾害应急救助机制充分发挥作用，灾民生产生活得到妥善安置。全年发放救灾资金476万元，救灾物资棉被250床、大米3万斤、食用油300桶、方便面300箱、矿泉水300件，救济人数达1.5万余人。完成倒房重建134户。2013年做好“7·6”特大洪涝灾害防灾减灾工作，调配帐篷120顶，下拨大米1.5万公斤，食用油300桶，方便面、矿泉水各300箱，棉被800床，救灾资金80万元。完成78户倒房重建。7—8月，做好防高温抗旱工作，下拨价值10万元大米和防高温药品用品；投入12万元为各敬老院配备空调；下拨190万元救灾资金解决灾民生活困难。将20世纪60年代精减下放退职职工生活救济标准提高到每人每月320元，5月向受地震灾害的友好城市——四川省雅安市雨城区捐赠30万元资金。

【孤儿救助】 2011年，全县共救助孤儿94人，按照每人每月600元标准，发放救助资金63.96万元。5月18日，县社会（儿童）福利院工程开工建设，主体工程建筑面积2344平方米，设置床位50张，总投资400余万元，至年底工程完工。2012年，结合孤儿救助年度审核，按自愿入住原则开展孤儿集中供养调查摸底；当年发放孤儿救助资金67.68万元，做好社会（儿童）福利院附属配套设施建设。2013年首次实行孤儿救助资金按月发放，全年按每人每月600元标准共发放75.72万元，继续做好社会（儿童）福利院安全管理和附属配套设施建设工作，按自愿入住原则再次开展孤儿集中供养调查摸底，启动社会（儿童）福利院运行。

【城乡居民最低生活保障】 2011—2013年，全县共保障城市低保对象11.91万人次，发放低保金3729.97万元；保障农村低保对象34.19万人次，发放低保金4728.25万元。2013城市低保对象保障标准提高到每人每月420元，农村低保标准提高到每人每年2520元，保障标准年增幅均在 10% 以上。每年开展城乡低保半年、年度审查审核工作，强化动态、规范化管理，实现应保尽保、公正公平。

【优抚、双拥和安置工作】 2011 年，全县发放各类优抚补助金 569 万元，评定兑现优待金 195.7 万元，兑现退役士兵自谋职业补助金、就业培训费和待分配期间生活费 498.75 万元。2012 年发放各类优抚补助金 668.4 万元，评定兑现优待金 222.7 万元，兑现退役士兵自谋职业金、就业培训费和待分配期间生活费 417 万元，重点优抚对象的医疗救助金 18.66 万元。2013 年发放各类优抚补助资金 833.4 万元，评定兑现优待金 255.3 万元，兑现退役士兵自谋职业金、就业培训费和待分配期间生活费 542.4 万元，重点优抚对象医疗救助金 16 万元。2011—2013 年，建成“青阳县革命烈士园”，将全县分散烈士墓先后集中到青阳县革命烈士园陵进行统一管理。2013 年，青阳县获得安徽省双拥模范县“六连冠”。

【福利慈善事业】 2011—2013 年，全县销售福利彩票 3165.90 万元，下拨县福彩公益金 273.5 万元，用于全县社会福利事业建设。2012 年全县有 212 个单位开展“慈善一日捐”活动，共捐款 49.29 万元。

（县民政局办公室）

民族宗教

【概况】 1984 年 4 月，青阳县人民政府设立民族宗教事务科，1994 年 4 月改为民族宗教事务局（简称县民宗局）。主要负责全县民族宗教工作，贯彻执行国家和省有关民族、宗教工作政策和法律法规，参与研究制订民族经济和社会发展的规划，促进民族团结和支持少数民族群众发展经济；依法管理宗教事务并加强监督检查，掌握情况，协调涉及宗教方面的关系，维护国家的统一和社会的稳定，并与有关部门配合，保护合法，制止非法，抵御渗透，打击犯罪。2013 年在编 3 人。

【少数民族】 青阳县是少数民族杂居县。根据2012年12月调查统计，全县共有回、满、土家、壮、苗、侗、蒙古、白、傣、朝鲜、布依、土、彝、傈僳、哈尼、仫佬、仡佬、佤、瑶、纳西、水、黎、景颇、畲、毛南、拉祜、其他（穿青）等 27 个少数民族，人口近 700 人，分布在全县 11 个乡镇，回族人口约占少数民族人口的 20 % 以上。本县少数民族及人口增加的主要原因是：外出务工人员发生的婚姻关系的迁入及新生婴儿的出生。少数民族群众从事教师、医务、农业、个体工商户、公务员等各个行业。

2011—2013 年，县民宗局积极为少数民族群众提供服务，帮助他们改善生活质量、提高政治地位；为少数民族子女升学、就业做协调工作，帮助办理相关手续。每年春节、中秋等节日前开展慰问少数民族困难户活动。

【宗教】 青阳县现有佛教、基督教、天主教三大教别，批准开放的宗教活动场所共计 64 处，其中佛教 34 处、基督教 27 处、天主教 3 处。宗教教职人员共有 84 人，其中佛教比丘 79 人、比丘尼 5 人，基督教牧师 2 人、长老 3 人。信教群众约 3 万人，其中佛教 2.69 万人、基督教

青阳县宗教活动场所负责人法规培训班

3000人、天主教100人。净信寺为省级文物保护单位，青阳县基督教三自爱国委员会为宗教爱国团体。

2011—2013年，县民宗局贯彻执行《宗教事务条例》，围绕县委、县政府中心工作，加强宗教事务管理和服务，全县宗教领域呈现和谐稳定局面。

（县民宗局）

生活调查

【概况】 国家统计局青阳调查队成立于1984年，前身是青阳县农村社会经济调查队，为国家统计局直属派出调查机构（正科级编制），2008年被青阳县委、县政府列为中直机关序列进行管理，主要承担国家统计调查项目任务，以及青阳县城乡住户调查、农村贫困人口监测、主要畜禽监测和县级粮食产量等地方调查项目任务，2013年在编7人。

【农民生活】 2011#—2013年，全县社会经济平稳快速发展，农民生活水平稳步提高。其中2013年农民人均纯收入9842元，与2011年相比，年均增长17.9%。

随着青阳县园区经济发展，农民当地就业和务工机会增加，农民人均工资性收入5508元，占全年人均纯收入一半以上，与2011年相比，年均增长14.83%；农民家庭生产经营热度不减，农民人均家庭经营收入2969元，占全年人均纯收入近三分之一，与2011年相比，年均增长21.36%。由于农民收入水平稳定增长，农民存款利息收入成为财产性收入来源之一；此外转让承包土地经营权收入也逐渐成为农民财产性收入重要补充，2013年全县农民人均财产性收入391元，与2011年相比，年均增速41.97%。随着农村社会保障体系全面发展，各项涉农补贴足额及时发放，2013年全县农民人均转移性收入974元，与2011年相比，年均增长17.37%；农村居民社会养老金收入、救济金和各项补贴收入成为主要构成。

随着农民收入稳步提高，农民生活消费支出也保持相应增长。其中2013年农村居民生活消费支出为7631元，与2011年相比，年均增长21.06%；食品消费、居住、交通和通信支出成为农民生活消费支出主要构成，2013年农民人均食品消费支出3002元，恩格尔系数为39.34%，总体位于小康向富裕过渡阶段。

（钱耕旭）

社会保障

【概况】 2013年，青阳县全供事业单位全部纳入工伤保险参保范围，由县财政统一安排资金；当年全供事业单位共参保2519人，征缴基金收入40万元。全县城镇职工基本医疗保险纳入市级统筹，执行《池州市城镇职工基本医疗保险市级统筹实施方案》，实行参保范围、缴费标准、待遇水平等六统一。青阳县职工生育医疗费用定额结算标准上调，以县内二级定点医疗机构为例，顺产结算标准上调至2000元，剖宫产结算标准上调至4000元。根据《池州市人民政府办公室关于实施社会保障和就业工作若干政策促进企业发展的通知》及相关文件精神，全县参保企业可申请降低缴费基数，重点帮扶企业可缓缴6个月社会保险费。

全县积极落实被征地农民养老保险政策，到2013年全县纳入保障的被征地农民16225人，享受养老金待遇3884人，当年发放养老金750多万元。全县积极做好未参保集体企业退休人员生活费以及企业军转干部补助发放工作，截至2013年共发放未参保集体企业退休人员基本生活费6人、6.05万元，发放企业军转干部补助31人、34.8万元。

【劳动仲裁】 及时化解劳动争议，维护劳动者合法权益。2011年受理劳动人事争议案件28件，涉及劳动者79人，其中有1起案件涉及农民工42人；仲裁调解21件，仲裁裁决7件；共为劳动者追索各类待遇119.7万元，其中劳动报酬18.9万元、社会保险费5.4万元、工伤待遇86.84万元、经济补偿金8.56万元。

2012年，共立案处理完结劳动人事争议46件，其中仲裁调解40件，仲裁裁决6件；涉及劳动者98人，其中10人以上群体性争议2件，涉及农民工42人；案外成功调解争议18件，涉及农民工31人，共追索各类待遇358.6万元。

2013年，共处理劳动争议59件，涉及劳动者153人，追索各类待遇355.62万元。在劳动争议中，共立案受理劳动人事争议49件；其中仲裁调解36件，仲裁裁决13件，涉及劳动者66人，追索各类待遇312.59万元。通过案外成功调解争议10件，其中30人以上群体性争议2件，涉及劳动者共87人，案外追索各类待遇38.56万元。

加强劳动合同和集体劳动合同管理，构建和谐劳动关系。近年来，每年都开展农民工劳动合同签订“春暖行动”、集体工资合同签订等专项行动，补签劳动合同1000余人。开展集体劳动合同审批，共有49个企业加入区域性工资集体合同，覆盖职工3664人。启动“安徽省就业失业和劳动用工备案信息管理系统”，有60个企业5400多人进入劳动用工备案系统。

开展非标准工时制度审批。共审批1个企业，实行非标准工时208人。

风味小吃

灌心糖

主要原料为米或山芋熬制成的糖稀，馅用芝麻粉。主要制作过程是，用木棍将糖稀拉稠拉韧，打成约4至5公分宽，几十公分长的条状糖片，厚度可从几毫米至1厘米不等，在糖片中间洒上一条芝麻粉，然后将糖片卷起，搓拉均匀，外撒一些炒米粉以免粘连，用刀或绳索切成一定的长度（约一寸左右），再装入密封糖罐保存。是逢年过节用来招待来客的佳品。

米 面

又称“面皮”，主要原料为籼米。具体制作步骤为：先将籼米用水浸泡一天，然后磨成稀米粉；用大锅烧一锅开水，且不断火，将适量稀米粉倒进空铁瓶盖上，摇晃均匀，再连瓶盖放入沸水锅中蒸熟，然后用小铁勺子沿铁盖边划开，晾晒到竹篙上至半干，再卷起用剪刀剪成约一厘米宽的卷条，放进簸箕晒干收藏即成。旧时，荷包蛋下米面可作招待贵客之用，亦可用来当主食。现有米面加工厂由机器制作，批量生产，口感稍逊。市场上早餐摊点主要为排骨汤下米面。

招商引资与园区建设

招商引资

【概况】 青阳县招商局于2007年从县发改委分设。主要职责：研究国家宏观政策导向，研究提出促进开放型经济发展的政策建议，制订招商引资各项政策；负责对全县招商引资工作指导、协调，督查、指导乡镇及县直有关部门招商引资工作；组织或参加省、市统一组织的招商活动，承办县本级招商引资活动，配合宣传部门做好宣传推介工作；牵头编制年度招商项目目录，组织、参加重要招商引资项目洽谈，做好重大招商引资项目跟踪服务工作；负责外来投资者咨询，承办客商团队考察接待工作，做好安商工作等。2013年全局在编11人。

2011—2013年，青阳县实施“工业强县、项目兴县”战略，以园区建设为平台，营造浓厚招商氛围。其中2011年引资52亿元；2012年招商引资实现到位资金63亿元，新引进规模项目78个，当年竣工投产项目50个；2013年招商引资实现到位资金78亿元，新引进项目97个，当年竣工投产项目55个。招商引资规模和增幅呈现逐年增长趋势。

【主导产业聚集加快】 全县机电制造、非金属新材料、有色金属深加工、旅游服务及现代农业等主导产业招商成效进一步凸显。2013年全县机电制造类项目171个，总投资额104.5亿元，引进到位资金37.4亿元，占到位资金总额的20%；非金属新材料类项目125个，总投资额90.5亿元，引进到位资金30亿元，占到位资金总额的16%；有色金属开采深加工类项目31个，总投资额22.1亿元，引进到位资金11.5亿元，占到位资金总额的6.3%；旅游服务类项目72个，总投资额84.8亿元，引进到位资金14亿元，占到位资金总额的7.6%。

【引资项目规模大幅提升】 2013年，全县投资1亿元以上项目80余个，5000万元以上1亿元以下项目91个，超5000万元以上项目协议引资233亿元，累计到位资金46亿元。其中投资10亿元以上的重大项目有：山西泫氏集

2013年招商引资重点项目签约仪式

团投资21亿元的铸造项目、宁波富莱茵公司投资10.7亿元的汽车发动机生产项目、宁波柯力公司投资10亿元的传感器生产及物联网研发项目、总投资21亿元的年产6万吨石头纸生产项目、骆氏集团投资18亿元的九华温泉开发项目、浙江超威集团投资20亿元的超威产业园项目等。

【完善招商引资机制】 2013年，全县实行重大项目决策和服务协调工作机制，及时解决重大项目在招商和建设中存在的困难和问题；通过推行“一岗双职”，建立招商引资通报制度、调度会制度、督查制度、统计考核和激励机制，自觉加压鼓劲，激发全民招商热情。同时创新招商方式，实行专职招商、“一把手”外出亲自招商、以商招商、“园中园”招商、企业嫁接招商、网上宣传招商等，先后引进九华低碳经济产业园、有色金属深加工产业园、非金属新材料产业园、仪表产业园，分别与宁波柯力集团、上海交大电气集团、宁波埃麦柯集团以及广东、淮南客商等合作。

（青阳县招商局）

安徽青阳经济开发区

【概况】 安徽青阳经济开发区位于青阳县城以东、318国道蓉城镇至木镇镇路段两侧，2006年8月经省人民政府批准筹建，规划面积10平方公里。2013年8月，经省人民政府批准扩区，规划面积由原10平方公里扩区至16.22平方公里，扩区后东河主园区面积9.76平方公里，木镇、新河园面积6.46平方公里。到2013年底逐步形成以主园区为龙头，以木镇、新河园区为支撑，以丁桥、酉华乡镇工业集中区为配套的产业梯次发展格局。

截至2013年底，开发区入驻企业554个，其中投产企业468个，规模以上工业企业88个；机电装备制造、有色金属加工、非金属新材料三大工业主导产业初具规模。2013年全区实现工业总产值112.24亿元、增加值27.59亿元，其中规模工业实现产值93.64亿元、增加值23.02亿元，财政收入5.07亿元（其中税收收入3.96亿元），企业用工1.2万余人。

【服务机制】 安徽青阳经济开发区按照规范行政职能，强化服务功能，推行公司化运作模式，于2009年成立开发区创新科技服务公司，着力提升人力资源、融资担保、商会服务、实业管理等服务功能，初步形成了符合青阳实际的开发区服务机制。

人力资源服务　从失地农民培训就业开始，经过多年努力，创建了开发区人力资源服务中心，解决企业“用工难”，建立探索了一条农民培训、农民就业、农民创业的开发区人力资源服务模式，成立了全省第一家农民工培训中心。一是整合行政资源，充分利用县人社、农委、共青团、妇联、人武部、党校等行政组织体系，组织人员定期开展职业培训，建立常态化培训平台。二是整合社会资源，借力市场，购买服务。三是“散发”平台服务优势，吸引高等职业院校，寻求合作。四是与开发区企业合作，提高培训的目的性。五是对全区规模以上企业，认真摸底，由企业提供5年内的用工计划，开发区再制订具体规划，与县职业学校及周边职业中学等合作，为产业发展储备人力资源，实行“订单”培训，着眼长远，实现人力资源服务的可持续发展。六是制订激励措施，完善硬件配套设施。

通过多年探索和积累，开发区人力资源服务中心现有登记在册人员2.7万人，累计培训人员达8000余人，就业率达到85%以上，基本解决了开发区企业的用工难问题。

融资担保服务　开发区积极搭建企业融资平台，与市、县各大银行进行合作，并与2013年成立青阳县金诺融资担保有限公司，注册资本1亿元。截至2013年底，已累计帮助企业融资8亿元。

规范服务模式　建立开发区企业服务受理窗口，及时受理和帮助企业解决困难和问题。2011年成立开发区商会，为企业办理各项证照手续，协调解决具体事务，并推动企业建立行业自律、互联互保。

实业管理　开发区日常路灯、水、电、气等服务由创新公司实施，由开发区土地规划局规划、设计、监管，有效提升服务效率，规范行政行为。

【知名企业选介】 昌利锻造有限公司　温州客商投资，注册资本5000万元，计划总投资6亿元，已完成固定资产投资3.5亿元，系池州市首家注册全国无域名企业。主要生产各类重型卡车、轿车、摩托车、大型机械和高铁锻压件系列产品。2010年8月建成投产，2013年实现产值1.98亿元。

富莱茵汽车部件有限公司　宁波客商投资，注册资本1亿元，计划总投资10.7亿元，建设年产100万台(套)各类柴油发动机零部件生产规模。已完成固定资产投资3亿元，2013年实现产值8000万元。

安徽柯力电气制造有限公司　宁波柯力传感科技股份有限公司投资，注册资本1亿元，计划总投资13亿元，建设年产钢制传感器及配套产品400万只、铝制传感器及配套产品100万只、健康人体秤及配套产品500万台、系统集成及物联网配套产品1.8万台（套）的生产规模。2013年产桥式称重传感器80万只，实现产值1.3亿元。

替克斯方面有限公司　由杭州客商和日本株式会社TIX共同投资，注册资本2.4亿元，计划总投资4.8亿元。现已投入2.8亿元引进全套进口设备，主要生产研发大口径管线球阀等系列产品，为国家重点鼓励的重大技术装备产业。

安徽九华金润铜业有限公司　青阳县民营企业投资，注册资本5000万元，计划总投资1.78亿元。已投入资金1.2亿元，主要生产铜材、数字通信电缆、环保型PVC电缆料、特种电磁线及铜合金等多个产品。2013年实现产值4亿元。

（青阳经济开发区）

风味小吃

辣椒饍

青阳特色菜肴。原料为青辣椒或红辣椒、米粉。做法是将辣椒去蒂去籽剁碎，腌制一两天后拌上米粉，或掺入少量糯米粉，搅和均匀，装入坛中，数十日后，便可食用。食用时，先将菜籽油放入锅中加热，再将辣椒饍调匀（为增加松软度，也可加入鸡蛋），倒进锅中煎成饼状，翻边再切块。可口开胃，是下饭的好菜。

蓉城镇

【概况】 蓉城镇位于青阳县中部偏西，为县城所在地。2005年五溪镇并入。现辖18个村民委员会、1个农场、6个居民委员会。面积119平方公里，人口7.85万人。2013年地区生产总值15.5亿元，财政收入1.25亿元，是全市第一个财政收入亿元镇。

【工业经济】 2013年，全镇共有集体、民营企业157个，个体工商户328户，年纳税50万元以上企业27个。通过资源整合，提升矿业发展水平，共有马钢矿业等5个矿山企业。华力电气等小型制造业效益剧增。合肥池州商会投资6亿元的科技产业园项目正式签约。

【农业经济】 实施"粮食提升行动"2000公顷，推广"良种良法"、"配方施肥"、"病虫害防治"新技术。开展集体林权制度改革，落实农补政策，农业机械化增加1350台农机，获得购机补助150余万元。共培育农业产业化龙头企业3家、农民专业合作社6个。新修和改扩建村级道路39公里，除险加固小型水库6座，清淤扩挖当家塘40多座，完成"一事一议"工程16个村。

【旅游经济】 呼应皖南国际旅游文化示范区建设，引进较高档次旅游服务和文化产业，优化农家乐生态园服务功能。提高"三产"对镇域经济贡献能力，当年续建的14个项目中有11个是公共服务类项目。五溪山色大酒店、莲花峰生态园以及五都孙家、西岭山水等一批农家乐相继建成开业。

【城区建设】 2011年青阳县启动重点项目征地拆迁工作，2012年全镇完成各类征地80公顷，所涉拆迁户全部安置结束，有效保证雨洪调蓄区、青阳中学南校区、318国道拓宽、县经济开发区南扩、城南水厂、九子西路和公园南路延伸、九芙蓉广场等重点工程顺利开工建设。

【社会事业】 实现农村低保户、"五保"户供养应保尽保，发放各类救济救助资金近2000万元。敬老院集中供养老人82人。2013年，新型农村城镇合作医疗农村参合率100%，城镇参合率100%，共补偿金额为3757万元，补偿报销比例占总费用的57%，实现新农合、城镇居民医疗保险等社会保障制度有效对接。新型农村城镇合作医疗参保率连续四年居全县第一，连续五年获得先进乡镇称号。改善农村办学条件，义务教育保障经费标准提高到525元/人。人口出生率7.69‰，人口自然增长率4.59‰，计划生育政策符合率94.45%；计划生育奖扶320人，特别扶助36人，共发放扶助金37.93万元。广播电视“村村通”工程初步实现，农家书屋和综合文化站建设已完工，送戏、送电影下乡200余场，当年共有农村体育场3个。落实村庄集中整治专项经费，开展农村环境整治，推进美好乡村建设，规范摊位经营，保障市场整洁有序。

（蓉城镇政府办公室）

2011—2013年蓉城镇主要领导人名单

表25

年　度	姓　名	职　务
2011—2013	许作峰	镇党委书记
	朱凤英	镇政府镇长
	许作峰	镇人民代表大会主席

2011—2013年蓉城镇主要经济社会指标

表26

项目（单位）	年度		
	2011	2012	2013
地区生产总值（亿元）	11.6	13.8	15.5
第一产业增加值（万元）	2432	2456	2528
第二产业增加值（万元）	16250	19500	19750
第三产业增加值（万元）	13000	14000	16800
财政收入（万元）	12981	18230	12450
财政支出（万元）	12876	6803	5738
全社会固定资产投资总额（亿元）	1.75	1.85	3.2
工业总产值（亿元）	4.8	5.2	5.6
规模以上工业企业数（家）	6	4	5
规模以上工业增加值（万元）	9280	9500	10705
农业总产值（万元）	9728	9824	10113
粮食总产量（吨）	15928	16763	19293
招商引资（亿元）	2.68	3.15	3.38
农民人均纯收入（元）	7528	8592	9775
外出务工人数（人）	5907	5732	5855
森林覆盖率（%）	57	58	59
人口自然增长率（‰）	7.31	3.80	4.59

木镇镇

【概况】 木镇镇地处著名佛教圣地九华山东麓，是安徽省“两山一湖”（黄山、九华山、太平湖）旅游热线上的重镇，古称木竹潭、吴潭镇，距今已有300多年历史。现辖10个行政村、2个街道居委会、1个社区。面积108.31平方公里，人口2.76万人。2013年地区生产总值8.963亿元；财政收入7214.38万元，比上年增长22.9%。

【农业经济】 粮食播种面积1907公顷，产量1.4万吨；油菜籽实收面积367公顷，产量825吨。截至2013年，土地流转面积（20亩以上）

2011—2013年木镇镇主要领导人名单

表27

年　度	姓　名	职　务
—2012.02	金仁贵	镇党委书记
	金仁贵	镇政府镇长
	汤礼华	镇人民代表大会主席
2012.03—	汤礼华	镇党委书记
	翟建民	镇政府镇长
	汤礼华	镇人民代表大会主席

2011—2013年木镇镇主要经济社会指标

表28

项目（单位）	年　度		
	2011	2012	2013
地区生产总值（亿元）	7.654	8.461	8.963
第一产业增加值（万元）	4963	5863	7765
第二产业增加值（万元）	64926	71204	73553
第三产业增加值（万元）	6651	7543	8312
财政收入（万元）	4549.07	5868.57	7214.38
财政支出（万元）	2911	2877.63	4157.46
全社会固定资产投资总额（亿元）	4.9	6.65	8.3
工业总产值（亿元）	24.6	26.7	29.8
规模以上工业企业数（家）	7	10	14
规模以上工业增加值（万元）	22000	32000	41200
农业总产值（亿元）	1.08	1.11	1.05
粮食总产量（万吨）	1.7	1.7	1.4
招商引资（亿元）	5.74	8.74	9.79
农民人均纯收入（元）	7022	8258	9425
外出务工人数（人）	6207	6473	7192
森林覆盖率（%）	48.6	48.6	48.6
人口自然增长率（‰）	9.04	7.88	6.74

693公顷，占水田面积的40.1%；林地流转面积1533公顷，占林地总面积的28%；完成土地增减挂钩任务20公顷，涉及农户229户；完成7个地块土地复垦，通过省、市、县组织验收。

【工业经济】 围绕机械铸造和非金属材料深加工，加强工业建设。实现规模工业总产值16.6亿元，规模企业增加值4.12亿元，完成工业固定资产投资7.7亿元。当年投资1亿元以上项目6个，新建项目21个，续建项目17个，扩建项目6个，竣工投产项目10个，占县下达任务166.67%；新引进规上项目12个，占县下达任务的120%；签约项目9个，其中投资超1亿元以上项目4个。木镇工业园区入驻企业164家，形成机械铸造加工和非金属材料深加工两大主导产业。2012年木镇镇入选“中国产业集群经济示范镇”和“中国县域产业集群竞争力100强”。

【基础设施建设】 2011—2013年，编制《木镇总体规划编修》、《木镇园区控制性规划》和《七星河景观规划》，完善七星河流域治理、中小水库除险加固、沿河一条街建设，投入20余万元修建车站三角洲、木小三角洲2处文化休闲广场，投入10余万元整治镇区芜湖路、九华路绿化带。整顿规范集镇及农村环境卫生，农村环卫队伍达到200余人。全面启动2013年美好乡村建设，完成村庄规划设计方案和中心村建设实施方案，开展燕口中心村各项工程建设。

美好木镇

【民生工程】 2011—2013年，完成危房改造441户、建设沼气130口、“一事一议”项目35个以及木镇镇镇区农贸市场改造工程。当年新型农村合作医疗参合率97.92%，敬老院集中供养“五保”老人119人，救助、救济、救灾资金均发放到位。加固校舍面积2504平方米。计划生育政策内出生451人，总政策符合率94.35%。

（木镇镇政府办公室）

庙前镇

【概况】 庙前镇古称慕善镇，位于青阳县西部，是佛教名山九华山北大门。1952年设庙前乡，1957年合并五溪、玉屏、华源3乡，后几经变化，1992年撤乡建镇。现辖9个村民委员会、1个街道居委会，面积57.31平方公里，人口2.39万人。2013年地区生产总值5.9亿元，财政收入3333万元。

【农业经济】 农业生产总值1.6亿元，占国内生产总值的30%。农业耕地面积1160公顷，以种植水稻、蔬菜为主。当年粮食总产1.01万吨；蔬菜种植160公顷，其中无公害蔬菜127公顷，无公害蔬菜产量6000吨，实现产值1500万元，被评为省级现代农业科技示范园区；蚕茧产量187吨，茶叶产量40吨，油菜子产量120吨，红叶石楠苗木67公顷。生猪饲养量5545头，家禽年饲养量4万羽。

【工业经济】 庙前镇地处九华山旅游区，工业经济发展受到限制。工业主要以矿泉水、茧丝绸、佛香、佛雕、棕把、竹编、服装和食品加工等轻工业为主，共有工业企业45家。2013年实现工业生产总值1亿元，占国内生产总值

18%；规模工业增加值2000万元。其中“九华”牌矿泉水和“九华红”牌茧丝分别获得安徽省名牌产品、安徽省著名商标。

【旅游经济】 朝山拜佛上九华，休闲购物在庙前。庙前镇是到九华山旅游拜佛的必经之地，年过境游客500万人次。全镇共有九华国际旅游城、大九华旅游用品展示园等10个大的旅游景点和设施分列在进山道路两侧，餐饮酒店、佛香佛雕、纪念品土特产商店鳞次栉比，年营业额超1亿元。2013年全镇第三产业总产值3亿元，占国内生产总值的52%。

【城乡建设】 2013年全镇投入1030万元修建“村

2011—2013年庙前镇主要领导人名单

表29

年　度	姓　名	职　务
2011.03— 2014.03	周　林	镇党委书记
	疏　勇	镇政府镇长
	周　林	镇人民代表大会主席

2011—2013年庙前镇主要经济社会指标

表30

项目（单位）	年　度		
	2011	2012	2013
地区生产总值（亿元）	4.8	5.2	5.9
第一产业增加值（万元）	12000	14000	17000
第二产业增加值（万元）	4500	6200	8800
第三产业增加值（万元）	31500	31800	33200
财政收入（万元）	1672	2456	3333
财政支出（万元）	1481	2093	3022
民生工程投资额（万元）	1132	1356	2313
全社会固定资产投资总额（亿元）	1.31	1.5	2.1
工业总产值（万元）	4040	6000	8000
规模以上工业企业数（家）	1	2	3
规模以上工业增加值（万元）	1010	1500	2000
农业总产值（亿）	1.2	1.35	1.6
粮食总产量（万吨）	1.28	1.34	1.41
招商引资（亿元）	1.51	1.82	4
农民人均纯收入（元）	7000	8500	9774
外出务工人数（人）	2645	2436	2141
森林覆盖率（%）	42%	42%	42%
人口自然增长率（‰）	1.5	2	2

村通”道路27条、56公里，投入614万元修建“组组通”道路41条、33公里，投入1450万元完成九华河庙前段防洪工程和鲤鱼山水库小流域治理工程，投入50万元对六房桥进行加固改造，争取项目资金30万元完成玉屏、高源两村公交客运站房建设，新开通玉屏至青阳公交班线。全镇共有途经公交线路3条、公交车25辆，出租车50辆，年客运量50万人次。2013年在道路沿线、镇区街道、居民小区和农村布置清洁设施，修建镇区自来水厂1座，年供水50万立方米。2013年末拥有35千伏变电所1座、高压输电线路5条，总长度60公里，年售电量累计完成2500万千瓦时。全镇共有园林绿化面积50公顷，其中公共绿化45公顷，绿化覆盖率40%。

【美好乡村建设】 2013年，杨村、李村分别列入省级和市级美好乡村示范点，杨村示范点共投入资金1100万元，杨村发展旅游业，共有农家乐21个，人均纯收入1.4万元；李村发展棕把加工产业，人均纯收入1.1万元。

【社会事业】 2013年，城乡居民养老保险和政策性农业保险参保率均为100%。发放各类救助救济金253.78万元，保障困难人群近1400人。组织200余名民工和待业人员参加技能培训，新增就业岗位150多个。为创业人员办理小额担保创业贷款130万元。全年完成危房改造100户，投入资金95万元。投入抗旱经费45万元，确保粮食丰产丰收。计划生育兑现特扶资金30万元、独生子女保健费27万元、节育奖5万元。全镇拥有一级综合文化站1个、村级活动中心9个、农民书画社1个、各类图书室23个。拥有幼儿园3所、小学10所、中学3所，九年义务教育覆盖率100%。拥有医疗卫生部门10个、床位70张，城乡居民合作医疗参保率98%。全镇电视覆盖率100%。

（庙前镇政府办公室　程一品）

陵阳镇

【概况】 陵阳镇位于青阳县南部，汉武帝元封二年（公元前109年），置陵阳县治于此。陵阳古为江南重镇和山区土特产集散地，是徽商北上南下的重要通道。现辖15个村民委员会、1个街道居委会，面积213.85平方公里，人口2.55万人；2013年地区生产总值10.97亿元，财政收入4179万元。

【农业经济】（2013年）粮食总产13760.4吨。加大农业品种推广，发展万亩黄精产业，分别在分流、兰溪、梅山、杨梅等村培育黄精种植基地，成功引进安徽百草园有限公司落户。落实“绿色长廊”计划，在国省道沿线种植油菜、红花草面积400公顷。政策性农业保险稳步落实，参保率100%。完成春季造林342公顷。完成土地流转工作，其中100亩（6.67公顷）以上种植大户共有128户。

【工业经济】（2011）规模工业总产值1.1502亿元。当年引进规模工业企业5家。形成三大工业平台，累计投入近亿元。规模、档次逐年提升，吴村非金属矿深加工集中区完成300亩（20公顷）建设，陵阳崇觉非金属新材料产业园完成800亩（53.3公顷）土地征迁、三通一平，

陵阳河

陵阳农民工返乡创业园一期完成100亩建设任务。引进了亿银科技、伟翔纳米、星凯超细粉、欧米亚粉业等一批矿产品加工企业。跨入全省非金属矿采选及深加工产业集群镇行列。引进了峥递阀门、亿银科技、欧米亚粉业、水晶制品总投资超亿元的项目4个。同时还引进千万元以上项目8个，形成了机械制造、鞋业加工等新兴产业。

2011—2013年陵阳镇主要领导人名单

表31

年　度	姓　名	职　务
2011.01—2011.03	吴志中	镇党委书记
	吴志中	镇政府镇长
	汪来发	镇人民代表大会主席
2011.03—2012.02	吴志中	镇党委书记
	徐念年	镇政府镇长
	吴志中	镇人民代表大会主席
2012.02—2013.02	吴志中	镇党委书记
	李思文	镇政府镇长
	吴志中	镇人民代表大会主席
2013.12—2014.03	吴志中	镇党委书记
	李思文	镇政府镇长
	吴志中	镇人民代表大会主席
2014.03—至　今	祝和平	镇党委书记
	李思文	镇政府镇长
	祝和平	镇人民代表大会主席

2011—2013年陵阳镇主要经济社会指标

表32

项目（单位）	年　度		
	2011	2012	2013
地区生产总值（亿元）	8.84	9.93	10.97
第一产业增加值（万元）	7915	8445	8390
第二产业增加值（万元）	46764	52330	61015
第三产业增加值（万元）	33721	38525	40300
财政收入（万元）	5300	4504	4179
财政支出（万元）	1515	1598	1309
全社会固定资产投资总额（亿元）	2.68	1.54	1.63
工业总产值（万元）	49300	55150	64690
规模以上工业增加值（万元）	2875.6	5592	6000
农业总产值（万元）	12400	13230	13110
粮食总产量（吨）	14180.8	15056.9	13760.4
招商引资（亿元）	3.11	3.98	
农民人均纯收入（元）	5550	8180	9360
外出务工人数（人）	3990	5320	6480

【基础设施建设】 2013年完成10.5公里村道和1座小型桥梁修建任务，总投资323万元；全镇179个村民组全部通公路。山南桥—水岭岗工程通过验收，长阡岭地质灾害点26个搬迁户安置房投入建设资金150万元。截至2013年，全镇380户农村危房改造建设项目全部完成，涉及4个村的农村人饮水工程已全部完工。总投资900万元的陵阳自来水厂完成厂区主体工程。陵阳河小流域水土保持项目通过上级部门验收。小型农田水利项目建设投入300万元，实施29个山塘、3条河沟整治，已完成95%。

美好乡村建设。（2013年）编制全镇村庄布点规划和实施方案，美好乡村建设投入资金780万元，其中谢村村、南阳村完成建设任务，所村村、沙埂村建设有序推进。完成美丽宜居小镇和太平湖环境保护工程项目申报工作。完成农村连片整治项目、古村落保护项目和全国重点镇项目的申报工作，所村村成功入选第二批中国传统村落名录。

【社会事业】（2013年）民生工程投入资金1311.23万元。城乡居民养老保险综合参保率103.13%，缴费率104.41%，位居青阳县第二。发放低保、“五保”等各类救济救助资金393.12万元，保障困难群众近2000人左右；实施各类医疗救助146人，发放救助资金28.45万元。开展就业技能培训80余人次，帮助申报小额贷款160余万元。落实计划生育政策，发放特扶资金1万元；全镇计生政策符合率95%。投资600万元规划建设乡镇公办幼儿园。15个“一事一议”财政奖补建设项目全部完工，共筹集资金34.28万元，上级补助资金121.12万元，受益人口1.18万人。

【所村入选中国传统村落名录】 陵阳镇留有许多明清徽派古建筑，其中有古民居156栋，古桥40余座，代表古建筑有太平山房、李氏宗祠、宁氏宗祠和南流桥。所村位于九华山南麓，东距陵阳镇5公里；始建于西汉武帝元封年间，距今已有2100余年的历史。这座两千年的古村落，历来就是钟灵毓秀、人文荟萃之地。以五方山峦之势，与五行遥相呼应，有“各得其所”之意，谨以“所”名，传承至今。村廓地处两山挟一抱、一溪水东流，古谓黄龙出海之地势。四面环绕之胜境，绝似天然画卷，墨客骚人，每多题咏；昔十二景，色色幽奇。虽历尽沧桑、几经兵燹，村内还完好保存有十五、六幢建于明、清时代的古建筑。最为著名的是一幢始建于明代早期的古代学宫——太平山房。是我省现存古建中少见的保存完好的明代建筑，是中国徽文化的一方见证，具有较高的人文价值及历史价值，1986年被列为省级重点文物保护单位。2013年被批准为国宝。所村村是省级美好乡村建设示范村，进入中国传统村落第二批名录。所村古民宅此起彼落、筑向有意，雕刻精美、技艺精湛；由于日本帝国主义的侵华扫荡，古民宅大部分毁于战火。仅存的古民宅只有十五六幢，保存较好的有10幢。街坊的空间形态与尺度，大部分保存完好。难能可贵的是，村内的明渠排水系统保存得较为完善。石板小径，畔依着潺潺流水，曲折蜿蜒于街坊之间，形成一大特色景观。所村辖区面积1311公顷（合19665亩）。其中：耕地面积5538.09亩（369.206公顷），林地11344.89亩（756.326公顷），园地973.14亩（64.876公顷），水域面积290.4亩（19.36公顷），居民点工矿用地面积537.6亩（35.84公顷），其他用地面积1181.03亩（78.74公顷）。全村下辖14个村民组，550户，总人口1706人，户均人口3.1人/户。

（陵阳镇政府办公室）

丁桥镇

【概况】 丁桥镇位于青阳县东北部，西北与铜陵市天门镇接壤，东北与南陵县何湾镇交界。丁桥镇原名“丁家桥”，1978年成立丁桥公社，1984年改为丁桥乡，1992年撤乡建镇。现辖10个村民委员会、161个村民组；面积94.2平方公里，其中耕地1224公顷；人口2.2万人，其中非农业人口1155人。2013年地区生产总值9.264亿元，财政收入8761万元，比上年增长23.3%。

【农业经济】 粮食总产1.25万吨，其中水稻7500吨，小麦1650吨。农业总产值1.24亿元，其中种植业7214万元，畜牧业4212万元。当年生猪饲养量1.4万头，年末存栏5000头，家禽饲养量48万羽。截至2013年，全镇土地流转总面积444公顷，占全镇水田面积42.7%；共有100亩以上种植大户19个、农民专业合作社4个、家庭农场8个，2013年集中流转土地共产粮食3650吨，实现生产总值948万元、效益120万元，带动3280户农民增收。全镇共有市级农业产业化龙头认证企业4个，省级龙头企业皖江特种水产养殖项目带动全镇水产养殖面积113公顷。全镇不断扩大基地建设，依托丰富资源优势，连片开发种植红豆杉、丹皮、西瓜等一批特色农业。美好乡村建设完成农村清洁工程和永平店门口中心村建设。

【工业经济】 2013年规模工业产值22亿元，规模工业增加值5.5亿元；招商引资实现到位资金7.1亿元。全年新引进项目15个，其中投资超1亿元项目2个、5000万元以上项目8个、规模以上项目10个、竣工投产项目6个。全镇共有4个企业产值超1亿元，其中安徽超威工业产值超5亿元。当年总投资22.8亿元的泫氏铸造完成生产线技改并投产。

【园区建设】 丁桥工业集中区规划面积7.55平方公里，截至2013年底，建成区面积3平方公里，已入驻企业67家，实现工业产值27亿元、利税2.1亿元。马塘园区、集镇园区、黄泥垅园区均有企业入驻，其中有的企业已开工生产。

【基础设施建设】 2012—2013年分别对丁南路9.2公里、丁明路（丁桥至狮山段）3公里实施道路升级改造。2011—2013年全镇共实施66口当家塘扩挖和加固，对全部病险水库实施除险加固改造。

【民生工程】 2013年投资1400万元建成公租房180套。2011—2013年共完成660户危房改造任务，牛山、洛家潭、永平村农村饮水安全工程投入使用。“一事一议”工程稳步实施。农村居民最低生活保障、农村“五保”户等资金类补助按时按量发放到位。推进新型农村合作医疗，全力实施城乡居民养老保险。2011—2013年自筹资金300余万元，对80岁以上老人、失地农民、特困群体、困难大学新生进行补助，对通村庄中心道路硬化实施以奖代补。

【社会事业】 截至2013年底，全镇建有综合文化站1座、农家书屋10个，全部实施免费开放。

青阳县重大招商项目集中开工暨泫氏铸造奠基仪式

有线数字电视、互联网、移动电话覆盖率分别达到95%、48%、85%。全镇拥有初中和小学各1所、教学点4个、幼儿园2所、看护点5个、教职工101人；当年完成中心小学食堂改造、各教学点加固、中学校园改造任务。拥有镇卫生院和丁桥中心血防组各1个。拥有敬老院1所，集中供养五保户51人。平安建设共排查各类矛盾纠纷、信访隐患114件，成功化解106件；法律援助案件36件。

（丁桥镇政府办公室 徐科贝 方 琴）

2011—2013年丁桥镇主要领导人名单

表33

年度	姓名	职务
2011—2013	王玉平	镇党委书记
	王松华	镇政府镇长
	王玉平	镇人民代表大会主席

2011—2013年丁桥镇主要经济社会指标

表34

项目（单位）	年度		
	2011	2012	2013
地区生产总值（亿元）	7.7738	8.8294	9.264
第一产业增加值（万元）	4922	5745	7435
第二产业增加值（万元）	66751	75413	77186
第三产业增加值（万元）	6065	7136	8019
财政收入（万元）	5472	7100	8761
财政支出（万元）	2402	3195	4299
民生工程投资额（万元）	781.96	1093.73	901
全社会固定资产投资总额（亿元）	5.1	8.13	10.14
工业总产值（亿元）	26.28	29.6	30.8744
规模以上工业企业数（家）	4	6	14
规模以上工业增加值（万元）	40280	46210	55122
农业总产值（万元）	8343	9738	12393
粮食总产量（吨）	11824.68	12066	12501
招商引资（亿元）	5.75	6.399	7.14
农民人均纯收入（元）	7554	8542	9823
外出务工人数（人）	4608	4423	4100
森林覆盖率（%）	63%	64%	65%
人口自然增长率（‰）	7.89‰	7.56‰	7.23‰

新河镇

【概况】 新河镇位于青阳县东部，西连池州市贵池区墩上镇，北靠铜陵市大通镇。1954年由黄檀乡改为新河乡，1957年洪山乡并入，2001年与童埠镇合并建立新河镇。现辖11个村民委员会、110个村民小组，面积111.35平方公里，人口1.8万人。2013年地区生产总值元，财政收入4565万元。

【农业经济】 农业总产值1.36亿元。粮食种植面积1933公顷，粮食总产1104万吨。农业产业化步伐加快，以优质米、畜禽养殖等产业为主的农业产业集群效应进一步增强。创建水稻产业提升行动核心示范区600公顷，家禽养殖126万羽，水产养殖287公顷，完成造林173公顷，抚育森林项目1733公顷。农村土地承包经营权规模流转380公顷。培育农民专业合作社22个。开展农民技术培训700余人次。农民人均收入9030元。

【工业经济】 坚持“项目立镇、工业强镇”发展战略。规模工业增加值3.8亿元，新增规模工业企业5家，完成工业投资7.3亿元，技改投资2.35亿元。埃美柯管业、贵荣阀门等7个项目竣工投产，埃美柯工业城、庞源机械、新能源产业园、春雨彩印包装4个县重点项目快速推进，森源液化气、真信涂料、富昌机械等技改扩规项目进展顺利。

【园区建设】 2013年，园区在建项目12个，新签约开工项目6个。新河工业园区属县经济区辅园区之一，规划10平方公里，已建成2.5平方公里，共有非金属新材料、机械制造配套加工、有色金属加工、农产品深加工、高新技术产业五大类产业70余个企业先后落户，已投产企业62个，其中规模以上企业17个。当年投入6000万元对十里岗、童埠、老山3个园区进行征地拆迁，其中新征土地55公顷，“三通一平”33公顷，修建道路2公里，新建标准化厂房3万平方米。

【招商引资】 开展招商引资重大项目建设年活动，以宁波、台州、上海地区为重点，开拓苏州、杭州等地招商资源。2013年新引进规模项目14个，其中3000万元以上项目10个，1亿元以上项目4个，分别是春雨包装、贵荣阀门、国信交通、圣华项目管理；竣工投产项目7个，分别是天业混凝土、子泷湖生态园林、埃美柯管业、贵荣阀门、恒欣包装、国兴交通、富昌机械。

【基础设施建设】 升级改造县道12公里，硬化村组道路14.8公里；完成集镇石平板桥危桥改造项目和七星河大桥改造工程征地测量工作；完成各类水利工程51处、饮水工程4项，实施人畜饮水管网100余公里；建设高标准基本农田298公顷，启动318国道绿色长廊工程；投资700余万元完成168户农村危房改造；建设垃圾中转站1座、垃圾池180个；老山安置点中心村项目全面推进，农村环境整治全面完成国省道沿线广告、堆放清理工作。

【民生工程】 2013年，共发放低保、“五保”等各类救灾救济资金204.89万元，保障困难群众近2000人。城乡居民养老保险参保率达100%，合作医疗参保率99%以上。为6名残疾人办理“阳光家园”居家托养计划，扶持“阳光大棚”农业项目1个，复明白内障患者3例。11个“一事一议”项目投入资金258.72万元，受益群众7935人；其中水利建设项目4个、道路建设项目7个。

【社会事业】 落实计划生育政策，发放计生奖特扶资金25.90万元，扶助312人。开展送电影、送戏下乡26场，新建3个农民体育健身工程，率先完成县图书馆新河分馆建设任务。

积极开展双拥活动，完成征集新兵任务；组织开展第三次全国经济普查。综合整治公共交通秩序，完成“三车”取缔工作。

【平安建设】 开展矛盾纠纷“大排查、大调解”专项活动，做到“小事不出村，大事不出镇，矛盾不上交”。共排查调处各类纠纷147起，办理法律援助32起，挽回群众经济损失210余万元。开展“六五”普法宣传等活动20余次。做好治安保险、十户联防工作，共参保2134户、保费4.27万元、登记电话（手机）369户。成功战胜7月份特大洪涝灾害和持续高温干旱灾害。

（新河镇政府办公室）

2011—2013年新河镇主要领导人名单

表35

年　度	姓　名	职　务
2011.01— 2011.03	吴德元	镇党委书记
	黄娜娜	镇政府镇长
	吴德元	镇人民代表大会主席
2011.03—2011.12	吴德元	镇党委书记
	韩　林	镇政府镇长
	吴德元	镇人民代表大会主席
2011.12—至　今	韩　林	镇党委书记
	宁劲元	镇政府镇长
	韩　林	镇人民代表大会主席

2011—2013年新河镇主要经济社会指标

表36

项目（单位）	年　度		
	2011	2012	2013
地区生产总值（亿元）	10.94	12.30	13.66
第一产业增加值（万元）	10299	11602	13423
第二产业增加值（万元）	63982	70772	77670
第三产业增加值（万元）	35119	40626	45507
财政收入（万元）	3191.64	3768.76	4565.74
财政支出（万元）	1736.20	4509.87	2523.16
民生工程投资额（万元）	667.42	900.53	1061.83
全社会固定资产投资总额（亿元）	4.49	5.63	7.22
工业总产值	15.8	16.4	16.9
规模以上工业企业数（家）	12	12	16
规模以上工业增加值（亿元）	2.71	3.23	3.80
农业总产值（亿元）	1.03	1.16	1.34
粮食总产量（吨）	11890	11940	10680
招商引资（亿元）	3.81	5.80	7.79
农民人均纯收入（元）	7120	8150	9480
外出务工人数（人）	2279	2818	3496
森林覆盖率（%）	48.9	49.5	50.3
人口自然增长率（‰）	4.95	4.23	5.01

朱备镇

【概况】 朱备镇位于青阳县中部，西靠九华山。朱备镇清代称朱村社，后因朱姓毛笔远近闻名而称朱笔店，后改称朱备店。1984年恢复乡村建制，为朱备乡；1994年撤乡建镇。现辖将军、东桥、朱笔、江村4个行政村；面积67.7平方公里，其中耕地1438公顷亩、山场4801公顷；人口9854人。2013年，财政收入700万元。

【旅游经济】 围绕全市旅游发展战略，挖掘佛教文化因子，开发环九子岩景区和青通河沿岸旅游。2013年九华禅修综合旅游开发项目（德懋堂）一期工程动工，九华佛国温泉旅游开发

2011—2013年朱备镇主要领导人名单

表37

年　度	姓　名	职　务
2011.01—2012.02	王　伟	镇党委书记
	王　伟	镇政府镇长
	魏春香	镇人民代表大会主席
2012.03—至　今	魏春香	镇党委书记
	魏春香	镇政府镇长
	宁跃进	镇人民代表大会主席

2011—2013年朱备镇主要经济社会指标

表38

项目（单位）	年度		
	2011	2012	2013
地区生产总值（亿元）	2.2	2.5	2.7
财政收入（万元）	304	525	668
民生工程投资额（万元）	160	280	400
全社会固定资产投资总额（万元）	5000	6471	8574
工业总产值		3248.2	2783.6
规模以上工业企业数（家）	0	0	1
规模以上工业增加值（万元）			684
招商引资（万元）	13020	18400	23500
农民人均纯收入（元）	6783	7925	9200
外出务工人数（人）	1024	1378	1206
森林覆盖率（%）		67.4	72.8
人口自然增长率（‰）		-0.60‰	4.69‰

项目完成征地拆迁，九华幸福新世界及东麓君安养生园项目落户。

【基础设施建设】 2013年，制订修建《朱备镇集镇总体规划》，投入30余万元实施集镇亮化升级，镇垃圾中转站投入使用，投入400万元实施村庄整治，垅里中心村初具规模。

【招商引资】 朱备镇地处九华山后山，境内盛产竹木、茶叶，其中九华山佛茶系列产品“双溪早芽”“将军旗枪”产于高山地带。九华山国家森林公园为境内主景区，园内寺庙林立，旅游基础设施齐备。朱备镇结合加大旅游品牌宣传力度，开展旅游特色招商，先后引进九华温泉、九华德懋堂、东麓君安和幸福文化园等旅游项目。

【社会事业】 2013年共发放各类涉农资金623万余元。新型城乡居民合作医疗参保率99%，城乡居民养老保险参保率98.2%，政策性农业保险参保率90%。完成2013年农村危房改造102户。充分利用“一事一议”财政奖补政策，修建通组道路7条、6.1公里，受益人口1275人；修建“点点通”道路3条、4公里。投资55万余元的朱备公立幼儿园改造工程竣工并投入使用。建立4个村农家书屋。

（朱备镇政府办公室）

朱备镇垄里美好乡村中心村

杨田镇

【概况】 杨田镇位于青阳县城东南4公里处，2000年由原杨田乡、东堡乡合并建立杨田镇；现辖9个行政村、156个村民组，面积108.5平方公里，人口2.2万人。2013年地区生产总值6.7亿元，财政收入2321.49万元。

【农业经济】 农作物播种面积2820公顷，其中粮食播种面积2365公顷。全镇生产六大农特产品，其中年产优质米近1万吨，纯天然野生葛根粉500余吨，杜仲、桔梗、丹皮等中药材干品200余吨，野生蕨菜、小竹笋等山野菜200余吨；皖南土鸡年养殖量100万羽，蚕桑、苎麻等农产品种植面积400公顷。2013年共有农村经济合作组织12个、规模养殖户37户、无公害农产品3个。当年完成广德口水库除险加固、黄泥河综合整治工程；农村饮用水安全工程完工12处，涉及9个村37个村民组；新增沼气池1110口。

【工业经济】 全镇有七大矿产资源。其中方解石储量5700万吨；花岗岩储量2亿立方米；大理石储量1亿立方米；石灰石储量2亿吨；铜钼矿储量62.2万吨，铜含量2%以上，钼含量0.4%以上；铅锌矿储量150万吨，综合品位12%以上；黄金储量2吨。仙梅工业园区、下东堡食品产业园坐落于杨田工业集中区，分别以机械装备制造、非金属新型材料加工和农特产品深加工为主导产业，共落户企业21家、规模企业5家，2011—2013年注册成立新企业11家，其中年产80万吨A8砂浆的天工预拌砂浆项目投资超亿元。2013年杨田工业集中区新增框架面积100亩，筹资200万元完成朱备至杨田10千伏高压线路建设，启动35千伏变电站项目建设。

【城乡建设】 投入资金3000多万元，先后完成一批重点工程项目，主动对接县城南扩。当年完成青年路、苗圃路硬化、绿化、亮化工程，建成自来水厂并投入使用，开发农贸大市场一、二期工程，集镇建设初具规模。截至2013年，全镇筹集资金2000万元，用于农村基础设施建设，其中修建9个行政村、21条村组主要道路48.28公里，有8个行政村、28个大自然村庄修建“户户通”水泥路28.47公里。全镇实施垃圾中转处理，当年投入120万元建成垃圾中转站。

【社会事业】 杨田村杨中中心村主导产业突出，是青阳县2013年度水稻质量提升行动核心区，被列为第一批美好乡村示范点，当年完成建设任务，获市级专业示范村称号。2013年镇团委被团中央确认为“全国农村基层团建示范乡镇”。

【文体事业】 大力改善杨田初中基础设施，投入100万元建设杨田中心小学标准化体育场和乡村少年宫。争取上级项目资金140万元，建设杨田初中标准化体育场、改造教师宿舍。当年建成了一个省级健身广场和3个村级农民健身广场。2013年11月9日，举办了青阳县第四届农民篮球赛，全县共11个乡镇代表队参加，运动员150余人。2013年，实现52个自然村780户广播电视“村村通”信息导入。

杨田镇企业家迎新春茶会

2011—2013年杨田镇主要领导人名单

表39

年　度	姓　名	职　务
2011.01—2012.02	王玉发	镇党委书记
	王占东	镇政府镇长
	王玉发	镇人民代表大会主席
2012.03—至　今	王占东	镇党委书记
	陈　穗	镇政府镇长
	王占东	镇人民代表大会主席

2011—2013年杨田镇主要经济社会指标

表40

项目（单位）	年　度		
	2011	2012	2013
地区生产总值（亿元）	5.3	6.2	6.7
第一产业增加值（万元）	2523	2775	3052
第二产业增加值（万元）	5305	5427	5526
财政收入（万元）	1474	1765.63	2321.49
财政支出（万元）	1112.45	1234.78	1852.51
民生工程投资额（万元）	1239.64	822.9	1388.2

续表

全社会固定资产投资总额（亿元）	3.1	3	1.9
工业总产值（万元）	16057.1	26963.1	31280.3
规模以上工业企业数（家）	3	4	5
规模以上工业增加值（万元）	4036.8	6647	7690
农业总产值（万元）	7568	8325	9158
粮食总产量（吨）	13806	14529	4612
招商引资（亿元）	2.5	4.2	4.1
农民人均纯收入（元）	6600	7800	8800
外出务工人数（人）	6940	6938	7012
森林覆盖率（%）	55	56	56.8
人口自然增长率（‰）	2.07	2.74	4.09

乔木乡

【概况】 乔木乡位于青阳县城东北距县城28公里，东北部分别与南陵县烟墩镇、河湾镇接壤，七星河穿境而过，面积54.61平方公里，辖5个村民委员会、97个村民组，人口1.14万人。2013年地区生产总值63699万元，财政收入3007万元，比上年增长37.6%。

【农业经济】 2013年农业总产值15960万元，粮食总产11772吨。全面推进农业产业结构调整，加大对花卉苗木、中药材、蚕桑等特色农业扶持力度，为农民和养殖户提供技术培训，当年新增各种苗木种植面积27公顷，总投资1.5亿元的中药材种植示范基地及旅游休闲综合开发项目加快建设，拥有皖南珍稀植物科技园、青阳县新泰中药材有限公司、青阳县大华丝绸有限公司等农业龙头示范企业。

【工业经济】 2013年规模工业增加值7650万元，比上年增长9.6%，增幅保持全县前列水平。工业投资2.45亿元，增长32.3%；招商引资4.1亿元，增长36.7%；全乡规模以上工业企业6家，当年增加1家。

【招商引资】 2013年，重点围绕中医药产业、非金属新材料、机械制造等领域开展招商引资活动，实现到位资金4.64亿元，完成县下达年度任务的116%，全乡共有各种项目17个，其中新建项目5个，扩建项目3个，续建项目5个，技改项目4个。全年新引进规模企业（注册资本金达500万元以上）6家，完成县下达年度任务的85.7%；当年竣工项目4家，完成县下达年度任务数的100%。

【美好乡村建设】 2013年，全省美好乡村建设重点示范村金山村，获得青阳县美好乡村建设工作第二名。金山虹桥中心村美好乡村建设投入资金190余万元，全面完成建设任务；其中硬化道路2.2公里，修建下水道600米，安装路灯20盏，新增绿化面积2000平方米；公共服务中心、村民文化休闲广场、人口文化园、农村生活e站、公厕等设施投入使用。

【基础建设】 承办市县农田水利基本建设现场会。当年农田水利基本建设筹措资金187万元，道路建设投入资金200余万元，自来水厂扩建工程投资340万元，均已完工。投入30万元新建改造集镇下水道1.4公里；垃圾中转站投入资金120万元，即将投入使用；完成危房改造217户；土地增减挂项目完成7个地块的土地整理复垦工作，完成复垦面积5.7公顷。

【交通建设】完成对国道318改建工程路线重新设计方案，筹资50余万元完成国道318线5个路段4.5公里建设任务。筹资120余万元完成“一事一议”4个路段3.4公里建设任务。协助县交通局完成晏村大桥附属设施建设。对道班养护工作进行整改，节约养护资金1.5万元左右。

【社会事业】全面完成民生工程建设任务。城乡居民社会养老保险参保率93.64%；合作医疗参合人数1.09万人，参合率99.73%，征缴金额61.78万元，其中农村人口参合人数1.01万人。办理发放就失业登记证43人，积极扶持农民创业，开展创业就业培训，争取小额担保贴息贷款120万元。全面落实计划生育“乡负责、村为主”工作机制，合格村达80%。成功创建“安徽省生态乡镇”，申报创建“全国生态乡镇”。全乡先后获得“信访工作先进乡镇”、“党风廉政建设责任制工作先进乡镇”称号，乡维稳办、司法所分别获得“一级乡镇（街道）维稳综治办”、“池州市示范法律援助工作站”等多个荣誉。

（乔木乡政府办公室）

2011—2013年乔木乡主要领导人名单

表41

年度	姓名	职务
—2010.01	章志坚	乡党委书记
	章志坚	乡政府乡长
	祝和平	乡人民代表大会主席
2010.02—2014.03	祝和平	乡党委书记
	王玉胜	乡政府乡长
	祝和平	乡人民代表大会主席

2011—2013年乔木乡主要经济社会指标

表42

项目（单位）	年度		
	2011	2012	2013
地区生产总值（万元）	44227.5	56931	63699
财政收入（万元）	2268.79	2374.83	3130.4
财政支出（万元）	1359.50	1181.27	1621.78
民生工程投资额（万元）	21500	21200	32780
全社会固定资产投资总额（万元）	31168.0	42435	47739
规模以上工业企业数（家）			6
规模以上工业增加值（万元）	4645.7	6978	7650
农业总产值	13059.5	14496	15960
粮食总产量（吨）	11631.6	11932.4	11772
招商引资（万元）	36200	34600	41000
农民人均纯收入	7073.0	8233	9352
人口自然增长率（‰）	0.96	3.7	5.0

西华乡

【概况】 西华乡位于青阳县城东部，距县城20公里，辖8个村民委员会，面积118平方公里，人口1.5万人。2013年财政收入7324万元。

【农业经济】 2013年农业产值9400万元，粮食产量2536吨。饲养蚕种近8000张，产茧30万公斤，产值1000余万元，位居全县各乡镇首位。其中方格蔟茧20万公斤，占全县方格蔟茧产量和产值的90%以上。“千万亩森林工程”完成造林53公顷，新建绿地133公顷。

【工业经济】2013年规模工业增加值4.4亿元，占目标任务的102.3%，比上年增长9.1%。实现工业投资4.52亿元，占目标任务的100.4%，工业园区累计投入资金3000万元。新增规模企业3家。将项目建设作为发展实体经济的重要支撑，加快非金属主导产业聚集。当年引进规模以上项目10个，其中超1亿元项目4个，5000万元以上（介于1亿和5000元之间的项目）项目3个，竣工投产项目6个。全力推进龙西钙业、金元钙业、友邦新材料和汇鑫新材料等4个全县重点项目建设。

【招商引资】 2013年立足西华资源优势，突出首位产业招商，逐步做长、做深非金属新材料产业链，打造华东地区乃至全国知名钙业基地。全年完成招商引资到位资金5.9亿元，新引进规模项目10个。

【基础设施建设】 2013年新增高标准农田390公顷，农村土地整治完成3公顷建设用地增减挂钩。扩挖山塘24口。完成田屋和乐元农村安全饮水、响铃桥危桥改造、田屋至米冲9.7公里水泥路、平田洲至宾山2.3公里道路、石安至西华改扩建道路、新朝阳桥建设及连接线等工程。编制双华村新村村庄布点规划。投入179.8万元完成“一事一议”工程。

【社会事业】 2013年全面完成33项民生工程，实现城乡居民养老保险全覆盖，审核农村低保372户561人，全年发放低保金25.67万元。集中供养“五保”户62人，分散供养“五保”户84人。自筹资金31万元改建乡敬老院，新增入住“五保”户15人。实行全民医保，新农合参合人数1.41万人，参合率100.5%，位列全县第二。社会养老保险参保人数1.03万人，综合参保率100.52%，缴费率、综合参保率均位居全县第一。申报审批城乡居民医疗救助3批次11人，发放救助资金3.72万元。开展农村原民办教师教龄补助审核。落实“农家书屋”工程和农民体育健身工程以及信息共享工程。有序推进农村清洁工程，逐步实现垃圾“村收集、镇清运”。开展“三线三边”（铁路沿线、公路沿线、江河沿线，城市周边、省际周边、景区周边）和“两沿两边”（即公路沿线、河流沿线、城区周边、景区周边）环境整治，集镇面貌有了较大改观。

【安全生产】 2013年率先在全县开展“发展生态矿业建设 安全绿色和谐矿山”专项活动，对在乡工矿企业进行“绿色整改”，所有矿山企业均已制订方案，有7个石灰石矿山全部实行带水作业，部分氧化钙企业增添除尘设备，实行车间封闭生产。全乡实现安全生产工作零伤亡。

西华镇部分企业负责人座谈会

2011—2013 年酉华乡主要领导人名单

表 43

年　度	姓　名	职　务
—2011.03	梅永宝	乡党委书记
	梅永宝	乡政府乡长
	宁劲元	乡人民代表大会主席
2011.03—2011.12	梅永宝	乡党委书记
	宁劲元	乡政府乡长
	梅永宝	乡人民代表大会主席
2011.12—2012.08	梅永宝	乡党委书记
	徐念年	乡政府乡长
	梅永宝	乡人民代表大会主席
2012.09—至　今	徐念年	乡党委书记
	王效锋	乡政府乡长
	徐念年	乡人民代表大会主席

2011—2013 年酉华乡主要经济社会指标

表 44

项目（单位）	年　度		
	2011	2012	2013
地区生产总值（亿元）	16.2	17.8	19.5
第一产业增加值（万元）	4760	5176	5642
第二产业增加值（万元）	24669	40343	44235
第三产业增加值（万元）	1521	1603	1697
财政收入（万元）	4720	5500	7324
财政支出（万元）	1458	1814	3161
民生工程投资额（万元）	720	986	997
全社会固定资产投资总额（亿元）	3.6	4.6	4.7
工业总产值（万元）	99475	161372	176520
规模以上工业企业数（家）	17	19	23
规模以上工业增加值（万元）	24869	40343	44130
农业总产值（万元）	7934	8627	9400
粮食总产量（吨）	2096	2305	2536
招商引资（亿元）	3.8	4.1	5.7
农民人均纯收入（元）	7077	8225	9362
外出务工人数（人）	2600	2800	3100
森林覆盖率（%）	70%	70%	71%
人口自然增长率（‰）	1.4	1.7	1.9

（酉华乡政府办公室）

杜村乡

【概况】 杜村乡位于青阳县西南部，东依九华山风景区；辖11个行政村、170个村民组，面积74.8平方公里，人口2.1万人。2013年地区生产总值3.2亿元，财政收入1045万元。

【特色农业】 当年投入80万元的水稻标准化育秧工厂全面启用，首次实行机插秧333公顷。继续实施“水稻提升行动工程”，在西河村、河东村创建晚稻高产高效示范片133公顷。全乡干茶产量9吨，烟草种植面积120公顷，产量23万公斤，投入55万元的烟水配套工程完成竣工验收。2013年应对大旱，在河东村改种西兰花27公顷，将旱情损失降到最低。农民专业合作社新成立4个，共有示范合作社省、部级各1个，市级2个，县级4个。

【工业经济】 工业投资8930万元，当年引进规模以上项目3个。农民人均纯收入达到8590元。

【招商引资】 当年共接待外地客商80余人次，洽谈项目12个，签约项目5个，新引进规模以上项目3个，续建项目6个，技改项目1个。规模以上工业增加值1000万元，新增规模以上企业1家。佛缘谷漂流正式对外营业，吸引游客6000多人次。农民工创业园共吸引4个企业入驻。

【基础设施建设】 “点点通”工程修建道路10公里，杜西路升级改造、牛家桥危桥改造全面完工并通车。全乡垃圾实现及时中转，共运送垃圾2000余吨。杜村乡市容管理所、杜村乡农民公园分别建成。完成八都河流域3000米河道清淤工作，实施自来水厂升级改造工程，新增7个村1200户农户用上清洁自来水。全年共拆除乱搭乱建31处、占道经营6处，清理流动摊点4处，拆除违章建筑9户、非法采砂点3处。投入300余万元开展美好乡村建设，西河村中心村庄在县首批美好乡村建设评比中获得第三名，镇华村中心村开展各项建设工作。

【民生工程】 城乡居民养老保险总参保人数为1.40万人，城乡居民医疗参保2.11万人，新型农村合作医疗保险覆盖率100%，政策性农业保险投保保费24.58万元，实际理赔43.98万元。投入100万元扩建乡敬老院，新增床位30张。全乡享受农村低保810人，农村“五保”户供养人口154人，发放各类救济、救助、救灾资金410.4万元。完成危房改造新建户86户，修缮户157户。在全乡30个地块大力实施土地“增减挂”9.1公顷。公办幼儿园改造扩建、乡村少年宫修建完成，均已投入使用。计划生育奖扶对象218户，累计发放补助35.2万元。累计资助贫困大学生20人、4.8万元。创办杜村乡民间文化艺术传承学校，垅上村、龙华村、新丰村建成农民体育健身广场，全年共组织文艺晚会1场、农民运动会1场、送电影下村132场、送戏下村10场。积极申报长垅村“目连戏”为第四批省级非物质文化遗产名录。

（尹　杰）

杜村乡编烟叶比赛

2011—2013 年杜村乡主要领导人名单

表 45

年　度	姓　名	职　务
—2012.02	叶书全	乡党委书记
	黄娜娜	乡政府乡长
	叶书全	乡人民代表大会主席
2012.02—	黄娜娜	乡党委书记
	江家云	乡政府乡长
	黄娜娜	乡人民代表大会主席

2011—2013 年杜村乡主要经济社会指标

表 46

项目（单位）	年　度		
	2011	2012	2013
地区生产总值（亿元）	2.43	2.7	3.2
第一产业增加值（万元）	5290	6105	7718
第二产业增加值（万元）	13365	13543	14077
第三产业增加值（万元）	5645	7402	10205
财政收入（万元）	630	850	1045
财政支出（万元）	512.25	721.15	947.73
民生工程投资额（万元）	675	571	687
全社会固定资产投资总额（亿元）	1.32	1.07	1.37
工业总产值（亿元）	1.33	1.45	1.55
规模以上工业企业数（家）	1	2	2
规模以上工业增加值（万元）	512.3	1012	1217.57
农业总产值（元）	1988070	2007810	2036055
粮食总产量（吨）	18934	19122	19391
招商引资（亿元）	1.51	1.6	2.37
农民人均纯收入（元）	5644	7670	8590
外出务工人数（人）	6195	6102	5991
森林覆盖率（%）	56	59	62
人口自然增长率（‰）	1.80	2.36	5.04

2011 年

1 月

1 月 20 日，青阳县企业联合会、企业家协会第一次会员代表大会召开。

是月，青阳县吴华瑞入选全省第三批省级非物质文化遗产项目代表性传承人。

2 月

安徽方兴集团完成注册登记，总注册资本 5000 万元人民币，为青阳县首家私营企业集团，实现青阳县私营企业集团零突破。

“五都孙家”成为青阳县首家五星级农家乐。

3 月

3 月 19 日，县幼儿园与省委机关幼儿园举行友好缔结仪式。

青阳县青檀产业协会成立。

池州—青阳—九华山客运公交正式开通，首批 16 台高等级公交客车循环运营，公交线路起讫点暂定为站前区站前广场、青阳客运站和柯村换乘中心，双向对开，根据沿线群众出行需要布置停靠站点。

青阳县九华金润铜业有限公司“无铅易切削高强耐蚀硅磷黄铜”项目、磊鑫粉业有限责任公司“利用串联生产二次分级新工艺生产亚微米超细重钙粉”项目获批国家科技部、财政部 2011 年度科技型中小企业技术创新基金首批立项项目，实现青阳县国家科技型中小企业技术创新基金项目零突破。

5 月

5 月 31 日，南部新城工程启动。新城以青通河为中心轴，以人工湖为中心，在湖东侧布置科技馆、青阳影剧院、城市公园、文化娱乐广场等大型公共设施，西侧主要以文化教育组团为中心，安排宜居文明、山水灵秀的城市居住片区，同时布置旅游接待中心、商业内街，形成综合性商业中心，真正将南部新城建设成为一个集行政办公、商业金融、文化娱乐、科研教育、旅游服务和生态居住等功能为一体的综合新区。

青阳县首家旅游文化艺术团成立。艺术团共有演职人员 36 人，以保护和传承国家非物质文化遗产青阳腔为己任，展现青阳腔特色文化魅力，弘扬优秀传统文化，促进青阳县旅游文化快速发展。

6 月

6 月 9 日，安徽青阳九华村镇银行举行开业典礼。

6 月 20 日，民盟中央常委、中国围棋协会副主席聂卫平到青阳考察全国绿色运动会场地。

青阳县九华黄精产业化协会获国家科协、财政部“全国科普惠农兴村先进单位”称号。

省文化厅公布安徽省第四批省级非物质文化遗产项目代表性传承人名单，青阳县江太平入选大九华水磨玉骨绢扇制作技艺项目传承人。

8月

8月11日，青阳县九华黄精举行GAP示范基地揭牌仪式。

青阳县农村沼气项目通过国家财政部绩效考评，初步被认定为“优秀”等次。

青阳县8个旅游企业入选2011年安徽省“我最喜欢的旅游景区、旅行社、旅游饭店”。

9月

9月20—22日，省纪委常委樊勇率省调研指导组到青阳调研指导县委权力公开透明运行试点工作。

截至9月末，青阳县居民购车消费超过1亿元，达到1.03亿元，同比增长38.8%；缴纳车辆购置税888辆，入库税款880余万元。

城区—杜村乡农村公交班车开通，至此青阳县11个乡镇实现公交全覆盖。

10月

10月13日，越南林业代表团团长潘清午一行到青阳考察森林可持续经营工作。

10月22日，2011中国·池州首届绿色运动大会“九子登高”比赛在九子岩风景区举行。

10月22日，文化部副部长杨志今到青阳县考察乡镇文化站建设情况。

截至10月末，安徽超威电源有限公司入库增值税1255万元，同比增收816万元，增长1.8倍，成为青阳县首家年纳国税超过1000万元的企业。

青阳县单季稻万亩高产创建示范片项目通过市验收。该项目总面积1万亩，目标产量650公斤/亩，实际平均单产661公斤/亩，顺利通过市专家组测产验收。

11月

青阳县获得“全国科技进步先进县”称号。

青阳县庙前镇高源村获得第二届“安徽省文明村镇”称号。

12月

12月16日，青阳县举行城乡居民养老保险养老金首发仪式。

12月22日，青阳县政协老委员联谊会成立。

青阳九华省级现代农业示范区入选第一批省级现代农业示范区名单。该示范区以林木花卉、特种水产、大棚蔬菜、蚕桑、优质水稻、皖南土鸡等为主导产业，总建设规模预计8000公顷。

2012年

1月

1月4日，青阳县企业联合会、企业家协会机电分会成立。

1月4日，召开2012年全县企业家新春座谈会。

青阳县方兴实业有限公司获得“中国质量诚信企业”称号，这是池州市首个获此称号的企业。

2月

2月16日，青阳县召开城市总体规划方案评审会。

县公安局看守所获公安部“全国公安监管部门推进‘两防一退’工作先进单位”，为全省唯一获此项表彰的县级公安看守所。

由青阳县和浙江千岛湖等地组成的华东美景游线路，入选全国十佳跨省经典旅游线。

3月

3月5日，青阳县举行“弘扬雷锋精神，共筑皖南名城”2012年青年志愿者活动启动仪式。

3月25日，青阳县足球协会成立。

青阳县人口计生工作在全省目标管理考核

中取得第三名，获得“2011年度全省人口和计划生育工作先进县”称号，同时获得“2011年度城市和流动人口计划生育工作先进县”称号。

4月

4月8日，青阳县举行古玩市场开业典礼暨古玩收藏交流会启动仪式。

4月12日，青阳县首个BT建设项目—G318青阳段（五星—清泉岭）改建工程动工。

4月19日，国家人防办副主任、人防局局长柳庆森到青阳调研。

4月19—20日，池州市首届小学校长论坛在青阳县举办。

青阳县农民画首次在省文化馆举办，共展出农民画精品画作50余幅。青阳县农民画于2006年被列入首批“安徽省非物质文化遗产”名录。

5月

5月10日，安徽青阳农村商业银行股份有限公司创立大会暨第一届股东大会第一次会议召开。

5月11日，青阳县首届房地产展示交易会开幕式举行。

5月18日，中华全国总工会书记处书记、党组纪检组组长王瑞生到青阳检查指导工作。

6月

截至6月末，青阳县所有乡镇、村、社区全部建成农家书屋，提前3年完成国家下达任务。自2008年以来，青阳县共建成农家书屋126个。

7月

7月15—16日，日本宇部市副市长西山一夫率材料株式会社、双日株式会社一行来青阳访问。

7月24日，2012年阳光体育全国青少年户外体育活动营地展示大会在青阳县举行。

青阳县农商行累计开通助农取款点94个，在全市率先完成新农村金融示范乡镇建设“助农取款服务”村级覆盖目标。

8月

8月9日，副省长谢广祥到青阳检查指导防台风防汛工作，并到杜村乡五阳村实地察看群众转移及安置情况。

8月11日，省长李斌到青阳视察指导防台风防汛工作，深入乡镇村组一线察看灾情。

8月14日，副省长梁卫国到青阳检查指导救灾及灾后重建工作。

8月15日，澳大利亚奥本市议员帕特里克·科廷夫妇到青阳考察访问。

8月28日，省委常委、副省长陈树隆到青阳调研经济社会发展情况。

8月28日，国家司法部党组成员、政治部主任张彦珍到青阳检查指导司法行政工作。

青阳县在年初五保供养标准基础上，将五保供养标准再次提高到1694元/人·年，比年初提高21%。

青阳县莲峰云海景区创建国家4A景区通过初检。

青阳县蚕业服务中心申报的“优质高抗家蚕春用新品种681×682的中试与示范”项目跻身2012年度全国农业科技成果转化资金项目立项名单。

国家工商总局正式受理青阳县申报的“九华山黄精”地理标志证明商标，这是继“皖南土鸡”之后的青阳县第二块地理标志。

9月

9月6日，省、市主流新闻媒体到青阳集中采访报道县招商引资、项目建设、计划生育、城市建设、生态文明建设等发展情况。

9月10日，副省长梁卫国到青阳调研人口计生工作，出席在青阳县举办的全省推进诚信计生完善利导体系现场会。

9月20日，省委政法委副书记、610办主任洪禹侯到青阳检查指导工作。

9月20日，徽商银行池州青阳支行开始试

营业。

9月20日，青阳县陵阳镇编排的《龙舟竞渡》节目在全市首届文艺调演中获得一等奖。

截至9月30日，青阳县地税城郊分局组织税收收入2.08亿元，成为青阳县历史上首个收入2亿元分局。

青阳县经济开发区区域性工资集体合同书签署，这是池州市首个区域性工资专项集体合同。

青阳县创建的全国绿色食品原料（水稻）标准化生产基地通过国家验收。该生产基地占地面积7220公顷，涉及13万农业人口。

10月

10月17—19日，省委第一巡视组组长孟庆银率队到青阳巡视青阳县工业发展、城市建设、旅游发展等情况。

10月20日，池州市美好乡村建设动员大会在青阳县召开。

10月20日，安庆市党政代表团到青阳考察庙前杨村美好乡村建设情况。

10月23日，中国工程院副院长沈国舫教授到青阳考察青阳县森林培育和森林生态发展情况。

1—10月份，青阳县各项地方性税费收入（含契税和耕地占用税）首次突破6亿大关，达到6.22亿元，同比增收1.93亿元，增长45.0%。

青阳县农村环境连片整治示范项目《实施计划》通过省专家组审查。该项目总投资2011万元，总体工程预计2013年9月竣工，受益人口2.17万人。

青阳县首个公开招标的BT建设项目富阳南路和经一路道排工程开标。该项目是南部新城两条重要的市政干道，工程预算6370万元，中标价为5701.80万元。

11月

11月7日，缅甸总统首席政治顾问、资源发展协会会长吴哥哥莱为团长的缅甸非政府组织和媒体考察团到青阳考察访问。

11月8日，省人大常委会副主任陈先森到青阳调研民生工程和收入倍增规划实施情况。

11月20日，青阳县农业技术协会联合会成立。

11月22日，全市首个军民共建双拥书屋在青阳县丁桥镇茗山村建成启用。

11月23日，旌德县党政代表团到青阳参观考察。

青阳县获“安徽省残疾人社区康复示范县”称号。

城东大型货车停车场建设工程动工兴建。该工程位于京台高速以西，紧邻318国道。项目总投资约950万元，占地7.5公顷，共设置停车位331个，其中大型车停车位262个。工程建成后，将成为青阳县重要物流货运集散地，彻底解决青阳县货车停车难问题。

12月

12月16日，浙江省台州市路桥区党政代表团来青阳考察。

12月12日，青阳县第一届企业精英联谊会召开。

县国土局获得“全国国土资源行政复议工作先进单位”称号。该局自2009年以来作出的100余件行政处罚案件，无一例败诉，维持率为100%。

2013年

1月

1月15—17日，举行青阳县第十四届人民代表大会第二次会议。会议选举纪良才为青阳县政府县长。

1月23—31日，县领导纪良才、杨晓兵、林高兴、胡俊、王师琴、朱继平、宋秋奎、刘辉、齐满清、吴伟分别走访慰问离退休老干部、各级劳模、特困党员、困难群众、各乡镇敬老院“五保老人”和驻青部队、武警中队、公安消防大队官兵。

青阳县获得“2012年度全市就业工作优秀单位”称号，蓉城镇双河社区、九华社区、富阳社区获得市级“充分就业星级社区”称号。

2月

2月4日，全县召开乡镇年终工作总结会。

2月20日，县长纪良才和全部副县长出席县委十三届八次全委（扩大）会议。

2月20日，全县召开招商引资暨驻外招商工作队出征大会。

3月

3月1日，县政府全体（扩大）会议召开。

3月5日，省人大常委会副主任宋卫平率国防教育法律法规实施情况检查组到青阳检查国防教育工作情况。

5月

5月6日，台湾中视栏目组开展青阳腔采风活动；

城南水厂项目开工建设。该项目位于百花村境内，占地面积4.3公顷，总投资5500万元，建成后可日供水7万吨。

青阳县首条水稻机械化播种生产线投入使用。此项技术将使单位成本降低20%以上，成秧率90%以上，亩均增产75公斤以上。

县商务局连续5年蝉联“全省市场运行监测工作先进单位”称号。

《青阳生态县建设总体规划》通过论证。

省政府正式批准县经济开发区为省级综合性低碳示范园区，综合竞争力居全省62个省级筹建开发区第六位。

6月

6月18日，青阳县餐饮协会成立。

青阳县获得国土资源部“第二届国土资源节约集约模范县”称号。

县房管局获得“2012年全国保障性安居工程建设劳动竞赛先进单位”称号，是池州市唯一获此称号的房产管理部门。

西华乡被省经信委评审认定为非金属矿采选及深加工集群专业镇，成为此次全市唯一获此称号的乡镇。

青阳县兑现餐饮服务环节食品安全违法举报奖励。这是青阳县自2012年10月制订《食品安全举报奖励实施方案》以来，兑现的首笔奖励。

G318国道青阳段改建工程青通河大桥顺利合龙。大桥全长131米，桥面宽50米，为5跨25米预应力组合箱梁，桥涵设计荷载为公路－Ⅰ级，设计洪水频率为1/100，总投资1888万元。

青阳县考生连续4年夺得全市高考文科状元桂冠。

青阳县建设环境空气质量连续自动监测站。该系统含SO_2（二氧化硫）、NO_2（二氧化氮）、CO（一氧化碳）、O_3（臭氧）、PM2.5（细颗粒物）、PM10（可吸入颗粒物）和气象五参数（包括风向、风速、压力及室内外温湿度）等全项目监测，将有效提升青阳县环境空气质量监测能力。

县开发区融资担保公司成立，注册资本金1亿元。

青阳县主城区南门桥复杂路段改造工程全面竣工。

7月

7月11日，副省长梁卫国来青阳现场调研指导强降雨灾后恢复工作，

7月19日，青阳县举办招商引资集中签约活动。

青阳县再添（镇名）5个省级生态乡镇和（村名）2个省级生态村，至此，全县已成功创建省级生态乡镇7个、生态村9个。

青阳县获得“全省新型农村合作医疗先进县”称号。

青阳县通过全省知识产权强县工程试点工作考核验收，被授予“安徽省知识产权工作示范县”称号。

青阳县机电产业服务中心成立。该中心是面向全县机电制造企业的综合性非盈利服务机构，为企业提供产品检测、技术研发、信息共享、人才培育等服务，同时开展管理咨询、创业辅导、项目申报等活动。

青阳县城南水厂项目开工建设。该项目总投资5568万元，建设内容包括取水工程、输水管道、净水厂等，项目计划工期12个月，建成后日供水量达到7万吨。

九华中药材科技有限公司黄精基地获得全省“规范化种植”示范基地称号，全省共有12个企业获得示范基地称号。

青阳县举办招商项目集中签约活动。共集中签约项目23个，总投资117.6亿元。

五溪山色大酒店、朱备镇政府、茶溪小镇入选“2013年首届中国（安徽）旅游品牌”百强榜。

青阳县获得2012年度全市旅游工作“A级景区创建奖”，莲峰云海景区等多个涉旅单位获得池州市政府奖励表彰。

8月

8月1日，全县举行民生工程暨惠民实事工作推进会。

8月7日，全县举行防高温工作会议。

8月23日，副省长花建慧到青阳调研旅游、商务工作。

8月28日，青阳举行南部新城十大工程集中开工仪式。

《安徽省青阳生态县建设规划（2012—2020）》通过县人大常委会审议并批准实施，成为县生态县建设纲领性文件。

县经济开发区组织申报的“青阳经济开发区小微企业创业基地”和“青阳经济开发区机电装备制造产业示范基地”项目通过省级审核，被认定为全省70个小微企业创业基地之一和第四批26个“安徽省新型工业化产业示范基地”之一。

省政府批准同意青阳县经济开发区扩区，面积由原来10平方公里扩大至16.22平方公里。

青阳县齐春生态庄园、九华红度假村获得安徽省“五星级”农家乐称号，德福山庄获得“四星级”农家乐称号。至此，全县共有省级“三星级”以上农家乐35个，其中“五星级”农家乐5个、“四星级”农家乐4个。

青阳县对现有公交线路进行调整，城区重新设计5条班线，新增中型环保公交车20辆，保证每班次间隔不超过10分钟，进一步满足广大群众出行需求。

9月

9月6日，全县教育工作座谈会举行。

青阳县举办开发区首届企业创新发展论坛，开创全新企业交流合作平台。

青阳县通过2012年农业综合开发项目省级验收。

青阳县金保工程系统上线，五大社会保险实现统一征缴。

陵阳镇所村村跻身第二批中国传统村落名录。

九华省级现代农业示范区通过第一批省级现代农业示范区考核，定为优秀等次。

县蓉城幼儿园进入省级一类幼儿园名单，成为池州市第三所“省字号”一类幼儿园。

青阳县累计征收入库“耕地占用税和契税”两税10824万元，首次突破1亿元大关。

丁桥供电所获得“2012—2013年度中国最美供电所”称号。

《青阳县（九华山）旅游度假区发展战略综合规划》通过评审。“青阳(九华山)旅游度假区”是青阳县落实皖南国际文化旅游示范区建设的重要战略构想，县已有国家AAAA级旅游景区2个，已落户莲峰云海旅游区、熙园、九芙蓉城市广场、康元山庄、九华云水、德懋堂、九子岩景区综合开发、绿谷养生、四季永逸大饭店等一批重大旅游项目，协议总投资超过100亿元。

青阳县成功跻身中国旅游竞争力百强县，是池州市唯一入选的县区。

10月

10月15日，全县召开重点项目建设推进会。

10月29日，市委书记陈强、市长赵馨群率全市重大基础设施建设现场推进会参会人员到青阳参观。

截至10月28日，全县国税收入首次突破3亿元，收入总量位居池州市三县之首，收入增幅位居全省第六位。

县委、县政府召开全县全面取缔非法载客“三车”（“三车”全称）工作动员大会。

青阳县成功申报为全国第五批中央财政小型农田水利重点县。

城区新公交线路投入运营，共有公交线路5条，公交车辆41辆，运行班次和覆盖面大幅增加。

11月

11月4日，县四大班子领导开展城区交通秩序调研活动。

11月5—10日，县长纪良才率县直有关部门赴宝岛台湾开展招商引资、经贸洽谈活动。

11月19日，副省长花建慧率全省重点旅游项目建设推进现场会参会人员到青阳考察。

11月27—29日，县长纪良才赴京参加中国计生协会七届四次全国理事会暨计划生育基层群众自治工作经验交流会。

自11月1日全面启动非法载客“三车”取缔工作以来，截至月20日下午4点，全县最后一辆电瓶三轮车（0392号）被送至县交通局实施切割处理，全县完成非法载客“三车”取缔工作，共取缔工非法载客“三车”1285辆。

1—11月份，青阳县规模以上工业企业完成工业产值101.87亿元，同比增长9.09%，首次突破100亿元大关，其中完成产值5000万元以上企业40个、1亿元以上企业30个、5亿元以上企业2个。

青阳县首次发现并及时除治外来有害植物“加拿大一支黄花”。

12月

12月5日，全县召开工作目标调度会。

12月6日，全县召开招商引资工作调度会。

12月15日至2014年1月14日，县合并召开县委十三届九次全委（扩大）会议和全县经济工作会议。

青阳县入选第四批安徽省生态县。

文化部公布全国第五次县级以上公共图书馆评估定级结果，青阳县图书馆获评国家一级图书馆，成为全市唯一一个一级馆。

青阳县第二次获得“全国科技进步先进县”称号。

青阳县荣膺全省双拥模范县六连冠。

举办首届“最美青阳人”颁奖大会，共评出14个行业20位“最美青阳人”。

青阳县林权抵押贷款突破1亿元，累计受理林权抵押登记69宗次、抵押面积2133公顷，抵押金额3.4亿元。

（县政府办公室）

2011 年青阳县国民经济和社会发展统计公报

青阳县统计局

（2012 年 4 月 23 日）

2011 年是实施“十二五”规划的开局之年，全县人民在县委、县政府的坚强领导下，深入贯彻落实科学发展观，围绕重点工作，抢住机遇，顽强拼搏，着力开创工业集群化、城乡一体化、农业产业化、民生普惠化发展新局面，努力实现经济社会进位赶超、跨越崛起、和谐发展，较好地完成了年初确定的目标任务，实现了“十二五”良好开局。

一．综合

初步核算，全县实现生产总值（GDP）546370.2 万元，按可比价格计算，比上年增长 13.6%。

2011 年青阳县生产总值及其增长速度

表 47　　　　单位：万元

指　标	绝对数	比上年增长 %
地区生产总值	546370.2	13.6
第一产业	78525.0	4.6
第二产业	292676.2	18.8
第三产业	175169.0	9.7
交通运输、仓储和邮政业	12872.1	10.4
批发和零售业	25987.3	10.9
住宿和餐饮业	15816.6	11.1
金融业	12278.1	8.9
房地产业	24539.3	2.5
营业性服务业	10387.4	14.8
非营业性服务业	73288.2	10.8

分产业看，第一产业增加值 78525 万元，增长 4.6%；第二产业增加值 292676.2 万元，增长 18.8%；第三产业增加值 175169 万元，增长 9.7%。按户籍人口计算，人均生产总值 20039 元，比上年增加 4026 元。三次产业比例由上年的 14.7：50.5：34.8 变化为 14.4：53.6：32.0，其中，工业增加值占 GDP 的比重为 45.3%，比上年提高 3.5 个百分点。

年末全县从业人员 19.41 万人，比上年增加 0.05 万人。其中，第一产业 6.75 万人，减少 0.05 万人；第二产业 6.10 万人，增加 0.11 万人；第三产业 6.56 万人，减少 0.01 人。在岗职工 1.21 万人，增加 0.14 万人；城乡私人企业和个体从业人员 8.69 万人，增加 0.29 万人。全年城镇新增就业 2663 个，下岗失业人员再就业 1297 人。年末城镇登记失业率为 3.6%。

二. 农 业

全年实现农林牧渔业总产值 122982 万元，按可比价格计算，增长 4.6%。全年粮食播种面积 22034 公顷，减少 529 公顷；总产 132709 吨，增长 2.2%。全年水稻播种面积 20440 公顷，减少 593 公顷；总产 127279 吨，增长 1.5%。油料种植面积 3573 公顷，扩大 153 公顷；总产 7492 吨，增长 19.8%。全年生猪出栏 8.3 万头，下降 1.2%；家禽出栏 283 万只，增长 6.0%；禽蛋产量 6340 吨，下降 0.2%。全年肉类总产 1.1 万吨，增长 3.5%。全年水产品产量 1.7 万吨，增长 9.3%。

2011 年青阳县主要农产品产量及其增长速度

表 48　　　　单位：吨

产品名称	绝对数	比上年增长 %
粮食总产量	132709	2.1
其中：稻谷	127279	1.5
小麦	682	6.2
油料产量	7492	19.8
其中：油菜籽	7012	21.4
棉花产量	210	-7.9
糖料产量	80	1.3
水果产量	1138	1.5
肉类总产量	11069	2.0
禽蛋产量	6340	-0.2
蔬菜产量	43700	4.1
水产品产量	16500	9.3

全县农田有效灌溉面积 15713 公顷；节水灌溉面积 1057 公顷。年末全县农业机械总动力 22.8 万千瓦特，增长 1.8%；农用拖拉机 21776 台，增长 7.7%；农用动力排灌机械 14911 台，农用运输车 480 辆；全年化肥使用量（折纯量）8381 吨，增长 10.9%；全年农村用电量 6152 万千瓦时，增长 7.7%。

三. 工业和建筑业

全年实现全部工业增加值 247676.2 万元，按可比价格计算，比上年增长 21.3%。年末全县规模工业企业 62 家，比上年增加 6 家；全年实现规模以上工业增加值 161507.2 万元，按可比价格计算，增长27.6%；主营业务收入561512.3万元，同比增长67.3%。五大重点行业中，除有色金属冶炼及压延加工业比上年下降5.1%外，其它四大行业均实现增长，非金属矿采选及制品业实现产值24.1亿万元，增长72.1%；化学原料及化学制品制造业实现产值1.0亿元，增长45.2%；电气机械及器材制造业实现产值10.9亿元， 增长123.0%;纺织业实现产值2.2亿元， 增长45.0%。超威电源、华兴线缆、华隆钙业、天平机械、金田通信、大九华铜业、方兴实业、昌利锻造等16户企业产值超亿元，其中超威电源产值已达7.1亿元，增长85.4%。主要工业品产量中，硫铁矿石年产量26.4万吨，比上年增长17.3%；蚕丝207吨，增长13.8%；水泥39.1万吨，增长545.2%；阀门9352吨，增长3.3%；纱3589吨，增长8.6%。

2011年青阳县主要工业品产量及其增长速度

表49

产品名称	单位	绝对数	比上年增长%
硫铁矿石（折含硫35%）	吨	263500	17.3
纱	吨	3589	8.6
棉混纺纱	吨	3589	8.6
蚕丝	吨	207	13.8
塑料制品	吨	3007	103.8
水泥	吨	390810	545.2
其中：强度等级42.5水泥（含R型）	吨	390810	545.2
商品混领土	立方米	242503	50.8
铜材	吨	9588	-22.9
阀门	吨	9352	3.3
铸铁件	吨	46314	136.3

全年全社会建筑业增加值45000万元，比上年增长6.9%。6家资质等级以内建筑企业完成建筑业总产值47698.7万元，增长6%。全年房屋建筑施工面积48.55万平方米，房屋建筑竣工面积41.01万平方米。

四．固定资产投资

全年固定资产投资441627万元，同比增长40.2%。其中，城镇投资271385万元，占投资总额的61.45%，农村投资188176万元，占42.6%。工业投资完成333455万元，同比增长41.4%。全年施工项目185个，其中本年新开工项目125个。

从产业看，二产投资占主导地位。全年第一、二、三产业分别完成投资4770万元、342652万元、94207万元。从行业看，制造业投资份额较重。全年制造业投资完成246393元，占总投资额55.8%。。

全年房地产开发投资59505万元,比上年下降3.2%。商品房销售面积19.73万平方米,增长3.9%;商品房销售额87885万元，增长49.1%。2011年，全县开工建设保障房900套，开工率达100%。

五．国内贸易、对外经济和旅游

全年社会消费品零售总额174458.4万元，比上年增长17.9%。按经营单位所在地分，城镇消费品零售额104611.6万元，增长17.7%；乡村消费品零售额69846.8万元，增长18.2%。按行业分，批发业零售额15655.4万元，同比增长42.4%；零售业零售额138568.7万元，增长15.2%；住宿业零售额4932.2万元，增长38.9%；餐饮业零售额15302.1万元，增长16.5%。按企业规模分，限额以上企业零售额28740.7万元，增长64.9%；限额以下企业零售额145717.7万元，增长11.6%。

全年实现外贸进出口总额2863万美元，同比增长45.0%，增幅同比提高21.8个百分点；其中，出口总额2366万美元，增长20.3%；进口总额497万美元，比上年增长70倍。全年实际利用外资4286万美元，增长15.0%。

全年接待国内外游客443.75万人次，增长43.6%，其中入境游客6.5万人，增长43.2%。实现旅游总收入44.8亿元，增长40.9%。

六．交通和邮电

全县境内公路里程1200.4公里。其中，国道42公里，省道66公里；全县等级公路948.8公里，其中高速公路51公里。全县境内火车站一个，境内铁路营业里程5.8公里。

全县邮电业务总收入13027万元，增长2.9%。其中邮政业务收入1317万元，增长24.4%；电信业务收入11710万元，增长1.0%。年末固定电话用户64912户，增长0.3%；移动电话用户184374户，增长9.4%；互联网用户24056户，增长33.9%。

七．财政和金融

全年财政收入85180万元，增长20.9%。其中地方一般收入为62813万元，增长31.4%；上划中央收入22367万元，增长29.4%。地方收入中，税收收入42196万元，增长31.1%；非税收入20617万元，增长31.9%。全部财政收入中，增值税增长4.5%，营业税增长18.0%，企业所得税增长70.4%。全年财政支出131593万元，增长36.3%。其中，科学技术支出2185万元，增长9.4%；医疗卫生支出11684万元，增长39.7%；农林水事务支出18217万元，增长8.5%；教育支出23366，增长74.5%；社会保障与就业支出14609万元，增长33.5%；文化体育与传媒支出2179万元，增长24.1%。

全县金融机构各项存款余额（人民币口径，下同）666597万元，比上年末增加124737万元，同比增长23.0%。其中储蓄存款465828万元，比上年末增加89066万元，同比增长23.6%；金融机构贷款余额357349万元，比上年末增加84995万元，同比增长31.2%。其中，短期贷款余额190928万元，增长41.7%；中长期贷款150200万元，增长20.2%，中长期贷款中个人贷款96454万元，增长23.3%。

2011年青阳县各类教育发展情况

表50　　　　　　　　　　　　　　　　　　　　　　　　　　　　　单位：人

指　标	招生数	在校生数	毕业生数
职业高中	2558	3352	1456
普通高中	2236	6360	1849
初中阶段	2844	10544	4840
小学	2677	14978	2460

八. 教育和科学技术

年末全县共有小学 65 所，专任教师 848 人，在校学生 14978 人，小学适龄儿童入学率为 100%。普通初中 17 所，专任教师 715 人，在校学生 10544 人，初中学龄人口毛学入率 123.11%。普通高中 5 所，专任教师 373 人，在校学生 6360 人，高中阶段毛入学率 95.03%，比上年提高 9.33 个百分点。职业高中 1 所，专任教师 74 人，在校学生 3352 人。幼儿园 13 所，专任教师 128 人，在园幼儿 6876 人。

年末共有各类专业技术人员 3838 人，比上年增长 13.6%。全年共申请专利 281 件，增长 41.9%，其中发明专利 44 件，实用新型专利 183 件，外观设计专利 54 件。全年专利授权量 92 件，比上年增长 1.14 倍。全县共有高新技术企业 8 家，分别是磊鑫粉业、超威电源、三宝塑业、大九华铜业、方兴实业、瑞泰汽配、新河竹业、金田通讯。成功申报各级科技项目各 10 项，其中国家级项目 5 项，省级项目 5 项，共争取项目资金 500 万元。

九. 文化、体育和卫生

年末全县共有专业艺术表演团体 1 个，文化馆 1 个，博物馆 1 个。公共图书馆 1 个，年末图书馆总藏书量 2.66 万册，比上年末增加 0..37 万册，累计持证读者 3000 多人。乡镇综合文化站 11 个，市级非物质文化遗产名录 3 项。广播综合覆盖人口 26.08 万人，电视综合覆盖人口 25.57 万人，有限广播电视用户 1.3 万户，数字电视用户 1.1 万户。

年末全县共有卫生机构 156 个，其中医院、卫生院 26 个，拥有床位 755 张。全县卫生机构人员共计 1367 人，卫生技术人员 1214 人，其中执业（助理）医师 437 人，注册护师、护士 334 人。卫生防疫人员 44 人；5 岁以下儿童死亡率 5.77‰，比上年下降 3.61 个千分点；婴儿死亡率 7.5‰，下降 3.38 个千分点；孕产妇住院分娩比例 100%。

十. 人口、人民生活和社会保障

2011 年，全县人口出生率 9.09‰，比上年下降 0.40 个千分点；死亡率 6.79‰，提高 1.09 个千分点；人口自然增长率 2.30‰，下降 1.50 个千分点。年末全县总户数 89493 户，年末户籍人口 272649 人，分别比上年增加 1567 户、865 人。其中男性人口 140318 人，占 51.5%；女性人口 132331 人，占 48.5%；平均每户家庭人口 3.05 人。全年外出务工人员 65666 人，其中育龄妇女 27645 人，占 42.1%，比上年提高 0.2 个百分点。

全年城镇居民人均可支配收入 16117.2 元，比上年增长 16.0%；其中工资性收入 12852.5 元，增长 17.4%。人均消费性支出 10828.9 元，增长 6.0%。其中食品支出 4668.0 元，增长 11.7%；衣着、教育文化娱乐和服务、交通通信支出分别增长 25.4%、20.1%、85.6%，居住支出下降 59.1%。

全年农村居民人均纯收入 7080 元，比上年增长 19.0%，其中工资性收入 4177 元，增长 35.6%。农民人均生活消费支出 5188.63 元，增长 7.23%，其中食品支出增长 7.56%，衣着支出增长 15.37%。农村居民家庭恩格尔系数为 34.79%，比上年下降 8.21 个百分点。农村居民人均拥有住房面积 48 平方米，增加了 1 平方米。

年末全县参加城镇基本养老保险人数 11149 人，参加城镇基本医疗保险人数 17200 人。参加失业保险人数为 10556 人，其中农民工参保 604 人，全年为 740 人发放失业保险金 28.95 万元。参保工伤和生育保险职工人数分别为 9600 人、8500 人。被征地养老保险制度全面推进，年末参保人数 12084 人。农村低保提标扩面全面完成，年末保障人数 9510 人，全年发放低保金 1362.7 万元；城市低保应保尽保，年末保障人数 3569 人，全年发放低保金 1056.8 万元。年末全县各类社会福利收养性单位床位数 1308 张。城乡居民养老保险参保人数 145829 人，参加新型合作医疗人数 245052 人。

注：1. 本公报数据为初步统计数。

2. 生产总值和三次产业增加值绝对数按现价计算，增长速度按可比价格计算。

3. 规模以上工业是指年主营业务收入 2000 万元及以上的工业企业。

4. 固定资产投资是指 500 万元以上项目投资 + 房地产开发投资。

5. 恩格尔系数是指居民食品消费支出占全部消费性支出的比重。

2012 年青阳县国民经济和社会发展统计公报

青阳县统计局

（2013 年 4 月 21 日）

2012 年，全县人民在县委、县政府的坚强领导下，紧紧围绕加快科学发展，建设皖南名城，始终把握稳中求进的总基调，积极应对复杂多变的宏观形势，凝心聚力，攻坚克难，实现了经济稳步较快发展，社会事业全面进步。

一. 综 合

初步核算，全年生产总值 611449 万元，按可比价格计算，比上年增长 12.3%。分产业看，第一产业增加值 87183 万元，增长 6.0%；第二产业增加值 323321 万元，增长 13.9%；第三产业增加值 200945 万元，增长 12.2%。按户籍人口计算，人均生产总值 22403 元，比上年增加 2353 元。三次产业比例由上年的 14.4：53.5：32.1 变化为 14.2：52.9：32.9，其中，工业增加值占 GDP 的比重

2012 年青阳县生产总值及其增长速度

表 51　　　　单位：万元

指 标	绝对数	比上年增长 %
地区生产总值	611449	12.3
第一产业	87183	6.0
第二产业	323321	13.9
第三产业	200945	12.2
交通运输、仓储和邮政业	14234	8.5
批发和零售业	29678	11.9
住宿和餐饮业	18113	10.6
金融业	15171	21.6
房地产业	26091	4.9
营业性服务业	12461	18.7
非营业性服务业	85198	13.2

为 45.1%，比上年回落 0.2 个百分点。

年末全县从业人员 19.43 万人，比上年增加 0.02 万人。其中，第一产业 6.75 万人，与上年持平；第二产业 6.11 万人，增加 0.01 万人；第三产业 6.57 万人，增加 0.01 人。在岗职工 1.17 万人，减少 0.04 万人；城乡私人企业和个体从业人员 8.71 万人，增加 0.02 万人。全年城镇新增就业 3633 人，下岗失业人员再就业 1365 人。年末城镇登记失业率为 3.6%。

二．农 业

全年实现农林牧渔业总产值 136583 万元，按可比价格计算，增长 6.0%。全年粮食播种面积 22328 公顷，增加 294 公顷；总产 125828 吨，增长 5.4%。全年水稻播种面积 20436 公顷，减少 4 公顷；总产 118993 吨，增长 3.9%。油料种植面积 3575 公顷，增加 2 公顷；总产 7645 吨，增长 2.0%。茶叶产量 265 吨，增长 10.0%。全年生猪出栏 8.5 万头，增长 3.0%；家禽出栏 307 万只，增长 8.5%；禽蛋产量 6872 吨，增长 8.4%。全年肉类总产 11585 吨，增长 4.7%。全年水产品产量 16720 吨，增长 6.5%。

全县农田有效灌溉面积 15713 公顷；节水灌溉面积 1051 公顷。年末全县农业机械总动力 25.0 万千瓦特，增长 9.6%；农用拖拉机 22569 台，增长 3.6%；农用排灌动力机械 14270 台，农用运输车 480 辆；全年化肥使用量（折纯量）8787 吨，增 4.8%；全年农村用电量 6308 万千瓦时，增长 2.5%。

2012 年青阳县主要农产品产量及其增长速度

表 52　　单位：吨

产品名称	绝对数	比上年增长 %
粮 食	125828	5.4
其中：稻谷	118993	3.9
小麦	640	4.2
油 料	7645	2.0
其中：油菜籽	7171	2.3
棉 花	205	-2.3
园林水果及瓜果类	10543	28.8
茶 叶	265	10.0
肉 类	11585	4.7
禽 蛋	6872	8.4
蔬菜及食用菌	46119	5.5
水产品	16720	6.5

三．工业和建筑业

全年实现全部工业增加值 27.58 亿元，按可比价格计算，比上年增长 15.7%。全县拥有规模以

2012 年青阳县主要工业品产量及其增长速度

表 53

产品名称	单 位	绝对数	比上年增长 %
硫铁矿石（折含硫 35%）	吨	195092	-4.6
纱	吨	3733	27.3
棉混纺纱	吨	3733	27.3
蚕 丝	吨	263	18.1
塑料制品	吨	4036	31.3
水 泥	吨	604354	42.1
其中：强度等级 42.5 水泥（含 R 型）	吨	604354	42.1
服 装	万件	26.6	19.3
梭织服装	万件	26.6	19.3
商品混领土	立方米	457761	88.2
铜 材	吨	12391	41.1
铸铁件	吨	65310	27.9

上工业企业 76 户，当年新增 16 户；截止 12 月份产值超亿元企业已达 30 户，累计实现规模工业增加值 22.12 亿元，按可比价格计算，同比增长 18.9%；完成规模工业销售产值 75.9 亿元，产销率为 96.9%。重点行业全面增长。有色金属冶炼及压延加工业同比增长 17.9%，非金属矿采选及制品业实分别增长 13.2%、28.7%；化学原料及化学制品制造业增长 37.2%；电气机械及器材制造业增长 26.8%;纺织业实现增长 13.4%。主要工业品产量实现增长。除硫铁矿石年产量同比下降 4.9% 外，蚕丝 23.4 吨，增长 18.4%；水泥 51.6 万吨，增长 37.5%；阀门 6740 吨，增长 20.5%；纱 3340 吨，增长 26.8%。

全年全社会建筑业增加值 47533 万元，按可比价格计算，比上年增长 4.3%。9 家资质等级以内建筑企业完成建筑业总产值 59753.4 万元，增长 25.3%；全年房屋建筑施工面积 68.03 万平方米，房屋建筑竣工面积 60.13 万平方米。

四 . 固定资产投资

全年完成固定资产投资 533059 万元，比上年增长 21.3%。其中城镇固定资产投资完成 309737 万元，增长 16.5%；农村非农户固定资产投资完成 223322 万元，增长 28.8%。全年在建项目 145 个，其中亿元以上项目 17 个，完成投资 195354 万元，占投资总额的 36.65%；5000 万元以上项目 33 个，完成投资 122030 万元，占投资总额的 22.89%。总投资中，工业投资 396284 万元，增长 18.8%，占投资总额的 74.3%。

全年房地产开发投资完成 64532 万元，比上年下降 25.8%。商品房销售面积 210201 平方米，增长 6.5%；商品房销售额 96718 万元，增长 10.05%。

保障性安居工程全年新开工 650 套，其中 100 套廉租房全部竣工，300 套公租房已竣工 244 套，其余已基本建成，250 套棚户区改造基本完成。

五．国内贸易、对外经济和旅游

全年社会消费品零售总额197320万元，比上年增长13.1%。按销售单位所在地分，城镇消费品零售额117401万元，增长12.2%；乡村消费品零售额79919万元，增长14.4%。按行业分，批发业零售额18608万元，同比增长18.9%；零售业零售额154926万元，增长11.8%；住宿业零售额5601万元，增长13.6%；餐饮业零售额18186万元，增长18.9%。

全年新增18家限上商贸单位，其中法人企业4家，个体营业户14家。按类型分，批发业单位1家，零售业单位11家，住宿餐饮业单位6家。 全年实现限额以上消费品零售额40224万元，按可比口径计算，比上年增长24.0%。

全年实现外贸进出口总额4124万美元，比上年增长44.0%.其中，出口总额4035万美元，增长70.5%；进口总额89万美元，下降82.1%。全年实际利用外资6061万美元，增长41.4%。

全年接待国内外游客631.66万人次，增长35.2%，其中入境游客8.5万人，增长30.8%。实现旅游总收入68.68亿元，增长43.3%。

六．交通和邮电

全年交通运输、仓储和邮政业增加值14234万元，比上年增长8.5%。

全县境内公路里程1210.4公里。其中，国道42公里，省道66公里；全县等级公路958.8公里，其中高速公路51公里。全县境内火车站一个，境内铁路营业里程5.8公里。全年旅客运输量1127万人，货物运输量2631万吨；旅客运输周转量64791万人公里，货物运输周转量336214万吨公里。

全县邮电业务总收入14327万元，增长10.0%。其中邮政业务收入1338万元，增长1.6%；电信业务收入12990万元，增长10.9%。年末固定电话用户58669户，下降9.6%；移动电话用户140960户，下降7.3%；互联网用户26002户，增长8.1%。

七．财政和金融

全年财政收入110330万元，增长29.5%。其中地方一般收入83809万元，增长33.4%；上划中央收入26521万元，增长18.6%。地方收入中，税收收入59950万元，增长42.1%；非税收入23859万元，增长15.7%。全部财政收入中，税收收入86437万元，增长34.0%，占全部财政收入的78.3%；其中，增值税增长20.1%，营业税增长50.1%，企业所得税下降4.4%。全年财政支出162217万元，增长23.3%。其中，科学技术支出3282万元，增长50.2%；医疗卫生支出21089万元，增长80.5%；农林水事务支出20353万元，增长11.7%；教育支出35095，增长50.2%；社会保障与就业支出17078万元，增长16.9%；文化体育与传媒支出2181万元，增长0.1%。

全县金融机构各项存款余额（人民币口径，下同）808047万元，比上年末增加141450万元，增长21.2%。其中储蓄存款594435万元，比上年末增加128607万元，增长27.6%；金融机构贷款余额457898万元，比上年末增加100549万元，增长28.1%。其中，短期贷款余额257833万元，增长35.0%；中长期贷款185628万元，增长23.6%，中长期贷款中个人贷款108361万元，增长12.3%。

八．教育和科学技术

年末全县共有小学65所，专任教师842人，在校学生14777人，小学适龄儿童入学率为

2012 年青阳县各类教育发展情况

表 54　　　　单位：人

指　标	招生数	在校生数	毕业生数
职业高中	1832	3034	408
普通高中	2251	6583	2097
初中阶段	2856	9099	3333
小　学	2377	14777	2511

100%。普通初中 17 所，专任教师 686 人，在校学生 9099 人，初中学龄人口毛学入率 1117.59%。普通高中 5 所，专任教师 383 人，在校学生 6583 人，高中阶段毛入学率 95.64%，比上年提高 0.61 个百分点。职业高中 1 所，专任教师 81 人，在校学生 3034 人。幼儿园 14 所，专任教师 161 人，在园幼儿 7180 人。

年末共有各类专业技术人员 3981 人，比上年增长 3.73 %。全年共申请专利 584 件，增长 107.83%；其中发明专利 89 件，增长 102.27%。全年专利授权量 273 件，增长 167.65%；其中发明专利授权 13 件，增长 333.33%。全县高新技术企业 11 家，高新技术产业产值 24.04 亿元。全年规模以上企业 R&D 投入 6700 万元，比上年增长 81%。全年获批省级以上科技项目 10 个，其中国家级项目 5 个，省级项目 5 个，共争取项目资金 430 万元。

九 . 文化、体育和卫生

年末全县共有专业艺术表演团体 1 个，文化馆 1 个，博物馆 1 个。公共图书馆 1 个，年末图书馆总藏书量 2.97 万册，比上年末增加 0..31 万册，有效借书证数达 4000 个。乡镇综合文化站 11 个，市级非物质文化遗产名录 3 项。全县共有体育场馆 4 个，其中篮球馆 1 个，乒乓球馆 3 个。广播综合覆盖人口 28.55 万人，电视综合覆盖人口 28.61 万人，有限广播电视用户 16040 户，数字电视用户 11174 户。

年末全县共有卫生机构 162 个，其中医院、卫生院 19 个，拥有床位 859 张。全县卫生机构人员共计 1276 人，卫生技术人员 1015 人，其中执业（助理）医师 452 人，注册护师、护士 387 人。卫生防疫人员 46 人；5 岁以下儿童死亡率 7.84‰，比上年提高 2.07 个千分点；婴儿死亡率 4.7‰，下降 2.8 个千分点；孕产妇住院分娩比例 99.96%。

全民健身及各项体育运动广泛开展。全年举办了三八节拔河比赛、五人制室内足球赛、国庆全县职工篮球赛、第三届“体彩杯”农民篮球赛，开展了全民健身日大型展示活动，并成功承办了全市中学生运动会。

十 . 人口、人民生活和社会保障

2012 年，全县人口出生率 10.2‰，比上年提高 1.11 个千分点；死亡率 9.55‰，提高 2.76 个千分点；人口自然增长率 0.66‰，下降 1.64 个千分点。年末全县总户数 89413 户，年末户籍人口 272927 人，分别比上年减少 80 户、增加 278 人。其中男性人口 140400 人，占 51.4%；女性人口 132527 人，占 48.6%；平均每户家庭人口 3.05 人。全年外出务工人员 61614 人，下降 6.1%；其中

育龄妇女 28629 人，占 446.5%，比上年提高 4.4 个百分点。

全年城镇居民人均可支配收入 19059.6 元，比上年增长 18.3%；其中工资性收入 14779.6 元，增长 15.1%。人均消费性支出 12503.5 元，增长 15.5%；其中食品支出 5228.4 元，增长 12.0%；衣着、居住、教育文化娱乐和服务、交通通信支出分别增长 23.0%、19.6%、11.7%、8.8%。

全年农村居民人均纯收入 8241 元，比上年增长 16.4%，其中工资性收入 5047 元，增长 20.8%。农民人均生活消费支出 6975 元，增长 34.0%，其中食品支出增长 5.0%，衣着支出增长 32.2%，教育文化娱乐和服务支出、交通通信支出分别增长 75.7%、6.4%。农村居民家庭恩格尔系数为 34%，比上年下降 9 个百分点。农村居民人均拥有住房面积 46 平方米，减少了 2 平方米。

年末全县参加城镇基本养老保险人数 13103 人，参加城镇基本医疗保险人数 17200 人。参加失业保险人数 10132 人，其中农民工参保 605 人，全年发放失业保险金 20.5 万元。参保工伤和生育保险职工人数分别为 10600 人、8500 人。被征地养老保险年末参保人数 15939 人。农村低保年末保障人数 9515 人，全年发放低保金 1618.2 万元；城市低保年末保障人数 3413 人，全年发放低保金 1298.1 万元。年末全县各类社会福利收养性单位床位数 1452 张。城乡居民养老保险参保人数 171035 人，参加新型合作医疗人数 246151 人。

注：1. 本公报数据为初步统计数。

2. 生产总值和三次产业增加值绝对数按现价计算，增长速度按可比价格计算。

3. 规模以上工业是指年主营业务收入 2000 万元及以上的工业企业。

4. 固定资产投资是指 500 万元以上项目投资 + 房地产开发投资。

5. 恩格尔系数是指居民食品消费支出占全部消费性支出的比重。

2013 年青阳县国民经济和社会发展统计公报

2013 年，全县人民在县委、县政府的坚强领导下，深入贯彻落实党的十八大和十八届三中全会精神，始终坚持稳中求进的总基调，紧紧围绕加快科学发展，建设皖南名城，凝心聚力，攻坚克难，实现了经济稳步较快发展，社会事业全面进步。

一 . 综 合

初步核算，全年生产总值 682358 万元，按可比价格计算，比上年增长 10.5%。分产业看，第一产业增加值 96028 万元，增长 3.5%；第二产业增加值 359023 万元，增长 12.6%；第三产业增加值 227307 万元，增长 9.7%。按户籍人口计算，人均生产总值 30548 元，比上年增加 8145 元。三次产业比例由上年的 14.2：52.9：32.9 变化为 14.1：52.6：32.3，其中，工业增加值占 GDP 的比重为 45.2%，比上年提高 0.1%。

年末全县从业人员 19.95 万人，比上年增加 0.52 万人。其中，第一产业 6.84 万人，增加 0.09 万人；第二产业 6.33 万人，增加 0.23 万人；第三产业 6.77 万人，增加 0.2 人。在岗职工 1.4 万人，增加 0.23 万人；城乡私人企业和个体从业人员 8.99 万人，增加 0.28 万人。全年城镇新增就业 4064 人，下岗失业人员再就业 1851 人。年末城镇登记失业率为 3.6%。

2013年青阳县生产总值及其增长速度

表55　　单位：万元

指　标	绝对数	比上年增长%
地区生产总值	682358	10.5
第一产业	96028	3.5
第二产业	329023	12.6
第三产业	227307	9.7
交通运输、仓储和邮政业	15800	9.0
批发和零售业	33014	9.8
住宿和餐饮业	20133	7.2
金融业	18412	18.1
房地产业	28429	7.1
营业性服务业	13797	4.8
非营业性服务业	97722	10.3

二.农 业

全年实现农林牧渔业总产值150326万元，按可比价格计算，增长3.5%。全年粮食播种面积22409公顷，增加81公顷；总产124827吨，减少0.8%。全年水稻播种面积20577公顷，增加141公顷；总产118099吨，减少0.75%。油料种植面积3422公顷，减少153公顷；总产7540吨，减少1.4%。茶叶产量287吨，增长8.3%。全年生猪出栏8.6万头，增长1%；牛出栏611头，增长0.8%；家禽出栏324万只，增长5.5%；禽蛋产量7276吨，增长5.9%。全年肉类总产11857吨，增长2.4%。全年水产品产量17500吨，增长4.7%。

2013年青阳县主要农产品产量及其增长速度

表56　　单位：吨

产品名称	绝对数	比上年增长%
粮　食	124827	-0.8
其中：稻谷	118099	-0.75
小　麦	661	3.3
油　料	7540	-1.4
其中：油菜籽	7073	-1.4
棉　花	198	-3.4
园林水果及瓜果类	10727	1.7
茶　叶	287	8.3
肉　类	11857	2.4
禽　蛋	7276	5.9
疏菜及食用菌	48138	4.4
水产品	17500	4.7

全县农田有效灌溉面积15783公顷；节水灌溉面积1051公顷。年末全县农业机械总动力26万千瓦特，增长4%；农用拖拉机22943台，增长3.6%；农用排灌动力机械14580台，农用运输车290辆；全年化肥使用量（折纯量）9001吨，增2.4%；全年农村用电量7373万千瓦时，增长11%。

三．工业和建筑业

全年实现全部工业增加值30.83亿元，按可比价格计算，比上年增长11.3%。全县拥有规模以上工业企业113户，当年新增28户，截至12月份产值超亿元企业已达35户；累计实现规模工业增加值26.54亿元，按可比价格计算，同比增长16.2%；完成规模工业销售产值105.5亿元，产销率为97.75%；工业增加值能耗1.06吨标准煤/万元。规模以上工业中，有色金属冶炼及压延加工业产值增长0.1%；黑色金属冶炼和延压加工业下降8.2%；非金属矿采选业下降1.7%；非金属矿物制品业增长3.57%；医药制造业增长36.7%；造纸及纸制品业增长62.6%；电气机械及器材制造业下降2.93%;通用设备制造业增长17.0%；纺织业实现增长13.4%。主要工业品产量实现增长。除蚕丝、阀门年产量同比下降15%和1.6%外，硫铁矿石（折含硫35%）21.05万吨，增长7.9%；水泥67.7万吨，增长12.1%；服装224万件，增长26.8%；铸铁件80158吨，增长22.7%；铜材14335吨，增长15.7%；纱4343吨，增长16.4%。

2013年青阳县主要工业品产量及其增长速度

表57

产品名称	单　位	绝对数	比上年增长%
硫铁矿石（折含硫35%）	吨	210479	7.9
纱	吨	4343	16.4
棉混纺纱	吨	4343	16.4
蚕　丝	吨	224	-15.0
塑料制品	吨	5959	47.7
水　泥	吨	677434	12.1
其中：强度等级42.5水泥（含R型）	吨	677434	12.1
服　装	万件	224	26.8
梭织服装	万件	224	26.8
商品混凝土	立方米	370295	-19.1
铜　材	吨	14335	15.7
铸铁件	吨	80158	22.7

全年全社会建筑业增加值50756万元，按可比价格计算，比上年增长6.5%。12家资质等级以内建筑企业完成建筑业总产值79669.6万元，增长33.3%；全年房屋建筑施工面积67.34万平方米，房屋建筑竣工面积59.41万平方米。

四．固定资产投资

全年完成固定资产投资688550万元，比上年增长29.2%。其中城镇固定资产投资完成416100万元，增长34.3%；农村非农户固定资产投资完成272450万元，增长22.0%。全年在建项目165个，其中亿元以上项目11个，10亿元以上项目1个，完成投资62788万元，占投资总额的9.1%；5000万元以上项目44个，完成投资245553万元，占投资总额的35.6%。总投资中，工业投资462103万元，增长16.6%，占投资总额的67.1%。

全年房地产开发投资完成111222万元，增长72.4%。商品房销售面积196976平方米，下降6.3%；商品房销售额102784万元，增长6.3%。

保障性安居工程全年新开工2050套，其中800套的公租房已竣工754套，其余已基本建成，1250套棚户区改造基本完成。

五．国内贸易、对外经济和旅游

全年社会消费品零售总额224989万元，比上年增长14%。按销售单位所在地分，城镇消费品零售额133620万元，增长13.8%；乡村消费品零售额91369万元，增长14.3%。按行业分，批发业零售额24589万元，同比增长32.2%；零售业零售额174361万元，增长12.5%；住宿业零售额6298万元，增长12.5%；餐饮业零售额19741万元，增长8.6%。

全年新增9家限上商贸单位，其中法人企业5家，个体营业户4家。按类型分，零售业单位6家，住宿餐饮业单位3家。 全年实现限额以上消费品零售额53219万元，按可比口径计算，比上年增长26%。

全年实现外贸进出口总额5760万美元，比上年增长39.7%. 其中，出口总额5747万美元，增长42.5%；进口总额13万美元，下降85.4%。全年实际利用外资7209万美元，增长18.9%。

全年接待国内外游客746.5万人次，增长30.7%，其中入境游客10.5万人，增长31.9%。实现旅游总收入79.74亿元，增长32.8%。

六．交通和邮电

全年交通运输、仓储和邮政业增加值15800万元，比上年增长9.0%。

全县境内公路里程1399公里。其中，高速公路51公里，国道42公里，省道69公里；全县等级公路958.8公里，其中县道137，乡道300，村道800公里。全县境内火车站一个，境内铁路营业里程29公里。全年旅客运输量1127万人，货物运输量2631万吨；旅客运输周转量64791万人公里，货物运输周转量336214万吨公里。

全县邮电业务总收入16835万元，增长17.5%。其中邮政业务收入1881万元，增长40.6%；电信业务收入14954万元，增长15.1%。年末固定电话用户52199户，下降11%；移动电话用户185357户，增长31.5%；互联网用户32057户，增长23.3%。

七．财政和金融

全年财政收入132008万元，增长19.6%。其中地方一般收入106259万元，增长26.8%；上划中央收入25749万元，下降2.9%。地方收入中，税收收入76252万元，增长27.2%；非税收入

30007 万元，增长 25.8%。全部财政收入中，税收收入 103261 万元，增长 17.7%，占全部财政收入的 78.2%；其中，增值税增长 164%，营业税下降 36.1%，企业所得税增长 1.8%。全年财政支出 197808 万元，增长 21.9%。其中，科学技术支出 4222 万元，增长 28.6%；医疗卫生支出 23262 万元，增长 10.3%；农林水事务支出 23350 万元，增长 14.7%；教育支出 37028 万元，增长 5.5%；社会保障与就业支出 20147 万元，增长 18%；文化体育与传媒支出 2595 万元，增长 19%。

全县金融机构各项存款余额（人民币口径，下同）997233 万元，比上年末增加 189186 万元，增长 23.4%。其中储蓄存款 721909 万元，比上年末增加 127474 万元，增长 21.4%；金融机构贷款余额 561236 万元，比上年末增加 103338 万元，增长 22.6%。其中，短期贷款余额 318925 万元，增长 23.7%；中长期贷款 222991 万元，增长 20.1%，中长期贷款中个人贷款 133783 万元，增长 23.5%。

八 . 教育和科学技术

年末全县共有小学 32 所（不包含 46 处教学点），专任教师 827 人，在校学生 15120 人，小学适龄儿童入学率为 100%。全县有普通中学 20 所（2 所高中含初中部），专任教师 1079 人。其中，普通初中 17 所，在校学生 8516 人，专任教师 690 人，初中学龄人口毛学入率 113.49%，初中毕业生升学率 99.3%；普通高中 5 所，在校学生 6512 人，专任教师 389 人，高中阶段毛入学率 95.8%，比上年提高 0.16%。职业高中 1 所，专任教师 85 人，在校学生 2294 人。幼儿园 17 所，增加 3 所，专任教师 159 人，在园幼儿 6975 人。

2013 年青阳县各类教育发展情况

表 58　　单位：人

指　标	招生数	在校生数	毕业生数
职业高中	1450	2294	2112
普通高中	2170	6512	2060
初中阶段	2746	8516	3333
小　学	2703	15120	2511

年末共有各类专业技术人员 7326 人，比上年增长 1.73 %。全年共申请专利 579 件，其中发明专利 157 件，增长 76.40%。全年专利授权量 358 件，其中发明专利授权 35 件，增长 169.23%。全
表 58
县高新技术企业 14 家，高新技术产业产值 31.40 亿元，占工业总产值 25.04%。全年规模以上企业 R&D 投入 8852 万元，增长 32.12%。企业与高校院所产学研合作项目 76 个，全年技术市场交易金额达 5320 万元。全年获批市级以上科技项目 70 多个，共争取各类科技项目资金 6700 余万元。

九 . 文化、体育和卫生

年末全县共有专业艺术表演团体 1 个，文化馆 1 个，博物馆 1 个。公共图书馆 1 个，年末图

书馆总藏书量 42793 册，比上年末增加 10785 册，有效借书证数达 6000 个。乡镇综合文化站 11 个，市级非物质文化遗产名录 7 项。全县共有体育场馆 4 个，其中篮球馆 1 个，乒乓球馆 3 个。广播综合覆盖人口 28.55 万人，电视综合覆盖人口 28.71 万人，有限广播电视用户 16907 户，数字电视用户 17400 户。

年末全县共有卫生机构 172 个，其中医院、卫生院 19 个，拥有床位 926 张。全县卫生机构人员共计 1457 人，卫生技术人员 901 人，其中执业（助理）医师 293 人，注册护师、护士 383 人。卫生防疫人员 29 人；5 岁以下儿童死亡率 5.61‰，比上年降低 2.23 个千分点；婴儿死亡率 5.61‰，提高 0.91 个千分点；孕产妇住院分娩比例 100%。

全民健身及各项体育运动广泛开展。全年举办了元旦越野长跑、“棋协杯”棋类比赛、国庆“绿都杯”篮球赛、第四届“体彩杯”农民篮球赛，开展了全民健身日大型展示活动，并成功举办了小学生田径运动会。

十．人口、人民生活和社会保障

2013 年，全县人口出生率 9.25‰，比上年下降 0.95 个千分点；死亡率 6.2‰，下降 3.35 个千分点；人口自然增长率 3.1‰，提高 2.44 个千分点。年末全县总户数 89309 户，年末户籍人口 273374 人，分别比上年减少 104 户、增加 447 人。其中男性人口 140540 人，占 51.4%；女性人口 132834 人，占 48.6%；平均每户家庭人口 3.06 人；劳动力人口 223121 人，占 81.6%；农业人口 227648 人，占 83.3%；全年外出务工人员 59064 人，下降 4.1%；其中育龄妇女 25555 人，占 43.3%，比上年下降 3.2%。

全年农村居民人均纯收入 9842 元，比上年增长 13.6%。

年末全县参加城镇基本养老保险人数 11314 人，参加城镇基本医疗保险人数 17222 人。参加失业保险人数 10142 人，其中农民工参保 620 人，全年发放失业保险金 32.9 万元。参保工伤和生育保险职工人数分别为 11600 人、8511 人。被征地养老保险年末参保人数 16258 人。农村低保年末保障人数 9473 人，全年发放低保金 1894.4 万元；城市低保年末保障人数 2841 人，全年发放低保金 1343.6 万元。年末全县各类社会福利收养性单位床位数 1550 张。城乡居民养老保险参保人数 144400 人，参加新型合作医疗人数 247956 人。

新河龙船调

新河龙船调又称“牌调”，旋律婉转平和、柔美动听，没有高腔高调、节奏短巧，唱腔固定，容易上口，通俗易懂。龙船调是龙船灯会上唱的歌，也是当地村民自编自演的民歌。玩龙船，唱船歌是当地的古老民俗，她不仅为群众所喜爱，也得到当地政府的高度重视。

文件选编

青阳县人民政府关于印发青阳县国民经济和社会发展第十二个五年规划纲要的通知

青政〔2011〕23号

各乡镇人民政府，县政府各部门、各直属机构：

《青阳县国民经济和社会发展第十二个五年规划纲要》（以下简称《纲要》）已经县十三届人大五次会议审议通过，现印发给你们，并提出如下意见，请结合实际，一并贯彻执行。

“十二五”时期是我县科学发展、加速崛起的关键时期，是全面建设小康社会的攻坚阶段。“十二五”规划是指导我县未来五年经济社会发展的行动纲领。规划指出，“十二五”期间，将重点实施“5121”工程，在优化结构、提高效益和保护环境基础上，努力实现各项主要经济指标增幅高于全省、领先全市平均水平，力争到2015年在全省县域中“总量居中、人均居前、速度居先、环境居优、民生居上”，走在全省科学发展先进县前列。

各级各部门要以规划为指导，认真履行职责，将规划确定的发展目标作为本地区和本部门的工作重点，进一步细化目标和措施，制定具体的实施计划，认真组织落实；要各司其职，密切配合，做好衔接和协调工作，推进规划顺利实施。县发改委要加强对规划实施的监测，及时研究规划实施中的问题，并会同有关部门有针对性地加以解决，重大问题要及时提出解决方案，向县政府报告。

各级各部门要认真组织学习《纲要》，新闻单位要及时做好有关宣传报道工作。全县上下都要深化对《纲要》的理解，增强执行《纲要》的自觉性、主动性和创造性，为全面完成“十二五”规划确定的各项目标任务，实现青阳“全面转型，加速崛起，富民强县”而共同努力奋斗。

二〇一一年五月三十日

青阳县国民经济和社会发展

第十二个五年规划纲要

二〇一一年三月

青阳县国民经济和社会发展第十二个五年规划纲要

“十二五”时期（2011年—2015年）是青阳县全面建设小康社会承上启下的关键五年。科学制定国民经济和社会发展“十二五”规划，明确未来一个时期的奋斗目标、发展思路和重点任务，对推动全县经济社会又好又快发展具有至关重要的意义。

第一章　基础与条件

青阳区位优越、交通便捷，生态环境优美，文化积淀深厚，拥有丰富的矿产资源，具备良好的产业基础，是新兴工业县和特色旅游城，发展前景十分广阔。

第一节 “十一五”经济社会发展取得显著成就

“十一五”以来，在市委、市政府和青阳县委、县政府的正确领导下，全县上下坚持以科学发展观为指导，紧紧围绕“突出大项目主攻开发区，立足高品位建设旅游城”的发展思路，坚定不移推进工业化进程，集中力量培育壮大旅游经济，经济社会取得又好又快发展。

经济持续快速增长，综合实力显著增强。全县生产总值突破 40 亿元，年均增长 20%，是改革开放以来发展最快的时期之一。人均生产总值达到 16200 元，较 2005 年翻了一番多。财政收入达到 6.5 亿元，年均增长 31%。社会消费品零售总额达到 15 亿元，年均增长 18%。固定资产投资五年累计完成 130 亿元，年均增长 54.6%。

产业结构不断优化，工业主导地位初步确立。三次产业结构由 2005 年的 26.4:35.7:37.9 调整为 14.6:50.8:34.6。工业化率达到 38%、对经济增长的贡献率为 35%，规模以上工业企业达到 156 家、比 2005 年增加 116 家，非金属新材料、有色金属材料、机械制造三大主导产业初步形成。现代农业加速推进，皖南土鸡、水产养殖、茧丝绸等特色产业不断壮大，县级以上农业产业化龙头企业增至 44 家，农业总产值达到 10 亿元。文化旅游产业支柱地位进一步巩固，新的增长点不断涌现，2010 年接待国内外游客 280 万人次，实现旅游收入 31.8 亿元。生态示范县建设加快推进，矿产资源开发秩序进一步规范，五年累计植树造林 12 万亩。“十一五”节能减排任务全面完成，化学需氧量和二氧化硫排放量同比分别削减 1.8% 和 20.7%，万元生产总值能耗下降 21.9%。

重点改革扎实推进，对外开放水平不断提升。机关效能建设持续推进，县政府机构改革全面完成，乡镇重组合并取得积极进展，将 19 个乡镇和 172 个行政村整合为 11 个、110 个。农村综合改革试点扎实推进，集体林权制度改革不断深化。招商引资总量连续多年位居全市前列，五年累计引进资金 105 亿元、年均增长 36.6%。外贸总体保持平稳，进出口总额累计达到 6464 万美元。

发展条件大幅改善，基础承载能力明显增强。“861”和“583”重点项目建设深入推进，鼎胜矿业钨钼采选、天平铸业、金润铜业等一批大项目开工建设。城镇建设力度不断加大，县城南扩工程加快实施，县经济开发区建成区面积达到 10 平方公里。铜九铁路建成通车，铜汤高速、318 绕城公路、103 省道改线工程全面竣工，池青九快速通道顺利完成，“村村通”工程全面完工，建成农村公路 417 公里以上，在全市率先开通县城公交，新增 3 条农村公交。完成 17 座病险水库除险加固工程，实施 118 处农村饮水安全工程，解决农村 7.22 万人饮水问题。

社会事业全面进步，人民生活水平稳步提高。民生工程覆盖面不断扩大，由 2007 年的 20 项增加到 33 项，累计投入资金 3.76 亿多元，惠及 27 万城乡居民。城乡义务教育经费保障机制全面建立，中小学校标准化建设规划启动实施。新一轮医药卫生体制改革有力推进，城乡基本医疗和公共卫生服务能力显著提高，新型农村合作医疗制度稳步实施。低生育水平保持稳定，人口自然增长率控制在 6.5‰以内。妇女儿童、老年人、残疾人权益得到有效保障。新改建乡镇综合文化站 11 个，“青阳腔”入选国家首批非物质文化遗产代表作保护项目。五年新增就业 12076 人，城镇登记失业率控制在 4% 以内。覆盖城乡的社会保障体系初步建立，城镇基本养老、基本医疗、失业保险参保人数分别达到 10401 人、17200 人、10500 人，城市低保应保尽保，农村低保提标扩面任务全面完成。保障性住房制度建设稳步推进，累计建设完成各类保障性住房 300 套 1.5 万平方米。社会救助体系不断完善，“夕阳红”计划深入实施，五保户集中供养率达到 70%。“平安青阳”

建设成效显著，安全生产和社会治安形势良好。精神文明和民主法制建设取得显著成绩。双拥工作继续加强，连续四年获“全省双拥模范县”。城镇居民人均可支配收入达到13890元，农民人均纯收入5950元，年均分别增长12.0%、15.8%。

青阳县“十一五”规划主要目标预计完成情况

表59

指标名称	2005年	“十一五”计划目标	2010年	“十一五”年均增长（%）
地区生产总值（当年价，亿元）	17.5	33.5	43.7	20.0
人均地区生产总值（当年价，亿元）	5660	12400	16200	23.4
财政收入（亿元）	1.68	4.5	6.5	31.1
工业化率（%）	31	35	38	4.2
全社会固定资产投资（亿元）	5.3	20	48	55.4
规模以上工业增加值（亿元）	4.67（全部）	12.7（全部）	16.5	28.7
社会消费品零售额（亿元）	6.4	11.3	15	18.6
五年累计利用外资（万美元）	807	10000	10003	65.4
城镇化率（%）	30	35	35	3.1
城镇职工基本养老保险人数（人）	7000	10000	10401	8.2
新型农村合作医疗覆盖率（%）	—	98.5	98.5	—
城镇居民人均可支配收入（元）	7882	13000	13890	12.0
农民人均纯收入（元）	2858	4200	5950	15.8
进出口总额（万美元）	996	1800	1975	14.6
五年城镇新增就业（百万人）	9000	10000	12076	6.1
城镇登记失业率（%）	3.8	3.46	3.46	—
万元生产总值能耗（吨标煤/万元）	0.41	0.32	0.32	—
二氧化硫排放量同比削减（%）	—	20	20.7	—
化学需氧量排放量同比削减（%）	—	1.5	1.8	—

第二节　“十二五”发展面临的形势

经过多年的建设和积累，特别是“十一五”时期的快速发展，青阳县已经站上新的历史起点。未来五年，我县发展面临诸多难得机遇和有利条件，是大有可为的重要战略机遇期。

皖江示范区建设带来新机遇。随着国家开放战略向内陆延伸、泛长三角区域发展分工深入实施，国内外产业向中西部转移的步伐将进一步加快，层次水平不断提高。青阳处于铜池枞产业组团范畴，紧临江南集中区，有着良好的区位、产业和资源优势，承接产业转移的条件得天独厚，完全可以在更大范围内参与区域合作，集聚要素资源，拓展发展空间。

国家发展战略导向带来新机遇。国家把扩大内需特别是消费需求作为长期战略，推动经济增长模式向集约转型、经济结构向高端升级、经济形态向低碳过渡，我县主导产业选择总体上契合这种发展趋势。作为国家主体功能区规划中的重点开发区域，随着中部崛起战略深入实施、生态补偿机制逐步建立、绿色能源县建设全面推进等，青阳面临多重政策叠加的历史性机遇，必将在重大项目布局、资金争取等方面获得更多支持，进入高强度大规模开发开放时期。

旅游业升级带来新机遇。“十二五”时期，居民消费持续升级，旅游业进入大众化、多样化发展阶段，由观光型加速向休闲型、体验型升级，为我县发挥九华山独特的品牌效应，做大做强旅游业，发展壮大服务业提供重要的外部机遇，带来广阔的市场空间。

交通大建设带来新机遇。未来五年，我县将初步建成立体的综合交通体系。九华山机场2011年建成通航，京福高铁、宁安城际、池州黄山铁路（杭州）等高速铁路将相继开通运行，我县与发达地区的时空距离大为缩短，与长三角地区主要城市有望实现“一日往返”。这将进一步加速我县与发达地区的人流、物流、资金流、信息流的双向流动，进一步提升要素集聚能力。

同时必须清醒看到，我县经济小县、财政弱县的基本县情没有改变，发展不足、结构不优仍是最大矛盾。随着内外发展环境的深刻变化，加快发展面临的难度越来越大。一是结构调整的压力。我县一产比重偏高，三产比重较低，现代服务业发展明显不足；主导产业以原材料工业、传统加工制造业为主，创新能力较弱，生产加工链条短，产品附加值不高，产业结构优化升级的任务相当艰巨。二是生态保护的压力。绿色、低碳经济日益成为发展趋势，国家将更加强调人与自然环境和谐相处，节能环保的考核监管力度越来越大。我县资源类产业比重高，资源开发与生态环境之间的两难问题不断增多，加快发展与保护环境的矛盾日趋尖锐。三是统筹发展的压力。城乡居民收入差距扩大的趋势尚未根本扭转，农民增收渠道有待拓宽。城镇化水平较低，县城带动能力不强，小城镇发展相对滞后，改善城乡落后的面貌需要付出艰辛努力。四是社会建设的压力。人民生活不宽裕，社会建设和民生领域的历史欠账较多。随着经济社会加速转型，城乡社会结构快速变动，社会利益格局和各方面诉求日益多元化，社会管理面临诸多新课题、新挑战。

总之，“十二五”时期是我县承接产业转移的黄金期、城镇提质扩容的加速期，同时也是经济社会发展的转型期，面临的机遇前所未有，挑战前所未有。面对新形势新任务，唯有坚持又好又快发展，实现速度与质量、增长与环境、经济与社会的有机统一，发展之路才能越走越宽。

第二章 指导思想和发展目标

第一节 指导思想和基本原则

一.指导思想

以邓小平理论和“三个代表”重要思想为指导，深入贯彻落实科学发展观，以科学发展为主题，以全面转型、加速崛起、富民强县为主线，紧紧依托大九华，主动融入大皖江，全面推动大开放，坚持新型工业化和特色城镇化双轮驱动，大力实施生态立县、工业强县、旅游兴县、商贸活县、城镇带动五大战略，积极承接产业转移，全面推进“5121工程”，努力建设经济发展、生活富裕、环境优美、社会和谐的新青阳。

二.基本原则

贯彻上述指导思想，核心是以科学发展为指导，推动经济社会全面转型，努力走出一条具有青阳特色的崛起之路。

——坚持加快发展与转型发展相结合。紧紧围绕发展这个第一要务，牢牢把握工业化、城镇化加速推进的阶段性特征，千方百计做大体量、增强实力。紧紧围绕加快转变经济发展方式的战略任务，依托推进自主创新和承接产业转移，大力促进产业转型升级，统筹城乡协调发展，优化城镇空间布局，在加快发展中促转型、在加速转型中谋发展，努力实现发展速度与发展质量的有机统一，做到好中求快、快中求好、又好又快。

——坚持开发建设与生态保护相结合。按照“点状集聚、组团发展、板块保护”的思路，坚持在开发中保护，在保护中开发，进一步优化产业布局，明确地区功能分工，促进资源合理配置、高效集约利用，加强节能减排和环境保护，不断增强发展的可持续性，努力实现经济效益和生态效益的有机统一。

——坚持深化改革与扩大开放相结合。坚持市场化改革方向，推动重点领域和关键环节的改革取得突破。强化开放合作意识，在思想观念、产业分工、体制机制、政务环境等方面加快与周边城市和长三角地区实现无缝对接，进一步推进对外开放向全方位、宽领域、纵深化发展。

——坚持经济建设与社会发展相结合。坚持以人为本，统筹抓好改善民生和社会事业发展，进一步完善就业、教育、住房、养老、医疗等制度，加快推进基本公共服务均等化，着力提升社会管理水平，让人民群众更多共享改革发展成果，努力把青阳建成为和谐社会建设示范县。

三．发展战略

——生态立县战略。围绕建设全国绿色能源县和全省生态示范县，坚持用生态文明的理念引领工业化和城镇化发展，突出发展循环经济、生态农业、生态旅游业、生态林业，着力建设生态城镇，努力形成节约能源资源和保护生态环境的增长方式、消费模式和生活方式，进一步打响绿色青阳品牌，实现绿色发展。

——工业强县战略。坚定不移地加速新型工业化进程，顺应国家产业政策导向和国内外产业转移大趋势，立足自身优势和基础，进一步明确产业主攻方向，加大招商引资力度，推进布局集中、用地集约、产业集聚，着力打造若干个以骨干企业为龙头、价值链为纽带、专业化协作网络为基础的产业集群，做大做强主导产业，进一步增强工业对经济发展的带动力，形成具有青阳特色的现代产业体系。

——旅游兴县战略。依托大九华、面向大皖南，按照山上山下整体开发、联动发展的要求，以发展独具特色的旅游服务业为主攻方向，注重整合旅游资源、提升旅游功能，做好做足大九华品牌文章，带动青阳旅游业全面发展，塑造皖南国际旅游区个性鲜明的北大门。以强化生态保护、创新旅游业态为着力重点，大力推进旅游业与农业、文化、休闲等产业融合发展，实现由观光游向生态休闲游、体验游的转型升级，提升旅游业对经济发展的带动作用。

——商贸活县战略。适应城乡一体化发展的新形势，加快完善县城和重点镇商业服务功能，大力引进国内外知名商贸企业和大型物流集团，推动城乡人才、技术、资本等要素双向流动。在重点开发区、沿交通干线、机场等加强专业市场、物流园区的规划建设，促进各种运输方式有效衔接，着力构建高效便捷、经济合理的现代物流体系。

——城镇带动战略。顺应工业化、城镇化互动发展趋势，促进人口向城镇聚集，产业向园区集中，土地向规模经营集中。以提高综合承载能力为目标，全方位推进县城扩容提质，加快形成以县城为中心、中心镇为节点、新型农村社区为基础的现代城镇体系，不断开创城乡经济社会发展一体化新格局。

四．实施“5121”工程

坚持把“5121”工程作为促进产业优化升级、推动经济社会发展的重要抓手，即重点建设五大特色百亿元产业基地（非金属新材料、有色金属材料、机械制造、旅游服务、现代农业），力争到2015年全县地区生产总值达到100亿元以上，财政收入达到20亿元左右，农民人均纯收入达到1万元以上。

第二节 发展目标

以建设皖江强县、基本建成全面小康社会为目标，重点实施“5121”工程，在优化结构、提高效益和保护环境基础上，努力实现各项主要经济指标增幅高于全省、领先全市平均水平，力争到2015年在全省县域中“总量居中、人均居前、速度居先、环境居优、民生居上”，坚持走在全省科学发展先进县前列。

——综合实力大幅提升。到“十二五”末，地区生产总值达到100亿元以上，年均增长18.0%；人均生产总值达到3.6万元以上，力争赶上全省平均水平；财政收入达到20亿元左右，年均增长25.2%；社会消费品零售总额达到30亿元，年均增长14.8%；五年累计全社会固定资产投资300亿元以上，年均增长18.2%。

——产业结构持续优化。到“十二五”末，三次产业结构调整为9.6:55:35.4。工业化率年均提高1个百分点，非金属矿加工、有色金属加工、机械制造、轻纺服装、农产品加工五大支柱产业比重进一步上升。农业生产能力稳步提升。旅游特色名城建设取得实质性进展。自主创新能力不断增强，高新技术产业增加值比重达到工业增加值的20%以上。

——改革开放深入推进。市场经济体制日益完善，重点领域和关键环节改革取得突破。对内对外开放跃上新水平，进出口总额达到5000万美元，年均增长20.4%；五年累计利用县外资金240亿元，利用外资5亿美元。

——生态环境显著改善。全面完成市政府下达的节能减排目标任务。能源利用效率逐步提高，万元生产总值能耗五年累计下降20%以上。主要污染物排放得到有效控制，万元生产总值二氧化碳排放量下降0.5%，化学需氧量同比削减4%，二氧化硫排放量同比削减5%。耕地保有量保持稳定。循环经济发展取得明显成效。矿山生态环境治理率达到85%。森林覆盖率达到56%。城市绿化率达到45%。城镇生活污水、垃圾无害化处理率均达到100%。绿色能源发展取得重要进展。

——居民收入较快增加。城乡居民收入年均分别增长10.6%和10.9%，农村贫困人口继续减少。城镇化率年均增加2个百分点。居民生活质量明显改善，城镇和农村恩格尔系数分别降至40%和37.6%。城镇人均住房使用面积达到50平方米，农民居住向社区集中的程度明显提高，农村饮用自来水比率超过90%。全县总人口不超过28万人，人口自然增长率控制在6‰以内。人均期望寿命达到75岁以上。

——社会建设明显加强。覆盖城乡居民的基本公共服务体系逐步完善。五年新增就业岗位1.5万个，城镇登记失业率控制在4.5%以内。城镇基本养老保险、失业保险、基本医疗保险基本实现全覆盖，低收入人群社会保障水平稳步提高，社会救助体系进一步完善。城乡居民受教育程度稳步提升，高中阶段毛入学率争取达到90%以上。文化事业和文化产业加快发展。社会管理水平不断提升，防灾减灾能力显著增强，“平安青阳”稳步推进，社会更加和谐稳定。

“十二五”青阳县经济社会发展指标

表 60

	指　标		2010 年	2015 年	年均增长（%）	指标属性
经济发展指标	地区生产总值（现价，亿元）		43.7	100	18.0	预期性
	其　中	第一产业增加值（现价，亿元）	6.4	9.6	8.4	预期性
		第二产业增加值（现价，亿元）	22.2	55	20.0	预期性
		其中：工业增加值（现价，亿元）	16.5	48	23.8	预期性
		第三产业增加值（现价，亿元）	15.1	35.4	18.6	预期性
	人均生产总值（现价，元）		16200	36364	17.6	预期性
	财政总收入（亿元）		6.5	20	25.2	预期性
	旅游总收入（亿元）		31.7	50	9.5	预期性
	五年累计完成固定资产投资总额（亿元）		130	300	18.2	预期性
	五年累计完成招商引资总额（亿元）		105.3	271.7	20	预期性
人民生活指标	社会消费品零售额（亿元）		15	30	14.8	预期性
	城镇居民人均可支配收入（元）		13890	23000	10.6	预期性
	农村居民人均纯收入（元）		5950	10000	10.9	预期性
	城镇恩格尔系数（%）		42.1	40	—	预期性
	农村恩格尔系数（%）		43.2	37.6	—	预期性
社会发展指标	城镇登记失业率（%）		3.4	4.5	—	预期性
	城镇化率（%）		35	45	5.2	预期性
	城乡居民养老保险覆盖率（%）		70	99	7.2	约束性
	新型农村合作医疗覆盖率（%）		98.5	100	0.3	约束性
	国民平均受教育年限（年）		9	9.5	1.1	约束性
	农村使用自来水人口的比重（%）		50	90	12.5	预期性
资源环境指标	全县总人口（万人）		26.7	27.5	0.6	约束性
	单位国内生产总值能源消耗降低（%）		22.7	20	—	约束性
	化学需氧量同比削减（%）		1.8	4	—	约束性
	二氧化硫排放量同比削减（%）		20.7	5	—	约束性
	森林覆盖率 (%)		52.7	56	1.2	预期性
	城市绿化率（%）		35	45	5.1	预期性
	工业固体废物综合利用率（%）		76.8	80	0.8	约束性
	农业灌溉用水有效利用系数（%）		65	85	5.5	约束性

第三章　着力构建现代产业体系

坚持借助外力和激活内力并举，充分发挥比较优势和后发优势，进一步做大做强做优主导产业，积极发展新兴产业，优化产业空间布局，重点建设五大百亿特色产业基地，进一步强化产业支撑力。

第一节 产业空间布局

根据国家和省主体功能区规划的定位，依托318国道、103省道以及毗邻江南集中区的区位，综合考虑县域内不同区域的环境资源承载能力和发展潜力，统筹规划经济和产业布局，加快形成以重点开发功能为主、其他功能为辅，分工合理、错位发展、各具特色的产业发展格局。

按照“县城南扩、工业东进”的思路，加快构建“两条工业走廊、一主五辅园区”的空间布局，即打造沿318国道、103省道两条工业走廊，建设安徽省青阳县经济开发区（东河园、新河园、木镇园）以及丁桥、酉华、乔木、杨田、陵阳五个辅园区。非金属新材料主要布局在陵阳镇、酉华镇、乔木镇、木镇店贝和省级经济开发区；有色金属加工主要布局在丁桥镇和省级经济开发区；机械制造主要布局在木镇镇和县经济开发区；商贸旅游产业主要布局在蓉城镇、朱备镇、陵阳镇、庙前镇；现代农业示范区主要布局在庙前镇、杜村乡等。

第二节 产业发展思路

坚持走新型工业化道路，按照立足资源、延伸资源、超越资源的思路，更加注重现有企业的改造提升和技术创新，更加注重引进培育大企业、好项目，不断提升产业层次和技术水平。

提升资源深加工产业。做足矿产、农业等资源深度开发利用文章，是青阳工业快速壮大的现实选择。坚持做大总量与提升质量并重，做大做强非金属材料、有色金属、农副产品加工等资源加工型产业，大力发展资源精深加工，延伸产业链条，积极发展下游终端产品和高新技术产品，加快形成若干个具有较强竞争力的产业集群，真正变资源优势为产业优势、经济优势。

发展配套产业。积极融入现代城市经济大循环，抢抓芜湖、铜陵、池州等中心城市主导产业快速扩张有利时机，紧盯江南集中区重大项目引进和产业布局，主动承接辐射带动，加快搭建与大企业合作的有效平台，大力引进培育关联配套中小企业，坚持走“专、精、特、新”的发展路子，进一步拓宽发展空间。

壮大服务业。大力发展现代服务业，提升传统服务业发展水平，进一步增强城镇的综合服务功能，构建与宜居宜业宜游城镇相适应的现代服务业体系。坚持把旅游业作为全县服务业发展的龙头，抓住皖南国际旅游文化示范区建设的战略机遇，充分发挥青阳旅游、文化、生态的组合优势，打好“九华牌”，增强旅游业综合带动能力。完善商贸服务功能，积极发展购物中心、专业店、大型超市、网上购物等新型业态。加快发展现代物流和商务服务业。

培育新兴产业。按照产业链发展的主攻方向，重点构建以企业为主体、市场为导向、产学研相结合的技术创新体系。鼓励企业加强与省内外大专院校、科研院所的联系和合作，培育高新技术企业和创新型企业，高起点引进电子信息、新材料、食品生物等新兴产业和一批高成长性企业，大力发展节能环保产业和循环经济，着力发展铜拆解回收、机电产品再制造、合同能源管理等产业，不断形成新的经济增长点。

第三节 产业发展重点

——打造百亿非金属新材料产业链，建设全国重要的非金属新材料加工基地。坚持“矿业换产业、项目配资源”，着眼于“三石”矿产资源深加工，推动现有骨干企业加强技术改造，扩大生产规模，同时积极引进同类和关联企业，拉长产业链条，丰富产品门类，加快向终端产品和高新技术产品延伸，构建完整的“矿山开采—石粉加工—终端产品”和重、轻、药钙竞相发展的产业链。力争到2015年，非金属产业产值达到85—100亿元，形成重质碳酸钙500万吨、氧化钙500万吨、氢氧化钙250万吨、药用钙10万吨、塑料母粒200万吨、PVC管材200万米生产能力。

——打造百亿有色金属加工产业链，建设省内重要的铜材线缆加工基地。充分利用铜黄高速、铜九铁路等交通干线优势，进一步加强与央企、铜陵有色等企业的战略合作，大力发展铜材线缆、钨（钼）、镁等有色金属深加工业，重点推进铜资源精深加工，形成铜加工产业链，大力发展规格铜材、电线电缆、电磁线、集成电路引线框架、铜箔、覆盖板、印制电路板、铜合金粉、铜合金零部件、铜五金等产品，不断提高产品附加值和经济效益。争取“十二五”末有色金属加工业实现产值70—100亿元，形成以废铜拆解、铜材加工、电线电缆为主导的铜材加工基地和电子信息、新型能源、钨钼特种金属加工基地。

——打造百亿机械制造产业链，建设沿江重要的机械制造和铸造产业基地。根据国家政策导向和皖江示范区产业发展重点，积极发展汽缸、曲轴、活塞、管件、支架等汽车和矿山机械零配件产业，以及农用机械、矿山机械、高性能纳米复合材料汽车保险杠、环保低温等离子节油器、大型精密型塑料真空成型模、发泡模、汽车智能数字化仪表系统、高性能新型六层塑料燃油箱、高科技阀门等重点产品。争取“十二五”末机械制造业实现产值70—100亿元，形成年产各种铸件100万吨、中小型机械1万台、加工生产机械制造行业零配件2000万套（件）生产能力，成为国内优质铸铁生产基地，沿江重要的汽车零部件生产基地，省内重要的数控机床加工基地和特种阀门生产出口基地。

——打造百亿现代旅游服务业产业链，建设皖南著名的旅游接待服务基地。围绕“礼佛九华、休闲青阳”主题，适应旅游消费升级的趋势，推出更多参与式、体验性的文化旅游产品，大力开发丰富多彩、喜闻乐见的旅游商品。加快建设九华旅游新干线，整合精品旅游线路，融入皖南旅游圈。结合青阳县城南部新城区建设和九子岩风景区成功招商、提档升级的良机，以环境疗体、佛法养心为特色，高水平规划建设青阳（蓉城—朱备）旅游度假区，兼顾县城周边及重点旅游乡镇农家乐旅游发展，打造独具魅力的佛国休疗度假旅游基地。充分利用良好的生态优势，积极发展社会化养老服务业和休闲地产业，适度发展精品住宅小区，提升对外形象，满足休闲度假需求。力争到“十二五”末旅游服务业产值突破100亿元。加快融入皖南旅游大板块，增强旅游业综合带动能力，加快建设成为九华山乃至大皖南国际旅游区的旅游服务接待、旅游商品集散、休闲会展和交通枢纽中心，长三角重要的休闲旅游度假胜地，实现旅游资源大县向旅游经济强县转变。

——打造百亿特色现代农业产业链，建设泛长三角重要的农特产品供应基地。加大农业资源开发力度，走特色化、绿色化、规模化发展道路。在稳定粮食生产的基础上，加快特色产业基地建设，大力发展竹木加工、茧丝绸、皖南土鸡、优质米、苎麻、九华绿茶、童埠圩特种水产养殖

专栏3　产业重点支撑项目

非金属新材料：推进安徽联硕实业聚胺脂改性粒子、星凯超细粉活性重钙、九鼎环保纸业36万吨环保石头纸等在建项目，新上杨田20万吨活性纳米方解石粉体加工、陵阳重质碳酸钙、陵阳轻质碳酸钙、萤石矿深加工及水晶制品等一批亿元大项目。筹建2条年产100万吨白云石开采、10万吨原镁冶炼一体化生产线项目。

有色金属：推进金润铜业、金邦铜业、大九华铜业、鼎盛矿业钨钼矿深加工等在建项目。做好年产150万米硅橡胶绝缘耐火电缆项目前期工作并争取开工建设。谋划3万吨高精铜带、3万吨铜铝复合管材项目、2万吨镁条项目、1.5万吨电解铜箔、1万吨镁粉、8000吨钨粉、5000吨钼粉、1000吨硬质合金、1000吨钨基合金、1000吨钼合金等一批超亿元大项目。

机械：加快金阳电器、超威电源、富莱茵100万套玉柴主机配件、昌利汽车摩托车锻压件生产基地、方兴实业新型阀门技改、久松机械铸件、峥递不锈钢阀门等在建项目，新上年产50万套安全气囊项目、20万吨铸造铁项目、10万套镁合金汽车摩托车零配件项目、10万台水泵精加工生产线、泵业开发及生产等项目，开工建设温州产业园、木镇铸造产业基地。

旅游服务：推进县城西北"两山一湖"旅游接待基地项目、九华山东南线旅游带综合开发项目、皖南珍稀植物科技园、宾山革命老区红色旅游综合开发项目、九芙蓉城市广场项目、伯益上东城、华严古道场复建等在建项目，新上德懋堂禅修学院、青阳乡土文化园、天一休闲农庄、龙泉山庄、黄石大峡谷、九华国际养生园、康元山庄、麻纺大院地块（熙园）、广德口水库休闲度假、东红水库休闲度假、仙隐山古道场开发、狮山公园等项目。谋划九华山龙泉圣境旅游区、天门峡景区开发、庙前盆景园等项目并争取开工建设。

现代农业：推进青阳特色农业产业园、池州市蔬菜基地在建项目，新上九华红蚕桑文化园、中药材收储及加工、饮品开发及生产项目、木纤维深加工项目，谋划童埠圩万亩名优水产品产业化、年产3万吨绿色腌制食品深加工、野生葛综合开发、油茶和大白茶种植、观赏鱼养殖、毛竹产业化基地、公益林管护（改造）项目、花卉盆景园建设、黄精系列产品开发等项目。

等优势特色产业，力争到"十二五"末培育5个以上在全国有影响力的知名品牌。大力开发生产绿色、安全、有机农副产品，加快形成辐射长三角的绿色农产品供应基地，力争到2015年绿色食品的比重达95%。充分发挥毗邻都市和旅游核心区的区位优势，加快建设一批集采摘、体验、展示、休闲等功能于一体的观光农业示范基地。力争"十二五"末种植养殖业产值达15亿元以上，经果林、用材林产值达15亿元以上，农业、林业产业化龙头企业和特色产业基地产值达到15—20亿元，服装、轻纺等产业产值达到15—20亿元，形成产值60—70亿元的现代特色农业产业链。

第四章　加快推进城镇化建设

积极贯彻落实国家和省主体功能区规划，顺应产业转移和人口流动趋势，统筹考虑生产力布局、自然条件、资源条件和区位条件，以县城扩张为核心，以培育小城镇组团为重点，以新型农村社区为基础，着力优化城镇空间布局，加速推动农村人口向城镇集中，努力构建布局合理、功能分明、有机联动、城乡一体的现代城镇体系。

第一节 打造特色旅游名城

高起点编制城市发展规划。顺应城镇化发展趋势，按照“经济发展、设施先进、生态优美、宜业宜居宜游”的总体要求，高水平修编和实施县城总体规划，着力打造特色旅游名城，力争“十二五”末县城人口达到10万人以上。充分发挥城市规划的龙头作用，合理引导城镇空间布局、产业布局、资源集约利用和重大基础设施建设。加强城市总体规划、区域规划、集镇和村庄规划、土地利用规划、重大基础设施规划的衔接协调。加强规划的实施管理和监督，切实维护规划的严肃性和权威性。

全力推进县城南扩。加快县城南扩建设步伐，实施组团分片开发，完善基础设施，加强功能集聚，促进要素集聚，带动人气集聚，着力将南部新区打造成为集综合行政、商娱文化、生态居住、休闲度假和生产服务为一体的皖南魅力新城。以核心区组团为龙头，带动医疗、教育、体育、山地公园和科技园组团齐头并进，重点推进大型购物、娱乐、休闲等中高档旅游服务项目，适当开发房地产、星级酒店，引进三甲医院，集聚教育设施，建设大型体育、文化设施和山地公园等品质生活服务项目，加快品牌街区和特色市场建设。积极推动蓉城—朱备旅游带建设，依托青通河、九子岩、华严古道场（复建）等景点，积极发展禅修养生、商务会议和休闲度假等主题旅游开发项目，大力拓展国内外中高端市场，将朱备建设为山川秀美、独具魅力的县城后花园。

提升城市综合承载能力。加大老城区改造力度，优化完善，疏解人口，提高宜居度，保持商贸活力。大力改善城区道路条件，进一步打通西南、东南外环线，修建南部新城的主干道，改造老城区维护道路，加强地下管网、街区绿化、文化广场、污水及垃圾处理等市政基础设施建设，优化教育、卫生、文化等公共资源配置，完善居住区配套设施，营造舒适、安全、美观的公共活动空间体系和道路交通网络。

提高城市管理水平。高度重视对自然生态和历史文化遗产的保护开发利用，将九华佛文化和皖南徽文化融入城市建设，彰显城市内涵，提升城市品位。积极探索依法管理、长效管理的科学机制，创新城市管理方式，推进城市管理现代化。进一步建立健全应对城市突发事件预警应急机制，增强城市综合防灾减灾能力，确保城市安全。

第二节 推进小城镇“组团式”发展

以基础较好的中心镇为核心，合理确定城镇建设和产业发展空间，引导生产要素向优势地区集中，不断聚集周边人口，努力建设各具特色的现代城镇组团。

——以木镇为中心的县城卫星城镇组团。按照要素集聚、功能集中的原则，引导工业集中区走整合、提升、发展之路，增强城镇发展的产业支撑力，加快完善镇区内各项服务功能，努力成为工业重镇和县城副中心。

——以丁桥为中心的皖江经济强镇组团。充分发挥与铜陵、芜湖地理毗邻、交通便利的区位优势，与皖江城市带进行全方位接轨，加快承接产业转移，促进城镇与园区联动发展，着力打造皖江经济集群镇。

——以陵阳为中心的旅游商贸城镇组团。充分利用位于九华山和黄山旅游区地理节点的有利位置，积极开拓旅游延伸服务及旅游产品、商品开发，努力发展成为“两山一湖”沿线重要的接待基地和区域性商贸重镇。

专栏4 城镇建设重点项目

1. 商贸中心。总用地面积100亩，总建筑面积12.2万㎡。

2. 物流项目。总用地面积75亩，总建筑面积7.5万㎡。

3. 县房地产开发项目。总用地面积1000亩，总建筑面积100万㎡。

4. 城中村改造。总用地面积2平方公里，总建筑面积24万㎡。

5. 2个公交车站。总用地面积30亩，集管理用房、停车场为一体。

6. 5个五星级酒店。总用地面积250亩，总建筑面积40万㎡，集餐饮、住宿、休闲为一体。

7. 汽车综合服务市场。总用地面积300亩，总建筑面积6万㎡，集检测、修理、展示、销售为一体。

8. 集镇菜市场。

9. 木镇农贸市场、小商品市场、房地产开发项目。丁桥临街商住房、农民步行街。庙前镇农贸批发市场。陵阳古街道及旧县衙恢复、明清古民居与古祠堂修缮与保护、集镇400亩房地产开发。杨田农特产品交易中心。新河镇童埠新区物流中心综合开发。杜村农产品交易市场。

——以庙前为中心的旅游农业城镇组团。打造庙前、杜村旅游农业板块，提升旅游服务功能，重点开发绿色农业产品和生态产品，开发餐饮娱乐、观光采摘、垂钓休闲、民俗文化体验型等多元化的农家乐旅游项目。

第三节 提升新农村建设层次和水平

加强农村社区规划建设。科学编制村镇和村庄布点规划，推动城镇规划向乡村延伸，大幅度提高村庄规划覆盖面，实现村镇建设规划全覆盖。积极推进新型农村社区建设，开展新一轮“千村百镇示范工程”，加强农网改造、乡村道路、饮水安全、农村沼气、水土保持等中小型基础设施建设。构建农村卫生防疫、气象、地质灾害防御体系。实施农村美化净化亮化工程，不断改善人居环境。

促进农民持续增收。进一步深化农村体制改革，坚持基本经营制度，规范农村土地流转，积极探索宅基地有偿流转、有偿退出机制，保障农民土地权益，增加财产性收入。加大农民培训投入力度，整合培训资源，加强基层培训机构建设，培养造就一大批有知识、有文化、懂技术、会经营的新型农民，增强农民就业创业能力。

着力提高公共服务能力。根据实际条件放宽城镇迁移落户准入条件，逐步探索实行一元化的户籍制度。加快住房、教育、社会保障等相关配套制度改革，分层次把更多符合落户条件的农业人口逐步转为城镇居民，享有与城镇居民同等待遇。

第五章 全方位扩大对外开放

紧紧抓住皖江城市带承接产业转移示范区建设的重大历史机遇，主动顺应产业转移趋势，全力推动大开放，在更大范围、更高层次、更广领域利用两种资源、两个市场，不断提升开放型经济水平，为加快青阳发展注入强大活力和动力。

第一节 强力推进招商引资

坚持把招商引资作为经济工作的重中之重。紧密结合青阳实际，编制招商引资规划，确定不同区域承接重点，明确主攻方向。建立动态调整的招商引资项目库。改进项目服务模式，规划建设青阳经济发展综合服务大楼，实现经济主管部门集中办公，推行超时默认制、缺席默认制、全程代理制，重视企业后续服务，形成环境洼地效应。利用举办研讨交流会、论坛等形式，搭建以佛文化为主题的宣传推介平台，不断提高青阳对外知名度、美誉度。

创新招商引资方式。围绕优势资源、支柱产业和新兴产业，大力开展产业招商，按照“龙头项目－产业链－产业集群－产业基地”的思路，瞄准国内外大企业、大集团，着力引进一批关联度高、科技含量高、产业链长、加工度深的龙头项目和上下游关联配套企业，促进产业集群集聚发展。主攻江浙沪、迈向珠三角，重点开展小分队专业招商、“一把手”招商，进一步突出“园中园”招商，采取灵活多样的方式，着力引进一批产业整体搬迁项目，积极探索高密度、大规模、集群式承接产业转移新模式。积极开展社会招商、市场化招商，形成政府引导、中介参与、园区主动、企业互动的招商模式，逐步实现从招商向挑商选资、招才引智过渡。

第二节 着力打造高水平承接载体

坚持规划先行。积极融入江南集中区，统筹推进县经济开发区、产业承接集中区、园中园、乡镇工业集中区等各类园区的建设和发展，高标准、高起点搭建产业承接大平台。扎实做好“一主七辅”园区总体规划的编制工作，突出特色、优化布局，切实做到规划一片、开发一片、收效一片。

专栏5　承接产业转移平台建设重点

立足青阳产业基础，发挥优势，突出特色，优化布局，重点建设青阳经济开发区、产业承接集中区、园中园、乡镇工业集中区等产业承接平台。

1. 青阳经济开发区。在现有园区基础上规划扩建，总建设规划面积达到30平方公里，其中主园区20平方公里，木镇、新河园区10平方公里，配套建设开发区物流园、人力资源服务中心、功能服务中心、商业服务设施，主要承接机械制造、非金属材料、有色金属加工、科技电子等产业。

2. 有色金属加工产业承接集中区。在邻近铜陵市的丁桥、木镇河北和新河老山新选择规划建设青阳有色金属加工产业承接集中区，规划建设面积12平方公里，主要承接铜材加工产业链企业、有色金属加工企业和机械设备制造业。

3. 非金属新材料产业承接集中区。从木镇店贝沿318国道至酉华、乔木规划建设非金属材料产业承接集中区，规划建设面积10平方公里，主要承接非金属新材料、塑料、氧化钙、轻钙等产业。

4. 特色园中园。一是在青阳经济开发区东河园规划建设2平方公里宁波园，重点承接汽车配件项目。二是在青阳经济开发区木镇园规划建设2平方公里铸造产业园，重点引进制造业企业。三是在青阳经济开发区新河园规划建设2平方公里紧固件产业园，主要承接紧固件（标准件）等加工制造企业。

5. 其他乡镇工业集中区。打造童埠特种水产养殖和仓储物流园、杨田工业集中区、陵阳工业集中区等约7平方公里。

强化基础承载力。大力加强园区基础设施建设，推进标准化厂房建设，建立中小企业培育中心、信息服务中心和现代物流服务中心，加快完善产业配套、商贸物流、社会服务等功能。适当提高进园企业科技含量、投资规模和节能环保等方面的入园门槛，全面落实环境影响评价制度，严禁污染产业和落后生产能力转入。切实保证集中治污、垃圾收集处理设施与水、电、路同步规划、同步建设。

创新园区管理模式和开发机制。探索利益共享机制，通过委托管理、投资合作等多种形式，吸引沿海地区政府和开发园区、跨国公司、中央企业、战略投资者，以及省内各市县、企业等进行合作开发，实现资源整合、优势互补、共同发展。

第三节 不断拓展开放合作空间

着力加强区域合作。坚持立足大皖江，主攻长三角，以开发区合作共建、缔结友好城镇等形式，主动接受合肥、芜湖、铜陵、池州等省内中心城市辐射，加强与上海、南京、苏州、广州等沿海发达城市交流合作，推进与央企、省属大企业等战略投资者对接合作，实现借力发展，将青阳打造成为皖江开发开放的重要节点。充分利用九华机场建成开通的有利条件，加大与东南亚国家和地区的交流合作。

积极开拓外部市场。鼓励企业以市场需求为导向，调整产品结构，扩大市场销售，以市场开拓带动产业扩张和经济发展。通过举办展会、建立网络信息发布和交流平台等形式，搭建本地企业与国内外需求方的定期和不定期联系渠道和平台。加快培育外贸市场主体，鼓励、支持企业申办进出口经营权，引导外贸经营主体、经营方式、出口市场、出口商品多元化发展，扩大先进技术、关键设备和零部件进口，不断提高开放型经济水平。

第六章　加强基础设施建设

按照统筹规划、合理布局、适度超前、安全可靠的原则，全面加强交通、水利、能源、信息等基础设施建设，为全县发展提供有力支撑。

第一节 构建综合交通运输体系

以面向长江、接轨芜铜为重点，加快打通外出通道，统筹各种运输方式发展，基本形成布局合理、对接顺畅、高效便捷、安全可靠的综合交通运输体系，努力成为皖江地区的重要交通节点。

完善公路网络。实施“路网升级工程”、“路网改造工程”、“路网延伸工程”，构建外通内联，上接高速公路、下联乡村公路，连接铁路和水运的“三纵二横”干线公路主骨架，到“十二五”末公路总里程达到1300公里。加快高速公路建设，配合推进京台高速复线项目前期工作。加快干线公路建设，推进连接芜湖、铜陵的城际公路建设，力争打通青阳童埠—江南集中区的快速通道，尽快实现与九华山机场、江南产业集中区无缝对接。以完善网络、提高标准为目标，加强农村公路建设，实施县乡公路改造和通达通畅工程，实现全部乡镇通三级及以上等级公路，95%的乡村道路达到四级以上公路标准，构建干支相连、布局合理、服务高效的农村公路网。全面完成“村村通班车”工程和农村客运站建设任务，构建辐射城乡的农村客运服务网络体系。

加强铁路和水运体系建设。大力发展铜九铁路货运系统，加快童埠货运站建设，提高童埠新区仓储物流能力。推进通航河流整治和数字航道建设，实施青通河与七星河的航道整治工程，提高内河航运能力。加强青通河港区建设，搞好青通河综合开发利用。加大童埠港和杨家潭码头建设力度，提高港口吞吐能力和机械化作业水平，到“十二五”末港口年吞吐量达到160万吨。

第二节 全面提升水利保障能力

以提高防洪除涝和供水能力为重点，兼顾水环境保护与改善，构建与全面小康社会基本相适应的现代水利支撑体系，形成人水和谐新局面。

构建安全可靠的防洪排涝体系。加快县城和中心镇防洪排涝工程建设。组织实施青通河、七星河、九华河以及陵阳河、喇叭河等流域的河道整治、疏浚清淤工程和童埠圩等圩口堤防加固，对年久低效的泵站进行技术改造。到2015年，县城、重要集镇防洪标准达到20—50年一遇、排涝标准达到10年一遇，内河圩口达到安全防御10-20年一遇洪水标准。计划完成石湖、杨家涝等25座小型病险水库除险加固任务。以农田渠系配套完善为重点，加强农田水利建设，计划完成55个小型灌区续建配套和节水改造，灌溉水利用系数提高到0.7以上。

建立城乡供水安全保障体系。实施饮用水源安全保护工程和重点水源建设工程，保障城乡供水安全。实施县城供水水源工程。加强中心镇供水工程建设。启动实施县城、乡镇所在地应急（备用）水源建设，提高应急供水能力。继续实施农村安全饮水工程，提高农村自来水普及率，重点解决农村9.31万人的饮水安全问题，实现农村安全饮水全覆盖。

构建人水和谐的生态水利体系。加大河湖水系整治与生态修复力度，积极开展农村水环境整治，实施小流域综合治理、坡耕地综合整治、崩岗治理和山洪防治工程。加快县城水环境建设。推进水利血防综合治理。

专栏6　基础设施建设重点工程

公路：力争打通青阳童埠－江南集中区快速通道，改造318国道（武圣黄桥－南河黄土山段），实施S103省道改线工程，改扩建青高公路，建设县城西南外环、南部新城区主干道，推进乔木街道、石安—沙子滩三级公路、田屋—盘台三级公路、杨村—官塘三级公路、陵阳—永丰三级公路、石安—红龙管一级公路建设。

水运：实施青通河、七星河疏浚工程，做好青阳—大通14公里的四级航道疏浚前期准备工作，筹备七星河航道7公里的五级航道疏浚工程，筹备青阳—童埠旅游航道建设，加固童埠圩堤防，扩建童埠港区。

铁路：推进童埠货运站建设。

水利：实施县城供水水源调配工程，推进县城、乡镇所在地应急（备用）水源建设，实施县城和中心镇防洪排涝工程和中小河流整治、万亩圩口达标工程，除险加固3座小（一）型水库和22座小（二）型水库，续建配套55个小型灌区，实施农村安全饮水工程。

能源：改扩建220千伏变电站1座，新建110千伏变电站2座、扩建2座，新建35千伏变电站3座、扩建2座，新增233台10千伏变压器，开发六亩田等2座水电站。

信息：建设移动基站、信息网络交换平台和网控中心、第三代移动通信网。

第三节 提高公共服务设施水平

改造提升电网。按照“科学规划、适度超前、布点合理、网架坚强”的原则，加快骨干电网和配套电网联网建设。实施城区电网扩容和农村电网改造升级工程，重点改扩建220千伏变电所1座、新（扩）建110千伏变电所4座，新（扩）建35千伏变电站5座，开发六亩田等水电站2座。提升输变（配）电设施智能化水平，提升供电可靠率和电能质量。到“十二五”末，形成适应经济社会发展需要和电源接入需要的现代化电网。

加快污水处理厂及配套管网建设。到“十二五”末，实现污水日处理能力达到3万吨左右，污水处理率达到80%以上，工业废水达标排放率达到95%以上。着力提高垃圾处理能力，力争到2015年实现生活垃圾无害化处理的城镇全覆盖。

加强信息基础设施建设。完善信息网络交换平台和网控中心建设，积极推进现有固话网、移动网升级改造，提高网络安全可靠性。建设和完善宽带通信网、数字电视网和计算机互联网，积极推进“三网融合”。加快推进政府行政管理、社会公共服务、企业生产经营的数字化、网络化运用，提高金融、财税、贸易、学校、信息咨询服务等领域的信息化水平。利用网络优势发展电子商务、远程教育、远程医疗、网上办公、虚拟专用网（VPN）等业务。利用计算机和信息化技术提升企业信息化水平。

第七章　大力推进生态文明建设

面对日趋强化的资源环境约束，必须牢固树立绿色、低碳发展理念，全面推进绿色能源县建设，强化节能减排，大力发展循环经济，健全激励和约束机制，加快构建资源节约、环境友好的生产方式和消费模式，加快打造成为全国绿色生态示范县。

第一节 扎实推进节能减排

推进资源节约集约利用。综合运用经济、法律、行政手段，强化节能目标责任考核。突出抓好工业、建筑、交通、公共机构和民用等重点行业、重点领域节能，重点做好非金属加工、机械铸造、有色金属材料等产业节能工作。完善节能工作体系，加强对重点用能单位节能监管，落实能源利用状况报告制度。实施节能产品惠民工程。加快节能服务业发展，推行合同能源管理和节能投资担保机制。严格落实耕地保护制度和土地用途管制制度，严控新增建设用地规模，开展农村土地整治整村推进，提高土地利用集约化水平。严格执行建筑节能强制标准，加快新建住宅、公共建筑节能和现有建筑节能改造。推广节水型生产工艺、技术、节水器具以及节水型农业技术，建设节水型社会。

促进矿产资源有序开发。按照“矿业换产业、项目配资源”的思路，提高矿山资源开发企业准入标准，加大矿产资源整合力度，鼓励矿山企业联合、兼并、重组，促进规模化开采、集约化经营。激励矿山企业运用新技术、新工艺，提高矿产资源开采回采率、选矿回收率和综合利用率，力争2015年全县境内矿产资源综合利用率提高5%以上。

加强污染防治。落实环境保护和污染物总量减排目标责任制，强化污染物减排和治理，明显改善环境质量。严格执行环境影响评价制度，重点整治污染严重企业，加强县城、重点建制镇以及工业园区环保基础设施建设和管理，提高污水、垃圾和危险废弃物处理能力。建立饮用水源地保护制度，确保群众饮水安全。以改善县城大气环境质量为中心，加强重点区域和重点行业大气污染防治。加大农村环境保护力度，控制农业面源污染和农村生活污染。2015年，SO2排放强度控制在1.2千克/万元，COD排放强度控制在4.5千克/万元GDP。

第二节 加快发展资源循环利用产业

大力发展循环经济。制定循环经济发展中长期战略目标和分阶段推进计划，形成覆盖全社会的资源循环利用体系。积极推进工业废物回收利用、余热余压发电和生活垃圾资源化利用，推进零排放绿色工业示范园区建设，培育形成一批循环经济型企业。构建农业生产－加工－废弃物资源化的农业循环产业链，建设一批特色鲜明的循环农业示范园区和畜牧养殖循环基地。倡导绿色消费，逐步建立废旧物资分类收集和分选系统，加快废旧金属、橡胶、农膜、家电等回收利用。

积极发展绿色能源。以建设国家绿色能源示范县为主线，重点发展太阳能、生物质能、风能、地热能和沼气等可再生能源。合理开发利用水能资源，有序发展农村小水电。建立健全农村能源管理和服务体系，加快生活能源清洁化和优质化改造，精心组织实施可再生能源开发利用项目和农村能源建设项目，实现能源发展与生态环境相协调。到2015年，可再生能源年开发量户均达到1.5吨以上，农村生活用能中可再生能源比重超过70%，县乡村三级农村能源技术服务网络覆盖农户90%以上。

第三节 加强生态环境保护

坚持保护优先和自然恢复为主，严格落实环境保护目标考核制、责任追究制和一把手负责制，维护区域生态系统完整性。

加强森林资源保护。做好自然保护区和森林公园的保护与管理，扎实推进集体林权制度改革，深入推进退耕还林、长江防护林、封山育林、自然生态区、野生动植物保护等林业重点工程，五年内封山育林15万亩，造林15万亩，申报公益林32.73万亩。

做好水资源保护。推进旅游景区周围、旅游公路沿线和重点流域的生态综合治理，推进青通河绿色生态屏障和城区南扩绿化带建设，加强河道管理与饮用水源地环境保护。

加大矿山保护和治理力度。大力推进蓉城火焰山、南阳、五昌庙成和杨田四个矿区整合，关闭铁路、高速公路、国道和省道两侧可视范围内及主要水体两侧、自然保护区内的矿山，严禁黏土实心砖、建筑石料生产，坚决制止乱采乱挖、采易弃难、采富弃贫的破坏性开采，到2015年矿山生态环境治理率达到85%。

建立生态预警监测体系。建设地质灾害、灾害天气、重大疫病、农业病虫害、生物安全、水土流失、环境污染等重大生态环境问题监测、监管、预警、预报和应急体系。

第八章 加快和谐青阳建设

按照“五有”要求，以民生工程为抓手，切实加强以改善民生为重点的社会事业建设，不断增进百姓福祉。

第一节 坚持教育、科技优先

科学制定教育均衡发展规划，统筹城乡教育资源，合理调整各乡镇学校布局，逐步实现“高中进城、初中集中到镇、小学相对集中”，争取创立一所全省一流名校。加强学前教育，力争公办幼儿园比重达到 50%。大力发展职业教育，加强职教中心和开发区培训平台建设，办好 1–2 所技工学校，鼓励技工院校与企业建立多种形式的校企合作关系，提高培训的针对性和实效性，逐步实现面向所有劳动者提供全免费的职业教育和培训。继续抓好义务教育经费保障机制改革、中职学校家庭经济困难学生资助、校舍安全工程和农村留守儿童之家，提高教育类民生工程质量和水平。切实加强教师队伍建设，确保高中、初中、小学教师学历合格率达 100%，校长任职资格培训和提高培养率达到 100%。

深入实施科技强县战略，大力推进科技“五个一工程”：一个产业，一个领军人物，一个创新团队、一批高新技术产品，形成一个产业集群。建立完善以企业为主体、市场为导向、产学研结合的技术创新体系，利用高新技术改造和提升传统产业并大力发展高新技术产业，培育 5 家以上省级高新技术企业和 20 个省级以上高新技术产品、自主创新产品、重点新产品，推广农业先进适用技术，培养、引进和使用各类专业技术人才。加大科普工作力度，全面提升人口素质。

第二节 加强就业和社会保障

着力促进就业创业。大力发展劳动密集型产业、服务业和小型微型企业，加快建立覆盖城乡的公共就业服务体系，完善面向困难群体的就业援助制度，健全统一规范灵活的人力资源市场，解决好重点人群的就业问题。建立和完善政府援助面向企业的定向培训机制，加强就业实训基地建设，建立健全开发区就业和社会保障服务体系，加快各类创业园区建设，实施农民工技能培训和素质进城计划，提高农民工、城市失业人员和城乡新增劳动力的就业能力。发挥政府、工会和企业作用，加强劳动执法，保障劳动者权益，努力形成企业和职工利益共享机制，建立和谐劳动关系。

完善社会保障体系。实现新型农村社会养老保险制度全覆盖，完善实施城镇职工和居民养老保险制度，推动机关事业单位养老保险制度改革。进一步扩大医疗、失业、工伤和生育保险的覆盖范围，完善各项社会保险政策，提高统筹层次提升待遇水平。到 2015 年，参加城镇基本医疗、失业、工伤和生育保险的人数分别达到 2 万人、1.1 万人、1 万人和 1 万人。探索建立城乡养老保险制度、基本医疗保险制度之间衔接制度。按照应保尽保要求，全面解决被征地农民社会保障问题。加大保障性住房建设力度，优先解决低收入人群住房困难问题。建立县级就业和社会保障服务中心以及木镇、陵阳、丁桥、庙前四个分中心。进一步健全双拥优抚安置体系，完善社会救助体系，不断提高社会福利水平。

第三节 切实做好医疗卫生和人口工作

加快医疗卫生事业改革发展。认真落实国家、省、市医药卫生体制改革工作部署，为居民提供优质、便捷、安全的基本医疗卫生服务。建立健全突发公共卫生事件和重大疫情应急机制，构建层次清晰、机构健全、职责分明、城乡联动的疾病预防控制体系，公共卫生经费占卫生事业费比例达到 50%。进一步加强城乡医疗卫生能力建设，以社区卫生服务机构和基层医疗机构为重点。完善城乡基本医疗和公共卫生服务体系，逐步提高新农合筹资标准和参合农民补助报销比例，提高新农合收益率。巩固完善基层医药卫生体制综合改革成果，严格执行国家基本药物制度，提升基层医疗机构服务能力和运行效率。积极稳妥推进公立医药改革，鼓励社会资本以多种形式举办医疗机构。

全面做好人口工作。坚持计划生育基本国策，逐步完善政策，促进人口长期均衡发展。遏制出生人口性别比偏高趋势。积极应对人口老龄化，注重发挥家庭和社区功能，优先发展社会养老服务，培育壮大老龄服务事业和产业。加强妇幼保健工作，依法维护妇女儿童和残疾人的健康权益。

第四节 建设文化强县

结合县城南扩，加大重点文化工程和文化惠民工程建设力度，努力建设具有青阳特色的文化产业和文化事业发展体系，加快建设文化强县。

大力发展文化创意产业。充分挖掘佛文化、诗文化、戏文化和茶文化的内涵，推进文化与旅游、体育、教育等产业融合发展，着力培育一批具有地域文化特色的文化创意品牌。组建民办公助的青阳县黄梅戏剧团，推介大九华民俗文化村，开辟古玩收藏一条街、民俗美食一条街、演唱游乐一条街，开发沿八都河文化旅游观光带，建立青阳农民画培训基地，加快影剧基地建设。力争到“十二五”末，文化产业成为新的经济增长点和重要产业。

繁荣发展文化事业。新建青阳县体育场、文化广场、图书馆和展览馆，辟建“青阳抗日战争纪念馆”，开展全民健身运动，推进文化体育下乡、进社区活动。加强广播电视传输覆盖工程建设，深入推进广播电视“村村通”、农村数字化电影放映、社区文化活动中心和乡镇综合文化站、农家书屋等工程建设。加大文明村镇创建力度，大力加强文明乡风建设。以青阳腔传习馆、青阳博物馆为阵地，加强文化遗产保护传承。

第五节 推进社会管理创新

适应社会利益格局多元化发展趋势，创新社会管理理念和方式，建立以民生为导向的公共管理和服务体系。推进社区规范化建设，健全管理机制，构建城乡社区组织互帮互助机制，加快建设管理有序、服务完善、文明祥和的社会生活共同体。建立基层社会信息直报站点，及时了解社情民意，掌握社会动态。建立健全社会稳定风险评估机制，不断完善大调解工作体系，及时预防和化解社会矛盾。强化安全生产监督和管理，建立健全食品药品安全监管体系，保障广大居民生命安全。加强社会治安综合治理，深入推进打黑除恶和铲除“地皮卡”专项斗争，加快建立数字化的社会治安综合防控体系。

第六节 加强民主政治建设

坚持党的领导、人民当家作主和依法办事三者有机结合与辩证统一，主动接受人大的法律监督、政协的民主监督和社会各界的监督。坚持依法行政、公正廉洁执法，加强普法教育，加快建设法治政府。加强反腐倡廉建设，全面落实党风廉政责任制，坚决纠正损害群众利益的不正之风。加强和改进党的群众工作，充分发挥工会、共青团、妇联等人民团体联系和服务群众作用。

第九章 保障措施

青阳正处于工业化城镇化加速推进阶段，必须采取务实创新举措，充分集聚各类要素资源，调动一切有利因素，汇聚一切发展力量，为推动全面转型、加速崛起、富民强县创造良好发展条件。

第一节 坚持项目带动

扩大有效投入是支撑青阳经济发展的主动力。认真研究皖江示范区规划、国家和省市投资动向，结合我县资源禀赋，以产业投资为重点，围绕产业发展、高新技术推广、重大项目技改、基础设施建设和社会民生工程等领域，科学编制项目库，集中储备、实施一批事关全县经济社会发展全局的重大项目。加强组织协调，落实奖惩考核，强化全程管理，确保重点项目建设进度。初步提出全县“十二五”重大项目151个，总投资360亿元，力争“十二五”期间总投资超过240亿元以上。

第二节 强化金融支撑

按照“壮大产业，增强活力，强化支撑”的要求，加快发展金融市场主体，创新融资体制机制，提高金融市场竞争程度，促进县域金融服务改善。

进一步健全县域金融体系。支持县域金融市场主体发展，鼓励社会资本参与金融机构组建或重组。做大做强地方融资平台，积极引进商业银行在青阳建立分支机构，大力发展小额贷款公司、村镇银行和村民互助基金组织等新型金融机构。积极培育和引进有实力的担保机构，推进担保机构资源整合高效运作，发展多元化信用担保体系。鼓励租赁、典当等行业发展。

推进融资体制机制创新。充分利用股权融资、债券等资本运作手段，争取在培育上市企业上取得突破。积极吸引保险资金参与县域经济建设。大力推进银政企合作，积极向商业银行推介项目，多渠道满足企业资金需求。探索农民土地、林地、水面承包经营权以及合作组织股权、农业机械等抵押贷款方式，为农村经济发展提供资金保障。

第三节 落实土地保障

以土地综合整治为抓手，深化农村土地流转方式创新，加快农村宅基地使用制度改革，大力推进低丘缓坡地带科学开发利用，优先复垦废弃土地，适度开发未利用地。全面落实耕地保护制度和土地用途管制制度，严格控制新增建设用地规模，大力推进交通基础设施、城乡建设用地集约化，促进工业用地向园区集中、居民用地向城镇集中，提高园区供地的投资强度。加强与省市有关部门衔接，争取更多土地计划指标。土地利用计划安排上向重点项目、骨干企业、工业园区和城镇重点工程倾斜。

第四节 推进人才开发

坚持把人才队伍建设放到更加突出位置，实行优先投入、重点支持，全力打造具有青阳特色的“人才特区”。

培养造就技能型人才。加强青年技能就业和技能成才培训，组织开展对城乡未能升学并有就业需求的初高中毕业生参加劳动预备制培训。大力推行工学结合、校企合作的人才培养模式，积极探索培训补贴费用直补企业的方法，加强职工在岗培训和职业技能培训，培养造就一大批高素质劳动者和技能型人才。

积极培养引进高端人才。研究制定更加有利于高层次、急需人才引进的政策措施。围绕重点产业和企业发展需要，在招商引资、产学研合作中招才引智，建立柔性人才流动机制，扩大民营企业家、创新型人才、高级技工队伍。加强与国家重点院校和科研机构的联系，通过承担委托项目、担任技术顾问、合作开发研究、技术入股等多种形式，引进科技人员为青阳企业开展技术服务。鼓励引导高层次创新型人才和管理团队带项目、带成果来我县创办、领办创新型企业推进科技成果转化。到 2015 年，引进高层次创新创业人才及团队 3 个以上。

充分激发人才队伍活力。统筹抓好党政人才、农村实用人才、社会工作人才等各类人才队伍建设。建立和完善以市场为导向、以能力业绩为导向、鼓励创新创造的人才评价机制、激励保障机制。完善人才“绿色通道”，关心引进人才的切身实际问题，满足流动人才在出入境、医疗、社保、住房、子女就读等方面的需求，提供人尽其才的发展平台，充分激发各类人才的积极性和创造力，努力使青阳成为各类人才创业就业的聚集高地。

第五节 优化创业环境

着力优化政务环境。按照“精简、统一、高效”的原则，进一步推进政府机构改革，创新政府管理体制，深入推进机关效能建设，减免审批事项，简化办事程序，提高服务效能，努力打造现代服务型政府。切实转变政府职能，减少政府对微观经济运行的行政性干预，强化社会管理和公共服务职能，不断提升服务经济社会发展的能力和水平。推进政务分开，增强公共政策制定透明度和公众参与度，提高政府公信力。

不断优化市场环境。全方位放开各类投资领域，鼓励民间资本进入社会事业和公用事业领域，形成公平竞争的市场环境，鼓励非公有制经济发展。动员引导广大干部群众“想创业、敢创业、会创业、创大业”，加快农民工创业平台建设，切实维护企业家合法权益，进一步营造投资创业、创新创造的良好环境。

第六节 建立规划实施机制

实施目标管理。作为本规划的实施主体，青阳县人民政府将“十二五”规划实施纳入目标管理，作为县和各乡镇、各有关部门制定年度计划的依据。按照科学发展观的要求，以规划确定的导向性、预期性、约束性指标对各部门进行综合考核，按产业布局、功能分区的定位对各乡镇实施分类考核。

加强监测评估。加强对规划实施的监测、预警和监督检查，适时组织对规划实施情况的评估。评估报告提交县人民代表大会常务委员会审议，并报上级规划主管部门。经评估需要修订本规划时，报县人民代表大会常务委员会批准，并报上级规划主管部门。

促进衔接协调。由发展改革部门负责，加强本规划与市级规划、各专项规划和相关地区规划的衔接协调。建立“十二五”经济社会发展规划、城乡总体规划、土地利用总体规划等专项规划实施的协调互动机制。形成以国民经济和社会发展规划为统领，各类规划定位清晰、功能互补、统一衔接的规划体系。

站在新的历史起点，我县推进跨越发展，加速崛起，责任重大，使命光荣。全县人民要在县委、县政府的坚强领导下，深入贯彻落实科学发展观，开拓创新，扎实苦干，为建设经济发展、生活富裕、环境优美、社会和谐的新青阳而努力奋斗。

中共青阳县委　青阳县人民政府
关于加快推进生态文明建设的实施意见

青发〔2012〕10号

（2012年6月26日）

为深入贯彻落实《中共池州市委池州市人民政府关于加快推进生态文明建设的决定》（池发〔2012〕5号）精神，切实加快推进青阳县生态文明建设，结合青阳实际，制订以下实施意见。

一．推进生态文明建设的重大意义和目标要求

（一）推进生态文明建设的重大意义。“十二五”以来，青阳大力实施“生态立县”战略，通过发展生态经济，推进生态治理、生态保护和生态文化工作，生态文明建设有了长足的进步。但青阳生态建设和环境保护的任务依然繁重，与上级的要求和群众的愿望还有一定差距，特别是池州市提出建成全国生态文明试点市，对生态文明建设提出了新的更高要求。加快推进生态文明建设，把良好的生态环境转化为经济财富，对青阳进一步转变发展方式，培育和发挥生态环境比较优势，推动经济社会的可持续发展，实现“共筑皖南名城”的战略目标，提升全县人民的生活品质，具有十分重要的意义。

（二）推进生态文明建设的总体要求。坚持以邓小平理论和“三个代表”重要思想为指导，深入贯彻落实科学发展观，以建设国家生态县为目标，全面实施生态立县战略，争创国家森林城市、国家绿化模范县、国家休闲农业与乡村旅游示范县、国家生态农业示范园区、安徽省农村环境连片整治示范县“五大品牌”。推进环境保护工程、产业振兴工程、城乡建设工程、生态文化工程、和谐幸福工程“五大工程”，构建生态环境体系、生态产业体系、生态人居体系、生态文化体系、生态制度体系“五大体系”，加快形成节约能源资源和保护生态环境的产业结构、增长方式和消费模式，努力建设成为经济繁荣、环境优美、社会和谐、生活富裕的全国生态文明县。

（三）推进生态文明建设的主要目标。到2014年，建成国家生态县。

——建立完善绿水青山、天蓝气清的生态环境体系。大气环境、水环境持续改善，森林覆盖率达到60%，城市绿化覆盖率达到43%，城市空气质量优良率达到98%以上。

——建立完善结构优化、循环高效的生态产业体系。战略性新兴产业、服务业发展速度、高新技术产业增加值占地区生产总值比重超过全市平均水平。

——建立完善绿色低碳、宜居宜业的生态人居体系。城乡人居环境不断优化，城市生活垃圾无害化处理率超过80%，城镇生活污水集中处理率达到85%。

——建立完善善待自然、和谐文明的生态文化体系。绿色创建活动广泛开展，生态文明理念深入人心，公众对生态文明的认知度和对环境质量的满意度逐年提高。

——建立完善双向约束、权责清晰的生态制度体系。党政领导班子和领导干部综合考评机制、资源要素市场化配置机制进一步完善。

二．实施环境保护工程，着力构建生态环境体系

（四）优化开发空间布局。继续打好“生态牌、九华牌”，坚持“开发沿国省道一线，保护环九华山一片”，促进生产力合理布局。大力推进经济开发区扩区升级和乡镇工业集中区建设，按照“皖南名城”的定位加快南部新城建设，扎实推进九华现代农业综合示范区、青阳（蓉城—朱备）旅游度假区等农业和服务业平台建设。加强腹地生态功能区保护，因地制宜地发展旅游业、农产品加工业等特色产业，严禁不符合主体功能和生态功能定位的开发活动，着力构建皖南生态安全屏障。

（五）加大节能减排力度。积极推进庙前镇申报全国绿色低碳重点小城镇示范试点。扎实推进全国绿色能源示范县建设。强化节能评估和审查，提高产业准入门槛，加强淘汰落后产能，深入推进节能降耗。合理开发利用水能，大力发展太阳能、生物质能、风能等可再生能源。推进节水型社会建设，创建国家级节水城市。扎实做好化学需氧量、氨氮、二氧化硫、氮氧化物四项主要污染物的减排工作，全面推进污染源达标排放工作。

（六）加强生态屏障建设。巩固退耕还林、封山育林建设成果，推进生态公益林、长江防护林、景观林建设，加强青通河等主要河流源头区、牛桥水库等重要水源涵养区、饮用水源保护区等重点生态功能区保护。加快推进县城、集镇绿化建设。

（七）加强生态环境修复。深入开展水域污染治理，着重推进七星河、将军河、陵阳河等流域治理和牛桥水库、东山水库、东红水库等库区水环境整治，全面改善县域水环境。实施生态活水工程，完善引水补水工程，加快城市雨污分流系统建设，让城市水系活起来、流起来、清起来。争取国家和省支持，实施雨洪调蓄区等综合整治工程。加强国省道沿线可视范围内矿山环境修复，开展土壤生态修复，加强污染耕地、污染场地以及废弃矿场、垃圾填埋场的环境修复，推进坡耕地及林地水土流失综合治理。

三．实施产业振兴工程，着力构建生态产业体系

（八）大力发展绿色低碳工业。认真贯彻落实《青阳县扶持机电制造首位产业发展暂行办法》，集中力量培育发展机电制造首位产业，加快打造具有核心竞争力的特色产业集群，争取每年首位产业项目投资占全部工业项目投资的60%以上。支持企业开展ISO14000环境管理体系认证，鼓励企业开展清洁生产审核，鼓励开展“三废”综合利用。大力发展循环型工业，力争青阳经济开发区创建成为国家循环经济试点园区。

（九）大力发展生态旅游业。坚持生态、文化、旅游三位一体，推进生态旅游与文化旅游、休闲旅游、乡村旅游深度融合发展，加快开发一批参与式、体验式旅游产品，加快旅游商品生产基地和旅游商品市场建设，完善旅游生态服务体系，推进旅游标准化建设。加快推进九子岩综合开发、远洲国际、德懋堂、佛教文化园、九芙蓉、熙园等重点旅游项目，确保成功创建国家休闲农业与乡村旅游示范县。

（十）大力发展现代服务业。以绿色商贸、绿色物流、现代金融、信息服务业等生态服务业为重点，促进现代服务业集聚化、连锁化、网络化、品牌化发展。大力发展有形和无形、传统与现代相结合的商贸流通体系，积极发展连锁经营、电子商务等新业态，着力培育一批竞争力较强、生态效益明显的连锁企业、生态物流企业。加快健全多层次的金融市场体系，加快金融产品和服

务创新，进一步优化金融生态城市建设。加快发展研发设计、科技咨询、动漫创意、人才中介等新兴服务业。

（十一）大力发展现代生态农业。加快发展名优茶、优质水稻、大棚蔬菜、特种水产、优质畜禽、茧丝绸、苗木花卉等高效特色农业，加快把青阳县建设成为在全省具有较高知名度的绿色有机农产品供应基地。大力发展设施农业，推广“畜禽—沼—果、鱼、粮、油、菜”循环农业模式，争取成功创建九华国家级现代农业示范区。着力提升农业产业化水平，争取新增至少1家省级农业产业化示范园区，努力在创建国家农业产业化示范基地上取得突破。

四．实施城乡建设工程，着力构建生态人居体系

（十二）建设生态宜居城市。加快建设国家森林城市。进一步完善城市功能、提升城市品质、强化城市管理，加快推进新城区建设。按照建设中小城市目标，支持各乡镇搞好城镇规划、建设和管理，争取陵阳镇列入省小城市培育试点行列，加快打造一批宜业宜居的特色城镇。

（十三）建设生态优美乡村。编制实施村镇、村庄布点、新型农村社区和土地整治规划，整合涉农资金，统筹实施农村危房改造、农村清洁工程、农村环境连片整治和村庄整治工程。重点推进约100个村庄整治，完成全县0.5万户农村危房改造，在10个乡镇（不含蓉城镇）全面实施农村清洁工程。争取80%以上乡镇列入省级生态镇。确保成功创建安徽省农村环境连片整治示范县。

（十四）倡导绿色行为方式。引导城乡居民广泛使用节能型电器、节水型器具。加大公交车、出租车、公务用车等领域的新能源汽车推广使用力度。强化公路运输超限超载治理，实行货物密闭覆盖运输。全面推行无纸化办公。积极推行室内公共场所禁烟。

五．实施生态文化工程，着力构建生态文化体系

（十五）重视生态文化研究与开发。加强生态文化比较研究，注重挖掘佛文化、戏曲文化、民俗文化中丰富的生态思想，鼓励创作一批展示生态文明建设成果的文艺作品，满足社会对生态文化的需求。积极发展生态文化产业，改善生态文化环境，丰富生态文化业态，不断增强公众的生态意识和责任意识。充分利用青阳腔、目连戏、龙船调、九华民歌等非物质文化遗产，挖掘丰富的生态文化内涵，加快建设一批生态文化宣传教育基地。深入开展青阳腔资料的收集整理，新建青阳腔博物馆，实现青阳腔经常性演出。建设青阳县九华民俗文化产业园。

（十六）加强生态文明宣传教育。将生态文明内容列入各级党委中心组学习范畴，纳入党校教学课程。发挥各类学校的教育主阵地作用，加强中小学生生态文明教育。各主流媒体要增强生态文明建设宣传的系统性、长期性和有效性，着力营造良好的舆论氛围。加强对企业、城乡社区等基层群众的生态文明教育和科普宣传。

（十七）深入开展生态文明创建。总结青阳县创建全省文明县城的成功经验，积极组织开展生态文明创建活动。力争2013年建成省级生态县，2014年前成功创建国家生态县。积极开展绿色社区、绿色学校、绿色企业、绿色机关、绿色家庭等系列创建活动。

六．实施和谐幸福工程，着力构建生态制度体系

（十八）健全维护群众利益的决策机制。把维护群众利益作为生态文明建设决策的出发点和

落脚点。建立生态论证机制，健全重大项目、重要规划和重大政策专家咨询论证和公众参与环评、能评机制，认真落实涉及生态问题的社会稳定风险评估机制。加强决策实施的跟踪督查机制，严格执行重大决策失误责任追究制度。

（十九）建立完善生态惠民机制。统筹考虑生态文明建设与经济建设、民生改善的有机衔接，努力在生态文明建设中促进人居环境改善、城乡居民增收、社会和谐稳定，增强生态文明建设的系统性、科学性、惠民性。坚持民生优先，完善就业、收入分配、社会保障、医疗卫生、住房等保障和改善民生的制度安排，加快实施居民收入倍增规划，推进基本公共服务均等化，努力使发展成果惠及全县人民。创新社会管理体制机制，进一步深化“平安青阳”建设，确保全县公众安全感、社会治安满意率继续保持全省领先位次。

（二十）优化资源要素配置机制。建立和完善能够反映资源环境成本的价格和收费政策，实施阶梯水价、电价制度，进一步完善矿产、森林、水等资源有偿使用制度，建立完善自然保护区等重点生态功能区林木补偿制度。探索建立县域内生态保护和补偿机制。建立污染排放约束机制，制订完善节能减排保证金制度。完善政府采购制度，绿色节能产品优先列入采购目录。构建企业参与生态文明建设的激励约束机制，强化企业生态文明的社会责任。

七．加强生态文明建设的保障措施

（二十一）加强组织领导。成立青阳县生态文明建设领导小组，由县主要领导任组长，县直有关部门及各乡镇、开发区主要负责同志为成员，研究生态文明建设中的重大事项，协调推进生态文明建设。各乡镇、开发区也要成立相应领导机构，建立有效工作机制。各级各有关部门要按照职责分工，各司其职、各负其责，确保工作落实到位。

（二十二）拓宽投入渠道。县政府将生态文明建设列为公共财政支出的重点，逐年加大投入。县财政设立生态文明建设专项资金，主要用于国家和省项目资金配套以及专项补助。制订优惠政策，吸引更多的社会资本进入生态文明建设领域。积极开展环境资本运作，使良好的生态环境成为不断增值的资本。

（二十三）强化考核督查。加快制订生态文明建设工作推进方案，全面梳理争取国家和省涉及生态文明建设的政策和项目，明确节点任务要求，分解落实到责任单位。将生态文明建设目标任务纳入主要经济工作调度，纳入综合目标管理考核。对在生态文明建设中作出突出贡献的单位和个人给予表彰和奖励；对因行政不作为或作为不当，完不成生态文明建设任务的单位和个人实行问责。

大九华水磨玉骨扇

大九华水磨玉骨绢扇是青阳县传统的手工艺品，具有浓郁的地方特色，距今已有三千多年的历史。它凝聚着诗、书、画的神韵，同时也散发着中华传统工艺的精细与匠心。

中共青阳县委　青阳县人民政府
关于大力发展民营经济的实施意见

青发〔2013〕11 号

（2013 年 6 月 17 日）

为认真贯彻落实《中共安徽省委、省政府关于大力发展民营经济的意见》（皖发〔2013〕7 号）和《中共池州市委、池州市人民政府关于大力发展民营经济的实施意见》（池发〔2013〕6 号）精神，充分激发各方面创造活力，加快推进全县民营经济大发展，结合青阳县实际，特提出以下实施意见。

一．明确工作目标

到 2017 年，力争民营经济增加值占全县 GDP 的 70% 以上，万人拥有企业数达 100 户以上，个体工商户数比 2012 年增长 50% 以上，营业收入 10 亿元级企业 5 家以上，新增中国驰名商标、中国名牌、国家免检产品、全省 100 强企业各 1 个。民营经济对经济发展的贡献率明显提高。

二．放宽发展条件

（一）落实企业准入政策。除国家明令禁止的外，所有领域一律对民间资本开放。在可以实行市场化运作的基础设施、市政公用事业、社会事业和其他公共服务领域，支持民间资本进入。在一般竞争性领域，为民间资本创造更广阔的市场空间。（责任单位：县发改委、工商局、住建委、招商局、商务局等）

（二）放宽企业经营条件。在全面落实国家、省、市各项支持政策的基础上，进一步放宽经营条件，除一人有限责任公司外，允许企业注册资本“零首付”，可在法定期限内缴足注册资本。（责任单位：县工商局）

（三）简化行政审批程序。民营企业在园区投资建设厂房、仓储、办公楼等建筑所涉及的行政审批，由县政务服务中心会同项目主管机关组织综合审批、综合验收。实行投资建设项目“一章结”办理机制。对企业利用现有建筑实施技术改造或开发生产与主业相关产品的项目，在不改变土地使用性质的前提下，可免于项目备案等前期工作。（责任单位：县发改委、经信委、招商局、政务服务中心、国土局、住建委）

（四）鼓励全民创业兴业。鼓励县开发区和乡镇工业集中区建设创业基地，支持民营小微企业向创业基地集聚，对入驻基地标准化厂房的，前 3 年由同级财政给予租金补贴，年补贴额度不低于年租金三分之一。创业基地内小微企业优先享受县担保公司融资服务。个体工商户转型升级为小型微型企业法人的，当年凭营业执照、纳税证明等材料，由同级财政给予每户 3000 元一次性补助，新设立企业比照执行。对新纳入统计的限额以上批发零售住宿餐饮企业、资质等级以上建筑企业，比照新增规模以上工业企业奖励政策执行。（责任单位：县发改委、工商局、经信委、财政局、招商局、商务局、统计局）

（五）发展壮大首位产业。鼓励民营企业投资机电装备制造产业，对新创办的属于机电首位产业小微型企业，按实缴税收的地方所得予以全额奖励，一年一兑现，连奖三年。加快推进机电制造首位产业转型升级，从2013年起，对有一定自有资本、创业技能和发展潜力，并且年主营业务收入首次达到1亿元的优秀机电民营企业，县财政对其奖励10万元。（责任单位：县经信委、国税局、地税局、财政局、招商局、统计局等）

（六）支持企业招商重组。民营企业兼并重组发生的土地使用权、不动产所有权和相关股权（不含矿业权）转让，采取“一事一议”的方式，对其变更过户中产生的行政事业性收费给予减免扶持。（责任单位：县经信委、招商局、国土局、住建委、工商局、财政局、国税局、地税局）

三．强化要素保障

（七）拓宽企业融资渠道。鼓励金融机构扩大旅游经营权、土地承包经营权、林权、农房、农业设施等所有权或使用权抵押贷款，以及应收账款、仓单、存单、股权、知识产权等流动资产或无形资产质押贷款，并纳入县政府对金融机构的考核内容。鼓励金融机构发展信用户联保体和信用户共同体，对其信用户发放信用贷款。鼓励引进和发展小额贷款公司、融资担保公司、投资公司等各类非银行金融机构，所有新设立的金融机构均比照招商引资企业享受相关优惠政策。对成功上市的企业，县财政给予100万元的奖励；企业因上市而改制的，对改制当年应补缴和辅导期内(不超过3年)超改制前基数部分企业所得税，县财政按地方留成给予等额奖励。对成功发行公司债、债务融资工具、中小企业私募债和中小企业集合信托计划的中小企业，县财政按发行额度3%给予补助，最高不超过75万元。（责任单位：县人行、金融办、各商业银行、财政局）

（八）设立还贷周转资金。自2013年起，县财政安排2000万元资金，设立民营企业还贷周转资金，由县担保公司负责专款专用，缓解小微企业短期还贷资金周转困难。（责任单位：县经信委、财政局）

（九）加大信贷支持力度。将县担保公司资本金增资计划纳入年度预算，年增资额不低于上年度新增担保贷款的20%。各金融机构要加大对民营经济发展的支持力度。加大对金融机构收取小微型企业承诺费、资金管理费等随意抬高融资成本行为的查处力度，并在年度考核时实行“一票否决”。（责任单位：县财政局、经信委、人行、金融办、银监办）

（十）帮助企业招工引才。认真落实介绍企业用工、劳动者参加就业技能培训和企业引进培育人才补贴补助政策。对职业中介机构为民营企业招用人员，按签订6个月以上用工证明和1年以上劳动合同人数，给予每人120—250元的职业介绍补贴；劳动者参加就业技能培训，给予200—1200元的培训补贴，并按规定建立动态调整机制。对民营企业新录用人员并与其签订6个月以上劳动合同，进行上岗前技能培训的，由乡镇政府（开发区）给予不低于人均300元的补贴；对经岗位技能提升培训并取得中级工、高级工、技师、高级技师资格的，分别给予每人500元、1000元、2000元、3000元的补贴。积极组织民营企业经营管理人员和创业者开展管理提升培训，重视培养乡土人才。民营企业专业技术人员在职称评审、省学术技术带头人等优秀人才选拔培养方面与国家事业单位专业技术人员同等享受。（责任单位：县人社局等）

（十一）保障企业用地需求。将民营企业用地纳入年度用地计划统筹安排。鼓励企业节约集约用地，建设3层以上标准化生产性厂房。民营企业利用自有存量土地建设用于职工公寓的公共租赁住房，在配套用地不超过7%、不改变土地用途前提下，不再收取土地有偿使用费，并享受上

级资金扶持政策。(责任单位：县国土局、住建委、财政局)

（十二）支持企业开拓市场。积极组织企业间产需对接，对采购使用本地企业产品用作生产和施工装备的民营企业，可按其采购额在企业所得税地方留成部分给予一定比例奖励。支持民营企业参加境内外交易会、展销会、博览会等各类会展。鼓励发展会展、电子商务、广告、物流、旅游接待等服务业。（责任单位：县商务局、国税局、地税局、财政局）

（十三）加强物流配套建设。新建投资额5000万元以上（不含土地费用）、建筑面积10000平方米以上的物流基地和物流配送中心建设，城市基础设施配套费及人防建设费按50%收取。新设立的物流企业，前三年缴纳的企业所得税地方留成部分按50%给予奖励，缴纳的增值税超过营改增前的部分由同级财政给予补助。鼓励物流企业运用新技术加快企业信息化建设，对企业用于物流综合信息平台建设的设备投资，给予10%补贴。（责任单位：县发改委、财政局、招商局、商务局、住建委、国税局、地税局）

（十四）加快中介机构发展。鼓励创办和引进管理咨询、会计师事务所、律师事务所、职业培训、创业辅导、职业介绍等中介机构。对创办、引进的中介机构比照招商引资企业，享受现有的土地出让、税费减免等方面优惠政策。凡在青阳县注册登记的中介机构，每晋升一级国家规定的行业资质，由县级财政在晋级当年给予5万元奖励。对县内外同等资质的同类中介机构为本县企业提供的服务、出具的文书，相关部门应一视同仁、同等认可。（责任单位：县商务局、招商局、国税局、地税局、财政局等）

四．加大财税扶持

（十五）加强财政资金引导。从2013年起连续5年，县财政安排3000万元民营经济发展专项资金，除与省、市民营经济发展专项资金配套外，重点用于县担保公司资本金增资和支持民营企业发展各项奖励。（责任单位：县财政局、经信委）

（十六）落实税收优惠政策。加大国家结构性减税等税收优惠政策的宣传、培训和落实力度，确保民营企业知晓各项政策，做到各项政策及时落实到位。2015年底前，对微型企业月营业额未达2万元、日(次)营业额未达500元的，免征营业税。对经主管部门批准的民间投资兴办的学校、医院划拨自用土地，免征城镇土地使用税。经省级机构认定的高新技术民营企业迁入青阳县的，3年有效期内不再重新认定，享受高新技术企业所得税优惠政策。对在青阳县新设的股权投资企业，其所得税县级分成部分奖励给企业。(责任单位：县国税局、地税局)

（十七）奖补企业创新投入。对企业所得税年增长20%以上的民营企业，由同级财政将其增量地方留成部分按30%比例奖补企业用于研发和技改。对土地单位面积产出率高，研发投入原则上达销售收入3%以上的民营企业，由同级财政将其税收增量地方留成部分按30%比例奖补企业用于研发和技改。（责任单位：县财政局、国税局、地税局、经信委、科技局）

（十八）支持企业品牌建设。对民营企业设立总部或迁入总部、主持制订各级别标准、新获中国驰名商标、名牌产品、发明专利以及国际认证、参加境内外各类会展的扶持奖励标准比照《青阳县扶持机电制造首位产业发展暂行办法》执行。（责任单位：县经信委、工商局、质监局、科技局）

五．优化发展环境

（十九）维护企业合法权益。民营企业和民营企业家的合法财产受法律保护，任何单位和个人不得侵占、破坏，未经法定程序，不得非法改变权属关系，不得滥用行政权力干预民营企业合法生产经营活动，不得非法查封、扣压、冻结企业财产。（责任单位：县监察局、经信委等）

（二十）鼓励企业诚信经营。鼓励企业加强诚信建设，引导企业依法、合规、诚信经营，完善企业诚信体系。（责任单位：县经信委等）

（二十一）切实减轻企业负担。除依法缴纳税费和依法接受监管外，不得增加其他社会负担。认真落实国家、省、市行政事业性收费减免政策，对民营企业行政事业性收费一律按下限收取。严禁任何机关、事业单位和各类协会、学会等社会团体向企业摊派费用，严禁违法违规审批、检查、评比，严禁违规违法指定中介机构让企业接受各种评审、评估、年检，严禁强行指定企业购买专用产品及服务。（责任单位：县监察局、物价局、民政局等）

（二十二）营造良好社会氛围。大力倡导尊重创业、尊重劳动的风尚，营造重商、亲商、安商的良好氛围。引导广大民营企业和个体工商户自觉遵守法律法规，加强企业诚信体系建设，弘扬诚实守信精神，不断提高企业管理水平，认真履行社会责任。（责任单位：县委宣传部等）

六．加强组织领导

（二十三）建立健全工作机制。成立由县政府主要负责同志任组长，相关职能部门为成员单位的发展民营经济领导小组，办公室设在县经信委，负责各项政策措施的协调落实。各责任单位按照各自职能分工，认真开展调查研究，提出推进有关工作的意见和措施，制订并落实具体政策实施计划。建立督查问责机制，县委、县政府定期对国家、省、市、县出台的支持企业发展的政策落实情况进行督查，并对督查中发现的问题，严格按照有关规定进行问责。（责任单位：县经信委、县监察局等）

（二十四）加强统计监测考核。充分利用现有统计框架和渠道，建立健全民营经济统计监测制度，每半年通报一次全县民营经济情况。县委、县政府每年度对发展民营经济先进集体和优秀民营企业、民营企业家进行表彰。（责任单位：县经信委、统计局）

本实施意见自印发之日施行，《青阳县扶持机电制造首位产业发展暂行办法》（青政〔2012〕18号）与本实施意见一并执行，并按照“从高从优不重复”的原则落实。

民间歌谣

“青阳民间歌谣”是具有九华山特色的民间歌谣，它的源头蕴藏在九华山区的广大群众之中，通过口头演唱，代代相传不绝于世。

说 明

本索引采用主题分析索引法，按索引词首字母汉语拼音字母顺序排列，同声母的字按声调、同音字按笔画顺序排列，若首字相同则按第二字音序排列，以此类推。索引词后的阿拉伯数字表示该词所在页码，数字后的英文字母 a、b 分别表示该页文字的左、右栏。

A

B

E

F

G

H

J

K

L

M

N

P

Q

R

S

T

W

X

Y

Z

杜村目连戏

杜村目连戏也称“还愿戏”、“太平戏”，唱腔以高腔为主，其音乐表现形式采用明代弋阳腔“一人启齿，众人相帮，不托管弦，锣鼓助节”的形式，发展了青阳腔的“滚白”和“滚唱”，即将旧曲牌名打破，增加了流水板。曲调高亢轩昂，行腔处尤见韵味，旋律常采用三度、四度的大跳进，词格上与昆曲相似，曲式上采用曲牌体连缀方式应用于戏剧中。其声腔调式丰富，宫商角徵羽五调式均有，其中商、角调式最多。一支曲牌常见调式作游离性的暂转调，其板式有散板、来板、干板、闪板、滚板、赶板、九板十三腔等，其中“九板十三腔”唱段难度最大。成段唱腔的曲式结构一般常以散板作起句，接着进入有板有眼或有板无眼带陈述性的音乐，其间往往插入垛句或“哭头、叫头”式的乐句，或紧接板式的“滚唱”，最后加一散板结束，与“起、是、紧、叠、落”曲体基本相似。杜村目连戏无角色行当唱腔。在曲调运用上，采取了某种朴素的戏剧表现手法，采用不同情趣的曲调表现不同性格的人物与思想感情。正面人物如生、旦角大都用较典雅、庄重的曲调，而净、丑角则往往采用插科打诨诙谐轻松的曲调。